정조 책문,

**새로운
국가를
묻다**

일러두기

· 이 책은 정조의 『홍재전서弘齋全書』(全5冊, 1986, 太學社 影印本)를 저본으로 하되, 『홍재전서』 제48권~제52권에 실려 있는 「책문策問」을 현대적 시각으로 풀어 쓴 것이다. 한국고전번역원의 가운데 『홍재전서』도 참고하였다.

· 각각의 책문은 정조가 도기유생到記儒生의 춘시春試 · 추시秋試를 비롯하여 다양한 시험에서 제시한 문제인데, 시험연도와 날짜는 별도로 기재하지 않았다. 또한 책문의 맨 앞과 맨 뒤에 "왕은 말하노라." "평소 강구한 것이 있을 것이니" "저술하라." "진술하라." "내 친히 열람하리라." "지금 난간에 임하여 기다리노라." 등의 문구가 있으나 문맥상 필요한 경우를 제외하고는 생략하였다.

· 원래의 순서를 5부로 분류하여 내용에 따라 재구성하였다. 독자들이 이해하기 쉽도록 원래의 제목에 부제를 달았고, 내용의 독해과정에서 이해가 필요한 부분은 설명을 추가하였으며 반복되거나 혼란의 여지가 있는 부분은 생략하였다.

· 인명이나 관직명, 지명과 같은 고유명사는 가능한 그대로 쓰되, 현대의 언어생활에 맞추어 독해할 필요가 있는 경우에는 풀이하여 제시하였고(예: 호서湖西 지방→충청도 지역), 지나치게 고전적인 용어는 현대적으로 풀이하였다.

· 이해를 돕기 위해 필요한 경우, 한자는 한글 바로 다음(예: 학學)에 혹은 개념어 바로 다음(예: 움직임動)에 병기하되 최소화하고, 책명은 큰 꺾쇠(『 』), 편명은 작은 꺾쇠(「 」), 기타 인용문은 큰따옴표(" "), 강조하는 곳은 작은따옴표(' ')로 처리하였다.

개혁군주 정조의 78가지 질문

정조 책문,
새로운 국가를 묻다

정조 지음
신창호 옮김

판미동

머리말

　동서고금을 막론하고, 정상적인 국가지도자라면 자국민의 생활을 위해 부단한 고민을 하리라! 정치, 경제, 교육, 문화, 복지, 국방, 외교 등 국민의 윤택한 삶, 이른바 민생民生을 위한 행보를 그침없이 실천하며, 혼신의 힘을 쏟아부으리라! 그것이 민주주의 시대를 살아가는 우리가 최고지도자에게 거는 상식적인 기대 아닌가?

　몇 해 전부터 나는 나 자신을 성찰하는 동시에, 한 사회의 '어른'이 어떤 모습을 지녀야 하는지 자주 생각하곤 했다. 왜 그랬는지는 모르겠다. 지천명知天命의 나이에 접어들면서, 나 자신도 벌써 나이로 보면 이 사회의 성인이자 어른이라는 느낌이 엄습했고, 나의 두 딸도 청소년 시기를 넘어 성인이 되어 가고, 우리 사회에 일어나는 여러 가지 문제에 대해 복잡한 생각이 겹치면서 그랬던 것 같다.

　그런 상황에서 제일 먼저 꺼내 보았던 글이 정약용의 「자찬묘지명自撰墓誌銘」이었다. 왜냐하면 가장 치열하게 살았다고 생각했던 한 학자의 일생을 성찰하고 싶었기 때문이다. 그 독해의 결과는 『정약용의 고

해』라는 책으로 발간되었다. 이어서 나는 정약용과 함께했던 정조正祖라는 학자 군주에게로 관심이 쏠렸다. 군주인 만큼, 그는 최고지도자로서 어떤 정치적 결단과 대안을 고민했는지, 그의 정책적 열망이 녹아 있는 「책문」에 눈길이 갔다. 나의 관심은 나를 실망시키지 않았다. 오히려 나를 다시 가다듬는 계기가 되었다.

나는 정조의 「책문」을 독해하면서 무척이나 놀랐다. 정약용의 삶을 보면서 어느 정도 짐작은 했지만, 정조는 우리가 일반적으로 알고 있는 그런 군주의 반열에 그냥 자리매김하고 방치할 인물이 아니었다. 정말 천재적 기질이 가득한 지도자였다. 군주라는 특수한 상황에서, 언제 그렇게 많은 공부를 했는가! 신하들이 쉽게 따라올 수 없을 정도의 지적 능력과 세상을 꿰뚫어 보는 번쩍이는 시선! 혀를 내두를 정도의 박식함과 정책 대안을 찾기 위한 본질과 근원의 탐색!

그것은 『홍재전서弘齋全書』라는 문집을 통해, 동서고금을 막론하고 군주로서 최고의 걸작을 남긴 것에서 이미 확인되고 증명되어 있었다. 군주로서 그 바쁜 현실을 품고 때로는 과거와 미래라는 양날의 칼 위에 선 것처럼 격동의 시대를 고민하고, 때로는 실타래처럼 얽혀 버린 인간 문제를 정책적으로 해결하기 위해 고통을 감내하면서 고심하고 있었다.

이 책은 정조의 『홍재전서』에 실려 있는 「책문」을 독해한 것이다. 책문은 쉽게 말하면 최고지도자가 학자와 관리, 예비관리 등 여러 신하들을 상대로 국가의 정책에 관한 질문을 하며 대책을 요청하는 공론의 장이다. 어떤 측면에서 보면, 군주가 낸 책문에는 이미 상당한 대안과 대책이 제시되어 있다. 그것은 책문 자체가 경서經書와 사서史書 등 정치지침서에 담보되어 있는 정치의 상식을 재확인하는 작업이기에 그 런지도 모르겠다.

하지만 정조의 책문 하나하나에는 통상적인 다른 책문에선 잘 보이 지 않는, 지도자의 성찰과 애민 정신, 민생을 향한 치열한 투혼이 서려 있었다. 그것을 감응하는 순간 내 마음에도 긴장이 서렸다. 나는 정조 의 영혼과 정신을 보다 많은 사람들과 나누고 싶었다. 나의 내면에 꽂 히는 명령은 아주 단순했다.

'공부하라, 탐구하라, 생각하라, 대안을 고심하라!'

지도자로서의 자질을 갖추려면 공부를 많이 해야겠다! 아니, 공부를 많이 해야만 지도자가 된다.

정조의 책문을 보니, 그것은 지도자라는 이름을 지닌 책임 있는 사람 들의 자기에 대한 최소한의 예의로 느껴졌다. 지도자들은 정말 열심히 공부하시라! 그리고 진정으로 국민을 사랑하시라!

정조가 내놓은 책문 속의 수많은 질문은 질문을 능가하는 질문 위의 질문, '초질문超質問'이었다. 지도자 자신의 정책 비전이자 지도자로서 의 얼굴이었다. 국가의 지도자는 자신의 정치적 심성心性과 지적 얼굴 에 책임을 져야 한다. 『논어』「양화」의 마지막 구절에서 공자는 이렇게 말했다.

"나이 사십이 되었는데도 다른 사람의 미움을 사면, 그 사람은 인격 적으로 더 볼 것이 없다!年四十而見惡焉, 其終也已."

나이 사십이면, 불혹不惑이다. 불혹인 만큼 어른이 되고, 지도자의 자 질도 성숙하는 시기다. 주자의 표현처럼, 모든 사람들이여! 시기를 놓 치지 말고 천선개과遷善改過하자! 우리 사회 각계각층의 지도자들이여!

개혁 군주를 꿈꿨던 정조의 열정에서 그런 자세와 태도를 탐구하면 어떻겠는가?

정조의 책문에 언급된 질문은 다차원적이고 복합적인 만큼 널리 응용할 수 있다. 정치 지도력을 발휘하기 위한 학문이나 민생을 위한 정책, 인재양성과 선발에 관한 시대적 요구들은 심사숙고할 만하다. 문예부흥을 위한 문장론이나 문체 및 언어생활에 관한 언급도 의미심장하다. 생활습관의 교정이나 사회 분위기에 대한 개탄도 염려할 정도는 아니지만 충분히 이해할 만하다. 무엇보다도 귤이나 담배와 같은 과일과 기호식품을 통해 사물을 관찰하고 감정을 이입하여 지도자의 자질과 열정을 뽑아내는 정조의 세심함은 읽는 사람에게 묘미를 더해 준다. 이런 내용으로 지혜의 스펙트럼을 제시한 정조의 책문은 전반적으로 심오하다.

시대는 흘렀다. 정조의 고심이 담겨 있는 책문은 200여 년 전, 조선후기 사회의 정치에 관한 기록이다. 현재의 안목으로 보면 그만큼 낡은 부분이 존재한다. 유학을 움직일 수 없는 학문의 중심으로 강조한다든지, 농업을 근본으로 하고 상공업을 말단으로 이해하는 등, 그 시대의 틀에 갇혀 있다. 그런 사고는 그 시대를 살아가는 사람들에게는 당연한 이치다.

왕정시대의 사고가 어찌 민주주의 사회의 정치 패러다임에 적합하겠는가? 농본주의 사회의 삶이 어찌 상공업 자본주의 사회에 그대로 맞아 떨어지는가? 그런 일은 없다. 시대가 바뀌었는데도 이전과 동일한 사고와 행위를 할 때, 그 사회는 시대에 뒤떨어지게 마련이다. 다만, 시대가 달라지더라도 삶의 원리와 원칙, 본질과 근원을 추구하는 차원에서는 생각할 만한 것들이 존재한다. 그것이 역사의 교훈이다. 정조의 책문은 그런 역할을 자임한다.

　최고지도자로서 정조의 고민과 열정, 백성을 향한 배려는 시대를 막론하고 영롱하게 빛난다. 정조가 내뱉는 영혼이 담긴 외침은 한 국가의 지도자로서 그만큼 열심히, 잘 살려고 노력한 흔적임에는 의심의 여지가 없어 보인다. 이 책을 독해하면서 나의 심금을 울린 부분은 그런 것이다.

　시대가 달라진 만큼, 민주주의 시대의 지도자, 어른다운 사람은 민주시민으로서의 자질이 충만한 존재여야 함을 잊지 말자.

　지도자는 무엇인가? 어떤 삶을 살아야 하는가? 정말, 민생을 향한 열정으로 밤낮없이 고심하는가? 정조가 책문으로 남긴 만큼의, 민주주의 시대정신에 근거한 깊은 성찰과 열망이 있기를 소망한다.

2017년 봄, 남양주 청옹정사淸瓮精舍에서
신창호

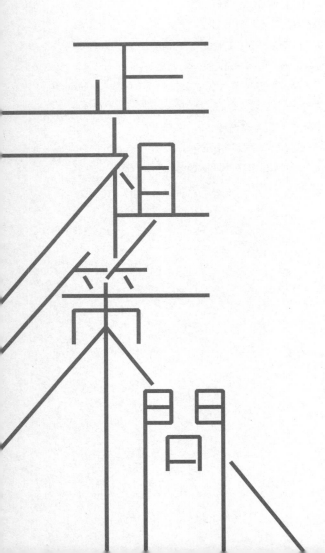

유교에서 정치는 독특한 철학을 지니고 있다. 정치政治에서 '백성을 다스린다.'는 의미
의 '정政'은 '올바르게 다루거나 바르게 만든다.'는 '정正'으로 인식된다. 따라서 정치는
단순하게 막강한 권력을 소유한 지배자가 힘없는 백성을 상대로 군림하는 양식이라기
보다는, 세상의 '부정不正'을 바로 잡으려는 인간의 행위로 귀결된다. 유교를 삶의 핵심
으로 받아들인 조선시대도 마찬가지였다. 정조의 경우, 조선 후기 국가 최고지도자로서
제왕의 위치에 있었지만, 지배자로서 피지배자인 백성 위에 군림하려는 생각을 내세우
기보다 백성의 삶을 올바르게 이끌어 가려는 통치자로서 리더십 확보를 위해 진지하게
고민했다.

여기에 제시하는 책문은 『홍재전서』「제48권」의 〈치란治亂〉〈중中〉〈신信〉〈언로言路〉〈의
리義利〉〈문무文武〉와 「제49권」의 〈규모規模〉〈삼일三日〉〈지知〉〈잠箴〉〈사치奢侈〉〈책규
策規〉〈악기握奇〉, 그리고 「제50권」의 〈황극皇極〉〈경敬〉, 「제51권」의 〈수壽〉 등 16편이다.
이를 올바른 정치를 시행하는데 요구되는 핵심 원리와 원칙을 고민하는 내용으로 재정
리했다.

정치적 안정과 혼란은
어디에서 오는가?

정조가 왕위에 오른 첫해인 1776년 가을에 실시한 과거의 책문으로, 정치의 안정과 혼란에 관한 내용이다. 왕위에 오른 군주에게 제일 관심은 정치의 안정이다. 유교에서 정치의 안정과 혼란은 우주의 순환하는 기운인 '기수氣數', 혹은 인간의 이해득실에 의해 좌우되는 '인사人事'에 달렸다고 본다. 정말 그러한지, 정조는 자신의 견해를 첨부하면서도 청년 학자들에게 깊이 연구하여 의미 있는 의견을 제시해 줄 것을 부탁했다.

역사를 통해 볼 때, 한 국가 안에서 정치적 부침이 끊임없이 계속되는 것은 보편적인 일이다. 정치를 안정시키거나 혼란에 빠트리는 길은 시대마다 동일하지 않다. 정치에서 안정과 혼란이 발생하는 이유는 무엇인가? 그 근본 원인은 어디에 있는가?

어떤 사람은 그것을 기수氣數라 하는 우주자연의 기운과 연관시킨다. 우주의 기운에 따라 역사의 순환과 국가의 흥망성쇠가 결정된다고 한다. 또 어떤 사람은 인간세상의 이해득실과 연관시켜 인사人事에 달렸다고 한다. 이런 두 가지 견해가 과연 정치의 안정과 혼란을 해명하는 핵심 내용이라고 할 수 있는가?

『맹자』에서 언급한 것처럼, 한 국가를 부흥시킬 수 있을 만큼 탁월한 지도자는 500년에 한 번 정도 나온다고 한다. 그렇다면 500년 이내에는 훌륭한 지도자가 펼치는 좋은 정치를 볼 수 없단 말인가? 1000년이라는 시간이 지나야 훌륭한 인간이 나온다고 한다면, 1000년 이내에는 사회의 문란함을 결코 없앨 수 없단 말인가?

그러나 중국 고대에 태평성대를 누리고 국가가 안정된 시기는 이보다 훨씬 짧은 기간에 이루어졌다. 순임금이 요임금을 계승하고, 우임금이 순임금을 계승하는 데 500년이 채 걸리지 않았다. 은나라가 세워진 후 안정되어 부흥하고, 주나라가 세워진 후 기강을 바로잡고 안정되는 데 1000년이 걸리지는 않았다. 이런 점에서 본다면, 한 국가의 정치적 안정과 혼란의 원인을 우주자연의 기운이나 국가의 흥망성쇠라는 역사의 순환으로만 볼 수 있겠는가?

주나라 때 영왕은 신령스러울 정도로 지혜로운 지도력을 발휘했고, 촉한의 유비는 너그럽고 사랑에 충만한 지도력을 발휘했다. 하지만 당시 혼란스럽던 국가의 형세를 바로잡아 안정시키고 나라의 기강을 제대로 회복하지는 못했다. 당나라 선종은 강단 있는 지도력을 발휘했고, 송나라 효종은 의지와 기개로 지도력을 펼쳤다. 하지만 그런 노력에도 불구하고 국가의 운명은 쇠퇴의 길로 접어들고 말았다. 이런 상황을 어찌 인간세상의 이해득실인 '인사' 탓으로만 돌릴 수 있겠는가?

주나라는 800여 년 동안 이어졌으나 성왕成王·강왕康王 이후 그처럼 훌륭한 지도자가 계속하여 나왔다는 말은 듣지 못했다. 한나라는 400여 년을 지속한 나라다. 그러나 문제文帝·경제景帝와 같은 훌륭한 지도자가 거듭 나왔다는 말은 듣지 못했다. 이 또한 우주자연의 기운에 따라 역사가 순환하고 국가의 흥망성쇠가 달라지는 기수 때문인가?

삼국지의 주인공 가운데 한 사람인 유비는 당대 최고였던 제갈공명을 참모로 두었다. 그러나 유비가 촉한만 차지하고 있었기에 제갈공명 또한 위·촉·오 세 나라를 모두 아우르지 못하고 촉한을 위해 봉사했다. 후주後主의 황제였던 세종이 다스리던 시기에는 찬란했던 삼국시대 때의 문화나 풍습을 어느 정도 지니고 있었다. 그러나 오대五代의 말기에 이르면 그 생명력은 희미해지고 멸망의 기운에 이르고 만다. 이 또한 인간세상의 이해득실인 인사 때문인가?

한 국가에 정치적 안정을 가져오려면 하루의 해처럼 길고 느긋하게 고민해야 한다. 하지만 정치적 혼란은 달콤한 음악이 흐르는 것처럼 다급하고 빠르게 다가온다. 국가의 정치적 혼란은 '기수'의 세력이 다할 즈음에 '인사' 문제에서 초래한 것인가? 아니면 '인사' 문제가 이미 잘못되어 '기수'의 질서정연함으로도 어쩔 수 없는 것인가?

맹자는 공자가 지은 『춘추春秋』를 국가 안정에 필요한 정치의 기본 경전으로 삼았고, 양주와 묵적의 견해를 국가에 혼란을 가져올 수 있는 불온한 사상이라고 보았다. 『춘추』는 형이상학적인 의미로 가득 찬 역사이고, 양주와 묵적의 사상은 올곧지 못한 학설을 늘어놓은 것에 지나지 않는다. 이것이 세상을 안정시키거나 혼란에 빠트리는 것과 무슨 관련이 있는가? 여기에도 거론할 만한 인사와 기수의 문제가 있는가?

훌륭한 정치에 대해 논할 때는 반드시 인仁·의義에 관한 사유와 실천을 함께 언급한다. 하지만 주나라를 멸망으로 몰았다고 전해지는 서나라의 언왕과 송나라의 양공은 인의를 발휘한 지도자였지만 당시의 혼란을 다스리지 못했다. 국가의 혼란은 무력을 좋아하여 전쟁을 일으키는 정치지도자로부터 초래되기 쉽다. 물론, 예외도 있었다. 한나라 무제와 당나라 태종은 무력을 좋아하고 전쟁을 일으켰지만 오히려 국가를 안정시키는 데 기여했다. 이런 모순이 발생하는 것은 무엇 때문인가? 한나라는 온갖 술수를 쓰면서 정치를 했는데도 송나라 때보다 정치적으로 안정되었고, 송나라는 유학을 숭상했지만 한나라 때보다 정치적으로 문란함이 심했다. 이것은 무엇 때문인가?

소강절邵康節은 『황극경세서皇極經世書』에서 '기수'를 논하면서 '인사'를 참고했다. 동중서董仲舒는 「천인책天人策」에서 '인사'를 거론하며 '기수'로 증명했다. 어떻게 기수와 인사가 서로 관여하여 영향력을 미칠 수 있는지, 그 미묘함에 대해 자세히 설명할 수 있겠는가?

역사를 살펴보면 최고지도자가 처음에는 좋은 정치를 하다가 끝에 가서 문란해진 경우도 있고, 처음에는 문란하다가 뒤에 가서 좋은 정치를 하는 경우도 있다. 이런 것은 인사 문제와 연관이 크겠지만 거기에도 상당 부분 기수와 연관되는 문제가 있지 않겠는가?

저 아득한 단군과 기자조선 때부터, 수천 년간 우리나라의 정치적 안정과 혼란의 자취도 중국과 다르지 않다. 정치가 안정되거나 혼란을 겪었던 모습을 모두 낱낱이 지적하여 자세히 말할 수 있겠는가? 조선의 경우 어떤 시대의 좋은 정치가, 중국의 어느 시대 어떤 좋은 정치와 비교될 수 있는가? 조선의 어떤 혼란이 중국의 어떤 혼란과 비교될 수 있겠는가? 조선의 어떤 군주를 중국의 어떤 군주와 비교할 수 있으며, 신하의 경우에는 어떤 비교가 가능한가?

정치는 한 번 안정적으로 다스려지면 한 번 혼란스러워지는 법이다. 안정적인 정치가 절정에 이르면 서서히 혼란의 시기로 접어들고, 혼란이 절정에 도달하면 다시 안정적 시기로 접어든다. 그것은 옛날이나 지금이나 보편적으로 통하는 이치다. 그러나 중국 고대의 하·은·주 삼대 이후, 안정된 정치가 펼쳐지던 치세治世는 적었고 혼란에 휩싸인 난세亂世는 많았다. 그 까닭은 무엇인가? '기수가 점차 쇠퇴해져 이치상 만회하기 힘들다.'는 논리를 펴자니 우주자연의 기운은 오히려 충만하고, '세상의 인심이 예전 같지 않아 형세상 어쩔 수 없다.'는 논리를 펴자니 사람의 양심은 옛날이나 지금이나 다름이 없다. 때문에 정자程子가 우주자연의 기운을 받아 타고난 인간의 생명력을 잘 닦아 나가기를 소망하며, 우주자연의 기운에 따른 '기수'에만 의존하지 말고 반드시 인간세상의 이해득실 문제인 '인사'를 잘 따져서 처리하기를 기약했던 것이다.

아! 나는 최고지도자로서 이 나라의 운명을 새롭게 개척해 나가야 할 무거운 책임을 받았다. 이제부터는 우주자연과 인간, 사람과 사람 사이에 '진실로 호응하느냐 호응하지 않느냐.'라는 소통의 문제가 정치의 핵심으로 떠오르는 듯하다. 아니, 그 무엇보다도 중요하다. 사람 사이에 어떻게 소통하느냐에 따라 올바른 길이 열리느냐 닫히느냐가 달라진다. 나 스스로를 돌아보니 최고지도자로서의 자질이 부족하고 우매하다. 좋은 정치를 하고 싶은 마음만 있을 뿐, 좋은 정치를 할 수 있는 계책은 얻지 못했다.

지금 조선은 혼란스러운 난세의 형국이다. 나라는 제대로 다스려지지 않고, 좋은 정치가 있어도 그 효력은 아득하기만 하다. 인심이 각박해지고 사회 분위기가 요즘보다 심하게 망가진 적은 없었다. 어떻게 하면 이 난세를 되돌려 치세를 만들 수 있겠는가?

요임금과 순임금의 16자 심법心法인 "인심유위人心惟危 도심유미道心惟微 유정유일惟精惟— 윤집궐중允執厥中"이 경전 속에서 반짝이고 있다. "사람의 마음은 욕망으로 빠지기 쉬워서 위태롭고, 올바른 우주자연의 마음은 있는 그대로 은미하게 숨겨져 있다. 오직 그 알짜배기를 하나로 꿰뚫고, 그 마음을 잡아라!" 나는 대궐 안에 살면서 이 16자 심법의 핵심을 제대로 공부하지 못했다. 주나라 때의 문왕과 무왕의 아름다운 정치가 여러 경전에 전해 오고 있으나 그것을 그대로 시행한다고 하여 신속한 효과를 기대할 수도 없다. 그러기에 나는 고민하며, 깊은 벼랑에라도 떨어진 듯이 밤낮으로 근심한다.

어떻게 하면, 비파를 연주하기 전에 그 줄을 조율하는 것과 같은 효과를 낼 수 있을까? 어떻게 하면, 하는 일마다 구차하다는 비판의 소리를 없앨 수 있으며, 잘못된 인사 문제를 바로잡고 쇠퇴해 가는 기운을 만회할 수 있겠는가?

아! 그대 여러 학자들, 관료들이여! 국가 정치의 안정과 혼란의 사례를 자세히 조사하여 자료로 제시해 주시라.

마음 씀씀이가 열쇠다

'중中'에 관한 진지한 고려가 돋보이는 책문이다. 중은 일반적으로 사물이나 인간의 행동이 알맞게 쓰이거나 균형을 이루는 것을 의미하며, 인간의 마음을 지칭하기도 한다. 정치에서는 최고지도자인 군주가 어떻게 마음을 쓰느냐가 백성의 삶과 나라의 운명을 판가름한다. 따라서 정조는 그것에 대한 진지한 대안을 학자관료에게 요구했다.

중中! '가운데'를 의미하는 이 한 글자는 사람이 사람으로 살아가는데 요청되는 핵심 중의 핵심이다. 『서경書經』 「홍범洪範」에서 황극皇極[1]은 여러 요소들 사이에서 가운데 자리한다. 『중용中庸』에서도 가장 핵심이 되는 근본은 "가운데"라고 하였다. 「홍범」에서 "가운데 자리한다."고 할 때의 '중中'과 『중용』에서 "가운데"라고 할 때 '중中'은 그 뜻이 서로 같은가 다른가?

옛날 유학자들은 "사물이 아직 펼쳐지지 않은 미발未發의 때를 중中이라 하고, 이미 펼쳐진 이발已發의 경지를 화和라고 한다."고 했다. 그렇다면 미발 이

1. 황극은 임금이 스스로 나라를 다스리는 법칙을 세우는 일이다. 임금은 복을 모아 백성에게 베풀고 백성은 그 법칙을 따라 임금을 지킨다.

전의 '중'은 어떤 형상인가? 이발 이후에 '화'가 되는 까닭은 어디에 있는가? '중'과 '화'를 본체와 작용으로 분류하여 이해할 때, 왜 서로에게 영향을 미치며 서로를 필요로 하는지, 그 뜻을 자세하게 말할 수 있는가?

옛날의 최고지도자들을 보면, 요임금과 순임금은 마음으로 중을 잡는 '집중執中'을 강조하고, 은나라의 시조인 탕왕은 백성을 위해 중을 세우는 '건중建中'을 중시했다. 여기에서 '잡는다'는 것은 무슨 공부로 했으며, '세운다'는 것은 무슨 도리로 했는가? 그 내면과 외면, 먼저 할 것과 나중에 할 것의 우선순위에 대해 설명할 수 있겠는가?

공자의 손자인 자사子思는 순임금에 대해 "중을 사용했다."고 하면서 "큰 지혜가 있다."고 칭송했다. 맹자는 노나라의 현인인 자막子莫에 대해 "중을 잡았다."고 하면서도 "권도權道를 모른다."고 조롱했다. '중'은 같은데, 순임금의 경우 '사용했다'고 하며 성스러운 성인聖人의 경지에 두고, 자막의 경우 '잡았다'고 하며 어리석은 우인愚人으로 낮추어, 둘 사이에 분별을 두는 이유는 무엇인가?

"군자는 시중時中을 한다."고 했는데, 군자가 때에 맞게 행동하는 주요한 이유는 어디에 있는가? "소인은 중에 반대되는 행동을 한다."고 했는데, 소인이 중에 반하는 행동을 하는 원인은 어디에 있는가? 공자는 제자인 민자건閔子騫에 대해 평가하면서, "말을 하면 반드시 들어맞음이 있다."고 칭찬했고, 자공子貢에 대해서는 "억측하면 자주 맞춘다."고 인정해 주었다. '들어맞음'과 '맞춤'은 모두 중인데, 이 두 사람의 중은 군자가 말한 '시중'에 부합된다고 할 수 있겠는가? 또한 둘 가운데 우열을 가릴 수 있는가? 집의 구조 가운데 마루와 방으로 중을 비유한 사람도 있고, 활 쏘는 기예로 중을 말한 사람도 있다. 그들이 왜 마루와 방, 활 쏘는 기예를 비유로 들었는지, 그 뜻을 분명하게 설명할 수 있겠는가?

『주역』의 「하도河圖」와 「낙서洛書」의 수를 보면 모두 5가 중앙에 자리해 있다. 우주자연의 운행에서는 토土가 항상 중앙에 자리하고 있다. 북극은 사방으로 통하는 큰 길인 구규九逵의 중심이고, 지리적 위치로 볼 때 낙양洛陽은 사방의 중심이다. 이 모든 것이 왜 그렇게 되었는지, 그 이치와 까닭을 차례로 논증할 수 있겠는가?

『주역』에는 중정中正의 설이 있고『주역』의 주석인 「역전」에는 중립中立의 설이 있다. 중정은 문자 그대로 "알맞게 들어맞아 바르다."는 뜻이지만, 철학적으로는 매우 중요한 개념이다. 이때 '중'은 안쪽을 의미하고 '정'은 바깥을 상징한다. 역에서 중정은 우주자연이 제각기 자리를 차지하고 모든 사물이 잘 자라난다는 사상이다. 중립은 말 그대로 "가운데 선다."는 의미다. 가운데서 이쪽과 저쪽을 조절하고 화합하는 조화의 장치다. 이런 점에서 보면, 중정과 중립에서 지칭하는 '중'은 두 갈래가 아닌 것 같다. 그런데 동일하게 말하지 않는 것은 어째서인가?

'중'은 고정된 형체가 없기에 곳에 따라 존재한다. 중은 고정된 취향이 없기에 때에 따라 존재한다. 문제는 천만 가지의 도리와 천만 가지의 일에 따라 치우치거나 기울어지지 않도록 정당하게 펼치는 것이다. 그렇게 했을 때 비로소 곳과 때에 따라 중에 처하는 도리를 말할 수 있다.

그런데 하·은·주 삼대 이후로, 16자 심법에서 언급한 '유정유일惟精惟一'의 법이 전승되지 않아 '중'의 뜻이 제대로 밝혀지지 않은 지 오래되었다. 마음의 측면에서 말한다면 취향이 다양하여 옳고 그름을 맞출 수 없고, 세상일의 측면에서 말한다면 그 가볍고 무거움과 늦추거나 빠르게 함이 적절함을 잃었다.

시대를 이끌어 갈 군주와 세상을 책임질 주인이 몸소 우주자연의 책무와 사람을 귀중하게 하는 일을 담당했다면 마땅히 '중'과 '화'의 표준을 세워야 한다. 표준을 제대로 세우지 못하면, 차분하게 가라앉은 마음으로 있을 경우에는 굳건하지 못하고, 높게 밝히며 드날리는 마음으로 있을 경우에는 온유하지 못하다. 간혹, 희로애락의 감정을 알맞게 드러내지 못하고 사랑하고 미워하고 주고 뺏는 거동이 마땅하지 않다. 모습이 단정하지 않으면 그림자가 바를 수 없고 원천이 맑지 않으면 물의 흐름이 깨끗할 수 없는 법이다. 경위를 분별하지 못하고 흑백을 가릴 수 없는 것이 향초와 약초를 같은 그릇에 담고 얼음과 숯불을 서로 혼합하는 것과 같다. 심지어는 학파마다 학문이 다르고 사람마다 견해가 다르다. 따라서 시대의 모습도 일그러지고 나라의 조정도 일그러져 있어, 협동하고 공경하는 풍조가 사라져 서로 들을 수 없게 되었다. 반면에 겉으로는 순종하는 척하며 속으로는 배반하는 습성이 넘쳐흐른다. 이에 국가가 시행하는 온갖 제도가 쇠미해지고 나약해지며 모든 관직이 병들고 부정부패에 얼룩져 혼란과 멸망이 뒤따른다. 이런 상황이 최근 우리 사회에 무한궤도처럼 반복되고 있으니, 탄식을 금할 수 없다.

동방에 위치한 우리나라가 천지의 중심은 아니나, 작은 중국이라 하여 소중화小中華라고 한다. 기자와 같은 성인이 '홍범구주洪範九疇'에 부연하여 여덟 가지 조목인 팔정八政[2]을 정치의 준거로 삼았고, 1000년

후에도 이처럼 자부심을 갖고 '황극'의 뜻을
강론하여 밝힐 수 있었다.

2. 먹는 것, 재화, 제사, 토지, 교육, 형벌, 외교, 군대
등 정치적으로 중요한 여덟 가지 주제를 말한다.

그러나 지난 역사를 되돌아보면, 최고지도자인 군주는 이런 황극을
사용하여 나라를 다스린 적이 없고, 백성도 황극을 사용한 정치의 효
험을 맛볼 수 없었다. 앞에서 언급한 요·순임금의 '집중'이나 탕왕의
'건중'은 옛날 성인의 그림자이자 종이 위의 헛된 이야기에 불과했다.
이런 상황에서 어찌 문헌이 증험證驗해 주며 예악이 흥기興起될 수 있
겠는가!

나는 진지하게 생각해 본다. 우리 조선은 훌륭한 지도자들이 대대로
계승해 온 아름다운 정치적 전통이 있다. 기자의 '홍범구주'와 자사가
지은 『중용』을 존숭하여 강독하고 16자 심법에서 언급했던 '인심도심
人心道心'의 학설을 연구하여 토론해 보자. 그러면 나라에는 고위 공직
자 사이에 편당을 만드는 풍조가 없어지고, 정치에 관심 있는 여러 학
자들도 편벽된 행동을 하지 않을 것이다. 그리하여 세상의 도리가 순
수해질 때 하나같이 중정中正의 길로 돌아갈 수 있으리라.

그런데 어째서 민심은 나날이 갈라지고 시론은 더욱 괴리되고 있는
가? 동서남북으로 제각기 학파를 세우고 이쪽과 저쪽, 자신의 편과 남
의 편으로 갈라 사사로이 비교하고 있는가? 이렇게 논의하는 모습을
살펴보면 시시비비를 가릴 만한 공평함을 잃었다. 그들이 실천하는 일
을 어찌 정정당당한 도리에 근거하여 증명할 수 있겠는가? 이런 작태
를 멈추지 않는다면 앞으로 나라가 나라답지 못하고 사람이 사람답지
못하리라. 이런 상황에서 세상의 중심에 서서 백성을 바로잡을 수 있
겠는가? 그것은 뒷걸음질 치면서 앞으로 나아가기를 바라는 것과 다를

바 없다.

어떻게 하면 국가의 지도자와 관리, 백성들이 제각기 자신의 중도中道를 얻을 수 있는가? 중을 설정하고 시행함에 지나치거나 모자람이 없게 할 수 있는가? 정직하고 평탄한 정치가 「홍범」의 규모規模에 부합하고, '중'과 '화'를 이루어 우주만물과 인간세상을 잘 길러 내는 중용의 교훈을 저버리지 않겠는가?

나는 정말 그대들이 마음에 담아 둔 진솔한 말들, 알맞고 올바른 정치 논설을 듣고 싶다. 그대 학자들이여, 제각기 적절한 대책을 남김없이 제시해 주시라.

정조 책문, 새로운 국가를 묻다

정치의 관건은 신뢰다

정치지도자와 국민 사이의 신뢰에 관한 책문이다. 신뢰는 사람 사이의 관계를 지속적으로 맺어 주는 핵심 도리다. 그것만이 올바른 정치의 담보물이요, 문명사회를 가늠하는 윤리의 척도다. 따라서 군주-신하-백성이 전반적으로 신뢰를 갖추기 위한 길을 진지하게 고려하는 일은 무엇보다 중요하다.

믿음信! 신뢰는 최고지도자인 군주에게 가장 큰 보배다. 인의예지仁義禮智라는 사덕四德의 바탕이고, 세상 모든 일을 바르게 처리하는 주인공이다. 사람은 신뢰가 없으면 사람일 수 없다. 나라에 신뢰가 없으면 나라가 제대로 될 수 없다. 이처럼 신뢰는 그 쓰임이 너무나도 크다!

"그 믿음이 사귀는 듯하다."는 말은 『주역』에 있고, "믿음을 돈독히 하여 의리를 밝히라."는 말은 『서경』에 실려 있다. 이는 최고지도자인 군주가 지녀야 하는 신뢰에 관한 말이다. 『춘추좌전春秋左傳』에는 "믿음에 두 명령이 있을 수 없다."고 했고, 『시경』「대아大雅」에서는 "임금의 믿음직한 신하"라고 노래했다. 이는 신하가 지녀야 할 신뢰에 관한 말이다.

공자는 『주역』「건괘乾卦」에서 '구이효九二爻'를 해석할 때 "일상에서 말을 믿음직스럽게 하라."고 했고, 맹자는 대인大人의 일을 거론하면서 "말은 반드시 믿음직스럽게 해야만 한다."라고 했다. 같은 '믿을 신信' 자를 쓴 구절인데, 공자와 맹자의 말이 같은 의미로 느껴지지 않는 것은 어째서인가? 또한 공자는 "군대와 양식은 버려도 신뢰를 버릴 수는 없다."라고 했고, "황금이나 보배로운 옥이 아니라 오직 신뢰가 보물이다."라고 했는데, 신뢰를 실천하는 일이 이와 같이 중요한가?

순임금은 특별한 신뢰를 갖고 다스리지 않았지만 백성들은 그를 믿었다. 탕왕은 신뢰를 통해 백성들과 소통했으며, 주나라는 신뢰를 최고의 정치 덕목으로 내세웠다. 아! 요순시대는 더할 수 없이 훌륭하고, 하·은·주 삼대는 논의할 여지가 없을 정도로 아름다운 정치가 행해졌다.

후대로 내려오면서도 신뢰를 제대로 실천한 지도자들이 많았다. 제나라 환공과 진나라 문공은 인의를 내세우는 척하며 패도霸道 정치를 구현했으나, 천하의 맹주가 되어서는 마침내 조가曹柯의 약속을 실천했고,[3] 원原을 정벌하는 이익을 탐하지는 않았다.[4] 위나라 문후文侯는 전국시대의 참람한 제후였지만 우인虞人과의 약속을 잊지 않았고,[5] 신불해申不害·한비韓非와 같이 무자비했던 상

3. 사마천의 『사기』「자객열전」"조말"에 나오는 이야기다. 제나라 환공이 신의를 잃지 않기 위해 내치지 않았으나 땅을 돌려준다는 약속을 지킨 일을 말한다.

4. 『춘추좌전』「희공 25년」에 나오는 이야기다. 진나라 문공은 3일 동안만 원을 공격하기로 하고, "원을 얻고 신의를 잃는다면 백성들이 어디에 의지할 수 있겠느냐."며 약속을 지켰다. 훗날 '신의를 위해서는 코앞의 이익을 탐하지 않는다.'는 의미로 사용되었다.

5. 『자치통감』에 나오는 이야기로, 위나라 문후가 비도 오고 술도 마셨지만 사냥 약속이 있으니 어찌 가서 한번 만나 보지 않을 수 있겠느냐며 약속을 지키고 돌아왔다. 이는 하찮은 약속이라도 신의가 중요하다는 뜻으로 많이 인용된다.

6. 『사기』「상군열전」에 나오는 이야기다. 상앙은 법령을 변경하면서 백성이 믿지 않을 것을 염려하여, 길이가 3장인 나무를 남문에 세워 두고 북문으로 옮긴 이에게 약속한 대로 50금을 주고는 새 법령을 널리 알렸다고 한다.

정조 책문, 새로운 국가를 묻다

앙商鞅도 삼장목三丈木을 옮기는 신뢰를 보여 주었다.[6] 이들 모두가 신뢰를 지키는 도리를 잃지 않았다. 그렇다고 신뢰와 관련하여 깊이 논의할 만한 점이 없다고 할 수 있겠는가?

어떤 사람은 부모의 무덤 앞에 검을 매달아 놓고 처음 가졌던 마음을 실행하기도 했고, 어떤 사람은 집 안의 기둥을 안고 신뢰를 잃지 않기도 했다. 이들의 행동이 평범할지라도 세상의 도리를 밝히는 데 보탬이 된다고 할 수 있겠는가?

신의, 신뢰! 믿을 '신'이라는 한 글자는 윗사람과 아랫사람을 지속적으로 묶어 주고 사람 사이의 마음을 굳게 맺어 주는 핵심 도리다. 최고지도자인 군주는 신뢰로 아랫사람을 거느리고, 관리나 백성들은 신뢰로 윗사람을 섬겨야 한다. 그러면 위에서는 의구심이 없고 아래서는 흐트러지지 않게 된다. 국가가 태평한 시기에는 최고지도자가 팔다리를 베고 누워 있어도 나라가 잘 다스려지지만, 국가가 어려운 시기에는 온몸으로 고심하며 머리를 감싸고 고민해도 쉽게 다스려지지 않는다. 그러므로 옛날부터 최고지도자는 오랜 시간 국가를 안정시키고 지속적으로 평안을 유지하기 위한 계책을 고민해 왔다.

최근 들어 인심은 곱지 않고 사회 분위기는 더욱 험악해진 듯하다. 군주와 관리 사이에 신뢰가 무너지고 친구 사이에는 의심하는 풍조가 굳어진 것 같다. 윗사람은 아랫사람을 믿지 않고 아랫사람은 윗사람을 믿지 않는데, 이것은 서로 이끌어 주지 못해 그러한가? 아니면 세상에 서로 신뢰하는 분위기가 떨어져서 그러한가? 위로는 최고지도자인 군주로부터 아래로는 일반 서민에 이르기까지, 어떻게 하면 믿음이 마음 한가운데서 우러나와 서로 신뢰할 수 있겠는가? 인심은 날로 두텁게 되고 정치가 바르게 되어 빛나는 문명사회를 만들 수 있겠는가?

여러 학자 관료들은 혼신의 힘을 다하여 제각기 대책을 고민하여 저술해 주시라.

서로 소통하며
정책을 실천하라

정치적 의사소통에 관한 견해를 담고 있는 책문이다. 동서고금·남녀노소·지위고하를 막론하고 의사소통이 원활하지 않으면, 사회는 그만큼 경직되고 불신과 오해로 뒤덮이기 쉽다. 특히, 권력이 부정부패로 빠질 우려가 있을 때 건강한 비판과 충고는 필수적이다. 이에 정조는 소통하는 정치적 대책 강구를 학자 관료들에게 주문했다.

국가의 흥망성쇠는 언로言路가 얼마나 열려 있는가에 달려 있다. 언로는 관리들이 군주에게 말을 전달하는 통로다. 정치지도자와 국민들 사이에 형성되는 의사소통이므로 국가의 통치행위에서 언로는 매우 중요하다.

순임금은 주변에 가까이 있는 사람들의 말을 살피고 다시 동서남북 사방으로 귀를 열었다. 우임금은 아름답고 착한 말을 들으면 고마움의 표시로 절을 하고 다시 세상의 온갖 소리에 귀를 기울였다. 태어날 때부터 모든 것을 안다는 생지生知의 자질을 지니고 있었던 순임금과 우임금마저 언로를 여는 데 힘써 노력한 것은 어째서인가? 옛날부터 백성들이 시간과 절기 등 중요한 사안에 대해 알 수 있도록 길에서는 목탁을 두드렸고, 조정에서는 백성들을 위한 좋은 정책을 시행하려고 노력했다. 이처럼 현명한 제왕들이 언로를 여는 정책에 부지런하고 충실했던 것은 어째서인가?

최고지도자의 측근은 지도자가 타고 가는 수레에서 충언을 하고, 총애받는 신하들은 지도자의 관저나 침실에서 경계할 일을 일러 주며, 상인들은 시장에서 나라의 정책에 대해 논의하고, 서민들은 길을 가다가 곳곳에서 나라의 시책을 비판한다. 옛날의 언로는 이처럼 넓었단 말인가? 최고지도자는 때때로 국정의 원로들에게 충고를 청하기도 하고, 시골의 나무꾼에게 자문을 구하기도 했다. 지도자의 주변에서도 충분히 충고와 자문을 받을 만큼 언로가 넓었는데도 오히려 국가 원로나 나무꾼과 같은 사람들에게 충고를 청하고 자문을 받은 것은 어째서인가? 나라에서 정책을 펼 때 그것에 대해 바른 말을 하면 사회가 발전하고 침묵하고 있으면 나라가 패망할 지경에 이르렀다. 한 사회의 발전과 패망이 오직 언로가 열려 있는지 막혀 있는지 그 여부에 달린 것인가?

『시경』에는 "충고하지 않아도 착한 정치를 하는 경지에 든다네."라고 칭송한 노래가 있고, 『서경』에는 "명령하지 않아도 지도자의 정책을 받든다."고 칭찬한 기록이 있다. 이처럼 주나라 문왕과 같은 성인이나 은나라 고종과 같은 현인의 경우, 언로가 있든지 없든지 좋은 정치와 아무런 관계가 없었단 말인가? 제나라 위왕은 세 가지 조건을 내걸었지만 결국에는 아첨하고 망령된 말을 하는 이를 인재로 등용했고, 진나라 문공은 두 가지 조건을 내걸었지만 왕도정치가 아니라 패도정치를 하는 계책을 받아들였다. 언로가 열리느냐 마느냐! 이 문제가 진정으로 정치에 영향을 미치지 않은 것인가?

어떤 지도자는 여론을 수렴하는 상자를 두어 간언을 들었고, 어떤 지도자는 건의사항을 수렴하는 궤짝을 두어 간서를 받았다. 언로를 열어 둔 것은 동일한데, 정치의 안정과 혼란의 차원에서 현격한 차이가 나는 것은 어째서인가? 진나라는 공식적인 언로를 개방하기 위해 처음으로 간의대부諫議大夫라는 직책을 만들어 제도적 장치를 마련했고, 한나라 초기에는 언로 담당자에게 800석의 품계를 주었다고 한다. 진나라와 한나라 이전에는 언로를 담당한 부서나 직책으로 어떤 것이 있었던가?

천자에게는 정치에 대해 충고해 주는 신하 7명이 있었고, 제후에게는 5명이 있었다. 장관급 지도자에게는 그 아래 모든 관리를 살필 수 있는 책무를 부여했고, 지도자를 모시는 관리에게는 그 아래의 직속관리를 살피게 했다. 이와 같이 언로를 넓히거나 좁히고 나라의 크기와 지위의 높낮이에 따라 일의 성격도 달라지는 것인가?

충고나 자문으로 얻은 소리에 대해 "귀에 담아 두기를 귀마개처럼 막고 듣지 않는다."는 이야기가 있다. 이에 대해 옛날부터 무소의 뿔로 만든 서각과 코끼리 어금니로 만든 상아를 모조리 사용하며 권세를 누리면서도 간언을 듣지 않는 처사라고 놀리기도 했다.[7] 어떤 사람은 간언을 "입에는 쓰나 병에는 이롭다."고 하며 전국시대의 명의로 잘 알려져 있는 편작扁鵲의 좋은 처방에 비유했다. 이처럼 한 번은 놀림감으로 한 번은 명의에 비유되어 상반된 평가를 받았는데, 어찌 언로에 대한 다른 깨달음이 있었겠는가?

7. 『국어』「초어」에 나오는 이야기로, 초나라 영왕이 "내 비록 따르지는 못하더라도 귀에 담아 두겠다."고 말하자 간언하던 자장이 이렇게 말했다고 한다. "정치에 잘 쓰라고 하는 말을 쓰지 않는다면, 무소의 뿔로 만든 서각과 코끼리 어금니로 만든 상아를 모조리 사용하고도 모자라, 또 간언을 귀마개로 사용하려는 것입니까?"

깃발과 북을 내걸고 북방을 정벌하러 나가는 장수를 두고 국가의 원로들은 지도자에게 언로의 막힘을 염려하는 상소를 올렸고, 현명한 관리들은 예의를 갖추고 지도자를 방문하는 길에 언로를 열어야 한다는 간청을 올렸다. 국가의 원로들과 현명한 관리들이 언로를 여는 데 애쓴 이유가 무엇인지 설명할 수 있겠는가?

영예로운 양반들에게 명품 옷을 내리고 간언할 때 쓰도록 명품 종이인 백등지白藤紙를 하사하는 것은 그동안 바친 조세나 헌납품에 대해 가상하게 여기는 뜻이라 짐작할 수 있다. 그런데 지도자에게 충언하는 관리들이 수없이 등장하고 충언하는 관직이 헤아릴 수 없을 정도로 많다는 것 또한 지도자에게 넓게 충고한다는 하나의 단서로 볼 수 있는가?

은나라 말기의 충신인 비간比干은 군주의 삼촌인데도 간언을 하다가 심장을 갈라 죽이는 참혹함을 당했다. 당나라 태종 때의 신하로 직접적인 간언을 잘하기로 유명했던 위징魏徵은 지도자와 친밀했는데도 노여움을 사 비석을 엎어 버리는 곤혹을 겪었다.[8] 당나라 때 관리였던 양성陽城은 충고하는 말이 느슨했는데도 관직을 좌천당하는 벌을 받았다. 세 가지

8. 당나라 태종은 위징이 죽자 그의 직간을 아쉬워하며 '짐이 이제 거울을 잃었노라.'며 비석을 세워 주었다. 그러나 그가 했던 간언의 초고를 보고는 격노하여 비석을 넘어뜨렸다. 그 후, 태종은 고구려와의 전쟁에서 패배하고 돌아와 자신의 행동을 뉘우치고 비석을 다시 세워 주었다.

사례에서 볼 수 있듯이, 충신으로서 진정 어린 충고를 하였는데도 언로가 이렇게 어렵단 말인가? 어떤 경우에는 도성의 성문을 열어 개방하는 날인데도 언로가 닫히기도 하고, 어떤 경우에는 도성 밖 담장에 북을 치는 장소를 설치하여 언로가 넓혀지기도 했다. 이때 언로를 닫게 한 이는 누구이며, 넓힌 이는 누구인가?

옛날부터 "가까운 곳은 눈으로 직접 보게 하고 먼 곳은 간접적으로 귀로 듣게 하여, 안으로는 지도자 자신의 정치를 파악하게 하고 밖으로는 백성의 생활이 어떠한지 그 사정을 살피게 한다."고 했다. 과연 군주와 언로의 관계에 가까운 곳과 먼 곳, 안과 밖을 언급할 만한 것이 있는가? "먹줄로 똑바르게 줄을 그어 이를 따르면 곧게 되고, 치우치고 기울어진 것을 따르면 간사하고 악한 마음이 생기며, 가리거나 감춘 것이 없으면 밝아지고, 충고하는 말을 거부하며 받아들이지 않으면 어두워진다."고 했다. 군주가 언로와의 관계에서 곧음과 치우침, 어두움과 밝음을 굳이 말할 것이 있는가?

어떤 이는 감찰을 핑계로 피하였고, 어떤 이는 군사훈련을 핑계로 직접 충언하기를 꺼렸다. 이와 같이 경직된 풍조는 언로에 합당한가? 언로를 담당한 어떤 관리는 충언을 하지 않은 채 침묵하고 있다가 말 못하는 까마귀라는 조롱을 받기도 했고, 때로는 녹봉만 축내는 관리라는 책망을 두려워하기도 했다. 이처럼 순종하며 아부하는 태도는 언로를 무너뜨리는 부끄러운 짓이 아니겠는가?

언로를 맡은 관리는 고위관리 대접을 받으며 독립된 자리에 앉을 수 있을 정도로 융숭한 대우를 받았다. 그만큼 언로는 깨끗하고 고귀하게 취급되었다. 그러나 간혹 언로를 담당한 관리가 멍에를 멘 망아지처럼 겁을 먹기도 하고, 나무인형처럼 우두커니 있기도 하며, 특정인의 사주를 받기도 하고, 언로의 관직에서 30여 년 동안이나 재직하면서 아무런 발언이 없기도 하다. 언로의 문란함이 이처럼 심한 것은 무엇 때문인가?

국가에 언로가 있는 것은 사람에게 혈맥이 있는 것과 같다. 혈맥이 통하면 편안하고 통하지 않으면 위험해진다. 열어서 확장하면 번화가의 큰길처럼 탄탄하고, 막히고 닫힌 지 오래되면 꼬불꼬불 굽은 작은 길처럼 어려워진다. 올바른 정치를 바라는 사람은 1000리를 마다하지 않고 찾아와 일러 주지만, 지도자가 그 말을 듣지 않고 막아 버리면 세상이 어둡게 되고 진흙탕처럼 바뀌니, 나라의 흥망성쇠가 흑백처럼 분명하다. 옛날의 최고지도자, 현명한 군주는 그것을 알았다. 그러기에 문을 활짝 열고 소통하는 것을 꺼리지 않았고, 창을 높이 들어 언로를 열어 놓고 바른 정치의 길을 보여 달라고 호소했다. 이에 직접 충고할 수 있는 학자와 곧은 선비들은 관직에 나오고, 좋은 충고와 강직한 논의가 언로를 따라 군주를 보좌했다. 때문에 군주와 신하의 이름이 모두 빛나고, 서민들도 지도층을 신뢰할 수 있었다. 국가의 운영에서 언로는 진정 어떠해야 하는가?

아! 우리 조선도 언로를 매우 신중하게 여겼다. 언로를 담당하는 관리로 강직하고 방정한 선비를 선발하여 높은 권한과 명예를 주었고, 군주의 미비한 점을 공박하고 정치를 풍자하여 들려줄 것을 권했다. 또한 사대부를 독려하여 각기 해당 직책에서 의견을 제출할 수 있도록 하였으며, 초야에 묻혀 있는 야인의 목소리도 경청하여 반드시 채택할 수 있도록 했다.

최고지도자에게 충고할 수 있는 길은 하나가 아니다. 의견을 전달할 수 있는 샛길도 수없이 많다. 대궐에 와서 외치면 그에 상응하는 상을 주었고, 충언을 할 만한 데도 하지 않고 입을 다물고 있으면 꾸중을 했다. 겹겹으로 둘러싸인 대궐 문을 활짝 열었고, 충언하는 상소문이 산처럼 쌓였다. 이에 수백 가지의 일들이 언로를 따라 시행되지 않은 것이 없었다.

그러나 최근 들어 어쩌다 이렇게 언로가 협소해져 버렸는가? 벙어리 노릇하는 것이 풍속처럼 되어 침묵을 능사로 삼으며 모두가 입을 꾹 다물고 한마디 말도 없이 고요하게 되었는가? 내가 최고지도자가 된 후에만 하더라도, 자신을 책망하거나 도움을 요구하는 의견이 몇 차례 있었다. 알아듣기 힘든 의견에 대해서는 형식적으로 대응했지만, 진정으로 대응할 만한 강직한 충고를 제대로 해 온 적은 거의 없었다. 그 이유는 크게 보면 나의 잘못이고 작게 보면 여러 관리들이 정책에 대한 비판을 불필요하게 여기고 담장 밖으로 던져 버렸기 때문이다.

우리의 언로를 신중하게 바라보라! 해묵어 잡초가 무성하다. 처음에는 화살대처럼 곧던 것이 지금은 갈고리처럼 굽어 있다. 이에 대해 언급하려니 한심할 뿐이다. 다시 그 원인을 찾아본다. 좋은 충고에 대해서는 물이 흐르듯 순순히 따라야 하는데, 나의 정성이 부족하여 관리들의 마음을 움직이지 못했다. 훌륭한 충고에 대해서는 구슬이 구르듯 신속히 받아들여야 하는데, 나의 아량이 보고 듣는 사람에게 용기와 감동을 주지 못했다. 즐거운 낯빛으로 충고를 받아들이지 못하고, 자신을 버리고 남을 따를 수 있는 도량이 되지 못했다. 이런 나 자신을 되돌아 살펴보면 어느 겨를에 다른 사람을 원망하겠는가! 그렇다고 오늘날 언로에 책임이 있는 사람들에게도 어찌 유감이 없겠는가!

어떻게 하면 재야에서 비판하는 충고의 목소리가 잠복潛伏되지 않을 수 있을까? 중앙에서는 과감하게 정책에 대해 말하는 풍조가 일어날 수 있을까? 바른 소리를 나날이 들을 수 있고 좋은 충고가 나날이 전달되도록 언로를 확연히 소통시켜 해맑은 태평성대에 이를 수 있을까?

학자 관료들이여! 그대들도 평소에 반드시 언로의 막힘을 개탄하였으리라. 언로의 개방과 의사소통에 대해 제각기 대책을 저술해 보시라.

국가를 다스리기 위한
본보기를 설정하라

1784년에 제시한 국가의 규모와 본보기에 대한 책문이다. 동서고금을 막론하고 국가의 수립과 운영 과정에서는 반드시 국가의 규모와 본보기가 설정되어야 한다. 대한민국이 민주주의와 법치주의를 선택하여 민주국가를 수립하여 발전을 거듭한 것처럼, 당시 조선이 역사에서 어떤 국가를 모델로 하여 운영을 해 나갈 것인지에 대한 진지한 논의다.

어떤 국가를 만들 것인가? 한 국가를 다스리는 지도자들은 자신이 꿈꾸는 국가의 모델이 있기 마련이다. 그것은 국가를 다스리는 원리와 방법을 설정하고 자연스럽게 규모를 정하는 기준으로 작용한다. 국가의 규모가 서지 않고 좋은 정치를 한다는 것은 있을 수 없다.

규모規模라고 할 때, '규'는 목수가 쓰는 도구인 '규구規矩'의 '규'를 말한다. '규'는 원을 그릴 때 쓰는 컴퍼스이고 '구'는 네모를 그릴 때 쓰는 곱자를 의미한다. 그러므로 '규'는 그림을 그릴 때 사용하는 도구처럼 인간의 생활에 필요한 규칙이나 규정을 말한다. 규모에서 '모'는 '모범模範'이라 할 때의 '모'를 말한다. '모'는 본보기이고, '범'은 틀을 의미한다. 이런 점에서 '모'는 배워서 본받을 만한 본보기다.

네모나 원과 같은 방원方圓은 규구에서 나오고, 모습과 성질과 같은 형질形質은 모범에서 받는다. 그렇다면 이른바 규모는 무엇인가? 유학에서 말하는 예악禮樂인가? 법령法令을 가리키는 말인가? 아니면 예악과 법령을 아우르는 범위에 있는 것인가? 예악과 법령의 범위를 벗어나지는 않는 듯하면서 자연스럽게 예악과 법령을 벗어나 있는 것인가?

요임금과 순임금이 다스리던 태평성대에는 나라의 규모가 어떠했는지 알 수 없다. 그러나 하·은·주 삼대를 거치면서 정치적으로 더하고 뺐던 정책 중 규모라고 할 만한 것이 있는가? 한나라 때는 한나라의 제도가 있고, 당나라 때는 당나라의 제도가 있다. 특히 당나라가 수립한 규모는 매우 웅장하다. 한나라나 당나라가 국가를 건립한 규모를 구체적으로 설명할 수 있겠는가? 송나라의 시조인 조광윤은 그 덕망이 어질고 두터워 정치의 강령이 매우 정대했지만, 말엽에 이르러서는 그것이 위축되고 매우 쇠약해졌다. 그 규모가 어떤 측면에서 이해득실이 있었는지 자세하게 논의해 보라.

한 시대를 열며 국가의 규모를 수립했다 하더라도, 마지막 세대에 가서 그것이 해이해지거나 긴장의 정도가 다를 수 있다. 당시의 최고지도자인 군주가 규모를 정립했어도 사안마다 그것을 시행하는 것은 제각기 다르다. 군주의 차원에서 보면, 어떤 경우에는 관대하고 공손하며 검소한 측면을 계승했지만 그것을 자세하고 꼼꼼하게 처리하기도 하고, 마음이 느슨하고 근본적인 대책 없이 머뭇거리는 측면을 계승했지만 그것에 대해 분발하고 가다듬기도 한다. 정치의 차원에서 보면, 간사하고 사특한 측면을 적발하는 데는 밝지만 범죄를 다스리는 문제에는 소홀하기도 하고, 백성을 구휼하는 데는 자상하지만 군사력을 기르는 데 서툴기도 하다. 이런 사례에 대해 차례로 지적하고 분명하게 말할 수 있겠는가?

공자는 정치에 대해 "1년이면 할 수 있고 3년이면 성공한다."고 했다. 그것은 일반 사람들의 능력으로 헤아릴 수 있는 문제는 아니다. 하지만 맹자가 "큰 나라는 5년이며 작은 나라는 7년이다."라고 했는데, 그것은 어떤 규모로 국가의 정치를 시행하려는 것이었는가? 주자는 장식張栻에게 "다른 사람과 자신을 가늠하고, 시대를 비교하며, 재능을 헤아리는 데 몇 년이라는 기간이 필요하다."고 격려했다고 한다. 그렇다면 과연 당시 장식이 군주에게 올린 학설에서는 이에 대해 어떻게 말했는가? 주자가 요직에 올랐다면 국가의 규모를 어떻게 정했겠는가?

옛날부터 최고지도자로서 제왕이 행하는 정치는 사람에 따라 혹은 상황에 따라 일정하지 않았다. 어떤 경우에는 덕치德治로 교화하기도 하고 어떤 경우에는 다양한 방법을 차용한 패도覇道에 의존하기도 한다. 정치를 제대로 시행하고 제도를 제정하려면, 반드시 일정한 체계를 갖춘 규모를 먼저 설정해야 한다. 위에서는 지도층이 설정한 규모를 통해 아래의 백성을 이끌어 나가고, 아래에서는 백성이 이 규모를 통해 지도층을 섬겨, 위아래가 상호 협력하여 한마음으로 어그러짐이 없어야 한다. 이는 활을 쏠 때 표적에 명중되기를 바라는 것과 같고, 나그네가 길을 가는데 다른 곁길에 유혹되지 않는 것과 같다. 그래야만 규모의 대강大綱과 세목細目이 모두 시행되고, 규모를 실천할 때 필요한 사안이 합당하게 융합되어 목표에 도달할 수 있다. 한마디로 말하면, 국가가 잘 다스려진다.

나는 최고지도자인 군주로 취임한 이래, 제일 먼저 나라의 규모를 설정하는 데 뜻을 두었다. 백성이 지켜야 할 인륜을 세우고 민생을 강구하며 중앙 공공기관의 기강을 엄격하게 하고 관리들의 습성을 바로잡는 일이라면, 크고 작은 것을 논할 것 없이, 네모와 동그라미가 규구에서 나오고 모습과 성질이 모범에서 받은 것처럼 실천하려고 했다. 그러나 정치가 그렇게 마음대로 되지는 않는다. 일이 마음 같지 않다. 최고지도자가 명령을 내려도 신뢰가 형성되지 않고, 간혹 정책이 시행되어도 효과는 미미하다.

　시험 삼아 오늘날의 우리 조정을 돌아본다. 진정 우리 조선은 어떤 모양새의 규모를 지니고 있는가? 조정의 모습은 흐트러져 세상의 도리를 밝히는 수준의 규모가 설정되지 않았다. 언로는 막혀 소통하는 모습의 규모가 서지 않았다. 훌륭한 인재를 초청하는 데 온 힘을 쏟아도 함께 나아가려는 아름다운 모습은 볼 수 없다. 그러니 현명한 사람을 인재로 구하는 규모가 세워졌다고 할 수 없다. 사회의 제반 문제나 백성의 삶을 예의로 포괄하기 위한 규모는 설정하였으나 거문고를 타며 시를 읊을 정도로 원활하게 돌아가지는 않으므로 학자를 접대하는 규모도 온전하다고 보기 어렵다.

　국고가 바닥나면 재정을 관리하는 규모를 누가 맡을 것인가? 국방제도가 문란하면 군대를 다스리는 규모를 누가 정할 것인가? 국가의 혜택도 저 시골구석에 이르기까지 고르게 미치게 하고 싶지만 저 지방 곳곳에까지 미치는 규모가 없다. 예의를 중앙 공공기관의 관리들에게 시행하고 싶지만 그들에게 적용할 규모가 없다. 이런 상황에서 옛날에 어떤 사람이 강조한 것처럼 "멀리 내다보고 경영한다."는 말은 감히 꺼

　　　　정조 책문, 새로운 국가를 묻다

낼 수도 없다. 당면한 사안에 대해 땜질 수준의 규모임에도 불구하고 미처 손쓰지 못하고 있을 지경이다. 이러하니 백성이 어떻게 곤궁하지 않을 수 있고, 국가인들 어떻게 위태롭지 않을 수 있겠는가!

아, 세대가 내려올수록 사회 분위기는 어지러워지고, 국가의 규모를 설정하려 해도 그 형세가 어쩔 수 없어 그렇게 되는 것인가? 아니면 내가 이른바 규모라고 설정한 것이 실천 방안을 제대로 얻지 못해 그런 것인가? 아직 세우지 못한 규모를 세우려 하고, 아직 이루지 못한 정치의 도리를 이루려 한다면, 어떤 방법을 써야 되겠는가?

정치의 원리원칙을
확인하라

정치의 원리원칙을 공고하게 세우려는 책문이다. 정치에서 가장 중요한 것은 모든 일을 바르게 만들어 어떤 사안에서건 공정성이나 균형을 이루는 일이다. 정조 당시에는 전국 각지에서 붕당정치가 횡행했고, 이를 혁파하는 문제는 정치의 최고 화두였다. 이에 정치의 원칙을 '황극'이라는 유교의 이상에서 찾으려고 고민했다.

정치의 원칙과 기준은 황극皇極보다 소중한 것이 없다. 기자箕子가 황극을 널리 알리고 수천 년이 지났으나 지금까지 이를 제대로 건립한 사람이 있었는가? 붕당은 사람을 좋아하고 싫어하는 과정에서 나누어지고, 특정한 사람들을 친밀하게 대하는 데서 생긴다. 이는 황극이 제대로 사용되지 못한 지 오래되었기 때문이다.

선대 임금들은 황극을 크게 건립하는 정치를 펴서 50년을 하루같이 했다. 정말 아름답다! 훤하게 쫙 펴지는 밝은 정치를 실천했으니 뭐라고 부를 수 없다. 그 정도로 위대하다!

우리 동방은 중국에서 보면 지리적으로 한쪽 구석으로 치우쳐 있다.

치우쳐 있기 때문에 붕당이 되기 쉽다. 붕당이 처음 생길 때는 말 한마디 행동 하나도 의심하며 내 편과 네 편으로 나뉘고, 조정의 관리나 재야의 태반이 붕당으로 물 끓듯이 부글부글했다. 붕당끼리 싸워서 이기면 절개가 있다고 하고, 붕당을 서로 조절하며 적절하게 정리해 나가면 나약하다고 비아냥거렸다. 이렇게 시대가 다시 한 번 지났다.

그 사이에 붕당의 명목은 서울 중심부에 국한되기도 하고, 다툼의 단서가 각 지방에 따라 갈라지기도 했다. 저쪽이 이기면 이쪽이 지고, 파벌로 나뉘어 들어오면 주인이 되고 나가면 노예가 되어 창과 검으로 서로 맞선다. 자기와 뜻이 같으면 반드시 좋은 자리에 앉히고 자기와 다르면 반드시 구덩이로 밀어 넣는다. 나아가서는 재능과 지혜가 능숙한지, 문장과 학술이 익숙하거나 서툰지, 국가를 위한 정책의 이해득실을 평가할 때까지, 모두 그 사람이 속한 당파를 보아 평가하게 됐다.

이렇게 두 번 세 번 당파가 변하면서 붕당의 성격이 여러 번 변하게 됐다. 처음에는 작은 시냇물 같았으나, 결국은 이것이 그치지 않아, 이제는 하늘에 닿을 만큼의 큰 홍수가 되어 버렸다. 작은 불꽃이 꺼지지 않아 어느덧 평원을 태우는 강렬한 불길이 됐다. 이렇게 되면 당파에 속한 사람은 서로 빠져들고, 함께 타지 않는 사람도 드물어진다.

선대의 임금이 이것을 염려하여, 사람들의 상처 난 곳을 감싸 주고 반목하는 이들을 불러 모아, 황극이란 두 글자를 통해 정치를 폈다. 말씀으로 일러 주어 따르지 않으면 정성과 믿음으로 다가갔고, 정성과 믿음을 들여도 따르지 않으면 법을 통해 위엄을 보였다. 서둘지도 않고 느슨하지도 않게 하여 늙은 나이에도 게을리하지 않았다. 잊지도 않고 그렇다고 억지로 조장하지도 않아 작은 일에도 소홀함이 없었다.

처음엔 당파끼리 서로 어색하여 합쳐지지 않을 것 같았다. 그러나 끝에 가서는 큰 간격 없이 화합하였다. 이것이 바로 죽도록 잊지 못하여 생각하게 되는 것이고, 오복五福[9]을 수렴하여 우리에게 태평 만세를 누릴 수 있는 정신을 물려준 것이다. 내 어찌 앞서 선대의 임금이 애써 계획한 사업에 유종의 미를 거두지 않을 수 있겠는가!

아! 내가 선대 임금인 영조의 명을 받고 최고지도자로서 보위를 계승한 지 어느덧 10년이 되었다. 선대 임금의 뜻과 사업을 이은 효험은 아직 없는데, 그간 당파끼리 일삼던 분쟁으로 묵은 폐단은 점점 나타나고 있다. 그들을 면전에 불러 명령하고 귀에 대고 당부했지만, 내 말을 듣고도 꿈쩍 하지 않고 나를 멀리 한다. 틈만 나면 남을 속이고 자신에게 유리하도록 일을 도모하느라 국가를 위해 일할 겨를이 없다. 농단壟斷으로 이익을 꾀하면서 자신이 저지른 일도 남이 그렇게 했다고 핑계를 댄다. 상황이 이러하니 누가 국가를 위한 헌신을 본받으며, 누가 기꺼이 나라의 일을 맡겠는가!

어떤 관리는 믿을 만하건 의심스럽건 간에 사실 그대로를 전하기만 하면서, 의견을 제대로 말하지 못하는 것이 자신의 한계라고 핑계를 대고, 어떤 관리는 붉다느니 검붉다느니 하며 사실에 대해 자기가 제멋대로 해석한 것을 고집한다. 조정의 관리들이 이 모양이니, 선대 임금 영조께서 오래도록 공들여 쌓아 올린 교화마저도 점차 허물어져 가고 있다. 아! 이런 지경에까지 이른 까닭이 무엇인가? 내가 최고지도자 군주로서 공경한 마음으로 황극을 따라 떳떳한 도리와 교훈의 책임을 다 해내지 못해 그렇게 된 것이리라. 그러니 어찌 선대 임금이 즐겁게 "나에게는 나라를 책임질 후손이 있다!"고 하겠는가? 나의 주변에 있는 관리들과 학자들도 황극을 중심으로 협동하고 공경하며 내가 황극에 귀의하는 정치를 하도록 보필하지 못했으니, 그대 명문세가들의 선조들도 어찌 즐겁게 "나에게는 나라의 일을 보필할 후손이 있다!"고 할 수 있겠는가?

아! 붕당이 혁파되어야 국가의 명맥이 손상되지 않으리라. 황극이 건립되면 왕도가 창성하리라. 나의 부족함은 그대들이 보고 들은 것이니, 앞으로 어떻게 나를 지도할 것인가? 붕당을 해소할 방법을 제시해 보라. 그리고 그 정책을 신중하게 실시해야 한다. 그러니 조심스럽다고만 하지 말고 진정으로 분명하게 나를 깨우쳐 보라.

삶과 정치에
봄의 활력을 불어넣어라

삼월삼질의 생기를 강조한 책문이다. 3월이 되면 봄날의 따스함과 생동감이 밀려오
듯이, 이 책문에서는 백성들의 삶과 정치에도 활력이 돋을 수 있는 방법을 고안하려
는 걱정이 묻어난다. 봄이 되었음에도 불구하고 그런 생동감이 없는 사회의 분위기
를 보고 군주로서 고심하며 대책을 요구한다.

옛날부터 음력으로 3월 3일은 '영절令節'이라고 했다. '삼월삼질'이라
고 하는데, 상사上巳, 원사元巳, 중삼重三, 또는 상제上除라고도 한다.

"이 상사일에 난초를 손에 잡는다"는 기록은 『삼국지』 「위서魏書」 한
전韓傳에 보이고, "구불구불한 물길에 띄운 술잔을 전달하며 노는 것"
은 「초지楚志」에 기록되어 있다. 이 날, 난초를 손에 잡고 술잔을 띄워
전달하는 것은 무엇 때문인가? 상사일에는 날씨가 맑고 흐린지를 예측
하며 한 해의 양잠이 성공할 것인지 실패할 것인지 추측하기도 하고,
말을 타고 달리며 모형으로 만든 토끼를 쏘아 사냥의 승부를 겨루기도
했다. 날씨를 예측하며 점치기 시작한 내력과 절기를 숭상하게 된 연

유를 자세하게 설명할 수 있겠는가?

삼절三節을 설치한 것은 승평昇平을 장식한 것이고, 이날 사·농·공·상의 백성 모두가 즐기는 것은 번화함을 뽐내는 것인가? 동진의 서예가인 왕희지가 난정蘭亭에서 시모임을 주도하여 글을 썼기에 세상에 그의 필체가 전해 오고, 당나라 대학자인 한유가 태학에서 연주하던 거문고를 들으며 공부한 사람들이 그의 유명한 문장을 전송해 왔다. 옛날 문인들이 상사일에 한 일들이 어떤 것인지 소급하여 논의할 수 있겠는가? 온갖 광물로 만든 저 둑과 돌로 치장한 뜰은 누추한 화림원의 사치스러운 경관이고, 비단 폭으로 한 무더기 꽃을 싼다는 것은 한낱 팔공산에 높이 올라 관망한 것이다. 그 장점과 단점, 우열에 대해 말할 만한 것이 있는가?

옛날이야기에 임금이 푸른 가죽신을 신는 것은 향기로운 풀을 밟는 풍속에서 비롯된 것이라고 한다. 하지만 가까운 신하에게는 세류권細柳圈을 하사하였는데, 세류를 띠로 삼는 의미는 무엇인가? 한관漢館에서 누에를 치는 것은 이날 시작된 것이라고 하는데, 송원宋苑에서 꽃을 감상하는 일도 또한 이때 있었는가?

"불제祓除하는 자리로 곡수변에 앉았다."는 구절은 누가 부賦[10]한 것이고, "봄바람이 채색 기폭을 희롱한다."는 글은 누가 읊은 노래인가? 차례대로 자세하게 말해 보라.

10. 『시경』에 근거해 보면, 시를 짓는 전통적인 방법에는 부(賦), 비(比), 흥(興)이 있다. 부는 직접적인 묘사 방법이며, 비는 상징적인 기교를 중시하는 방법이고, 흥은 사물에 의탁하여 흥을 일으키는 방법이다.

사계절은 공평하게 나누어져 골고루 분포되어 있다. 천지 사이에 들어찬 음陰·양陽·풍風·우雨·회晦·명明의 육기六氣는 서로 밀고 당기는데, 이 가운데 좋은 때를 가려 뽑아 가절佳節이라고 하였다. 음력 5월

5일 단오와 음력 9월 9일 중양절의 세시풍속처럼 어느 것인들 옛 풍속의 기록이 아니며, 시인들이 읊고 즐기던 것이 아니었겠는가! 단비가 내려 온갖 화초가 자라나고 봄바람이 불어와 만물이 번창한다면 언제인들 삼월삼질이 아니겠는가! 그러나 시절이 봄날처럼 좋고 풍성해야 백성들이 좋은 날만큼 보답할 수 있고, 정치가 평화롭고 풍속이 밝아야 사람들이 좋은 시절을 그만큼 즐길 수 있다.

삼월삼질이 되었음에도 불구하고, 최근 물가에 오가는 수레 소리가 적고 즐겁게 놀이한다는 이야기를 듣지 못했다. 삼월삼질의 다른 이름인 '원사'라는 명칭만 있을 뿐, 부정을 물리치거나 생명력을 약동시키는 행사를 제대로 하지 않는다. 이런 상황이 어쩌면 내가 군주로서 계절에 따라 백성을 제대로 살피지 못한 결과는 아닌가! 백성의 심정에 즐거움은 적고 피곤함이 많으며, 농사는 흉년이 자주 들고 풍년이 적어 백성에게 즐거움을 주지 못하여 그렇게 된 것은 아닌가!

지금 절기가 자연스럽게 펴고 날이 맑게 개어, 백성이 춘대春臺 위에 올라가 가절을 즐기고 그만큼 좋은 날에 보답하려고 한다면 어떻게 해야 하는가?

정조 책문, 새로운 국가를 묻다

백성을 편안히
오래 살게 하라

백성의 장수에 관한 책문이다. 사람들이 장수하는 것은 그만큼 정치적으로 안정되
어 있다는 의미다. 전쟁이 없으므로 오래 살고, 잘 먹고 건강하기 때문에 오래 산다.
모든 지도자가 이런 나라를 꿈꾸기에 정조도 그 방법을 모색하고 싶어 하였다.

　

오늘은 그대 젊은 학자들과 함께 장수와 연관된 '수壽'라는 글자 하
나를 가지고 강론하려고 한다. 또한 다른 지역보다 장수하는 사람이
많이 사는 고장의 사람들과 대화하려고 한다. 어서 오라, 그대 장수하
는 고장에 사는 훌륭한 학자들이여! 내가 그대들에게 직접 이렇게 시
험을 보이는 이유는 간단하다. 나와 함께 장수의 큰 행복을 누리기 위
해서다.

'홍범구주'에서는 다섯 가지 복 중에 첫 번째를 '수명'이라 했다. 지금
나는 만나기 어려운 좋은 기회를 만나, 장락궁長樂宮의 기뻐하는 얼굴
을 받들고 대정大庭에서 경하를 드리고 만세 삼창을 했다. 이리하여 선

대부터 이어져 오는 아름다운 전통을 칭송하며, 풍요로움을 후손에게 물려주려 한다. 아! 내가 즐겁게 양육하는 백성인 그대들에게 수명과 복록을 높여 주려 한다.

11. 『시경』「소아」의 '천보'시에 '-와 같다'는 뜻의 '여(如)'자를 9번 쓰고 있는데, '높은 산과 같다'에서 '소나무 잣나무가 무성한 듯'에 이르기까지 아홉가지의 사물을 비유한다.

12. 『시경』「노송」의 '비궁'시에 나오는 삼수로 '오래 산 어른'을 말하는데, 상중하로 나누어, 상수는 120세, 중수는 100세, 하수는 80세이다.

13. 『장자』「천지」편에 기록되어 있는 전설상의 사람으로 '화'는 지명이고 '봉인'은 봉토의 국경선을 지키는 사람이다. 요임금이 순행하여 화에 왔을 때 봉인이 요임금의 장수와 부 등을 축원했다고 한다.

그대들에게 자문한다. 천보天保의 구여九如[11]는 무엇을 비유한 말인가? 비궁閟宮의 삼수三壽[12]로 벗을 삼는 것은 무엇을 의미하는가? 성인은 어찌하여 화봉인華封人[13]의 축복을 욕됨이 많다며 사양했는가? 문왕文王이 무왕武王에게 세 살의 나이를 넘겨준 것은 이치로 증명할 수 있는 것인가? 남극성南極星이 나타나면 세상이 태평해지고 수명이 길어진다고 하는데, 최근의 별빛은 어떠한가? 춘대春臺가 열리면 오곡이 풍성해지고 모든 백성이 편안해진다고 하는데, 최근에 유행하는 노래를 들어 볼 수 있겠는가? 은나라 고종이 "백성을 공경했기 때문에 장수했다."는 말은 진서산眞西山에게 나왔고, 위나라 무공은 "늙어서도 경계함을 잊지 않았다."는 글은 주나라의 시에 나온다. 그렇게 되어야만 장수했다고 할 수 있는 것인가?

대춘大椿이라는 나무는 8000년의 세월을 봄으로 삼고, 반도蟠桃라는 복사나무는 3000년 만에 결실을 맺는다. 거북이는 1000년을 지나야 연잎에서 놀 수 있고, 학은 1000년이 되면 누운 소나무에 깃든다고 한다. 동물이나 식물도 그러한 것이 있는가? 『시경詩經』「빈풍豳風」에는 "춘주春酒로 미수眉壽를 기원한다."고 했고, "태산에서 술잔을 받들어 오래도록 장수하기를 절하고 올린다."고 했는데, 술이 사람을 장수하게 할 수 있는가? 남양南陽에 있는 국담菊潭의 물을 마시는 사람은 모두 백세를 누렸고, 또 청성靑城의 구기자 뿌리가 담겨진 물을 먹는 사람 중에는 5세손世孫을 본 이도 있다고 한다. 물도 사람을 장수하게 할 수 있는가?

순임금은 덕을 귀하게 여기고 나이 많은 어른을 존경했고, 우임금은 작위를 귀하게 여기고 나이 많은 어른을 존경했다. 은나라 사람은 부유함을 귀하게 여기고 나이 많은 어른을 존경했고, 주나라 사람은 친척을 귀하게 여기고 나이 많은 어른을 존경했다. 순임금에서 하·은·주 삼대로 이어지며, 사대四代에 걸쳐 귀하게 여기는 것은 제각기 달랐지만, 나이 많은 어른을 존경하는 것은 공통적이었다. 그렇다면 수명이란 존경 대상에서 가장 존귀한 것인가?

왕원지王元之는 "백성의 수명은 군주의 정치와 교화에 달려 있다."고 말했는데, 정치와 교화는 수명과 어떤 관계가 있는가? 수명이 정치와 교화에 달려 있는 이유는 무엇인가? 그대 학자이자 예비 관리들이여! 수壽라는 한 글자에 대해 진지하게 논의해 보시라.

일상에서 조심하라

일상생활에서 깨우치고 조심하는 일에 관한 책문이다. 경敬은 일반적으로 공경을
의미하는데, 삶을 살아가는 평소의 모든 측면을 관통하고, 우리 행위에서 겸손하고
몰입하며 깨달음에 이를 것을 강조한다. 이는 누구나 지녀야 하는 덕목이기에 그것
을 실천할 방법을 모색했다.

경敬은 일상에서 움직이거나 고요히 있을 때의 동정動靜을 관통하고,
마음의 안과 밖인 내외內外를 겸한 것이다. 아래에서 배워 위까지 훤하
게 통하고, 처음부터 끝까지 막힘없이 깨치는 일이다. 때문에 잠시도
틈을 허용할 수 없고 잠깐이라도 소홀히 해서는 안 된다.

요임금은 "공경하고 밝다."하여 흠명欽明으로 표현했고, 순임금은
"온화하고 공손하다."하여 온공溫恭이라고 했다. '경'이라고 하지 않
고 '흠欽'이나 '공恭'이라 했는데, 이때 '흠'은 '경'의 본체라 할 수 있고
'공'은 '경'의 작용이라 할 수 있다. 이런 의미를 부여할 때도 각기 크기
나 깊이의 차이가 있는가? "성스러운 '경'이 나날이 오른다."고 한 것

은 은나라 탕왕이고, "계속되는 광명이 '경'에 그친다."고 한 것은 주나라 문왕이다. '오른다'는 것에는 나날이 새로워지는 아름다움이 있고, '그친다'는 것은 그만둘 줄 모르지는 않는다는 의미다. 경을 말하는 것은 동일한데, 지적하는 것이 같지 않은 이유는 무엇인가?

사상보師尙父는 경이 "게으름을 이긴다."고 하였다. 게으르지 않음을 부지런함이라고 할 수 있는데, 이것이 과연 경이 될 수 있는가? "서두르면 이루지 못한다."고 하자 태보太保는 "빨리 덕을 공경하라."고 충고했다. 경은 '빨리' 하려는 것인가? 공자는 "거처할 때는 공恭하게 하고 일을 할 때는 경敬하게 하라."고 했는데, 오직 움직이는 측면에서만 말한 것은 어째서인가? 위나라 무공武公은 "그대는 위의威儀를 공경하라. 오직 백성의 모범이니라."라고 했는데, 겉으로 보이는 위엄 있고 엄숙한 태도만을 주의시키는 것은 어째서인가?

정자程子의 문하에서 경을 논의한 것을 보면, 그 핵심을 파악한 듯하다. 먼저 "하나를 중심으로 삼아 몰입하고 다른 곳으로 마음을 옮기지 않는다."고 했다. 또한 "항상 깨어 있는 법으로 삼는다."고 했고, "그 마음을 거두어들여 어떤 다른 외부의 사물 하나라도 용납하지 않는다."고 했으며, "오직 두려워하는 것만이 경에 가깝다."고 했다. 경을 설명한 이 네 가지 말 가운데 무엇이 가장 중요한가?

위에서 대략 여덟 가지 정도로 문제를 제기했는데, 하나하나 자세하게 설명해 보시라. 경은 별도로 지향하는 방향이 없다. 그런데 어찌하여 "경에 거한다."는 뜻의 '거경居敬'이라는 명칭이 있는가? 경은 구체적인 형체가 없다. 그런데 어찌하여 "경을 가진다."는 뜻의 '지경持敬'이라는 조목이 있는가? '거하는 것'과 '가지는 것'의 명칭과 조목을

「전傳」이나 「기記」에서 얻을 수 있는가?

　마음을 가다듬고 좌선坐禪하는 것이 내면 공부에 해로울 것은 없으나 오히려 공적空寂한 지경으로 돌아간다. 경에 그런 뜻을 붙여 나름대로 해석하는 것이 간혹 본뜻을 무너뜨리고 용렬하게 제멋대로 하는 것보다는 낫지만, 뜻을 만들어 조장한다는 비판을 벗어나지는 못했다. 누가 그것을 주장했는지 근원을 설명할 수 있겠는가?

　아주 먼 옛날부터 유학의 성현들이 서로 전수하는 심법이 '경敬' 자를 벗어나지 못하고 있다는 점은, 주나라에서 송나라에 이르기까지 자세히 설명하였다. 우리 동방에 이르러서도 유학을 공부하는 사람들은 어릴 때부터 흰머리가 날리도록 한 평생 경에 힘을 쏟았다. 이렇게 된 이유는 대체로 주자가 남김없이 그것을 드러내어 후학에게 전해 주었기 때문이다. 나는 주자의 학문적 영향이 요·순임금의 정치적 역량보다 못하다고 여기지 않는다.

　그러나 후대로 내려올수록, 백성을 향한 정치적 교화는 흔들리고 해이해져 유학이 제대로 밝아지지도 않고 학문도 정밀하지 못하게 되었다고 느낀다. 누가 이 혼미한 시대의 나침반이 되겠는가? 누가 담을 등지고 나아가기를 청하겠는가? 마음을 펼치기 전에 자신을 함양하여 바르게 하는 방법을 굳게 지킬 수 있겠는가? 밤낮으로 조심하고, 드러냄과 은미함을 한결같이 하여 마음을 태연하게 가질 수 있겠는가? 그리하여 자신을 완성하는 동시에 다른 모든 사물도 완성시키는 데 기여할 수 있겠는가? 그런 '경'에 관한 공부를 효과적으로 하려면 어떻게 해야 하는가?

지혜로 사리를 분별하라

지혜, 혹은 지식에 대한 고민을 문제로 제기한 책문이다. 세상에는 어리석은 사람들
이 너무나 많다. 정조는 일반 백성들이 자신의 생활을 현명하게 풀어 가기를 소망
했다. 그러기 위해서는 지혜가 필요했다. 그렇다면 백성들을 똑똑하게 만들 수 있는
방법은 없는가? 이에 대한 방법과 정책 대안을 강구했다.

『주역』에 "지혜知는 세상 모든 사물에 골고루 관여한다."고 했다. 그
런 만큼 사람에게도 지혜는 위대한 그 무엇이다.

　지혜는 인仁·의義·예禮·지知:智의 사단四端으로 말하면 맨 뒤에 자리
한다. 지智:知·인仁·성聖·의義·충忠·화和의 육덕六德으로 말하면 맨
앞에 자리한다. 사단에서는 맨 뒤에, 육덕에서는 맨 앞에 자리하는데,
그 뜻과 이유를 설명할 수 있겠는가?

　지혜는 '원형이정元亨利貞'이라는 『주역』「건乾」의 도리에서 보면 정
貞에 해당하고, 춘하추동의 사계절로 보면 겨울인 동冬에 해당한다. 정
貞이 되기도 하고 동冬이 되기도 하는 의미를 자세히 논의할 수 있겠는

가? 어떤 경우에는 지혜에 대해 "자연에서 본받는다."고 했고, "사람에 달려 있다."고도 했다. 그렇다면 자연과 사람 사이에 제각기 무엇을 지적하여 이렇게 말했는가? 사물의 이치를 꿰뚫어보는 예지가 있는 총명한 지도자는 충분히 군림할 수 있다. 반면에 덕이 있으면서 계략과 지식으로 무장한 술지術知를 발휘하는 지도자는 어려움 속을 헤매는 경우가 많다. 예지叡智의 지와 술지術知의 지가 순수함과 잡박함의 분별이 있어 그런 것인가?

어떤 이는 "지혜로운 사람은 물을 좋아한다."고 했는데 이는 막힘없는 특성을 취한 것이고, 어떤 이는 "지혜를 흐르는 물"에 비유했는데 이는 자연스러움을 취한 것이며, 어떤 이는 "지혜는 물과 같다."고 했는데 이는 썩지 않은 성질을 취한 것이다. 옛사람들이 지혜를 언급하면서 반드시 물로 비유한 것은 어째서인가?

『대학』에서는 격물치지格物致知, 『중용』에서는 달덕達德, 『주역』에서는 광대光大, 『서경』에서는 명철明哲, 『논어』에서는 불혹不惑, 『추서鄒書』에서는 불려不慮의 '지'를 말했다. 여러 경전에서 지에 대해 형용한 것은 다르다. 동일한 하나의 '지'인데, 각각의 경전마다 동이同異, 본말本末, 대소大小, 정조精粗의 측면에서 지知의 분별이 있는가?

공자의 제자 가운데 "안자顏子는 어리석은 것 같고 증자曾子는 미련한 것 같다."고 했다. 하나는 어리석고 하나는 미련하다고 한 것이 모두 지혜로운 사람과는 상반되는 것 같은데도, 안자와 증자 모두 높은 경지의 지혜를 지닌 '상지上知'의 반열에 있는 것은 어째서인가? "지혜가 있는 사람은 활동적이다."는 것은 공자의 교훈이고, "지혜가 있는 사람은 원만하게 행동해야 한다."는 말은 당나라 때의 명의인 손사막孫思邈의 견해다. 지혜 있는 사람이 한결같이 활동적이기만 하고 한결같이 원만하기만 하다면, 고요하게 공부하거나 방정한 모습은 보이지 않는단 말인가?

거미는 그물을 만드는 지혜가 있고 쇠똥구리는 둥근 흙뭉치를 굴리는 지혜가 있으며, 늙은 소나 말은 자신이 다니던 길을 아는 지혜가 있고 제비는 계절에 따라 이동할 줄 아는 지혜가 있다. 이렇게 별 볼일 없는 짐승이나 미물들도 자연적으로 타고난 지혜가 있단 말인가? 지혜를 넓히려면 반드시 먼저 많이 들어야 하고, 지혜를 더하려면 책을 읽고 연구하는 것보다 나은 것이 없다고 했다. 넓히고 더하는 것이 많이 듣고 책을 읽고 연구하는 데 있다는 것은 어째서인가?

노자는 『도덕경』에서 "지혜를 버려야 한다."고 단언했고, 당나라의 사상가인 한유는 「송궁문送窮文」[14]을 지어 절하며 지혜의 곤궁함을 떠나보냈다. 지혜가 사람에게 무엇이기에 이처럼 내버리고, 무엇이 해롭기에 이처럼 떠나보내는가?

정나라의 대부였던 비심裨諶이 교외로 나갔으나 정나라가 그의 지혜에 의지했고, 위나라 조조의 참모였던 가후賈詡가 문을 닫아걸고 있었지만 천하는 그의 지혜로 귀의하였다. 비심은 떠나고 가후는 숨었는데 다 같이 지혜로 소문이 난 것은 어째서인가? 공자는 『논어』에서 동자기둥에 조각된 수초水草문양을 지적하며 "장손臧孫이 어찌 지혜롭다 하겠는가?"라고 하며 장손을 배척했고,[15] 해바라기가 뿌리를 지키는 것에 감탄하며 제나라의

14. 가난한 것들의 귀신을 떠나보낸다는 뜻이다. 가난에는 지혜의 가난, 학문의 가난, 문장의 가난, 명예의 가난, 친구의 가난 등이 있다.

15. 『논어』「공야장」에 보면, 장문중이 자기 집에 큰 거북을 두고 그 거북을 위해 별도의 집을 지었는데, 그 집의 기둥 끝에 산을 새기고 대들보에는 무늬를 그렸다. 당시 사람들은 장문중을 지혜롭다고 했으나, 공자는 그가 백성을 다스리는 데 힘쓰지 않고 귀신이나 점치는 일을 맹목적으로 믿으려 했다는 점에서 지혜롭지 못하다고 비판했다.

16. 포자는 포견을 말하는데, 『춘추좌전』에
   의하면 그는 다른 사람의 문란한 행실을
   밀고하였다가 나중에 모함을 받아 다리가
   잘리는 형을 받았다고 한다. 이 일에 대해
   공자가 비판했다.

17. 『사기』「진본기」에 의하면, 우나라의
   대부였던 백리해는 우나라가 진(晉)나라
   헌공에 의해 멸망한 후 진의 포로가
   되었다. 헌공은 진(秦)나라 목공에게 딸을
   시집보내면서 백리해를 하인으로 딸려
   보냈으나, 도망쳤다가 초나라 사람에게
   붙잡혀 다시 포로가 되었다. 목공은 백리해의
   사람됨을 알던 터라 검정 숫양의 가죽 다섯
   장을 몸값으로 치른 후, 그에게 국정을 맡기고
   오고대부라고 불렀다.

관리인 포자鮑子의 지혜가 그보다 못함을 조롱하였다.[16] 이 일에 대해 자세하게 설명할 수 있겠는가?

예악禮樂으로 정치를 장식하면 성인이라고 할 수 있고, 요·순임금을 본받으면 군자라 할 수 있다. 그렇다면 재주와 지혜가 있더라도 예악으로 장식하지 않고 요·순임금을 본받지 않으면 성인도 될 수 없고 군자라고 할 수도 없단 말인가? 오고대부五羖大夫로도 불리는 춘추시대의 정치가 백리해百里奚[17]는 "등용되지 않으면 어리석은 사람이고 등용되면 지혜로운 사람이다."고 했고, 위나라 대부였던 영무자甯武子는 "도리를 지키지 않으면 어리석은 사람이고 도리를 지키면 지혜로운 사람이다."고 했다. 그렇다면 사람이 지혜롭거나 어리석은 것도 때에 따라 자신이 조정할 수 있단 말인가? 한나라 고조高祖는 지혜로 싸움을 걸어 큰 공적을 거두었고, 후한 말기에 조조曹操의 주부主簿로 활동했던 양수楊脩는 자신의 지혜로 글을 해석하며 비교하다 조조에게 화를 당하였다. 싸움과 비교 사이에서 지혜의 득실을 논할 수 있겠는가?

지혜로운 사람을 지혜의 주머니라 하여 지낭智囊이라고 하는데, 지낭은 한나라와 위나라, 진나라에도 있었다. 백리해, 영무자, 고조, 양수라는 네 지낭이 아무리 총명하고 예지가 있어도 대가大家에 비교해 논할 것은 못 된다. 전국시대 제나라의 정승이었던 순우곤淳于髡의 뛰어난 변설, 한 무제 때의 관리였던 동방삭東方朔의 탁월한 유머와 말솜씨, 그 이외에도 그들이 지니고 있던 능력에 대해 훌륭하다고 하지만 엄밀하게 말하면 입에 담을 것은 못된다. 그럼에도 불구하고 지혜로운 것으로 칭찬받는 것은 무엇 때문인가?

한비자는 "지혜가 눈과 같다."라며 감탄했고, 육사陸俟는 "지혜가 몸보다 크다."며 포상을 받았다. 지혜의 용도도 가깝고 먼 것, 장점과 단점을 말할 것이 있는가?

제남지방 사람은 지혜롭고 산동지방 사람은 어리석다고 하는데, 사람의 지혜로움과 어리석음이 각 지역의 기운과 연관이 있는가? 배우지 않으면 지혜롭지 못하여 게을러진다는 말은 어느 책에 있고, 재물이 많아지면 지혜로운 생각을 해칠 수 있다는 것은 어느 사람에게서 나온 말인가? "여러 사람의 지성을 모은 결과가 진정한 지혜다."고 한 것은 북송 때의 관리였던 유공보劉貢父의 격언이고, "너무 큰 지혜는 오히려 지혜롭지 않다."고 한 것은 강태공姜太公의 「육도六韜」에 나오는 말이다. 임금이 최고지도자로서 다른 사람에게서 취하는 좋은 의견과 장수가 적을 막는 데 필요한 기술도 지혜를 기르는 공부에 깨달음을 줄 수 있는가?

사람의 성품은 다섯 가지로 분류할 수 있다. 그것은 인·의·예·지·신으로, 지혜는 그 가운데 하나다. 지혜는 옳고 그름을 분별하고 사리를 통달하는 역할을 한다. 신중히 생각하고 명백하게 분별하는 것은 지혜에 속하며, 문리를 면밀히 살피는 것도 지혜에 근거하지 않는 것이 없다. 지혜는 의리와 이익을 깨우치고, 선과 악을 분석하며, 훤하게 소통되어 모든 이치에 합당하고 구석구석 스며들며 한곳에 치우치지 않는다.

사람의 다섯 가지 성품 가운데 인仁은 나머지 네 가지를 모두 포함하는데, 지혜는 그 속에서 실천한다. 다섯 가지 사람의 성품 가운데 신信은 나머지 네 가지에 두루 관여하는데, 지혜는 그 가운데 자리하고 있다. 때문에 지혜로 자신을 다스리면 저울대에 눈금이 있는 것과 같고, 지혜로 사람을 다스리면 잣대에 마디 표시가 있는 것과 같다. 공자·맹자·안자·증자가 착한 성품을 믿고 성선설性善說을 계승하여 미래를 열어 주었고, 요·순·우·탕임금을 거치면서 『대학』의 '명덕明德'과 '신민新民'이 '지知' 자로부터 나오지 않은 것이 없게 되었다. 그러므로 지혜의 용도가 너무나 많고도 넓다.

아, 우리 동방은 하늘의 아름다운 명을 받았다. 위로는 성스러운 지혜를 가진 군주가 있고, 아래로는 충성스럽고 지혜로운 신하가 있어, 광명한 대업을 서로 협력하여 도와 나가고 어리석고 몽매한 풍속을 제거해 왔다. 학문으로 사람 사는 사회를 이롭게 하고, 사람을 쓰면 실속 없는 위세나 거짓을 떨쳐 버려, 조정에는 지혜를 자랑삼아 늘어놓는 관리가 없고, 나라에는 지혜를 농락하는 부류가 없다. 어떤 사안에 대해 낌새를 알아채는 것이 신령스러울 정도고, 계책을 내는 것도 점을 치는 것 같은 수준이다. 어떤 일에서건 구체적 형체가 드러나기에 앞서 염려하고, 싹이 터지기 전에 발견하여 나라의 형세를 반석과 태산처럼 편안하게 만들어 왔다.

그런데 최근 들어 덕행이 뛰어나고 현명한 지혜를 가져 시비를 잘 따지고 선악을 잘 판단하는 사람을 구하기가 왜 이리 어려운가? 재주와 슬기를 지닌 사람도 감감 무소식인가? 지혜롭다고 하는 사람조차도 학문적으로 한쪽으로 천착해 엉성하고, 계책으로 말하면 어둡고 희미하다. 마음에 이미 계책이 없는데 몸 밖에서 일이 진행되는 과정이나 상황은 거론할 필요조차 없다. 온 세상 사람들이 마치 파도 위에 앉아 있는 것처럼 이리 몰리고 저리 몰리며 우왕좌왕한다. 나라의 규칙과 법도는 제대로 정립되지 않고, 사대부의 취향도 정해지지 않아 지식인들이 개탄하는 소리가 높다.

어떻게 하면, 사람의 다섯 가지 성품 가운데 지혜를 회복할 수 있겠는가? 나라의 어리석은 사람을 깨우쳐, 옳고 그름의 분별을 물에 비추어 보듯 공평하게 하고, 사물과 이치에 통달함을 하늘과 땅처럼 높고 넓게 하여, 잔꾀나 꼼수를 영원히 축출하고 함께 올바른 길로 갈 수 있겠는가? 그대들은 반드시 지혜에 관한 뛰어난 생각이 있을 것이니 각기 저술해 보시라.

잠언으로 삶을 경계하라

잠언을 지으며 스스로를 경계하고 일깨워야 한다는 점을 강조한 책문이다. 성찰하는 계기가 약해지면 삶은 흐트러진다. 그것은 정치로 연결되어 직분에 소홀한 지경에 이른다. 따라서 잠언을 많이 지어 지도자에게 자문해 줄 것을 주문했다.

 잠箴은 침술에 쓰이는 바늘인 침석針石에서 차용하여 비유한 것으로, '질병을 치료하여 병을 막는 것'을 말한다. 그러므로 그 쓰임이 아주 절실하고 중요하다.

 '잠'이라는 글자는 어떤 책에 처음 나왔는가? 그 문체는 어떤 문체와 가장 가까운가? 하나라 우임금은 도고鼗鼓를 설치하여 때때로 잠언을 듣기도 했고, 은나라 고종은 보좌관을 두고 그를 통해 반드시 잠언의 교훈을 구하였다. 그렇다면 잠언이란 이름이 이미 하나라와 은나라 때에 나온 것인가? "맑고 씩씩함이 꺾였다."는 것은 문부文賦에서 언급한 것이고, "깨우치고 경계함이 절실하다."는 것은 여동래呂東萊의 말이다.

잠언의 체제에 관해 논의한 옛 사람의 언급 가운데 누구의 말이 옳고 누구의 말이 잘못되었는가?

『서경』「반경盤庚」에서는 "서민들의 훈언을 막지 말라."고 했고, 좌사左史는 "하인들의 말을 고한다."고 했다. 서민의 훈언은 무엇이며, 제후는 고하지 않고 하인이 고한다는 것은 어떤 의미인가? 장온고張蘊古의 「대보잠大寶箴」은 어느 때에 올린 것이고, 왕우칭王禹偁의 「단공잠端拱箴」은 어떤 직책에서 지은 것인가? 당나라 황제는 군신의 잠언을 지어 하사했고, 유종원劉宗元은 스승과 친구 사이의 잠언을 지었다. 스승과 친구 사이에는 서로 규정해 주는 잠언이 있을 수 있지만, 군주와 신하 사이에도 반드시 잠언으로 규정하는 것은 무엇 때문인가?

「십이관잠十二官箴」은 양웅揚雄이 지었는데 어떤 사람이 추술追述하여 백잠百箴이 되었고, 「단의육잠丹扆六箴」은 이위공李衛公이 지었는데 어떤 사람이 속잠續箴을 짓기도 하였다. 이에 대해 자세하게 말해 보라. 시視·청聽·언言·동動의 잠언은 정이천의 극기복례克己復禮에서 뜻을 발휘한 것으로, 잠언에서 백대의 표준이 된다. 성誠·경敬·겸謙·근謹의 잠언은 누회계樓會稽의 겉과 속에 나누어 붙인 것이다. 이 또한 유학자들에게 모범이 되는 것인가?

잠언이 귀중한 이유는 잘못을 치유하고 허물을 깨우쳐 주는 데 있다. 그러므로 경전에 "관리에게 잠언을 들려준다."고도 했고, 또 "관리는 왕의 잘못을 치유한다."고도 했다. 이것은 어쩌면 『서경』「주서周書」〈무일無逸〉에서 말한 "서로 일러 주고 서로서로 가르친다."고 하는 의미와 통한다. 잠언은 찬미하거나 칭송하는 글과는 그 의미가 저절로 구별되고, 그릇에 새기는 명문銘文에 비해 말이 보다 절실하고 경계하는 뜻이 더욱 깊다. 그렇다면 잠언을 짓느냐 짓지 않느냐의 문제가 또한 세상을 교화하는 일과 관계되는 것은 아닌가?

최근 들어 이런 잠언을 짓는 일이 쇠퇴하여, 올곧은 논의가 오래도록 일어나지 않았을 뿐만 아니라 가까이에서 구전되는 것도 거의 들을 수 없다. '예!'하고 대답하는 일에 익숙하며 머뭇거리는 것이 습관이 되어, '잠규箴規'라는 두 글자는 저 구석에 버려 두었다. 그러다 보니 과실이 있어도 치유하지 않고 허물이 있어도 깨우침이 없다. 이렇게 해서 국가를 어떻게 다스리겠는가! 내가 놀라고 두려워하는 것이 다름 아닌 이것이다.

지금의 여러 관리들과 학자들이 아래로는 스스로 그들의 허물을 꾸짖고 위로는 나의 잘못을 몰래 엿보려고 한다면 어떻게 해야 하는가? 나아가 여러 동료들을 스승으로 삼아 서로 충고하며, 옛 사람들이 서로 일러 주고 훈계하던 아름다운 풍조를 따르게 하려면 어떤 방법을 써야 하는가? 아, 그대 학자 관료들이여! 제각기 잠경의 의미를 고려하여 침석의 설을 진술해 보시라. 내 즐거이 듣고 받아들이리라.

사치스런 사회 분위기를
경계하라

사치에 대해 경계하는 책문이다. 정치에서 최고의 금물은 사치와 낭비다. 그것은 부
정부패로 연결되는 핵심고리다. 때문에 옛날부터 건전한 상식을 지닌 사람들 대부
분이 이를 경계했다. 정치지도자들은 검소하고 절제하는 미덕을 사회 분위기로 만
들기 위해 노력해야 한다.

세상에 사치로 인한 폐단만큼 큰 것은 없다! 사치는 어디에서 오는
가? 그 원인을 살펴보라. 개인의 욕망에서 비롯된 것인가, 세상에 사치
스런 풍조가 만연한 시대적 유행에서 연유한 것인가? 사치스런 생활을
미워하고 검소한 생활을 좋아하는 것은 과거 훌륭한 지도자들도 추구
하던 사안이다.

초가집에서 살다가 기와집에서 살게 되고, 흙으로 쌓은 계단의 정자
에서 놀다가 대리석을 깎아 만든 계단의 정자에서 노닐게 되며, 두 손
으로 술을 움켜 마시던 것에서 구리나 주석, 도자기로 만든 술잔을 사
용하게 되었고, 젓갈이나 발효음료를 담그는 항아리가 수백 개에 이를

정도로 맛있는 음식의 재료가 준비되었으며, 형형색색으로 비단에 수를 놓을 정도로 명품 옷감을 갖추게 되면서 소박한 옷과 거친 음식으로 생활하던 때의 미덕이 약간 쇠퇴했다. 이렇게 된 까닭이 무엇인가?

한나라 무제武帝는 몸소 검소한 생활을 했으나 담장에 무늬나 벽화를 그려 아름답게 꾸미는 시대의 유행은 개혁하지 못했다. 위나라 때 청렴하고 공평한 관리로 명성을 떨쳤던 모개毛玠가 이부상서가 되어 청렴한 생활을 하자, 명품 옷을 입고 맛있는 음식을 좋아하는 사람이 없어졌다. 그렇다면 최고지도자인 군주가 솔선하여 백성을 인도하는 일이 청렴한 관리가 백성들의 삶을 격려하는 일보다 못하다는 말인가?

옛날에 사치스런 생활이 최고조에 이르자 이런 말들이 생겼다. "거북을 보물로 여겨 그것을 받쳐 두는 의자가 있었다." "말을 보물로 여겨 그것을 보호하는 장막이 있었다." "한 끼의 음식 값이 2만 냥에 이르렀다." "연회 때마다 얼마나 진귀하고 많은 음식이 마련되었는지 잔치에 쓰인 음식이 조그마한 사해四海를 갖추었다." 이렇듯 사치스런 생활을 한 사람을 역사에서 자세히 밝히고 그 시대가 어떠했는지 논의해 보시라.

그럼, 오늘 우리 주변에서 사치스런 풍조나 폐단은 어떠한지 논의해 보자. 춘추시대 제나라의 정치가인 안영晏嬰처럼 해진 덧옷을 입고 다니는 고위공직자는 거의 없다. 대신 불경한 관리로 전해지는 경계慶季처럼 아름다운 수레를 타는 관리는 많다. 경쾌한 수레와 화려한 복장, 거친 나무로 땐 불이 아니라 참숯으로 밥을 짓는 것이 어찌 귀족의 가정뿐이겠는가! 고위 관리들은 관청의 일은 내던져 두고 황금과 주옥으로 기념품이나 만들며, 문방의 도구를 갖춘다는 평계를 대며 학자들은 실제로 쓰지도 않는 화려한 붓과 벼루를 갖추는 데 여념이 없다. 서민들이 자주 이용하는 전통 술집이나 찻집, 주막은 모두 양반들이 지은 정자나 누대로 바뀌고, 종로거리에는 거문고와 대금 소리가 그칠 날이 없을 정도로 흥청망청한다. 머리를 장식하는 값이 천금에 가까운 것도 있고, 한 상을 차린 비용이 가난한 사람들 열 집의 재산을 넘을 정도다. 온돌방은 늙고 병든 사람을 편하게 살도록 하기 위한 것인데, 젊은 장정이 온돌방을 차지하고, 임금이 타는 가마는 신분의 귀함과 천함을 알려주는 표시인데, 돈이 좀 있는 사람이면 다 타고 다니니, 모두 분수에 넘치는 생활을 하고 있다. 심지어는 말의 채찍을 잡는 병사들까지도 모두 담비의 털로 만든 비싼 모자를 착용하고 있고, 농부와 장사꾼의 자식들까지도 명품 옷과 신발이 없는 것을 수치스럽게 여긴다. 100년 전만 해도 이런 사치스런 풍조가 없었으나, 최근 들어 고질적인 폐단으로 자리매김하였다. 그 까닭을 어디에서 찾을 수 있겠는가?

아! 가난한 사람들은 아무 건더기도 없는 소금국에 고기 한 점 없는 나물죽을 먹고, 부유한 사람들은 쌀밥에 고기를 먹는다. 가난한 사람들은 삼베로 만든 거친 옷을 입고, 부유한 사람들은 비단으로 만든 명품 옷을 입는다. 이 세상의 여러 나라 가운데 우리나라처럼 가난한 곳도 없다. 그러다 보니 우리나라에서는 식사 때 두 가지 고기가 오르고 두어 벌의 의복만 있어도 오히려 사치스럽게 느껴진다. 검소하다고는 할 수 없다. 백성들이 분수에 넘치는 지나친 풍조 가운데 큰 것을 사례로 들려고 해도 위에서 언급한 두어 가지 정도다.

아! 소박한 생활을 숭상하고 화려한 삶을 배척하는 것은 선대 지도자들의 유지遺志다. 나는 최고지도자로서 밤낮으로 이것을 염두에 두고 고심한다. 평상시 입는 의복은 자주 세탁하여 입을 수 있게 했고, 거처하는 방은 내 한 몸 누울 수 있을 정도면 만족할 정도다. 야참으로 먹는 음식을 줄였고, 잔치 때 부르는 기생들은 줄이거나 없앴다. 재물을 절약하고 검소한 생활을 하는 데 관계되는 것은 조금도 소홀함이 없게 했다.

그러나 무슨 이유에서인지 의지는 강하지만 효과는 아득하다. 경비는 1년 동안 쓸 비용을 감당하지 못하고, 내수품은 몇 개월가량 겨우 지탱할 수 있을 정도다. 매번 구입한 물품 장부를 살펴보면 해마다 그 비용은 증가되고 다달이 양이 불어난다. 어쩌다 축조 공사를 하려고 하면, 이런 어려운 시기에 큰일을 시행한다는 관리들과 백성의 개탄만이 있을 뿐이다. 주방의 하인들이 관장하는 푸줏간에서는 일정한 계획을 잡지 못하고, 궁녀들의 옷상자는 옷가지를 제대로 채우지 못하고 있다. 이는 내가 최고지도자로서 정책을 실천하는 방안이 핵심을 얻지 못했기 때문이다.

아, 학자 관료들이여! 그대들은 스무 살 무렵의 꽃다운 나이에 관직에 올랐고 어느덧 화려하게 인재로 선발되었으니, 모두가 단아하고 정직한 관리다. 그만큼 나의 명령을 백성들에게 알릴 때 바른 자세로 구제하는 계책을 강구할 것으로 믿는다. 나의 사치를 제거할 수 있는 정책, 그런 정치에 조금이라도 보탬이 될 수 있는 것이 있다면, 형식에 구애받지 말고 일일이 지적하여 나를 깨우쳐 주시라. 나는 지금 그런 대책을 간곡히 기다리노라.

정치는 무엇을 지향하는가?
사회 정의인가, 개인 이익인가?

정치지도자로서 의로움과 이익에 대한 관점을 분명하고 결연하게 밝힌 책문이다.
이는 정치가 '사회 정의를 위한 것인가, 개인의 이익을 위한 것인가?'라는 정치철학
과 연관된다. 때문에 공적 정의와 사적 이익의 차원에서 진지하게 고려하여, 정의를
지향하는 분위기를 만들 수 있도록 방법을 모색해야 한다.

의義와 리利는 곧 의로움과 이익이다. 이 두 글자는 옛날이나 지금이
나 올바름과 치우침, 즉 정正과 사邪가 나뉘는 지점이자 국가가 다스려
지느냐 어지러워지느냐의 근본 이유를 제공하는 관문이다.

요·순·우임금이 천하의 권력을 선양할 즈음부터 이미 인심人心이니
도심道心이니 하는 이론이 있었다. 인심이 사사로운 이익을 추구하는
리심利心이라면 이익을 추구하는 마음은 어디에서 근원하였는가? 도
심이 사회적 정의를 추구하는 의심義心이라면 정의를 추구하는 마음은
어떤 것에 뿌리를 두고 있는가? 옛날 학자들은 "어떤 것은 자연의 질
서와 본성에 뿌리를 두고 어떤 것은 인간의 개인적 모습이나 기운에서

생긴다."고 해석하기도 했다. 그렇다면 자연의 질서와 본성, 개인의 모습이나 기운이 어떤 차원에서 다른지, 그 구분되는 경계를 자세히 말할 수 있겠는가?

군주의 올바른 왕도王道는 오직 '의'를 취하기 때문에 황금에 비유되고, 그릇된 패도霸道는 오직 '리'를 추구하기 때문에 무쇠에 비유된다. 의로움과 이익이 공公과 사私로 구별되고, 왕도와 패도가 각기 황금과 무쇠에 비유되는 뜻을 자세하게 설명할 수 있겠는가? 한나라는 정치에 왕도와 패도를 섞어 사용하였지만 400년이나 나라가 지속되었고, 당나라는 순수한 왕도가 아니었지만 역사에서 보기 드문 태평성세를 열기도 했다. 왕도와 패도를 함께 사용하고 의로움과 이익을 아울러 실행해도 국가를 경영하는 데 해로움이 없는가?

송나라에는 집안을 잘 다스릴 수 있는 훌륭한 가법家法이 있었고, 명나라는 사회제도가 제대로 정비되어 있었다. 또한 하·은·주 삼대 때 태평성대를 누리던 시절의 유풍이 남아 있어, 의로움을 앞세우고 이익을 뒤로 한 시대였다. 그러나 국가의 부흥과 나라의 지속 차원에서 볼 때 도리어 한나라와 당나라에 미치지 못한 것은 무엇 때문인가?

진나라 문공文公이 모든 제후들을 천토踐土에 모아 놓고 "주나라 천자를 존중하고 침략하여 쟁탈하지 않을 것"을 맹세한 것은 오로지 개인의 이익만을 위한 것이 아니었다. 하지만 공자는 정당한 도리가 아니라고 비난했다. 수수洮水에서 상복 차림을 한 병사는 모두 의로움에서 나온 것만은 아니었다.[18] 하지만 주자는 그 정당성을 인정했다. 의로움과 이익을 어떻게 분별할 수 있는가? 그 측면에 어떤 변별점들이 있는가?

연나라의 장수였던 악의樂毅가 두 읍을 정벌하지 않은 것은 의로움을 내세우려는 계책에서 나온 것이다. 하지만 마침내 혜왕惠王의 의심을 사게 되었다.[19] 항적項籍이 세 번의 승리를 장담했으나 응해지지 않은 것이 불의한 일은 아니었다. 하지만 도리어 해성垓城에서의 패배를 가져왔다.[20] 장자방張子房은 맹약을 저버리고 항우를 추격하였으나 통일의 기반을 제공하였고, 제갈공명은 유장劉璋을 취하며 은혜를 버렸지만 천하를 셋으로 나누는 데 성공하였다. 그렇다면 의로움도 간혹 내버릴 수 있는 것이 있고, 이익도 간혹 나아가야 할 때가 있는 것인가?

『주역』「건」괘를 보면 '리利'는 원元·형亨·리利·정貞의 사덕四德 가운데 하나이며, 그만큼 역易의 효사爻辭에 많이 언급된다. 그럼에도 불구하고 『주역』 읽기를 좋아한 공자는 이익에 대해 말하는 일이 아주 드물었고, 『주역』을 잘 이용한 맹자는 이익이란 말을 제대로 구사하지 않았다. 『주역』에서 언급한 '리'는 동일한데 공자가 거론한 '리'와 맹자가 말한 '리'에 차이가 있는가?

인도에서 넘어온 불교는 이익과 욕망을 버리는 것을 우선으로 삼았다. 하지만 죄인을 벌하는 법으로 헤아려 보면 여전히 사리사욕의 죄를 벗어나기 어렵다. 문화를 부흥하려는 나라에서는 공자와 주공의 학문을 담론하기에 힘썼다. 하지만 어떤 일을 실제로 하려는 측면에서

18. 『사기』「고조본기」에 보면, 초나라 의제가 항우에게 죽임을 당했다는 소식을 들은 한왕은 초상을 발표하고 제후들에게 초나라를 공격할 것을 알렸다. 그러나 항우는 수수에서 한의 군대를 대파했다. 제후들은 다시 초나라 편에 붙었다.

19. 『사기』「악의열전」에 기록이 있다. 악의는 '거'와 '즉묵'을 제외한 제나라를 70여 개 성을 함락시켰다. 그때 연나라 혜왕이 즉위하였는데, 혜왕은 제나라의 왕이 되고자 악의가 두 지역을 남겨 두었다는 이간질에 넘어가 악의를 의심하였다.

20. 『사기』「항우본기」에는 항우가 최후를 맞이하기 전 기병들에게 다음과 같이 말했다는 기록이 있다. "오늘 정말 결사적으로 제군들을 위해 통쾌하게 싸워 반드시 세 번 승리를 거둘 것이다. 제군들을 위해 포위를 뚫고 적장을 베고 깃발을 쓰러뜨려, 하늘이 나를 망하게 하려는 것이지 싸움을 못한 잘못이 아님을 제군들에게 알게 하리라."

보면 공리功利를 도모하는 습성에 지나지 않는다. 그 심술心術의 은미한 곳을 간파하여 분명하게 밝힐 수 있는가?

많은 학자들이 『주역』의 「하도」와 「낙서」를 받고 점을 치면서부터 평생 동안 재상으로서 쌓은 업적이 무너져 버렸고, 야인으로 돌아가 음탕하게 놀아난 것이 반생의 명성에 오점을 남겼다. 어쩌다가 돌같이 탄탄한 지조를 지닌 사람들이 이처럼 불명예스런 개탄을 남기게 되었는가? 붉은색과 보라색, 곡식의 싹과 잡초의 싹은 얼핏 보면 서로 비슷하다. 애당초부터 그것을 구별하는 방법은 없는가? 맛있는 음식의 대명사인 곰발바닥 요리와 생선 요리, 사람과 짐승의 차이는 분명하다. 하지만 마지막 순간에 어떤 방식으로 하나를 선택할 것인가?

의로움은 자연의 이치인 천리天理이자 그것을 거울로 삼은 인간이 사회에서 따라야 할 보편적 길이다. 이익은 인간의 욕망이자 그것에 빠져 들어가는 사사로운 욕심이다. 의로움은 공公이고 이익은 사私다.

공과 사의 차이는 지척처럼 아주 가깝지만, 순임금처럼 훌륭한 지도자와 도척 같은 도적에 비유하면 하늘과 땅 차이다. 인간 사회의 생리로 볼 때, 천리에 근거한 의로움은 크게 드러나거나 승리한 것처럼 보이지 않고, 인욕으로 인한 이익은 항상 성공하는 것처럼 느껴진다. 그러므로 정의롭게 잘 다스려지는 치세는 항상 적고 개인의 욕망과 이익에 의해 정치가 좌우되는 난세는 항상 많았다.

세상 사람들이 번잡하게 모여드는 것을 가만히 보라! 모두가 자신의 이익을 위해 들락거린다. 재물과 돈을 이익으로 삼는 부류도 있고 명예를 이익으로 삼는 부류도 있다. 자신을 수양하는 것이 근본 목적인 학문을 하면서도 거들먹거리는 일을 이익으로 삼는 부류도 있다. 공직에 나아가 관리가 되는 일은 국가를 위해 봉사하며 헌신하는 것이지만, 봉급만을 생각하며 그것을 이익으로 삼는 부류도 있다. 사람마다 다양한 일을 도모하지만, 일에는 우열이 있고 취지에는 맑고 흐린 정도의 차이가 있다. 처음에는 천리를 근거로 하는 의로움을 추구한다고 하지만 나중에는 모조리 개인의 이익 추구로 돌아가는 데 문제가 있다.

아! 우리 조선은 400년 역사를 지닌 자랑스러운 나라다. 이런 나라의 규모를 유지하고 이끌어 온 힘, 그것은 다름 아닌 사대부들이 지켜 온 의로움이었다. 그런데 오늘날의 현실을 보면 참으로 한심하다. 사회 지도자로 발돋움하려는 이들은 관리가 되어 안정된 일터에서 받는 봉급을 이익으로 삼고, 과거 시험에 필요한 다양한 기술을 익히기에 바쁘다. 서민들은 빈둥거리며 한가롭게 노는 것을 자신의 이익으로 삼고, 생업을 등한시하며 일확천금을 꿈꾼다. 백성의 재물을 빼앗는 탐관오리는 재물을 이익으로 삼고 백성을 학대하는 정치를 한다. 청백리는 성품과 행실이 청렴하고 고결하지만 명예만을 추구하다 보니 오히려 그 명성이 도리에 어긋나기만 한다.

조정을 비롯한 공공기관은 더욱 문제다. 이들은 백성들에게 표준과 모범이 되어야 하지만, 의로움과 이익의 차원에서 무엇이 우선인지 제대로 판단하지 못하고 혼란에 빠져 있다. 인재를 선발할 때도 공평하지 못하다는 비난의 소리가 여기저기서 들리고, 언론은 개인의 욕망과 의지에 좌우되어 사사로움을 따르는 폐단으로 얼룩져 있다.

교육을 하는 강론의 자리에서는 대부분 의로움을 논하는 듯하다. 하지만 식견 있는 정치가나 학자가 그 장면을 지켜본다면, 천만 가지의 길이 모두 이익으로 치닫고 한 가닥 올바른 의로움의 길조차도 거의 잡초에 묻혀 버릴 지경임을 알 것이다. 왜 이런 상황에 이르렀는가? 그 근저에는 반드시 유래가 있으리라. 그 원류에는 반드시 까닭이 있으리라. 따라서 그 뿌리를 찾아 천리의 의로움을 보존하고 인욕으로 인한 이익을 조절하는 일에도 반드시 길이 있으리라.

아! 여러 학자 관료들도 의로움과 이익에 대해 반드시 마음 깊이 생각한 게 있을 것이니, 각자 숨김없이 저술해 보시라.

형식에 얽매이지 말고
정책 대안을 확실하게 제시하라

시무책을 제시할 수 있는 정당한 근거를 보여 주는 책문이다. 역사는 새로운 국가나
왕조, 군주가 들어서면, 개혁 혹은 혁신의 명목으로 긴급한 현안 문제를 해결할 다
양한 방식의 대책을 마련해 왔다. 마찬가지로 이 책문은 조선을 발전시켜 나갈 수
있는 방법을 다양한 측면에서 제시해 보라는 정조의 격려가 서려 있다.

아주 오랜 옛날, 서한시대에는 툇마루에 앉아 담소하면서도 책문을
냈다고 한다. 그것이 책문의 원형이요 시작이었다. 당시의 책문은 현실
상황에 대해 간략하게 자문을 구하거나 옛 사람의 발언에 대해 살펴보
는 정도에 불과했다. 처음부터 정책 대안을 제시하기 위해 체제를 세
우고 규정을 정립한 것은 아니었다.

한나라 무제 때의 동중서가 제시한 천인론天人論, 공손홍의 경술론經
術論, 조조의 형명학刑名學 등은 그 이론이 동일하지는 않지만, 요점은
모두 실제의 일을 체득하는 데 바탕을 두었다. 따라서 국가의 사업에
구체적으로 적용하여 실시할 수 있었다. 그러니 어찌 감히 함부로 대

책을 논의하는 사람들처럼 특정한 양식에만 매달렸겠는가? 병 모양의 모조품을 따라 호리병을 그리거나 특정한 표적에 따라 모양새를 멋대로 바꿀 수 있었겠는가?

일반적으로 책문은 크게 보면 다음과 같은 형식을 갖춘다. 첫머리에서 이러쿵저러쿵 여러 말을 덧붙이고, 중간에서 먹줄로 똑바른 선을 긋듯이 글의 순서를 바루어 따라가며 말을 꾸민다.

구체적으로 살펴보면, 책문은 축조逐條, 대저大抵, 구폐救弊, 편종篇終의 순서로 구성된다.

축조는 질문에 따라 한 조목씩 대략을 제시하는 것이고, 대저는 제목에 따라 전문을 베껴 쓰는 일이며, 구폐는 폐해를 바로 잡는 대답으로 진언하는 것이고, 편종은 고사를 인용하여 대책을 미리 강구하면서 다급한 사안에 부응한다. 허나 이런 식으로 형식과 규격에 갇혀 정책 대안을 제시하는 책문은 실용적 가치가 전혀 없다.

어찌 책문에 대답하는 사람만이 굳어진 틀을 따랐겠는가! 아마 책문을 내는 것도 그 규정이 강제로 작성하게 되어 있기 때문이리라. 책문이 미사여구로 꾸미기에 좋은 글이라 하더라도 과거시험 답안을 작성하는 양식에 구애되어 있는 한, 어떻게 하겠는가!

이런 부분을 벗어나지 못한다면, 아무리 촘촘하게 잘 만들어진 예악禮樂으로도 그것을 포장하여 서술하기는 어려우리라. 옛날부터 지금까지 이어져 오는 책문의 전통을 참조하여, 문장을 구성하는 규정을 정하고 적용할 수 있는 문장을 얻으려 한다면, 어떻게 고쳐야 잘했다고 할 수 있겠는가? 어떻게 해야 책문에 대답하는 사람이 유감없이 뜻을 발휘할 수 있게 하겠는가?

문무를 항상 겸비하라

국가 발전을 위해서는 문무를 겸비한 인재가 필요하다는 점을 강조한 책문이다. 문무를 겸비하지 않고 국가 운영을 했을 때, 국가는 위기 상황을 겪었다. 그러므로 문과 무가 상호 보완할 수 있도록 제도적 장치를 마련하려는 열망에서 대책을 요구했다.

　최고지도자가 문식文識과 무략武略을 병행하여 함께 사용하면 국가의 운명은 오래 지속되며, 이것이 좋은 정치다. 하·은·주 삼대처럼 국가가 융성하던 시대와 비교할 바는 아니지만, 진나라와 한나라 이래로 현명하고 의로운 군주라고 하는 최고지도자들 중에서도 문식과 무략을 병행한 지도자는 아주 적다. 그 까닭은 무엇인가?

　진시황은 여섯 나라를 병탄倂呑하고, 서책을 불사르고 유학자들을 매장하여 다음 세대에서 나라가 끝나고 말았다. 한나라의 고조인 유방도 그 위세가 온 세상을 덮었지만, "어찌 시서詩書를 일삼으리오."라며 문식을 소홀히 한 결과, 나라의 정책과 법도가 삼대를 이어가지 못했다.

한나라 무제는 유술儒術에 연연한 채, 군사 문제를 소홀히 하고 무략을 업신여기기를 그치지 않다가 패망한 진나라의 전철을 밟을 뻔하였다. 당나라 태종은 문식을 존중하여 문황文皇이란 호칭이 있었으나 끊임없는 전쟁으로 정벌을 감행하다가 한쪽 눈을 상실하는 화를 당했다. 이처럼 무략을 내세우던 최고지도자가 문식을 존중하는 정치를 겸할 수는 없는가?

한나라 문제는 학문에 엄청난 힘을 쏟으면서도, 한나라를 가벼이 여긴 흉노가 침략할 것이 두려워 해마다 황금과 비단을 실어 보냈다. 양나라 무제 때의 장수인 후경은 노자와 장자를 강송하는 데 빠졌고, 진나라는 고상한 이야기로 국가 대사를 논의하면서 변방의 수비를 허술히 하여 신주神州가 함몰되었다. 남송과 북송은 도학道學으로 문식을 드날렸으나 무략이 모자라 태조가 세운 사직을 상실하고 말았다. 이처럼 문식을 존숭하던 시대는 무략을 떨쳐 일으킬 정치를 겸할 수 없단 말인가?

역사적 사례를 들어 보자. 촉한 때 유비의 참모였던 주발周勃과 관영灌嬰은 문식이 없었고 수하隨何와 육가陸賈는 무략이 없었다. 송나라의 왕안석은 장수의 지략에 익숙하지 못했고, 한나라의 장수였던 마무馬武는 검법에만 관심을 쏟았다. 유방의 참모였던 장자방은 학자적 기상이 있었으나 전쟁에서 공훈을 세웠고, 당나라의 이위공李衛公은 장수의 재간이 있었으나 학자의 대열에는 들지 못했다. 당나라 때 방관房琯의 학설은 사리에 어둡고 세상 물정을 모르는 문인의 이야기이고, 송나라의 장수였던 당진黨進의 어리석은듯 하면서도 순박한 대답은 가소로운 무인의 과격한 기개일 뿐이었다. 옛날부터 지금까지 문식과 무략의 재주를 겸하여 갖추기가 어쩌면 이렇게도 어려운가? 위나라의 장수였던 두예杜預는 무제를 도와 강남을 제패했으나 『춘추』를 존숭하며 그것을 연구하는 데 집착을 보였다. 그는 무인이었지만 문식에 능숙했다. 조나라의 한왕韓王은 문인이었지만 무략에도 능숙하여, 태조를 보필해 천하를 평정하였지만 『논어』를 연구했다.

문식과 무략은 서로가 서로에게 기대며 이용되어야 한다. 공공거허蛩蛩駏驉가 궐蹷이라는 짐승의 부양을 받고 사는 것과 같다.[21]

> 21. 공공거허는 『산해경』 「해외북경」에 나오는 전설 속의 말로, 한 번에 100리를 달린다고 한다. 『여씨춘추』 「불광」에는 앞은 쥐처럼, 뒤는 토끼처럼 생긴 궐이 공공거허와 서로 돕는다는 이야기가 나온다.

궐은 잘 달리지 못하여, 위험한 일이 생기면 공공거허는 궐을 등에 업고 달아난다. 대신 궐은 공공거허를 위해 감초를 가져다준다. 이처럼 문식과 무략은 공공거허와 궐이 따로 움직일 수 없는 것과 같다. 서로의 단점을 보완하여 협력하는 관계다.

옛날부터 현명한 군주와 능력 있는 신하가 시대마다 부족한 것은 아니었다. 하지만 문무를 겸하여, 이를 제대로 사용한 군주나 신하는 많지 않았다. 문식과 무략의 길이 물과 불처럼 달라 협동할 수 없는 것인가? 아니면 인재가 옛날 같지 않고 기량이 제한되어, 한쪽에 능숙하면 다른 쪽에 능숙할 수 없기 때문에 그러한 것인가?

우리 동방은 작은 중국이라고도 한다. 문화의 찬란함은 "성대하도다! 그 문화여! 나는 주나라를 따르겠다."고 한 공자의 말에 부합한다. 그러나 남쪽과 북쪽에서 오랑캐와 왜구들이 수시로 침략하여 봉화를 올리게 하며 우리나라를 경각시키고 있다. 이런 상황에서는 군대를 훈련시키고 무략을 강론하여 불의의 사태에 대비해야 한다. 조금도 소홀히 해서는 안 된다!

문제는 문인과 무인들의 자세다. 문인은 자신의 안일만을 추구하고 무인은 즐기기만 하여 게으름을 피우고 나약하게 행동하고 있다. 문인과 무인의 관계는 다음과 같이 비유할 수 있다. 새 울음이나 벌레 소리가 아무리 아름답게 들릴지라도, 나라를 다스릴 때는 생황笙簧과 생용笙鏞과 같은 악기와 종을 반드시 갖추어야 한다.

그러나 정작 무인들은 조그맣게 스쳐가는 바람소리나 학의 울음 같은 문인들의 말 한마디에도 겁을 먹으니, 나라를 다스리는 데 보탬은 고사하고 전쟁터에서 겁을 집어먹는 것과 같다. 재상과 관료들은 탁상공론이나 하면서 장부나 문서만으로 녹봉을 받고, 장수들은 군사 훈련을 하잘것없는 것으로 여긴다. 이에 문식과 무략이 땅에 떨어지고 그 길을 잃어버렸다고 탄식한 지 하루 이틀이 아니다. 독수리와 같은 변방의 적들이 다시 침략해 오거나 고래와 같은 왜구들이 사납게 날뛰며 노략질하기를 임진란이나 병자란처럼 한다면, 지혜로운 지도자가 있다 하더라도 어떤 계책을 세워야 할지 모르리라. 아, 내 생각이 여기에까지 미치니, 갑갑하기만 하다.

어떻게 하면 국가를 다스릴 때 문식과 무략을 함께 사용할 수 있을까? 인재를 등용할 때 문무를 겸비하고, 문식과 무략의 길을 합하여 이 나라를 아름답게 지속할 수 있을 것인가? 아! 그대들은 격식에 구애받지 말고, 모든 자료를 제시해 주시라.

문무를 겸비한 진법을
어떻게 만들 것인가?

문무를 골고루 갖춘 국가 체제를 고민하는 책문이다. 전쟁의 시대에 그것은 진법에
서 잘 드러난다. 하지만 시대가 급변하는 시대에는 사회 전반에서 균형을 고려해야
한다. 다양한 갈등이 발생하는 사회를 전쟁터로 본다면, 문무를 두루 갖춘 균형 잡
힌 진법을 터득하는 일은 국가 유지에 매우 중요하다.

『서경』에서는 "문文이며 무武다."라고 했고, 『시경』에서는 "문을 하며
무를 하는 길보吉甫여, 온 세상의 모범이 된다."고 했다. 이런 점에서 문
반文班이라 해도 무반武班의 영역까지 통달하지 않으면 온전한 문반이
라 하기에 부족하다. 무반의 경우에도 마찬가지로 진법陣法을 익혀 실
천할 때, 마땅히 이를 '지남거指南車로 안개를 헤쳐 나아갔다'는 황제
때 풍후風后의 『악기握奇』를 최고의 중심으로 삼아야 한다.

춘추시대 월나라 구천을 섬기며 오나라를 멸망시키는 데 공을 세웠
던 범려范蠡와 전국시대 연나라의 장군이었던 악의樂毅에게는 『악기』
의 대략적인 내용이 전해져 있었으므로, 이를 전수받았다고 볼 수 있

올바른 정치를 향한 소망

다. 한나라 고조인 유방의 걸출한 참모였던 장량張良과 한신韓信에게는
『악기』의 세세한 부분들이 전해져 있었으므로, 장량과 한신은 『악기』
를 터득한 사람이다.

한나라 무제는 두텁게 신임했던 곽광霍光에게 백호관에서 『악기』를
교습하라고 했다. 그리하여 당시 군주와 관리들은 『악기』를 독실하게
신봉했다. 제갈공명과 같은 책략가는 다른 사람에 비해 위대한 부분이
있다. 공명은 돌을 쌓아 팔진八陣이라는 어복포魚復浦에 모았다. 이것은
『악기』의 방법을 응용한 것이다. 그러므로 이를 설명할 때 팔진은 『악
기』의 양식을 상징적으로 드러낸 것이라 하고, 『악기』는 팔진의 바탕
이 되는 병서라고 했다.

그러나 오늘날의 입장에서 본다면, 팔진의 용龍·호랑이虎·새鳥·뱀蛇
등은 『악기』의 천天·지地·충衝·형衡보다 오히려 발전한 것이고, 팔진
의 24무더기는 『악기』에서 언급한 사방에 세운 두 개의 보루에 비해
발전한 것이다. 『악기』와 팔진을 두고 어떤 부분에서 서로 진법을 열어
주고 펼쳐 주는 차원이라고 볼 수 있겠는가?

주자는 『악기』에 대해 "간략하게 잘 정돈되었는데, 『주례』에서 쓰는
진법과 이 법이 같다."는 말을 자주 했고, "채계통蔡季通이 지금 제갈공
명의 64진의 도식을 발휘하고 있는데, 내 비록 늙고 병들었으나 혹시
라도 그 완성된 진법을 볼 수 있다면 어찌 통쾌한 일이 아니겠는가!"라
고도 했다.

그러나 지금 송나라의 학자였던 채계통의 「진도陳圖」가 전해 오는데,
거기에 나오는 빈牝·모牡·충방衝方·부저罘罝·안행雁行 등의 조목은 제
갈공명의 팔진에도 보이지 않고, 『악기』에도 실리지 않은 것이다. 채계

통은 어디에서 이것을 얻었는가? 주자가 그것을 볼 수 있다면 통쾌한 일이라고 했는데, 이를 지적한 것인가?

그대 학자 관료들이여! 공부하는 사이사이에 이런 부분에 대해 고민한 것이 있으리라. 내게도 자세하기 일러 주시라.

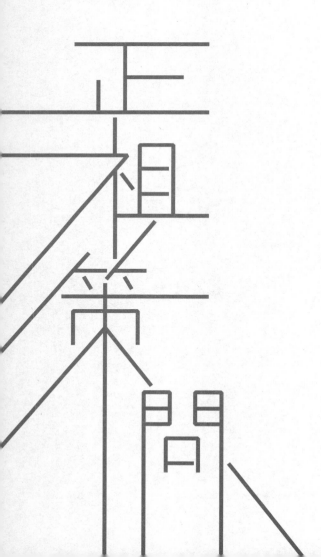

2부

지도자의
열정과
그에 걸맞은
인재등용

유교 사회에서 국가 지도자는 가정에서 부모와 같은 역할을 담당한다. 따라서 부모의 마음으로 자식을 돌보듯이 백성에게 다가설 마음이 요청된다. 마음을 가다듬고 조심하며 세상의 바라보는 지혜를 가꾸어야 하고, 잘못된 습관을 바로 잡아 올바른 행동으로 표출할 수 있는 의지를 다져야 한다. 그것은 '수신제가치국평천하修身齊家治國平天下'라는 유교의 논리체계에 구현되어 있고, 지도자 스스로 다짐하는 수양의 지침에도 자리하고 있다. 정조는 자식과도 같은 백성을 향한 마음을 한 모금의 담배로 시원하게 뚫리는 기분에 비유하며 훌륭한 정치를 도모한다.

"인사가 만사"라는 말이 있다. 그것은 훌륭한 인재를 선발하여 적재적소에 배치했을 때만 조직의 부흥을 꾀할 수 있다는 의미를 함축한다. 인재를 제대로 선발하지 못하거나 제대로 배치하지 못했을 경우, 조직은 쇠망의 길을 걷는다. 그만큼 국가를 부흥시킬 인재 운용이 중요하다는 뜻이다. 인재 선발 문제는 동서고금을 막론하고 국가 운영의 핵심이다. 정조도 마찬가지였다. 최고지도자로서 국가의 동량을 어떻게 기르고 발굴하며 선발해야 하는지, 그것에 대한 기대가 매우 컸다. 무엇보다도 조선 후기 현실 사회의 시대정신에 맞는 인재를 갈망했다.

여기에 제시하는 책문은 『홍재전서』「제49권」의 〈입현무방立賢無方〉〈지인知人〉〈명경明經〉〈고식姑息〉〈사습士習〉〈명분名分〉〈출척黜陟〉, 「제50권」의 〈인재人才〉〈유儒〉〈인일人日〉〈어묵語默〉, 「제51권」의 〈칠칠七七〉〈천거薦擧〉, 「제52권」의 〈과강科講〉〈폐습弊習〉 등 15편이다. 이를 지도자가 갖추어야 할 간절한 심정의 형식으로 재정리했다.

자신의 재능을 펼칠 수 있는
사회 분위기를 조성하라

1790년 사람을 소중하게 하는 날인 인일제에 초계문신을 대상으로 낸 책문이다. 과거를 통해 인재를 선발하던 당시의 풍조에서는, 능력이나 재능보다 기존의 지배 세력들이 그 권력과 부를 바탕으로 다시 지배계층으로 세습되는 경우가 많았다. 때문에 자신의 재능을 제대로 펼칠 수 있는 인재등용 분위기를 만들기 위해 정책 전환을 시도하는 정조의 노력을 엿볼 수 있다.

동서고금을 막론하고 인재를 구하는 일은 정말 어렵다. 더구나 팔방미인처럼 다양한 재능을 겸비한 인재를 구하는 일이야 말해서 무엇 하겠는가! 지금 어떤 사람이 문장은 물론, 정치, 농업, 군대 문제 등등 여러 분야에 대해 잘 안다고 하면, 정말 다양한 재능을 겸비했다고 할 수 있다. 효과와 파장까지 고려하면 그것을 능가한다! 그러나 이것이 어찌 세상의 이치겠는가?

고요皐陶는 사사士師가 되었고, 백이伯夷는 예禮를 담당했으며, 기夔는 악樂을 맡았고, 직稷은 파종播種을 담당했다. 그렇다고 고요가 예를 강구하지 않은 것은 아니고, 직이 음악에 완전히 무지몽매한 것은 아니었다. 단지 저것에는 좀 넉넉하고 이것에는 좀 모자라는 것이 있으므로 단점은 버리고 장점을 취한 것이다. 반대로 백이가 사사를 총괄하고 직이 악정을 겸했다면, 어찌 순임금이 인재를 알았다고 할 것이며, 백이와 직이 겸양하다고 하였겠는가? 한나라와 당나라 이래로 인재를 등용하는 방법에서 순임금 때와 같은 제도는 볼 수 없다. 하지만 역사가들의 기록을 살펴보면 대체로 사람들은 평생토록 하나의 관직에 그치는 경우가 많다. 이처럼 관직을 설치하여 직책을 나누고 전문적으로 하나의 업무에 몰입했기 때문에 그 흔적이 고스란히 남아 있는 것이다.

그런데 최근 우리나라의 인재등용 모습을 보면 이와는 아주 반대된다. 어째서 그러한가? 창고의 관리를 맡았다가는 유향소에서 면이나 마을을 담당하던 수장이 되고, 아침에 농업을 관할하는 관리였다가 저녁에는 군대를 담당하는 관리가 된다. 사구司寇와 춘관春官을 으레 겸하는 것처럼 여기고, 주사籌司와 수부水部를 차례로 돌아가며 맡는 자리쯤으로 여긴다. 문관으로 세력을 떨치다가 무관의 일도 기웃거리며 높은 관직에 이르러 온갖 일을 살핀다. 겸임한 직함이 간혹 8, 9개를 넘으며 재능이 없으면서도 외람되이 차지한 것이 한둘이 아니다. 이것이 어찌 중앙에서 관직을 임명하는 데 신중히 아끼던 뜻이겠는가? 어찌 한 사람의 능력을 지나치는 일이 아니겠는가? 그가 맡은 일을 잘하겠는가, 일을 망가뜨리지는 않겠는가?

때문에 인재를 등용할 때, 한쪽으로 치우치지 않게 하고 지나치게 좁은 영역만을 맡지 않도록 주의하고 있다. 하지만 재야와 시골에 있는 미천한 사람들은 탁월한 재능을 지니고 있으면서도 한 번도 인재로 등

용되거나 포부를 펼쳐 볼 기회조차 얻지 못하고 있다. 하늘이 인재를
낸 것이 어찌 그렇게 되라고 한 것이겠는가?

이런 점에서 추측해 본다면, 개천과 토양의 적절함, 가뭄과 홍수의
징조를 파악하고 자신의 몸을 게을리하지 않고 일하며, 흉년에 대비
할 수 있는 능력은 농부의 노련한 지혜다. 산이나 저수지에서 생산되
는 자원이 얼마나 이익이 되는지, 어느 정도의 가치가 있는지 그 귀하
고 천한 부분을 살펴, 묵묵히 1000리를 움직이다가 장사를 할 때는 새
매처럼 날쌔게 하는 것은 상인의 용기다.

거북과 시초에 의지하여 점을 치며 도시에 은거하는 것은 복서ト筮
에 자신을 의탁하며 나름대로 고민하는 사람이다. 질병을 다스리고 신
에 의지하는 일은 『주례』에 기록되어 있는데, 이는 의원과 무당의 존재
를 나름대로 이용한다는 의미다. 승려의 경우, 실제로는 이단 중에서
도 가장 심한 것이지만, 그 계행戒行의 고생은 일반 사람이 쉽사리 따
를 수 없다. 선을 추구하는 마음은 저들도 동일하다. 따라서 알맞은 곳
에 적당히 사용한다면, 이 세상 만물 가운데 영원히 배제하고 무시하
고 버릴 것은 없다!

최고지도자인 군주가 인재를 등용하는 일은 우주자연이 모든 사물
을 양육하는 것과 같다. 저 산림에 온갖 식물들이 빽빽하게 들어서 있
고 그것이 제자리를 찾게 하는 작업으로서, 덮어 줄 때 특별한 것에 치
우침이 없고 실어 주는 데 특정한 사정이 없는 것과 같다. 이렇게 하여
칠정七政을 다스리고 공적을 넓혀 간다. 지금 우리나라의 상황을 살펴
보면, 인재등용에서 한쪽으로 치우치는지의 여부, 특별한 사정이 있는
지의 여부에서 문제가 있지 않은가? 인재를 등용하는 기준이 한쪽으로

치우치고 개인적 성향에 의존한다면 나라가 제대로 다스려지겠는가?

진정으로 순임금 때 관직을 임명하던 방법을 본받고, 주나라가 훌륭하게 펼치던 정치를 모방하고 싶다. 그리하여 사람의 재능을 헤아려 적절한 직책을 맡기고, 임무를 전담하게 하여 책임감을 부여하며, 서자 출신의 인재와 중심부에 들어오지 못한 인재들, 지방의 초야에 묻혀 있지만 재능 있는 사람을 모두 함께 인재양성의 마당에 참여시킬 수 있는 정책을 펼치려고 한다. 하지만 기존의 낡은 관행과 시대 분위기에 휘말리는 풍조가 강해, 그것에 현혹되기는 쉬워도 그것의 오류를 깨우치기는 정말 어렵다.

그대 학자 관리들이여! 평소 마음에 쌓은 경륜으로 이를 고칠 수 있는 대책을 자세하게 일러 주시라. 그리하여 인재를 발탁하려고 고심하는 나의 심정에 조금이라도 부응해 주시라. 옛날부터 성현들은 이렇게 말해 왔다.

"사람이 어려서 배우는 것은 어른이 되어 그것을 실천하기 위해서다."

어른이 되어 국가를 위해 정책을 실천하는 일이 지금 그대들의 눈앞의 있지 않은가! 이런 점을 충분히 고려하여, 알고 있는 부분에 대해서는 말하지 않는 것이 없고, 말하는 것에 대해서는 실천하지 않는 것이 없게 하시라!

의미 있는 전통 풍습을
적절히 활용하라

7월 7일의 칠석제 및 초계문신과 여러 신하를 대상으로 한 책문이다. 전통 풍습 가운데 3, 5, 7, 9월의 홀수 달에 정해져 있는 풍습을 제대로 이해하고, 정치를 고민해 달라고 주문했다. 3월 3일, 7월 7일 등에 과거시험을 보는 이유 등등을 구명하여 이런 날짜와 인간의 감정 사이에 어떤 연관이 있는지 검토해 줄 것을 요청했다.

1년 가운데 홀수로 된 달에는 3·5·7·9월이 있다. 옛날부터 이 숫자와 겹쳐지는 날을 명절로 삼았다. 그 명절 중에서도 생수生數는 3·3을 으뜸으로 삼고 성수成數는 7·7을 으뜸으로 삼는다. 내가 이전에 3·3으로 책문을 내었는데, 7·7인들 책문으로 내지 않을 수 있겠는가? 대연大衍의 시초를 셈하는 방법은 대체로 7을 중요하게 여기고, 「홍범」에서 의심나는 일을 돌아보는 방법으로도 일곱 가지를 말하고 있다. 12율려에서 이측夷則은 신申에 속하고 신은 또 7월이 된다. 월령月令의 경우 유화流火인데, 화火의 수도 7이다. 이렇게 호응하는 것이 모두 7·7의 날과 관계가 있는가?

"승화전承華殿의 홍절虹節에 일곱 개의 상서로움을 올렸다."는 사관의 기록이 있고, 곽분양郭汾陽의 밤 기원에 "칠양七襄이 나이를 주는 영험이 있었다."고도 한다. 칠월 칠석과 일곱 개의 상서로움과 칠양이 이처럼 부합되는 것은 어째서인가? 당나라 때의 채경蔡經은 이날 수백 가지 곡물로 밥을 짓게 했고, 보물 한 주머니를 황제에게 바쳤다고도 한다. 선가仙家의 모임이 반드시 칠석에 있어서 그러한가?

거미가 그릇 속에 거미줄을 친 것에 대해 어찌하여 칠석이 오는 징조라고 하는가? 까막까치가 은하수를 메워 다리를 만든 것에 대해 칠석에 그것을 기약한 것이라 증명할 수 있는가? 연못의 물고기도 같은 부류끼리 나와서 노는 것을 보니 물고기도 칠석이라는 절기를 안다는 것인가? 칠석에 문인들이 평소 굽실거리는 하인들의 모습을 본받아 절을 하며 서로 질문을 하는데, 그것은 문인들이 본래 익살스러워서 그런가? 동일한 빗물인데 어제는 "수레를 씻는 비"라 하고 오늘은 "이별의 눈물"이라 하여 이름이 다르고, 똑같은 견우성과 직녀성인데 남쪽 지방과 북쪽 지방에서 다르게 호칭하는 것은 어째서인가? 뜰 앞에 있는 오동나무의 잎이 떨어지자 자연은 가을이 왔음을 일러 주고, 들녘의 곡식들이 익어 가자 농민들이 보배로 삼는다. 계절을 알려 주고 농사를 중요하게 여기는 뜻이 이 절기에도 담겨 있는가?

칠월 칠석은 초가을에 들어서는 첫 번째 명절이다. 우리나라에서는 이날을 중요하게 여겨 3월 삼진날이나 9월 중양절과 나란히 꼽고 있다. 이날 젊은 학자이자 예비 관리인 유생들을 성균관에 모아 놓고 나라의 정책 제안을 위한 시험을 보면서 기념하니, 이는 아주 훌륭한 전통이다. 그러나 홀수의 시작·중간·종결은 1·5·9다. 3과 7은 방문의

정조 책문, 새로운 국가를 묻다

돌쩌귀와 같다. 연초와 연말에는 한 통의 술로 스스로를 위로하고, 원조元朝와 단오에는 첩자帖子를 지어 올린다. 그것은 옛날부터 내려오는 풍습으로 옛사람들이 1과 5를 소중하게 여긴 뜻이 담겨있다. 이런 점에서 형초荊楚의 옛 사관에게 우리나라의 '세시기歲時記'를 지으라고 해도 고루하다고 비판하지는 않으리라. 원일元日과 단오에는 과거시험을 보지 않고, 3월 삼짇날과 7월 칠석에만 과거시험을 거행하는 데는 반드시 깊은 뜻이 있을 것이다.

나는 최고지도자로서 그대 학자 관리들과 7·7의 의미를 강구하려고 한다. 진정으로 옛날의 전통과 풍습에서 근거를 찾아 오늘날에 증명할 수 있다면, 옥갑玉匣의 노래나 금풍金風의 문장에 비해 오히려 실용적인 대책이 되지 않는가? 그대들이 탐구한 뜻을 다하여 조목조목 진술해 보시라. 대신, 이미 제출했거나 내가 보았던 글은 여기에 섞지 마시라.

사람을 정확히 알아보고
등용하라

사람을 정확히 파악하고 적재적소에 그를 등용하는 대책을 물은 책문이다. 인재를
파악하는 첫 번째 방법은 사람의 특성을 파악하는 작업이다. 그러므로 먼저 사람을
알아보기 위한 방법이 다차원적으로 선행되어야 한다.

『서경』에 이런 말이 있다. "사람을 알아보는 일은 사리를 밝히는 작
업과 통하므로, 인재를 등용하는 기초가 된다." 어떤 사람을 등용하여
관직을 주려면, 반드시 먼저 그 사람을 알아볼 수 있어야 한다. 사람 알
아보는 일은 최고지도자인 군주에게는 무엇보다도 큰일이다.

중국 고대의 요임금처럼 훌륭한 지도자에게 사람을 알아보는 일이
무엇이 어렵겠는가마는, 요임금도 사람 알아보는 일을 어렵게 여겼다
는 것은 어째서인가? 꿈에 부열傅說을 보고 최고의 관리인 승상으로 등
용했고, 점을 쳐서 위수渭水에 살던 늙은이를 스승으로 삼았는데, 사람
을 알아보는 술책으로 꿈과 점치는 일에 의뢰하기도 하는가?

정조 책문, 새로운 국가를 묻다

하·은·주 삼대 이후로 사람을 알아보고 잘 임명한 지도자로 한나라 무제武帝를 지칭하는 경우가 많다. 그런데 복식卜式을 목동 속에서 선발하고 김일제金日磾를 항복한 포로에서 뽑은 것은 과연 무엇으로 취한 것인가? 전한시대의 동중서董仲舒는 천도책天道策을 써서 으뜸으로 발탁되었고, 급암汲黯만이 강직한 신하로 인정되어, 사람을 제대로 알아본 것처럼 여겨졌다. 그런데도 때로는 강도江都로 내쫓기고 때로는 회양淮陽으로 쫓겨나서 끝내 그들에게 적절한 관직을 주지 못했다. 그렇다면 사람을 알아보는 일 가운데, 어쩌면 우리가 알지 못하는 부분이 있단 말인가?

낙양洛陽의 남궁南宮에서는 "삼걸三傑을 제대로 등용하였다."고 자칭했고, 정관貞觀의 편전便殿에서는 여러 고위관리 가운데 누가 현명한지를 지적하여 논평했다. 이렇게 평가하는 것이 과연 합당하고 틀림없는가? 공안국孔安國의 경우, 최고지도자인 천자에게 "나라의 큰 그릇"이라고 할 만큼 인정받은 것은 무엇 때문인가? "강풍에 굳센 풀을 알 수 있다."고 한 소우蕭瑀가 인정받은 것은 무슨 일인가? 세상 사람들은 왕맹王猛의 자질을 제대로 알아주지 않았는데 진나라 부견苻堅만은 그의 사람됨을 알아보았고, 세상 사람들 대부분이 노기盧杞가 간사한 사람이라는 것을 알았지만 당나라 임금만은 그것을 몰랐다. 어째서 그런 것인가? 예조藝祖는 서생에게 천하를 위임하여 마침내 금궤金匱의 맹서를 저버렸고, 효황孝皇은 장위공張魏公을 만리장성처럼 의지하였으나 부리符離의 패배를 모면하지 못했다. 이것은 사람을 알아보았다고 해야 하는가? 알아보지 못했다고 해야 하는가?

옛날부터 군주만큼 신하를 잘 아는 사람은 없다고 했다. 고위직 관리가 하위직 관리의 장점과 단점을 분별할 수 있듯이, 현명한 사람이냐 우매한 사람이냐를 알아보는 일은 크게 어려울 것이 없다. 하지만 때로는 꼭 그렇지 않을 수도 있다. 예컨대, 좋은 구슬은 진흙 속에 버려져 있어도 그 광택이 변하지 않는다. 훌륭한 사람이 관리로 있으면 그 조직의 분위기와 조직에 속한 사람의 자질 역시 자연스럽게 달라지기 마련이다. 마음이 바르고 몸이 닦여 겉과 속이 일치하면 어둠 속에서도 훌륭한 사람임을 알 수 있다.

그러나 사람 가운데 속마음과 겉모습이 서로 부합되지 않는 경우도 많다. 말을 들어 보면 정직한 것 같지만 마음을 살펴보면 거짓으로 꾸미고, 외모를 살펴보면 바른 것처럼 보이지만 내면을 돌아보면 속임수로 가득한 사람도 있다. 겉으로는 부드럽고 약한 것 같지만 의지가 굳센 사람도 있고, 자질은 무딘 듯하나 행동은 재빠른 사람도 있다. 이처럼 사람은 그 변함이 온갖 형태로 드러나므로 그것을 일일이 다 파악하기가 어렵다. 사람이 서로 비슷하여 분간하기 어려울 때, 이런 부분을 어떻게 분별하는가? 저울질하듯 사람을 헤아려 깊이 알고 합당하게 등용할 수 있겠는가?

때문에 옛날부터 어떤 제왕이건 현명한 사람을 등용하여 직무를 맡기려 했고 사특한 자를 물리치며 멀리하고자 했다. 하지만 아무리 그렇게 하려고 해도 때로는 착한 사람과 나쁜 사람이 한 곳에 있고 바른 사람과 그른 사람이 뒤섞여 나라를 어지럽히는 경우가 있다. 심지어 충실하고 양심 있는 사람을 원수처럼 미워하고, 간악하고 아부하는 사람을 너무 믿은 나머지 지도자가 그들을 몸소 통솔하고 감독해 가다가 복철覆轍을 밟는 일도 잦다. 이 얼마나 개탄스런 일인가!

나는 군주가 된 이후, 훌륭한 인재를 얻어 함께 이 나라를 다스리려고 했다. 그러나 인삼과 백출白朮과 같은 명약이 약의 궤짝에 비축되어 있지 않고, 문고리는 크고 작은 것이 적절히 있어야 하는데 그 균형을 잃었다. 강직한 인재를 구하고 싶은데, 누가 새벽의 기운을 받아 안은 봉황인가? 나라를 위기에서 구할 대책을 의뢰하고 싶은데, 누가 산속에 있는 호랑이인가? 하루 빨리 나라의 기강을 세워야 하는데, 나를 도와 정치를 쇄신하고 개혁할 사람은 누구인가? 공정한 법집행을 신중히 해야 하는데, 누가 나를 정치적으로 도와줄 수 있겠는가? 각 지방에는 관찰사와 군수가 있고 중앙에는 고위 관료와 하급 관리가 있어 이들에게 업무를 위임했다. 그러나 국가의 업무를 감당하지 못하는 사람이 있는가 하면, 업무를 잘하는지 못하는지 시험하는 처지에 있는데도 직무를 훌륭하게 수행하는 사람도 있다. 사람을 알아보는 일이 정말 쉽지 않으면서 미묘하다. 정말 사람을 알아보는 방법을 파악하지 못해서 그런 것인가?

훌륭한 인재를 어렵게 찾아냈으나 정작 관직을 주려고 하면 기존의 학벌이나 가문에 구애받고, 특별한 분야에서 능력이 탁월하여 특별 채용을 하려고 하면 시험을 보고 들어온 사람이 아니라고 반발한다. 실제로 내가 사람을 알아보는 눈이 깊지 못하고, 인재들에게 업무를 위임하는 것이 합당함을 얻지 못해, 재능 있는 사람을 모두 조정의 관직에 등용하지 못했고, 조정의 관직에 있는 사람도 자신의 재능을 다하지 못하고 있다. 어떻게 하면 사람을 보고 인격을 판별하는 정밀한 기술이 있어, 선대의 왕들이 사람을 알고 인재를 등용하는 방법을 오늘날 다시 재현할 수 있겠는가?

어떤 사람이건
그 사람의 재능을 사랑하라

천거에 대한 책문이다. 현대 민주사회와 달리 계급사회에서는 계급적 차이와 구별이 뚜렷하다. 귀한 사람은 높은 자리에서 권세를 부리고 천한 사람은 낮은 자리에서 부려진다. 그러나 사람에게 중요한 것은 계급 자체가 아니라 그 사람의 능력과 열정이다. 조선 후기에 이런 인식이 이미 싹트고 있었다.

옥석이 돌 속에 있을 때 그냥 팽개쳐 버리면 쓸모없는 돌덩이가 되지만, 갈고 닦으면 귀중한 그릇이나 예식 때 장식으로 쓰는 훌륭한 구슬이 된다. 샘에서 솟은 물도 막아서 가둬 놓으면 고여서 썩은 물이 되지만, 도랑을 쳐 주면 개울이나 연못이 된다. 사람도 마찬가지다. 숨어 있지만 재능이 있는 사람을 그 능력을 발휘할 수 있는 자리에 추천하는 천거는 인재등용에서 중요한 일이다.

요임금은 사악四岳에게 물어보고 순임금을 하늘에 추천했고, 순임금은 사공司空을 찾아 우임금을 사람들 가운데서 선발했다. 이것이 경전에 보이는 최초의 천거다. 이윤伊尹은 탕왕에게 스스로 등용되기를 구했고, 곽외郭隗는 연왕에게 스승이 되기를 자처했으며, 모수毛遂는 평원군平原君에게 스스로를 추천했고, 동방삭은 한나라 무제에게 스스로를 칭찬했다. 자기 입으로 추천을 하는 것은 자신이 잘났다고 우쭐대는 일인데, 사람들에게 비판을 면할 수 있겠는가?

기해祁奚는 자기 자식을 선발했고, 사안謝安은 조카를 추천했으며, 위관韋貫은 아우를 추천하여 자기를 대신하게 했다. 이런 추천이 집안의 입장에서 볼 때, 안으로 친족의 도리를 잃지 않았다고 할 수 있는가? 해호解狐는 형백류荊伯柳를 추천했고, 구범舅犯은 우자고虞子羔를 추천했으며, 조참曹參은 소하蕭何의 추천을 받았다. 이런 추천은 원한 관계조차도 회피하지 않고 천거했다고 할 수 있는 것인가? 조문자趙文子는 관고筦庫의 학자 70여 명을 선발했고, 순우곤淳于髡은 하루에 7명의 학자를 제나라 선왕에게 추천했다. 과연 모두가 인재를 얻었다고 할 수 있는가? 인재가 이처럼 많은가?

공숙公叔은 자신이 부리던 선僎과 함께 관리가 되었는데, 어떻게 '문文'자 시호를 받을 수 있는가? 자상子桑은 맹명시孟明視를 추천했는데 어떻게 충忠이라 할 수 있는가? 관부灌夫는 주정뱅이였지만 총애하던 아랫사람을 추천했고, 한안국韓安國은 재물을 좋아했지만 반드시 청렴한 학자를 추천했다. 어쩌면 그들의 성격이 사람을 추천하는 부분에서는 장점이 되는 것이 아닌가? 공광孔光은 다른 사람이 알까 두려워했고 장안세張安世는 개인적으로 사례함을 용납하지 않았다. 과연 이러한 것이 공적으로 인재를 선발하는 데 무슨 해로움이라도 되는 것인가?

산간山簡은 글자 하나만을 보고 사람을 선발했는데, 그렇게 갑작스러워도 괜찮은가? 손변孫抃은 안면이 있는 고위 관리를 보면 수치스럽게 여겼다고 하는데, 혹시 그런 행동에 잘못된 점은 없는가? 기공沂公은 군주를 섬길 때 "은혜를 자신에게 돌아오게 한다면, 그 원망은 누구에게 감당하라고 하는가." 하는 태도를 취했고, 백순伯淳은 친구를 격려할 때마다 "차라리 백 번 속을지라도 현인을 좋아하는 마음은 버릴 수 없다."고 했다. 어느 정도 수양했기에 이처럼 공정한가?

자신의 재능에 대해 알아주기를 구하는 것이 옳은지 그른지를 논변한 자들은 정치와 경제의 중심인 서호西湖에 배를 띄웠고, 정치를 잘하는지 못하는지를 살피려는 자들은 군사적 요충지인 등성鄧城에 수레를 멈췄다. 이처럼 인재추천을 신중히 하는 것이 모범으로 삼을 만한 것인가? "도리桃李[22]가 문 앞에 있다."는 말과 "호백구狐白裘[23]를 뒤집어 입었다."는 말은 무엇을 비유하는가?

22. 복숭아나무와 자두나무를 말하는데 문하생을 비유하기도 한다.

23. 여우의 겨드랑이에 나는 흰색 털로 만든 옷으로 그만큼 귀중한 것을 비유한다.

가만히 생각해 보니 『주례』에 "지방의 연륜 있는 어른과 명문 관리가 현명한 사람과 재능 있는 사람의 명단을 기록하여 중앙에 있는 왕에게 바치면, 왕은 두 번 절하고 받았다."고 했다. 옛날 군주들이 천거를 중요하게 생각한 것이 이처럼 오래되었고, 인재를 구하는 방법에서도 이처럼 엄격했다. 인재를 취할 때는 관대하고 모집하는 영역도 넓어, 덕행도 갖추고 정치도 잘하는 능력을 한 사람이 모두 갖추고 있기를 바라지 않았다. 각자의 장점을 아끼고 버리지 않는 것이 쓰고 남은 대나무 마디와 나무 조각들을 모아 두었다가 적절하게 이용하는 것처럼 했다. 심지어는 여러 가지 계획을 접으면서까지 자신의 능력을 발휘하여 공적을 이루도록 기회를 주었다.

그런데 후세로 내려올수록 천거하는 방법이 너무 심하게 구차해진

것은 아닌가? 인재추천의 방식이 벽소辟召와

24. 벽소는 관리로 임명시키기 위해 바로 불러들이는 것이고, 공거는 재능 있는 시골의 인재를 뽑아서 서울로 추천해 올리는 것이다.

공거貢擧로 바뀌자, 과거시험을 관료로 나아

가는 지름길로 삼게 되었다.[24] 그러다 보니, 물수리 한 마리를 천거하기도 전에 기러기 떼는 높이 날아가 버리는 것과 같은 결과를 빚었다. 나라에서는 현명한 사람을 좋아하는 풍조가 사라지고, 자신만의 능력을 보배처럼 품고 있다는 칭찬을 받는 관리도 드물다. 이제 인재등용에 관한 좋은 규범은 없어지고 마는가! 옛날 학자들이 "별 수 없는 곳에서 훌륭한 재능을 소멸시켜 버리고, 함께 별 수 없는 것이 되고 만다."고 했는데, 갑자기 흥분해서 한 말이 아니고 사실인가 보다.

게다가 옛날부터 우리나라에는 "문벌 출신이다, 명색名色이 어떠하다, 이력이 출중하다, 유품流品이 따른다, 음보蔭補다." 등등 온갖 핑계가 있고, 명문가의 이름 있는 조상을 밑천으로 삼기도 하고, 스승의 명성을 이용하여 자신의 능력을 과시하기도 한다. 그러다 보니, 때로는 뛰어난 재능을 타고났지만 외롭게 혼자되어 이리저리 방황하다가 계산谿山으로 은둔하기도 하고, 한강漢江을 다시는 건너지 않겠다고 맹세하며 공평하지 못함을 토로하기도 한다. 그러고는 아득히 먼 옛날의 인물과 교류를 맺으며 세상을 버리기도 한다.

오직 탄탄대로를 활보하다가 아침에 천거되고 저녁에 추천받는 사람 가운데, 명예가 부풀려지고 지나치게 이권에 개입하여 이익을 쌓은 무리가 끼어 있지 않다고 할 수 없다. 이런 지경에 인재가 옛날과 같지 않다고 하니, 이것이 어찌 인재만의 죄라 하겠는가? 저기 떨어지는 한 잎의 낙엽으로도 가을이 오는 것을 알 수 있고, 한 조각의 얼음으로도 추위를 알 수 있듯이, 어떤 학자가 등용되느냐에 따라 정치가 어느 정도 다스려질 것인지 그 도리의 높낮이를 짐작할 수 있다. 이것이 비단 한 사람의 학자 때문만은 아니지 않은가!

내가 진정 보배로 여기는 것은 현명한 사람이다. 내가 정말 사랑하는 것은 사람의 재능이다. 초야에 묻혀 있어 어떤 사람인지 잘 알지 못하던 인물일지라도, 진실로 하나의 재주나 솜씨가 있다는 말을 들으면, 추천서를 기다릴 것도 없이 선발하고 싶다. 그런 인재가 혹시라도 자신의 소망을 헛되이 포기하고 타고난 분수를 다하지 못할까 염려할 뿐이다. 위에서 인재를 인정하고 좋아하면 아래에서는 더욱 힘쓰며 일한다. 바람이 일면 풀잎은 쓰러지는 것처럼 말이다. 이른바 천섬薦剡이니 거의擧擬니 하는데, 그런 이름을 가지고 그 뜻을 깊이 생각한다면, 관직을 위해 인재를 선택하는 효과가 있어야 하리라.

그런데 이름과 실제가 서로 어긋나는 경우가 많아, 곤륜산崑崙山에는 다듬지 않은 옥돌이 있고, 제수濟水에는 흐르지 못한 물이 있다. 이런 생각에 매달리다 보면, 매번 한밤중에도 탄식을 금할 수 없다. 어떻게 하면 알차지 않은 학자를 헛되이 추천하는 일 없이 인재를 놓치지 않고 등용할 수 있는가? 화려한 이력에만 구구하게 얽매이지 않고 실제에 힘쓰는 인재를 얻을 수 있겠는가? 규격에만 절절하게 굴 것이 아니라 두루 준수한 인재를 구하여, 훌륭하고 재능 있는 사람 가운데 빠뜨린 인재가 있다는 소리를 듣지 않게 하겠는가?

최고지도자로서 나를 보조할 관리를 직접 선발하고 싶다. 그대, 예비 관리들이여! 날짜 별로 시험을 보면서 모두가 관청의 뜰에 모이라. 앞으로 강원도를 조선 팔도의 인재를 발굴하기 위한 시범 구역으로 삼으리라. 그대들은 실력을 갈고 닦아 강물이 바다에 모이듯이 하라.

학자를 제대로 대접하라

1786년 사람을 소중하게 여기는 날인 인일제에 낸 책문이다. 한 국가의 발전은 학자들이 그것에 어떻게 기여하느냐에 달려 있다. 지금까지 유교를 평생의 신조로 삼았던 선비들이 국가에 헌신해 왔다. 이들을 소홀히 대접해서는 국가 발전에 해가 될 수 있으므로, 이들을 잘 대접할 수 있는 사회 분위기가 필요함을 역설했다.

유교는 정치와 교육에서 가장 높고 중요한 학문이다. 그만큼 유교를 함부로 쉽게 말해서는 안 된다! 운서韻書에서는 '유'에 대하여 '덕이 매우 높다'는 의미의 '석덕碩德'이라 풀이하였고, 『설문해자』에서는 술책이나 정책에 능숙한 사람을 의미하는 '술사述士'라고 해석했다. 같은 글자인데 이처럼 뜻풀이가 동일하지 않은 것은 어째서인가?

한나라는 구류九流를 세웠는데 유학자를 첫 번째에 두었고, 주나라는 삼교三教를 정하는데 유교를 맨 앞자리에 두었다. 그런 점에서는 유술儒術을 숭상하는 방법을 알았다고 볼 수 있다. 그러나 여러 역사서에서 언급한 유림전儒林傳에는 법이나 지키며 벼슬이나 하던 관리 다음에 유학자를 두었고, 유술을 숭상하는 일은 한시나 문장을 짓는 학문보다 아래에 두었다. 유학자를 양성하려는 의지와 나라를 세우는 규모에서 이렇게 상반되는 부분은 어떻게 이해해야 하는가?

"유교를 정치의 핵심으로 실천하며 백성을 얻는다."는 것은 『주례』에 기록되어 있고, "유교를 실천하면 부유하고 강한 나라가 된다."는 것은 『순자』가 주장한 이론이다. 유학자가 국가의 정책에 관계하는 것이 이처럼 중요한가? 유학자가 갖추어야 할 여섯 가지 기예에 있고, 유학자의 등급과 분수에 여덟 가지 학파가 있다고 한다. 이에 관해 구체적으로 설명해 보시라.

봉액縫掖과 장보章甫는 옛날 훌륭한 지도자들이 남긴 의복의 명칭이다. 이에 대해 자세히 말할 수 있겠는가? 갑주甲冑와 간로干櫓는 『예기』 가운데서도 행실에 대한 내용을 다룬한 것인데 구체적으로 설명할 수 있겠는가? 제나라 사람이 문양汶陽의 땅을 돌려준 것에서 그들이 세상에 대적할 나라가 없다는 것을 알 수 있고, 가의賈誼가 장사長沙로 귀양을 간 것은 한나라에서 유일한 일이었다. 그것을 누가 알았겠는가? 맹자와 같이 교육을 위해 세 번이나 이사를 하며 대학자가 된 분도 있고, 오경五經에 통달하여 대학자가 된 사람도 있다. 역사상 대학자들이 여럿이 있지만, 그들의 학문적 깊이가 동일하지 않은 것은 어째서인가?

어떤 사람이 나라의 예법을 제정하는 데 기여하다가 다른 유학자들의 비판을 받게 되더라도 유학자 가운데 최고의 모범이 될 수 있다. 임금이 내린 조서에 맞춰 몇 번이나 국가 정책을 위한 대책을 올려 나중에는 유학자 가운데 으뜸으로 인정받을 수 있다. 이런 두 부류의 유학자가 지닌 장점과 단점, 우열에 대해 자세하게 말할 수 있겠는가?

정조 책문, 새로운 국가를 묻다

한나라의 어떤 황제는 유학자이자 관리였던 사람이 쓰고 있던 관을 벗겨 거기에 소변을 보았다. 그럼에도 불구하고 오히려 수백 년이나 나라를 지속해 나갈 수 있는 탄탄한 기반을 다졌다. 노나라의 어떤 군주는 제대로 공부하지 않은 사람이 유학자의 복장을 입고 다니지 못하도록 금지하였고, 끝내는 할 말을 다 하더라도 함부로 행동하지 않는 그런 유학자를 얻었다.

소를 통째로 제물로 바치며 나라 제사를 한번 지내는 것으로 이 나라의 장구함을 기원하는 방안이 되었다. 그렇다면 『장자』에 담긴 수많은 우언寓言은 그런 것을 충분히 증빙할 자료도 못 되는 것인가? 저 비천한 유학자를 세운 일이 하마터면 나라를 망칠 뻔했다고 매도했지만 도리어 몇 년 동안 기른 장수보다 훌륭했고, 구태의연하고 썩어 빠진 유학자를 어디에 쓰겠냐고 그들을 막았지만, 그들의 노련한 경험은 오히려 오랫동안 왕으로 재위하면서 복지부동하고 있는 왕을 잘 달래면서 정치를 이어 갔다. 저 비천한 유학자나 썩어빠진 유학자도 역시 쓸만한 때가 있는가?

분서갱유焚書坑儒라는 잔혹한 사건에서 보듯이, 유학자들을 구덩이에 넣고 묻었으니, 저 광포한 진나라에 대해 차마 무엇을 말할 수 있겠는가? 유교의 바른 의로움에 먼지를 뒤집어 씌웠으니, 노장老莊과 현학玄學을 존중하는 진나라에 대해 무엇을 개탄하겠는가? 책을 짊어진 유학자들이 운집하니 누가 이 땅의 훌륭한 유학자이고, 국가의 여러 제사와 종묘에서의 예의를 처음으로 만들어 내니 누가 현재의 진정한 유학자인가?

세 치 혀로 강동江東의 변설²⁵과 다투니 과연 누가 유학자의 학덕을

25. 전국시대 말기 초나라의 정치가였던
춘신군으로, 고열왕 때 재상으로 활약했다.
주변 나라들과 연합하여 강국인 진나라의
진출을 저지하여 제나라의 맹상군,
조나라의 평원군, 위나라의 신릉군과 함께
'전국4공자'로 불렸다. 여러 나라를 두루
돌아다니며 배웠기 때문에 견문이 넓었고,
변설에 능했다.

보겠고, 한마디 말로 노자老子의 글을 굴복
시키니 충분히 빛나는 정치를 칭찬하지 않
겠는가? 금으로 만든 망치로 무덤을 판다는
말이 청련거사靑蓮居士 이백李白에게서 다시
나오고, 지체 높은 관리가 쓰는 관을 광대에

게 씌웠다는 모욕이 자양부자紫陽夫子 주희朱熹에게 미치게 되었다. 술
주정하는 시인을 말이 입에 담을 것은 아니지만 간흉姦凶이 현명한 사
람을 미워함이 이처럼 심한가? 공자의 제자였던 자하子夏는 명리나 탐
하는 소인유小人儒가 되지 않으려고 쉬지 않고 배우며 익혔다. 당나라
때의 장수였던 이정李靖은 장구章句의 뜻에만 몰두하고 도道에는 통하
지 못한 학자가 되는 것을 수치로 여겨 영명한 군주를 섬겨 공명을 얻
으려는 생각을 했다. 유학자가 성현에 뜻을 둔 것과 장수들이 공명에
뜻을 둔 것, 이 둘을 동일한 의미로 볼 수 있는가?

　한비자의 형명학刑名學은 법을 문란하게 만들 수 있기 때문에 배척될
수 있다. 이는 당연한 이치다. 그런데 시성詩聖이라 불리는 당나라 때
두보의 문장이 도리어 "일신을 그르친다."고 개탄하는 이유는 무엇 때
문인가? 진정한 유학자가 없어진 지 1000년 만에 공자와 맹자의 유학
을 정통으로 계승한 사람은 누구인가? 여러 유학자의 학설을 수집하여
크게 이루고, 성리학의 선구자인 주돈이와 정호, 정이의 학설을 밝힌
사람은 누구인가? 이전의 유학자들을 배척하고 새로운 학문을 반포한
것이 송나라를 망하게 만든 근본 원인이다. 송나라의 5대 황제도 여러
선배 유학자를 숭상하여 문묘文廟에 배향했고, 마침내 이종理宗이라는
묘호를 받았다. 이런 상황이 가져오는 이해득실에 대해 논의해 보라.

학문의 기운이 갑자기 호족인 원나라에서 침하되니 허형許衡[26]의 유학이 무슨 보탬이 되겠는가? 육상산의 심학이 명나라에 왕양명과 같은 학자에게 영향을 미쳐 사상의 대부분을 차지하니, 설선薛瑄[27]의 유학조차도 외롭다. 이 세상이 필연적으로 우리 유학에 뜻이 있는 것인가? 아니면 뜻이 없는 것인가?

26. 원나라 현종 때 국자좨주 등의 요직을 맡았으며 집현전 대학사와 영태사원사 등을 지냈다. 왕필의 『역주』를 보고 학문에 전념했고, 주희의 『사서장구집주』를 과거시험 교과목으로 채택되게 하는 데 공헌했다. 주희와 육구연의 학문을 조화시키려 노력했고, 추상적인 공담만을 일삼는 이학을 비판했다. 고려 말에 안향이 우리나라에 성리학을 도입할 때 허형의 영향이 컸다고 전한다.

27. 명나라 때의 유학자로 정주학을 바탕으로 하여, 본성으로의 복귀를 추구하는 복성을 중시했다. 육상산의 심학과는 성격이 약간 다르며 그의 학문을 '하동파'라고 한다.

관리로서 조용히 벼슬하고 있는 학자를 순유純儒라 하고, 도의 근본을 어기고 떠나는 학자를 벽유僻儒라 한다. 유학자를 예찬할 때는 순유나 준유俊儒라 부르고, 유학자를 헐뜯을 때는 소유小儒나 속유俗儒라고 한다. 이 모두에 대해 구체적으로 말할 수 있겠는가?

안으로는 『대학』의 격물·치지와 성의·정심의 학문이 있고, 밖으로는 돈이나 곡식 등 재물을 다루거나 군사일과 관련되는 갑병甲兵을 다루는 학문이 있다. 크게는 우주 내의 일에서 작게는 편지 하나 쓰는 것까지, 어느 하나라도 유학자의 본분에서 떨어져 있는 것이 없다. 공부의 차례와 실천에 대해 자세하게 말할 수 있겠는가?

유학자는 관리나 선비의 다른 이름이다. 그 이론은 자연과 인간의 문제에 대한 천인天人 관계, 이 세상 모든 사물의 본성과 운명에 대한 성명性命의 문제를 심도 있게 논의한다. 그 실천은 올바른 마음 씀씀이, 사랑과 사회 정의, 예의에 관한 중정中正과 인의仁義를 중시한다. 그것은 『시경』『서경』『예기』『악기』 등의 경전에 자세하게 담겨 있다. 유학은 이러한 이론과 실천의 학문을 통해 몸을 닦고 덕을 배양하며, 꾸

29. 막힌 운수와 터진 운수로, 불행과 행복을
   말한다.

30. 신나라의 들로서, 이윤이 은거할 때에
   농사짓던 곳을 말한다. 이윤은 신야에
   은거하고 있다가 탕왕의 세 번에 걸친 초빙에
   따라 출사하여, 탕을 도와 하나라의 걸왕을
   토벌하였다고 한다.

준히 배우고 질문을 기다리며, 빈천해도 쓰러지지 않고 부귀해도 넘치지 않는다. 사용하면 다스려지고 사용하지 않으면 문란해지며, 세상 도리의 오륭汙隆28과 나라 운명의 비태否泰29가 유학자의 진퇴로 점쳐지지 않는 것이 없다. 그러므로 옛날 국가가 융성하던 시기에는 유교만을 장려하면서 사회 분위기를 유학으로 가득 차게 했다. 옥백玉帛의 예물이 두루 나돌고, 타고 온 흰 망아지를 못 가게 잡아매니 홍유와 석사가 여유 있게 찾아들어 나라도 다스려지고 백성도 편안해졌다. 때문에 국가에서 유학자를 무엇보다 소중하게 여겼음을 알 수 있다.

아! 우리나라는 하늘이 이러한 유학의 문명을 열어 주었기에 거룩하고 신명한 분들이 계승하여 현명한 유학자가 많이 배출되었다. 꾸준히 밝음을 계승하는 공부는 은나라와 주나라를 넘어서고, 학자들의 학문은 송나라 유학자들과 어깨를 겨룰 정도였다. 신야莘野30에는 땅을 갈던 따비를 내려놓는 인재가 늘어나고 문묘에는 배향되는 현인이 많았다. 나아가 사람마다 유교를 숭상하고 집집마다 유교를 받아들였기에, 세상이 온통 유학으로 뒤덮였다.

그러나 최근 들어 유학으로 가득하던 사회 분위기가 옛날과 같지 않다. 천덕天德과 왕도王道는 아득하여 거론할 것조차 없고, 옛날 유교 경전의 문자적 해석을 위주로 하는 유학자들도 도리어 한나라 때만 못하다. 글이나 외우고 문장이나 짓는 유학자는 육조시대와 궤도를 같이할 정도다. 수의襃衣와 관대寬帶는 헛되게 유학자의 복색만 취했고, 박학다

문博學多聞하는 유학자의 행실이 결여된 지도 오래되었다. 최고의 고등교육기관인 성균관에서 나라의 정책에 대해 질문할 때 누가 가규賈逵처럼 꾸준하게 대안을 내놓는가? 향리에서 사람을 교육할 때 풍표馮豹처럼 학문을 좋아하는 사람이 있다는 말을 듣지 못했다. 어느 정도 이름이 있다고 하는 한두 명의 유학자도 시골구석으로 은둔하려고만 할 뿐, 국가를 위해 지도자를 찾아와 관리로서의 자리를 빛내 주는 기쁜 일은 보지 못하였다. 물론 이런 상황이 벌어진 데는 나의 책임도 있다. 내가 훌륭한 유학자를 초청할 때 형식만을 갖춘 데도 원인이 있다. 하지만 유학자는 어려서는 열심히 공부하고 어른이 되어 국가의 정책을 시행하는 데 기여해야 한다. 그것이 유학 본래의 취지다. 그런 점에서 보면, 나 한 사람이 어리석은 행동을 할지라도 유학자를 제대로 모시는 방안에 소홀히 해서는 안 되리라! 이 어찌 개탄스럽고 애석한 일이 아닌가!

어떻게 하면 유학을 부흥할 수 있겠는가? 노장과 불교, 청나라에서 들어온 서학西學의 유행을 막고 막혀 있는 유학의 길을 넓힐 수 있겠는가? 그리하여 나라에는 예의가 충만하게 하고, 유학자들에게는 당파를 이루어 서로 분쟁하는 습성이 없게 하며, 재야의 학자들에게는 편벽된 풍속이 사라지게 하고, 사람은 순수하게 만들 수 있겠는가? 온 세상이 진보되어 상고시대와 같이 밝고 흡족하게 다스려진 세상이 되게 할 수 있겠는가?

사람을 소중하게 여기는 날을 기억하라

1788년 사람을 소중하게 여기는 날인 인일제에 본 시험이다. 사람의 날을 정해 국가적으로 행사를 치를 만큼, 인재에 대해 예우하고 신중하게 고민하려는 지도자의 마음을 표현하고 있다. 특히, 조선에서 처음으로 사람을 소중하게 여기는 날을 제정했음에 자부심이 묻어난다.

인일人日은 말 그대로, 사람을 소중하게 여기는 '사람의 날'이다. 음력으로 1월 7일인데 인일이라는 명칭은 '객지에서 묵는 이야기'에서 유래한 것이다. 즉 정초에는 남의 집에 가서 잠을 자지 않도록 되어 있다. 특히 이 날은 집밖에서 잠을 자지 않았다. 부득이하게 손님이 와서 묵게 될 때는, 주인과 손님이 머리를 반대로 두고 거꾸로 자야만 액운을 막을 수 있다고 한다. 이를 역대로부터 서로 따라 하게 되면서 마침내 좋은 명절의 하나가 되었다.

인일제人日製는 우리 조선에 이르러 처음으로 시행한 것이다. 이날은 3월 3일, 9월 9일과 함께 과거시험을 보게 되면서 예비학자들이 관리로 진출할 수 있는 분위기를 조성하고 정치적 안정을 도모하였다. 그러니 얼마나 훌륭한 일인가! 이 과거를 인일제라 하였는데, 태학太學의 식당에 출석한 지 30일이 되고 원점圓點을 얻어, 시험을 볼 수 있는 자격이 있는 유생들에게 시험을 보도록 했다. 과거시험은 성균관과 문묘에서 시행하기도 하고, 대궐 안에서 임금이 직접 시험하기도 했으며, 지방의 유생도 불러 함께 보기도 했다.

어떤 일이건 그 명칭을 살펴보고 의미를 생각하는 것은 의의 있는 일이다. 더구나 특정한 날을 '사람의 날'로 정하고, 과거시험 보는 날을 '사람의 날'로 이름 지어, 학자들이 과거시험에 참가하도록 하니 정말 색다른 의미가 있다! 하늘이 사람을 이 세상에 낸 이치를 탐구하고, 사람의 도리를 애써 생각하며, 옛날부터 사람들이 '사람의 날', 즉 '인일'이라고 이름붙인 뜻에 보답하지 않을 수 있겠는가?

예로부터 인일제로 선발된 사람은 국가의 훌륭한 인재가 되었다. 모두가 인재를 양성하려는 국가적 교화에 힘입어 천인성명天人性命의 근원을 밝혔다. 집 안에 있으면 자식으로서 효성을 다하고, 관직에 나아가면 신하로서 충성을 다했다. 그러나 최근 들어 이런 정신이 추락하게 되면서, 학자들은 학자로서의 예의가 없고, 『소학』 공부를 버린 지 오래인지라 사람의 기본을 만드는 방법이 없으며, 「서명西銘」을 읽지 않으니 무엇이 삶의 기준인지 모범을 찾지 못하고, 문란한 사회 분위기 가운데 서로가 서로의 허물을 본받고 있다. 이는 진실로 최고지도자인 내가 제대로 인재를 양성하지 못한 잘못이 크다! 훌륭한 학자들은 굳이 인도하지 않아도 스스로 분발하지 않던가? 그렇다면 이런 사회 분위기가 나타난 데는 그대 학자들의 잘못도 있다. 수치스럽지 않은가?

학자들이 저마다 분발하여 잘못된 인습에 매인 습성을 탈피하고, 타고난 훌륭한 본성을 더럽히지 않으며, 자신의 신령스런 이름을 드높일 수는 없는가! 세상에 인재가 떨어졌다는 탄식이 없고, 나라는 인재를 얻는 아름다운 분위기가 있어 훌륭한 학자가 가득했던 옛날 우리 사회의 성대한 분위기를 다시 볼 수 없겠는가? 그리하여 이 신년의 인일, 이 좋은 명절날에 보답하려면, 어떻게 해야 하는가?

다양한 방법으로
현명한 인재를 등용하라

현인을 등용할 때는 정해진 틀이 없다. 이를 강조하는 인재등용에 대한 책문으로 성
균관의 기숙사에 거처하는 유생과 초계문신들에 대해 직접 시험한 내용이다. 똑똑
한 인재를 등용하기 위해서는 기존의 제도에만 얽매이지 말고, 다양한 방법을 동원
할 것을 강조한다. 기존의 인재등용인 과거만으로는 여러 가지 제약에 의해 우수한
인재를 놓치기도 쉽고, 엉뚱한 인재들이 등용되어 업무의 효율성을 방해할 수도 있
으므로 그 방법을 강구해 보라고 요청한 것이다.

"현명한 사람을 등용하는 데는 특별하게 정해진 방법이 없다!" 이 말
은 인재를 등용하는 데 매우 중요한 하나의 원칙이자 기준이다. 요임
금 때의 인재등용은 바로 이런 원칙 때문에 매우 훌륭하게 이루어졌다.
16명의 재주 있는 사람 이외에도 순舜·우禹·고요皐陶·기棄 등이 모두
제왕의 계통에서 나왔다. 등용된 인재들 가운데 시골구석이나 낮은 신
분 가운데서 발탁된 사람도 있는가? 주나라에는 난신亂臣 10명이 있었
는데, 이들 10명 가운데 생소하고 먼 곳에서 얻은 사람은 누구인가? 춘
추시대에 대대로 권문세가의 집안을 형성한 것은 "본디 정해진 틀이
없어야 한다."는 인재등용의 원칙에 어긋나고, 유세遊說를 하는 정치가

가 말 한마디로 공경公卿이나 승상丞相과 같은 고위급 관료가 되기도 했는데, 이들 모두에 대해 현명한 인재를 등용했다고 할 수 있는가?

한나라의 유방이 뜻을 일으킨 패현沛縣의 하급관리들은 모두 장상의 자질을 갖추었고, 후한의 광무제光武帝가 일어난 남양南陽의 옛 친구들은 모두 함께 공적을 이루었다. 어쩌면 하늘이 낸 현명한 인재가 제왕과 같은 고향에 인재가 많아 외부에서 찾을 필요가 없었던 것인가? 아니면 조그만 고을 사람들이 모두 충성스럽고 믿음직스러워, 당시 군주가 남긴 것이 본디 많았던 것인가? 꼴 베는 목동 중에서 복식卜式을 발탁했고, 상홍양桑弘羊은 장사꾼 무리에서 발탁했는데, 역사에서는 한나라의 무제가 인재를 얻었다고 기록하고 있다. 이것이 현명한 인재를 등용하는 정책에 합당하다고 볼 수 있는가? 왕씨王氏와 사씨謝氏 집안의 자제가 남조南朝를 독단했고, 구품중정법九品中正法은 수나라와 위나라 때 처음 시행되었다. 정해진 틀이 없었다고 할 수는 없지만 한 시대의 일을 충실하게 마무리했고, 숨겨진 인재가 있었다는 개탄은 듣지 못했다. 이것은 어째서인가?

당 태종이 문사文辭와 시부詩賦로 과거법을 처음으로 만들어 세상의 현명한 인재들을 얻었다. 이처럼 세상의 선비들을 시험하여 그 가운데 우수한 인재를 선발하는 것이 '특별하게 방법을 정하지 않고' 인재를 선발하는 것에 일조하는가? 어떤 사람이 이끄는 조직에 현명한 사람과 그렇지 못한 사람이 함께 섞여 있는데, 매번 이 조직은 취하고 저 조직은 버리는 폐단이 있다. 공평하게 선발하고 함께 쓰지 못하는 것은 현명한 사람을 등용하는 방안을 잘 몰라서 그런 것인가?

관직이 없는 선비들 가운데 특별한 순서 없이 등용하기도 하고 하급 관리를 발탁하여 요직에 두기도 했다. 인재등용의 방법은 하나인데 주나라의 역사와 송나라의 운명이 연장되기도 하고 단축되기도 하며, 현격한 차이가 있는 것은 어째서인가? 북송 때 인종仁宗은 왕소王素와 대대로 내려온 우호를 과시하며 기구耆舊에게 인재등용을 위임했다. 정해진 인재등용 방법이 없어 그렇게 한 것은 아니었지만, 가우嘉祐 연간의 신하들은 군자가 많았다. 반면 신종神宗은 남인을 발탁하여 승상을 삼고 신진 사류들을 대거 등용하였는데, 인재등용에서 정해진 방법이 없는 것 같았다. 그런데 당시 희풍熙豐 연간엔 신하 중 소인이 많은 것은 어째서인가?

최고지도자인 군주는 현명한 인재가 아니면 나라를 다스릴 수 없고, 현명한 인재는 군주가 아니면 먹고살 수가 없다. 하늘이 인재를 내는 일이 세상의 특정한 계급이나 계층에 달려 있지 않다. 현명한 인재를 등용하는 원칙과 기준을 정해 놓지 않은 것보다 더 훌륭한 것은 없다. 그러므로 부열傅說은 공사장에서 천거되었고, 관중管仲은 포로 중에서 발탁되었지만, 황왕皇王은 황왕이 되고 패주霸主는 패주가 되었다. 그밖에 김일제金日磾는 흉노족의 자식이었지만 임금의 유언으로 나라의 뒷일을 부탁받았고, 배도裴度는 평범한 목수의 형에 불과했지만 장수와 재상이 되었다. 한나라 위공魏公은 천첩에게서 나왔으며, 범문정范文正은 주가朱家에서 생장하였다. 심지어 한 어미에 세 가지 성씨를 가진 자들이 모두 명사가 된 경우도 있다. 상하 천고에 이 같은 부류를 이루 헤아릴 수 없다. 그러니 어찌 인재를 등용하는 기준을 문벌에 제한할 수 있겠는가?

우리 조선은 명문가와 문벌의 전통과 명예를 소중히 여긴다. 하지만 정도전鄭道傳은 서자인데 삼정승의 자리에 올랐고, 유극량劉克良은 남의 노비였는데 대장군이 되었다. 구종직丘從直은 하향遐鄕의 궁핍한 선비였지만 갑자기 화현직華顯職에 올랐다. 이것은 실로 선대의 군주들이 현명한 인재를 등용할 때 정해진 방법이나 특별한 원칙을 두지 않았기 때문이다. 옛날의 인재등용 분위기가 지금과 달랐음을 상상해 볼 수 있다.

그러나 최근 들어 인재를 선발하는 사회 분위기가 점차 고질병이 되고 있다. 일반 백성 가운데 준수한 사람은 논의의 대상이 되지도 않고, 서얼이라고 하면 아무리 기특한 기예나 특이한 재능이 있다 해도 이름 있고 드러난 반열에는 기웃거릴 수 없으며, 향곡鄕曲에 살면 평소에 인재의 부고府庫라고 하는 영남이나 호남의 어느 곳이라도 삼사三司의 영광스러운 길에 저해되는 것이 많다.

우리나라는 의외로 아주 협소하다. 온 나라를 통틀어 현명한 인재를 선발하려고 해도 인재가 많지 않을까 걱정이다. 그런데 이 좁은 땅에서 또 서얼을 제거한다면 온 나라 인재의 절반을 이미 상실한 것이나 마찬가지다. 그 나머지 가운데 또 향곡을 제거한다면 인재 중 4분의 1만 남는다. 여기에서 또 권문세가나 문벌이 이편저편으로 나눈다면, 국가를 위해 등용할 수 있는 인재가 몇이나 되겠는가? 그러므로 현명한 인재를 모조리 등용할 수 없고, 등용하는 인재도 반드시 현명하다고 할 수 없다. 때문에 한 사람에게 문장과 정사를 모두 갖추도록 요구하고 병조·호조·이조·예조 등을 일시에 두루 시험하는 것은, 그 형세가 어쩔 수 없기 때문이다. 이것이 어찌 국가에서 현명한 인재를 등용하는 원칙이라고 하겠는가? 재능을 지녔는데도 문벌과 지역에 가로막히고, 시대에 차별을 받는 저들이 모두 곤궁하게 늙어 간다면, 이 또한 천지의 재앙과 마찬가지다.

때문에 나는 오로지 현명한 인재를 얻어 함께 정치를 하며 이 시대와 우리 사회를 구제하고 바로잡으려고 한다. 하지만 이리저리 생각하고 헤아려도 그 방법을 제대로 터득하지 못하고 있다. 권문세가나 지역을 불문하고 내가 몸소 인재를 발탁하려고 해도, 혹시 현명한 인재를 제대로 얻지도 못하고 한갓 세상 사람을 놀라게 하지 않겠는지 염려스럽기도 하다. 점차적으로 소통하여 바로잡아 나가려고 해도, 지금까지 수시로 묘당廟堂의 전형銓衡을 맡은 관원에게 지시하기를 여러 번 하였으나 끝내 실속 없는 형식이 되고 말았다. 앞으로 어떻게 하면 좋겠는가? 우리나라 각 지역에서 현명한 인재가 버려지지 않았다는 것이 가장 훌륭한 일인 것은 거론할 필요도 없지만, 10명을 선발하는데 5명의 현명한 인재만을 얻는 지금의 세태를 정상적으로 되돌리려고 한다면, 어떤 방법을 써야 하겠는가?

현실에 맞는
인재등용 제도를 고안하라

1800년, 정조가 별세하기 직전 초계문신들을 대상으로 직접 시험한 내용이다. 과거 시험이 한쪽으로만 치우치는 데 대한 경계를 보여준다. 인재는 문무를 겸비하고, 문장도 잘하면서 실무에도 능숙한 사람이어야 한다. 그러므로 시험에서도 이 모두를 반영할 수 있는 합리적인 제도의 강구를 요청했다.

우리나라는 과거시험에서 강경講經을 시행한 지 오래되었다. 우리나라에서 금과옥조金科玉條로 꼽는 것은 조선의 헌법에 해당하는 『경국대전』이다. 예비시험인 조흘강照訖講은 『경국대전』에서 말하는 녹명강錄名講이라는 옛 제도를 이은 것이다. 일경강一經講과 소학강小學講은 『경국대전』에서 말하는 복시강覆試講의 유풍이다. 일경강과 소학강은 잠시 실시되다가 없어졌고, 조흘강은 지금까지도 행해지고 있다. 이 모두는 옛날부터 조정에 전해 오던 전통적인 법규이지 후세에 새롭게 만든 것이 아니다. 최근 들어 관리들이 요청하고 건의하는 것과 중앙에서 이런 자문에 동의하는 것 또한 『경국대전』의 취지를 다시 밝히려는 것일 뿐이다. 그럼에도 불구하고 내가 이에 신중을 기하고 어렵게 여기며 아직까지 한마디로 결정하지 못하는 데는 그럴 만한 이유가 있다.

처음 법규를 시행할 때는 대부분이 이구동성으로 편리하다고 말한다. 하지만 시행한 지 몇 년이 지나지 않아 그 법에 대해 '융통성이 없다.'거나 '하나밖에 모른다.'고 하면서 비방과 책망이 또다시 시끄럽게 일어나는 것은 아마 사람들의 마음이 오래도록 참고 견디지 못하기 때문이리라. 아니면 마음에 불편한 점이 있기 때문에 그러하리라.

언제부턴가 나는 『대학』에 나오는 '생각할 려慮'라는 글자를 마음에 새기며 깊이 생각하는 공부를 좋아하고 있다. 큰 일이건 작은 일이건 관계없이 항상 여러 차례 살피고 깊이 헤아리며, 나의 견해를 버리고 여러 사람의 의견을 존중하려고 한다.

이번에 제기된, 과거시험에서 강경을 실시하느냐 마느냐의 문제는 정말로 확정하기 어렵다. 무엇보다도 여러 관리들의 의견이 분분하다. 도기시到記試와 절일제節日製에서 먼저 그 가능성을 시험한 후에 그것을 시행해도 폐단이 없다면 점차로 크고 작은 과거시험에서 실시하면 될 것이다. 그런데 어쩌면 이렇게도 말이 많은가!

국가에서 시행하는 법규는 한쪽의 의견만을 듣고 만들어져서 시행되는 것을 경계한다. 나라에서 펴는 정치는 전국에 골고루 은혜가 베풀어지는 것을 소중하게 생각한다. 법규는 시행하지 않으면 그만이다. 하지만 시행한다고 하면서도 병가兵家가 전술에서 '살금살금 적의 보루에 접근하는 것' 같이 옹졸하고, 도가의 선술仙術에서 '조금씩 맛보는 것'과 같다. 이것이 어찌 이 법규를 설치하는 뜻이겠는가? 차라리 과거시험의 대과에서는 일경강을, 소과에서는 소학강을 모두 다시 시행하는 것은 어떤가? 오히려 옛날에 시행했던 법규에 의거할 근거가 있지 않은가! 새로 만들 법규와 옛 법을 다시 시행하는 것을 비교하면 어느 것이 좋은가? 그 장단점을 비교해 보시라.

강경을 먼저 하고 제술을 나중에 할 것인지, 제술을 먼저 하고 강경을 나중에 할 것인지에 대해서는 옛날부터 논란이 있어 왔다. 강경을 먼저 한다는 것은, 대체로 첩帖에 통通을 얻은 다음에 날마다 질문을 하고, 질문에 통을 얻은 다음에 부책賦策을 시험했던 당나라 때의 제도를 모방한 것이다. 그러나 봄·가을의 도기到記 시험과 사계절의 제술 시험, 두 달에 한 번씩 치르는 여섯 차례의 강경을 모두 합치면, 시험을 치르는 것만으로도 1년에 수십 일을 허비한다. 최고지도자로서 내가 국가와 백성을 다스리는데, 이른 새벽부터 일어나 날이 저물도록 쉬지 않더라도 사무가 정체될까 염려된다. 그런데 어떻게 해마다 과거시험을 위해 수십 일의 시간을 별도로 낼 수 있겠는가?

제술을 먼저 한다는 것은, 대체로 송나라 때 제과制科에 합격한 이들에게 칠서七書라 하여 사서삼경를 암송하게 했던 사례를 모방한 것이다. 이는 일시적인 임시조치로 통상적인 제도로 만들기에는 여러 가지 한계가 있다. 한 사람이 칠서를 두루 암송하는 것을 가상히 여겨 특별히 시험을 보게 함으로써 보고 듣는 이들에게 동기부여를 하는 것으로는 의미가 있지만, 인간의 총명은 한계가 있고, 마음과 입은 그 역할과 기능이 다르다. 이미 제술을 통해 우수한 성적으로 선발된 경우에는 그 능력을 인정하면 되리라.

옛날 사례를 보면 탁월한 학자들이 있었다. 예형禰衡과 같이 한 번 보고 바로 암송한다든지, 상경常敬처럼 일곱 번 읽고 익숙해지는 경우다.

하지만 문제는 일반 사람들이다. 어떻게 모든 사람에게 그것을 바랄 수 있겠는가? 번지르르하게 포장한 껍데기만 사가게 하고 알맹이는 되돌려 받게 된다든지, 바깥의 사물에 마음이 팔려 자기의 본심을 상실하게 된다면, 정이천과 같은 훌륭한 학자로부터 비웃음을 당하지 않겠는가? 또한 기억력이 좋고 나쁨의 차이나 연령에 따라서도 달라진다. 저술에 우수한 재능을 지니고 있으면서도 청각과 시각이 쇠퇴한 사람의 경우, 청각과 시각의 문제로 주저앉을 수밖에 없다. 청각과 시각의 문제로 과거에 응시할 수 없어, 아까운 재주를 써 보지도 못했다는 개탄을 받는다면 어떻게 할 것인가?

과거를 실시하여 인재를 선발하는 목적은 본래 현명하고 준수한 인재를 등용하기 위한 것이다. 옛날 과거시험에서 선발되었던 명경明經이나 진사進士와 같은 사람들이 반드시 모두 세상을 경영하거나 시대를 구제할 만한 재목은 아니었다. 그런 점에서 과거시험은 그들에게 세상을 울릴 기회를 빌려 준 꼴이 되었을 뿐이다. 각고의 노력 끝에 과거제도를 마련했지만 당나라와 송나라가 인재의 수준을 어떻게 높이고 낮추었는지는 알 수 없다. 어찌하여 과거시험이 이 지경이 되었는가?

오늘날의 유학의 본래 풍모가 차츰 사라지고 인심은 요행만을 바란다. 조그마한 촌락일지라도, 동네 사람이 과거시험에 합격했다는 소식을 들으면 그 동네 사람들은 온통 세상 물정을 모르고 고루하다는 수치를 잊고 만다. 예악이 성한 명문 고을이었다 하더라도 글 읽는 소리는 끊기고 적적하기만 하다. 시대가 이러하여 조정에서도 심사숙고했다. 학자는 물론이거니와 백성이 조금이라도 변하고 유익하기를 바라면서 고심을 거듭하고 있다. 지도자들과 백성 모두가 틀렸다고 탄식만

하고 있을 수는 없다. 실제 과거시험의 문제를 가지고 논의해 나가지 못한다면, 이 나라의 지식인들이 나라의 시책에 개탄할 것이고, 크고 작은 과거제도도 옛것을 그대로 따르며 미봉책을 제시하는 데 그칠 것 이다.

학자들, 관리들이여! 이제 그대들도 과거시험을 통해 새로 선발되어 의젓하게 자문할 수 있는 위치에 있다. 과거시험장에서의 느낌과 경험 에도 익숙하지 않은가! 어떻게 하면 위로는 옛 제도를 따르고 아래로 는 지금의 사회 분위기를 편리하게 할 수 있겠는가? 시행하기 어렵다 고 꺼리지 않으면서도 멀리 내다보는 계획을 세워 보시라.

제도가 오래되면 폐단이 생기기 쉽다. 그러나 오래되면서도 폐단이 적으며 이 시대의 상황에 알맞은 정책을 펼 수는 없는가? 과거시험에 서 강경이나 제술을 모두 정교하고 치밀하게 하고, 훌륭한 인재가 풍 성하게 일어나도록 만들 수 있겠는가? 지나치게 꽉 막히지도 조금이 라도 지루하지 않도록, 기성 견해에 얽매이거나 규정에 구애됨이 없이 의견을 조목조목 나열해 보시라.

경전 연구는
어떤 방식이 좋은가?

과거시험에서 경서를 밝히며 의미를 강의하는 일에 관한 책문이다. 유교의 경전을 연구하고 공부하는 다양한 방법에 대한 재확인이다. 그것은 과거시험의 내용과 형식으로도 이어졌고, 현실적으로 유행하는 것도 있고 침체된 것도 있다. 그 모든 방법을 역사적으로 구명하며 합리적인 방법을 고민했다.

명경明經이라 하여 과거 시험에서 경서를 강의하며 그 의미를 밝히는 법은 언제부터 시작되었는가? 과거를 실시하여 관리를 선발한 것은 수나라 때부터 시작되었지만, '명경'이라는 명칭을 쓴 것은 당나라 때부터 보인다. 당나라 이전에는 명경과 같은 강경법講經法이 없었는가? 명경에서 강의한 것은 어떤 경서이며, 시험관 앞에 경서를 펴 놓고 강경을 하는 임강臨講을 했는가, 아니면 시험관 앞에 경서를 펼쳐 놓고 자기는 보지 아니하고 돌아앉아서 외는 배강背講을 했는가?

어떤 경우에는 첩괄帖括[31]로 6을 얻은 자에 한해 그 다음 시험인 대책對策에 응시할 수 있게 허락했다고 한다. 첩괄의 방식은 어떠했으며,

6을 얻었다는 것은 무엇을 말하는가? 당나라 이후로 이 명경과明經科가 지속적으로 시행되었다고 하는데, 그 장점과 단점 등에 대해 자세하게 설명해 보라.

우리 조선의 과거 시험은 중국의 제도를 모방하여 강경과 제술을 통합하여 시행했다. 말 그대로 강경은 경서를 강의하는 일이고 제술은 경서를 바탕으로 문장을 작성하는 일이다. 강경과 제술을 통합한 이유는 간단하다. 강경을 하면서 제술을 하지 않을 수 없고, 제술을 하면서 강경을 하지 않을 수 없기 때문이다. 다시 말하면 우리 조선의 과거시험은 경서를 읽고 문장을 작성하는 일이 함께 이루어지도록 했다.

자년子年, 묘년卯年, 오년午年, 유년酉年 등 3년마다 한 번씩 돌아오는 정규 과거시험인 식년과式年科에만 강경이 있는 것은 아니었다. 임금의 등극을 축하하거나 나라에 경사가 있을 때 실시하는 증광시增廣試와 필요할 때 특별히 시행된 별시別試에도 강경을 했고, 임금이 문묘에 참배한 뒤 성균관 유생에게 시험하여 성적이 우수한 몇 사람을 급제시키는 알성시謁聖試에도 강경을 했으며, 임금이 성균관 유생에게 베푸는 도기시到記試와 원점시圓點試에도 모두 강경이 있었다.

많게는 『시경』 『서경』 『주역』의 삼경三經 중에서 두 가지와 『대학』 『논어』 『맹자』 『중용』의 사서四書 가운데 두 가지를 선택하게 하였고, 적어도 삼경과 사서에서 하나씩은 선택하게 하였다. 과거에서 시험으로 보는 경서의 종류가 많으냐 적으냐는 시대마다 동일하지 않고, 과거시험 제도를 혁파하거나 시행한 것이 일정하지는 않다. 하지만 이전 시대에서도 과거시험을 볼 때 강경을 중시한 점은 분명하다.

정조 책문, 새로운 국가를 묻다

아! 그런데 간혹 선대 군주 가운데 과거에서 강경법을 폐지한 경우가 있었다. 이에 시험을 보는 예비 관리들이 오로지 제술 쪽으로만 나아가다 보니, 강독에 힘쓰지 않는다. 그리고 내가 과거시험의 대과大科에서는 삼경 가운데 하나의 경서를 골라 강경하고, 소과小科에서는 『소학』을 강경하라고 명령하였는데, 시행한 지 몇 년 만에 폐지하였다. 이는 그 제도가 폐단이 있어 오래갈 수 없었기 때문이 아니라, 단지 여러 사람의 의견이 통일되지 않았기 때문이라고 한다.

내가 과거제도를 합리적으로 개혁해 보려고 노력한 지가 오래되었지만, 그간 제대로 고쳐 볼 여유가 없었다. 그러니 지금 과거제도를 개혁하여 새롭게 만들기보다는 옛날부터 이어져 오던 제도를 약간 수정하여 시행하는 것이 어떻겠는가? 증광시·알성시·도기시 등 모든 과거 시험에서 강경법을 모조리 복구하기는 실제로 어렵다. 하지만 원점시의 경우에는 강경만은 반드시 복구하고 사서를 모두 다 강경할 수 없다 하더라도 삼경 중에서 하나의 경서를 자발적으로 선택하여 강경하게 한다면, 예비 관리들이 과거시험을 준비하는 데 큰 무리는 없을 것이다. 이렇게 하려는 데 다른 의견은 없는가?

어떤 사람은 이렇게 말한다.

"'글은 반드시 외워야 한다.'는 주자의 교훈이 있다. 그런데 요즘 젊은 학자들은 글을 대충 읽어 경서 가운데 한 장이라도 전문을 제대로 암송하는 이가 드물 정도다. 하나의 경서를 익혀 암송할 수 있게 한다면, 한나라의 경학박사들이 전문으로 했던 학업과 거의 같다. 그렇게 되면 사람들이 경서를 공부하지 않아 무지몽매하다고 놀리는 일은 모면할 수 있다. 이것이 경서를 암송하는 방법의 장점이자 특징이다."

또 어떤 사람은 이렇게도 말한다.

"경서를 읽는 데 중요한 것은 문장의 뜻을 해석하여 그 본질적 의미가 무엇인지 밝히는 작업이다. 문장을 작성하며 제술에 전념하는 학자에게 경서를 강독하고 암송을 겸비하라고 강요하면, 문장을 읽는 구두句讀에 전념하느라 깊이 탐구하여 풀이할 겨를이 없을 것이다. 사서삼경을 모두 암송해도, 오늘날 식년시의 강경에 응시하는 것처럼, 공부할 힘만 분산시키는 헛수고일 뿐이고, 실제로 경전을 보는 데 유익함이 없다. 이것이 경서를 암송하는 방법의 단점이자 오류다."

이 두 이론 가운데 과연 어느 것이 타당한가? 그렇다면 경서를 암송하여 강경에 응하는 학자들이 구두에만 전념하지 않고 한나라 경학자들의 학업과 거의 동일하게 만들려면, 어떻게 해야 하는가? 이번에 널리 계책을 구하는 의미로 이 책문을 제시하노라.

아! 그대들, 학자 관료들은 이미 경험하였고, 그에 대한 생각을 마음 깊이 지니고 나름의 방법을 강구하고 있을 것이니, 자신의 의견을 제시해 보시라.

현실을
당당하게 개척하라

여러 신하와 승지를 대상으로 낸 책문이다. 신하들이 현실을 타파하고 사회를 개혁할 수 있는 용기를 제대로 지니고 있어야 한다는 점에 대한 고민이 깊다. 사회 분위기나 기강도 해이해져 신하들은 대부분 편하게 즐기는 것에 젖어 있었다. 특히, 관리들은 책임을 회피하고 안일하게 처신한다. 현실을 개척하기 위한 획기적인 방법에 대해 강구할 것을 요청했다.

현실을 두려워하면서 약한 모습을 보이고 언행이 당당하지 못한 것을 고식姑息이라고 한다. 고식의 상황에서는 지금 당장 별 탈이 없고 편안할 수 있다. 이런 삶의 자세 때문에 정치가 제대로 이루어지지 않고 교육도 발전되지 않는다. 정치와 교육을 잘 하려면 반드시 이러한 폐단부터 고쳐야 한다. 그런 다음에 사회가 융성해지고 훌륭한 인재가 많아짐을 꿈꿀 수 있다.

정치와 교화가 제대로 이루어진 태평한 시절의 사례로는 요순시대보다 훌륭한 것이 없다. 어떻게 그런 시대를 만들 수 있었는지 자세하게 설명할 수 있겠는가? 세상에서 공자보다 높은 덕망을 지닌 분은 없다. 공자가 공부한 방법을 구체적으로 진술할 수 있겠는가? 9년 동안 치수治水로 홍수를 다스리느라 공적을 제대로 이루지 못했는데도 그 임무를 전적으로 맡겼고, 그 후 1년이 지난, 10년 만에 조금 나아졌다면, 나날이 새로워지는 일신우일신日新又日新의 공부로 볼 때 조금 모자라는 것 같다. 그 까닭은 무엇인가?

은나라를 부흥시킨 태무太戊가 덕을 닦자 사흘 만에 요사스런 뽕나무인 상상祥桑이 말라 죽었고, 안자顏子가 극기克己를 공부하자 하루 만에 온 세상 사람들이 착한 마음씨를 가지게 되었다. 어찌하여 이렇게 빨리 호응하게 되었는가? 주나라 태왕이 서쪽과 북쪽의 오랑캐를 처음부터 멀리 피한 것은 나중에 그들을 속박하고 견제하는 술책보다 강력했고, 증자의 제자였던 공명선公明宣이 3년 동안이나 제대로 책을 읽지 않은 것은 빈둥거리며 놀고 있는 상태와 같다.[32] 맹자는 태왕의 일을 "하늘을 두려워한 것"이라 했고, 주자는 공명선의 일을 『소학』에 실었다. 무엇 때문인가?

유방을 따라 군사를 일으켜 진나라에 반기를 들었고, 이후 개국공신이 된 조참曹參이 날마다 독한 술만 마셨다면 아마 직무를 제대로 수행하지 못했을 것이고, 전한시대의 학자였던 가의賈誼가 잠깐 이야기하는 사이에도 통곡하였다면 온힘을 다하여 떨쳐 일어나려는 뜻이 있었다고 할 수 있다. 그런데 이런저런 논의를 좋아하는 학자들은 그렇지 않다고 하는데, 무엇 때문인가?

32. 『소학』「계고」에 다음과 같은 기록이 있다. 공명선이 증자의 문하에 있은 지 3년이 되도록 글을 읽지 않자 증자가 그에게 물었다. "네가 나의 문하에 있은 지 3년인데, 배우지 않은 까닭이 뭐냐?" 그러자, 공명선이 대답했다. "어찌 배우지 않았겠습니까? 선생님이 댁에 계실 때 보니 부모님이 계시면 개나 말에게도 꾸짖는 소리를 하지 않았습니다. 선생님께서 손님을 접대하실 때 공손하고 검소하며 조금도 나태하거나 태만한 모습이 없었습니다. 선생님께서 조정에 계실 때 아랫사람들에게 엄격하게 대하지만 그들을 헐뜯거나 손상하지 않으신다는 것을 눈여겨보았습니다. 저는 이 세 가지를 즐겨 배우고 있지만, 아직 잘되지 않고 있습니다. 제가 감히 배우지 않으면서 선생님의 문하에 머물러 있겠습니까?"

『논어』에 보면, 제자인 염구冉求가 "저의 힘이 부족합니다."라고 하자, 공자가 "이제 너 스스로 한계를 긋는구나."라고 책망했고, 자로子路가 "어떤 사안에 대해 들었다면 행해야 합니까?"라고 질문하자, 공자는 도리어 "부형이 있지 않느냐."라며 훈계하였다. 이처럼 공부의 완급을 조절하는 것도 사람에 따라 제각기 다른 것인가? 옛날부터 전해 오는 고사를 보면, 종을 매달아 놓은 끈을 잘라 버려 마침내 폐업을 일으키게 하는 경우가 있고, 베를 짜고 있는데 중간에 올을 잘라 버리는 훈계를 통해 중도에 학문을 그만두는 것을 경계하게 만드는 경우도 있다. 이렇게 하여 권면하는 데서 취할 만한 것이 있는가?

당나라는 변경의 요지에 설치한 번진藩鎭이 지나치게 강력하고 큰 권한을 가지게 되면서 마침내 멸망에 이르렀고, 송나라 때는 지역에서 으뜸가는 벼슬이던 지주知州가 제 역할을 못하여 끝내 문란하게 되었다. 왜 그렇게 되었는지 이유를 설명할 수 있겠는가? 한나라와 당나라 이후로 유학자들은 때로는 경전의 본문에 대해 주석하고 주해하는 일을 학문의 중심으로 제한하기도 하고, 때로는 불교나 노장을 연구하기도 했다. 이런 폐단은 어디서 유래되었는가? 그 가운데 어느 정도 학문적으로 유행한 것이 있으면 차례로 꼽아 보시라.

송나라 때 정치가이자 학자인 왕안석은 정치개혁을 위한 변법을 실시했다. 그러나 그것은 정치 혼란을 가중하는 계기가 되었고, 차라리 옛것을 그대로 따르는 것만 못한 결과를 가져왔다. 남송 때 유학자인 육상산은 '심즉리心卽理' 사상을 통해 마음의 깨달음을 강조했다. 이에 차근차근 점진적으로 다져나가는 공부의 단계를 간과한 경향이 있었는데, 이는 불교의 선학禪學으로 빠지는 듯하다. 이렇게 본질을 벗어나는 것 같은 학문을 볼 때, 차라리 학문적으로 곁가지를 탐구하는 것이 낫지 않은가?

예전에 장腸을 뚫어 주는 약인 대승기탕大承氣湯을 현기증 증세에 대한 처방으로 삼았고, 문 밖에서 한가하게 낮잠 자는 일을 학자가 공부하지 않는 폐단으로 생각하고 경계했다고 한다. 이것은 언제 있었던 일이며, 어느 책에 나와 있는가? 그 뜻이 무엇을 말하는지 자세하게 논의할 수 있겠는가?

정치는 가난한 사람을 비롯하여 사회적 약자를 도와주는 일을 최우선으로 하고, 학문은 용감하게 매진하는 것을 중시한다. 정치에 최선을 다한 후에 풍요로운 사회를 이룰 수 있고, 학문에 용맹정진한 후에 인격을 성숙하고 역량을 탄탄하게 다질 수 있다. 정치, 도덕, 사회풍속이 무너지게 되면 고식적인 것이 습관이 되어 버린다. 이런 상황에서는 정치를 해도 온통 늘어지고 게을러져 부정부패와 같은 틈새를 막는 것으로 세월을 보내게 되고, 학문을 해도 자포자기로 안주하여 그럭저럭 세월만 보내게 된다.

무슨 일을 하건 적정한 수준에서 제대로 기획하지 않으면 사회를 개혁할 수 없다. 인간의 기질이 세상일을 두려워하거나 나약한 상태가 되면 분발하거나 당차게 실천하려는 의지가 결핍된다. 이런 경우, 허황된 명예욕과 눈앞의 이익에 빠져 들어 사회를 풍요롭게 하는 공부를 이전보다 성숙하게 진척하지 못한다. 분위기가 이러하니 어떻게 풍요로운 사회, 훌륭한 인격자나 역량 있는 인재를 배출할 수 있겠는가! 때문에 정자程子가 "훌륭한 정치도 없고 참된 학자도 없다!"고 개탄했던 것이다.

최근 들어 폐단은 더욱 깊어진 느낌이다. 문인, 무인 할 것 없이, 모두 편하게 즐기는 것에 젖어, 나라의 기강과 사회 분위기가 해이해져도 나 몰라라 하고 그냥 내버려 두고 있다. 허덕이는 저 백성을 내가 바른 정치로 구제하고 싶으나, 모두들 수레바퀴 자국으로 파인 웅덩이에 펄떡이는 붕어가 연못으로 돌아가고 싶어 하는 다급함을 생각할 줄 모른다. 내가 백성을 사랑하려는 정책에 힘쓰고 싶으나, 모두들 다른 사람의 닭을 훔쳐 먹으면서 아직은 기다리라는 식이다.

아침이 되었는데도 하루 할 일을 계획하지 않고, 떳떳하지도 않은 편안한 생활만을 누리려고 하니, 정치가 제대로 될 수 없다. 나라의 관직을 맡은 관리들 가운데 자신의 직위와 직책에서 몸가짐을 단속하는 관리는 적고, 예비 관리나 야인 학자들 가운데 독서에 매진하는 사람은 매우 드물다. 세상의 이치나 사회의 정의에 관해 강론을 하면 두 손을 들고 반기며 함께하려는 의지는 없고, 윤리도덕이 무너지고 있는데도 그런 시대의 흐름이나 물결을 따르며, 자신을 일으키려는 노력을 하지 않는다. 그리하여 마침내 곤궁한 지경에 이르러 비참한 생활을 모면하지 못하게 되니 학문이 제대로 일어나지 않는 것이다.

후대로 내려올수록 옛날 훌륭한 사람들이 말씀하신 삶의 방식이 멀어지고 막혀서 그런 것인가? 아니면 올바른 정치와 학문을 부흥하는 방법을 정확하게 알지 못해서 그런 것인가? 지금 내가 최고지도자 자리에 있을 때, 한번 최고의 정치에 부흥하고 싶다. 그 방법을 어디에서 찾을 것인가?

진정으로 공직자다운 태도는 무엇인가?

공직자의 역할과 기능에 대해 고민하며 대책을 강구하려는 책문이다. 공직자로서 관리는 어떤 태도를 지녀야 하는가? 말 그대로 공공을 위한 봉사에 초점을 두어야 한다. 무엇보다도 나태하고 부정부패로 얼룩진 공직 사회에 대한 한탄과 그 분위기를 일신해 보려는 의지가 엿보인다.

관리는 반드시 그 시대의 지위와 생활에 어울리는 풍모를 지니고 있다. 관리는 공직에서 국가와 백성을 위해 봉사하는 이들이므로, 그들의 생활 모습이 아름다운지 그렇지 않은지를 관찰하면 그들이 어떤 자세로 삶에 임하는지 논단할 수 있다.

요순시대에 관리들이 칭송받았던 이유는 백성들을 위해 늘 똑같은 자세로 봉사했기 때문이다. 주나라는 인재를 양성하여 훌륭한 관리를 배출했기 때문에 나라가 편안해질 수 있었다. 추나라와 노나라에서는 거문고를 타고 시를 읊으면서 자연스럽게 교육이 이루어졌지만, 배우는 자들의 국량이 너무 작거나 뜻이 너무 커서, 학자 관료로 자세를 갖춘 것은 결국 공자 한 사람뿐이었다. 어째서 그러한가?

직하稷下에 모여서 담론한 것이 끝내는 실제와 거리가 멀고 괴이한 곳으로 흐른 것은 어째서인가? 유독 예를 익히기 위해 설치한 면체를 비웃으면서도 대신大臣으로 인정한 것은 어째서인가?[33] 서 한시대에는 경술經術이 흥성하였으나 문호

를 나누고 편당을 세우는 현상이 나타났고, 동한시대에는 명절名節이 가상하였으나 자칫하면 아랫사람이 윗사람을 비방하는 폐단이 일어났다.

벌레 모양이나 아로새기며 꾸미는 것 같은 조충雕蟲의 솜씨를 귀중하게 여기다가 위나라의 도가 문란해졌고, 형이상학적인 현풍玄風이 흥하자 진나라의 기강이 크게 무너졌다. 이런 점에서 보면, 예전에 현명한 학자들의 견해가 충분히 증명된 것이 아닌가? 과거를 주관하는 사람과 내통한다면 이름을 풀로 붙여 가린다 해도 어떻게 간특함을 막을 수 있으며, 깃발을 들고 대궐 앞에서 상소하여 스승의 유임을 청한다면 과연 현명하다고 말할 수 있겠는가?

우주자연의 이치와 인간의 본성에 대한 담론이 송나라보다 성행한 적은 없었다. 그렇다고 지체 높은 양반이나 선비처럼 군다고 과연 정이천이 주장하는 학문의 이치를 터득했다고 할 수 있겠는가? 금나라 장종章宗은 중화의 교육으로 이민족의 풍속을 바꾸었다. 이에 일시적으로 힘을 가진 유학이 볼만해졌다. 명나라 고황제는 주자학을 높여 공적으로 삼았다. 이에 동림東林에서 이루어지던 강학講學이 매우 성행하였다. 그때 활약한 인물과 논의, 학문 풍토가 어떠했는지 자세하게

설명할 수 있겠는가?

　옛날부터 선비는 나라의 녹봉을 받는 관리로, 일반적으로는 사회의 지도급 인사다. 사농공상의 사민四民의 가운데 으뜸에 해당하는 계급으로, 다른 계급에 비해 모든 행실에서 그에 상응하는 책임이 있다. 『예기』에서는 선비인 관리가 "그 몸을 닦고 길러 쓰임새가 있게 해야 한다."고 강조하며, 한나라 역사에는 "군주를 도와 교화를 밝혀야 한다."고 기록되어 있다. 관리가 공직자로서 명예, 행실, 예절, 염치를 소중히 하면, 공직자로서 아름다운 특성을 드러낼 수 있다. 그렇지 않다면 공직자로서의 자세와 태도가 무너지게 된다. 그럴 경우 국가는 어떻게 공직의 기강을 확립할 수 있는가?

　우리 조선은 오로지 유학을 숭상하며 관리들의 사기를 장려하는 방안을 수시로 강구해 왔다. 예전에 사기가 높았던 때 관리들은 학문을 할 줄 알았고, 저마다 자중하여 염치 있게 행동했다. 관리들 사이에 서로가 격려하고 좋은 점을 본받으며, 예의를 갖춰 학문과 의로움을 논의하는 모습이 칭송할 만했다. 그런데 최근 들어 관리들의 모습과 취향의 격이 점점 떨어지고 있다. 가정에서 사사로이 있을 때는 단정하게 지내지 않고 제멋대로 행동하며, 관청 등에서 사회적으로 처세할 때는 맡은 일을 묵묵히 처리하지 않고 조급하게 경쟁하는 쪽으로 나아간다. 이러다보니 관리로서의 본모습은 쇠약해지고 온갖 폐단이 일어나고 있다.

　나는 관리들의 이런 모습을 염려하여 공직 사회의 분위기를 획기적으로 바꾸려고 한다. 아무리 열심히 타일러도 이를 받아들이는 관리들의 태도를 보면 막막하기 그지없다. 지방의 관리들이 나름대로의 지방

특색을 강조하며 텃세를 부리거나 자기들만의 습성을 부리는 것은 그래도 이해할 만하다. 서울의 명문세가들이 더 문제다. 특히 이들의 자제들은 대부분 고위 관료로서의 특권을 누리려는 잘못된 습성을 지니고 있는데, 이들에게 명문가의 관리나 자제다운 모습을 보이라고 따끔하게 충고하며 격려하려는 사람이 없다.

과거 시험장에서 저지른 부정을 엄중하게 처벌하는 법령이 있음에도, 간혹 대리 시험을 보거나 서책을 끼고 들어가 부정을 저지르기도 한다. 최고의 대학인 성균관에서 인격을 함양하며 관리로서의 자세를 잘 다지는 이들도 많지만, 재학하지 않아야 함에도 불구하고 기숙사에 눌러앉아 있는 경우도 있다. 심지어는 임금이 직접 성균관 유생에게 국가 정책에 대한 의견을 묻는 자리를 만들어도 제대로 참석하지 않고, 적발되어 불려오면 외부에 출타 중이었다고 거짓말을 한다. 관리나 예비관리들의 모습이 이 지경이니 정말 한심스럽다!

내가 최고지도자로서 제대로 인도하지 못해서 그러한가? 아니면 선비들이 전해져 내려오던 나쁜 습성을 벗어나지 못하고 그것에 얽매여 그런가? 이런 분위기를 일제히 변화시키려면 지금 무엇을 해야 하는가? 옛날 올곧은 선비의 생활 자세가 유행하던 시기로 돌아가 그것을 크게 진작시키고 세속을 교화하려면 어떻게 해야 하는가?

모든 공직자가 이름과 직분에 걸맞게 근무하라

명분과 예의에 맞는 생활을 인도하려는 고심이 담긴 책문이다. 명분이 걸맞아야 그에 맞는 일과 행동이 이루어지고, 사회 발전의 바탕이 된다. 때문에 누군가가 직분과 명분에 맞는 일을 부여하기 전에 모든 사람이 스스로 이름과 일에 대해 성찰할 필요가 있다.

예의禮儀는 그에 맞는 분수分數보다 큰 것이 없다. 분수는 그에 맞는 이름名보다 큰 것이 없다. 이는 국가를 유지하는 일이며 사람을 절제하는 규범이다.

하늘에는 태양이 하나밖에 없는데 열 개의 태양이라는 명칭은 『춘추좌전』에서 비롯되었다. 사람에게는 열 개의 등급이 있는데 아홉 등급이라는 그 제도는 『신서』에 기록되어 있다. 어떤 경우에는 『춘추좌전』처럼 하나에서 열개의 등급으로 나누어지고, 어떤 경우에는 『신서』처럼 열 개의 등급을 아홉 등급으로 변경하여 사용했다. 허다한 경계 사이에 무한한 계층과 절차가 있는 것은 옛날부터 그러했다. 더구나 우리나라에서는 명분을 매우 숭상했는데, 이를 차례로 지적하여 설명하려면, 여러 사람이 달라붙어 세더라도 어려우리라.

조정의 관리는 대신·중신·재신과 시종, 백집사 등등으로 나누어 부르는데, 여기에는 문관·음관·무관에 해당하는 이름과 직분이 있다. 관학館學에는 동상·남상·유학·업유 등의 명칭이 있는데, 여기에는 적서嫡庶에 해당하는 이름과 직분이 있다.

중인에는 비장·장교·계사·의원·역관·일관·율관·창재·상기·사자관·화원·녹사 등의 명칭이 있고, 시정市井에는 액속·조리·전민 등의 이름이 있다. 이것이 중인과 시정의 이름과 직분이다.

이밖에도 천민과 같이 힘과 노동으로 복역하는 사람들도 그 종류가 1만여 가지에 달하고, 군례·노복·상인·공인·고용살이 등의 미천한 사람들 또한 피차간 우월함과 졸렬함의 차등이 있어 이름과 직분이 구체적으로 존재한다. 이런 측면에서 보면 이름과 직분이라는 명분名分이 중요하지 않은가!

그러나 중앙과 지방의 공공기관에서도 명분을 바로잡는 일의 의미를 전혀 알지 못하고 있다. 오히려 공공기관에서 명분을 침범한다는 비판이 많고, 명분이라는 두 글자를 여지없이 쓸어버린 지 오래다.

그대들은 모두가 중앙의 관리들이니, 마음 깊이 개탄하는 부분이 있으리라. 오늘날의 잘못됨을 바로 잡아 정상적으로 되돌릴 수 있는 방법을 자세히 제시해 보시라.

관리들의 근무평정에
엄격하라

공직자들에 대한 근무평가 문제를 다룬 책문이다. 오늘날에도 공직자는 물론이고 크고 작은 기관에서 나름대로의 기준을 마련하여 구성원을 평가하고 있다. 합리적 근무평가는 상벌을 분명하게 하여 업무의 공정성을 확보하는 데 기여하지만, 그 반대의 경우, 업무는 물론 부정부패의 온상이 될 수도 있으므로 철저한 대책을 모색했다.

어떤 조직이건 그 조직에 근무하는 인재에 대한 중간 평가를 한다. 국가 주요 부처나 지방에서 관리로 근무하는 모든 공직자도 마찬가지다. 이를 출척黜陟이라 한다. 출척은 관리의 근무평가를 통해 인재를 추출抽出하고 중용重用하는 작업이다. 인재 중용의 기본은 훌륭한 사람을 받아들이고 나쁜 사람은 쫓아내는 일이다. 그것은 인재를 기용할 때 아주 큰 권력으로 작용한다. 그만큼 인재 기용이 중요하다는 의미다.

인재를 중용할 때, 9년에 세 번, 즉 3년마다 한 번씩 관리의 근무성적을 평가하여 관직 등용에 참고하는 일은 언제부터 시작되었는가? 또한 매년 한 번씩 근무평가를 한 것은 어느 시대에 시작되었는가? 중앙에서 일하는 모든 관리는 근무평가의 대상이 된다. 그렇다면 이 근무평가 직책을 담당하는 사람은 어떤 관직에 있었는가? 모든 관리를 제각기 시험해야 하는데, 이 법을 만든 사람은 어느 기관의 어떤 관리인가? 각 부서에서 출척을 시행하는 것은 각 관청의 기관장이 주관했다. 때로는 조정에서 출척사黜陟使라고 하여 11명의 출척사를 각 지방으로 나누어 파견하기도 했다. 한나라와 당나라 때의 사례를 들어 자세하게 논의해 보라.

등용할 인재의 덕행·언행·정사·문학 등 사과四科를 자체적으로 정하면서 각 지방의 기관장이 관리들의 근무를 평가하는 법이 만들어졌고, 최고위급 관료인 상서尙書에게 9등급으로 근무평가를 하도록 설정하여, 해당 관리의 공로와 과실을 병기하게 했다. 이는 처음에는 합당한 규정이었고 아름다운 제도였다. 그런데 과연 끝까지 폐단은 없었는가?

출척을 전담한 사례로는 송나라 때 장준張浚이 천섬川陜의 선무처치사宣撫處置使로 임명되자 그것을 받아들였던 일이며, 출척을 듣지 않은 사례로는 당나라 때의 이원李愿이 은거하며 자신을 보존한 일이었다. 장준의 경우에는 지위가 높고 귀하게 되었고, 이원의 경우에는 곤궁하게 살았다. 출척으로 인해 발생한 이 두 가지 사례 가운데 어느 것이 더 좋은가?

정치가 잘 시행되어 도적이 없어지자 어떤 사람은 유임하며 직분이 높아지고, 정치가 치졸한 지경에 이르러 열심히 일하는데 마음만 수고로워지자 어떤 사람은 스스로 직분을 낮추었다. 그 장점과 단점을 자세하게 설명해 보라. 어떤 지도자가 지방 공공기관의 나쁜 관리를 도

태시키자, 그의 옳고 그른 색채가 분명해졌다. 또 어떤 지도자는 주변의 인물 가운데 관리로 등용할 것인지 아닌지를 분명히 하자 그 인물의 밝은 면과 어두운 면이 선명하게 드러났다. 그 지도자들이 출척을 어떻게 하였기에 이처럼 분명한가?

후한의 환제 때 주목朱穆이라는 사람이 있었는데, 당시 지방의 수령들이 직공들을 앞 다투어 풀어 버렸다. 이는 수령들이 주목의 위엄에 눌려 복종했기 때문이다. 후한의 영제 때 가종賈琮이라는 사람이 있었는데, 당시 휘장을 걷어 올린 일이 있었다. 이는 가종에게 견문을 넓혀 준 것이었다. 이처럼 위엄과 명철함이 출척을 엄중하게 하는 근본인가? 출척에 대해 때로는 전최殿最라고도 하고, 때로는 포폄褒貶이라고도 하는데, 전최나 포폄이라고 하는 것이 출척의 다른 이름이라고 할 수 있는가? 어떤 사람은 세 번이나 퇴출당해도 성난 기색을 품지 않고, 어떤 사람은 세 번이나 승진해도 기뻐하지 않았다. 이와 같은 사람에 대해, 출척으로 그 성난 기색을 권면하거나 승진의 기쁨을 저지할 수 없는 것인가?

국가가 있으면 반드시 관직이 있고, 관직이 있으면 반드시 출척이 있게 마련이다. 맡은 일을 질서 있게 하는 것으로 현명함의 여부를 분변하는 것은 『중용』의 정신을 모방한 것이고, 일에 대해 자문을 하며 훌륭한 말들을 고찰하는 것은 『서경』의 정신에서 취한 것이다. 최고지도자는 모든 정사를 나날이 살피고 다달이 시험한다. 또한 먼 곳에서 벌어지는 일은 간접적으로 듣고 가까운 곳에서 일어나는 일은 직접 살핀다. 이런 자세와 방법을 통해 관직을 강등하기도 하고 직분을 높여 혼탁함을 헤치고 맑음을 떨친다. 때문에 일을 잘하고 못하는 것이 즉시 보이고, 이에 따라 상벌이 행해진다. 공적이 많이 쌓이면 관직과 직분이 밝아지고 아름답게 되며, 관리들은 그만큼 스스로 행실을 독실하게 가다듬는다. 역사에서 볼 때, 위로는 요·순임금으로부터 아래로는 송나라와 명나라에 이르기까지 그 장단점과 이해득실에서는 차이가 있지만, 모두 출척을 통해 관리의 근무평가를 실시해 왔다.

우리 조선의 경우, 이 출척의 법을 매우 중요하게 여긴다. 중앙에서는 부府·원院·시寺·조曹·창고倉庫·감서監署와 각 지방으로는 주州·부府·군郡·현縣·역진驛鎭·성보城堡에 이르기까지, 크게는 목사·부윤과 적게는 승위丞尉에 이르기까지, 유품流品의 군교·장령과 잡기의 의원·역관·율주까지, 때로는 각사의 판당判堂과 제거提擧에 위임하기도 하고, 때로는 각도의 관찰사와 수신帥臣에게 위임하여 전최도 하고 출척도 한다.

열 번의 근무평정을 통해 최고점을 받거나 다섯 번의 근무평정을 통해 최고점을 받은 경우, 임기가 만료되면 반드시 직분을 옮겨 준다. 두 번의 근무평정을 통해 중간 점수를 받거나 세 번의 근무평정을 통해 중간 점수를 받은 경우, 더욱 열심히 일할 수 있도록 독려한다. 그러나 근무평정을 통해 쫓아내려고 할 경우, 반드시 왜 그런 근무평가를 내렸는지 의견서를 충분히 검토한 후에 직분에 차등을 주도록 한다.

문서의 기록이나 관리를 맡고 있는 중앙의 관리는 중앙과 지방으로 그 직분을 나누어 업무의 과중을 따져서 근무평가를 실시하여 정한다. 군대를 통솔하는 양영兩營에 소속된 사司의 경우, 통일성을 기하기 위해 동일한 기준으로 논의한다. 1년에 2번씩 반드시 출척을 시행하는 것은 그 제도를 매우 엄중하게 운영하기 위해서다. 이렇게 하니 출척이 매우 밝게 되었고, 관리들의 업무에서 권선징악이 잘 시행되었다.

그러나 어찌된 일인지, 최근 들어 공공의 법규가 제대로 이행되지 않고 사의私意가 횡행한다. 근무평정에서 매번 등급을 제대로 받지 못한 관리는 대부분 나약한 임시직이거나 하급 무관들이었다. 권세 있는 지방관이나 고위 관리들을 근무평정에서 거침없이 일필로 단죄하는 것은 보지 못했다. 권세 있고 총애 받는 관리들이 이렇게 불손한데, 어떤 사람의 가르침을 따르겠는가! 아부하는 편지글만 더욱 번거롭게 많을 것이니 깨끗한 사람의 부질없는 자탄만 자아내게 할 뿐이다.

이것은 모두 최고지도자인 내가 교화를 제대로 펴지 못하고, 정치를 잘하지 못했기 때문이다. 나에게서 정치를 위임받은 조정의 여러 관리들도 이에 대해서는 반드시 함께 책임을 져야 하리라.

아! 여러 학자 관료들이여! 그대들은 평소에 속으로 이런 점에 대해 개탄하며 애석해 하였으리라. 출척에 대한 좋은 의견이 있으면 가감 없이 제시해 보시라.

나쁜 버릇은
반드시 고쳐라

경력 있는 초계문신을 대상으로 처음에는 건전한 습관을 지녔다가 시간이 지날수록 폐습으로 치닫는 것에 대한 올바른 인식을 요청했다. 예의와 염치에 기반한 습관을 들인다면 훌륭한 생활과 훌륭한 정치로 이어진다. 특히, 선비들은 자신의 직분에 익숙하게 습관을 들이고, 조목조목 성찰할 준비가 필요하다.

학자 관리들이여! 조용히 내 말을 들어 보라! 삼황시대의 백성은 인정이 많았고 선진시대의 백성은 상대적으로 융통성이 없었다고 한다. 산골에서 농사지으며 사는 백성은 질박하고, 시장에서 장사하는 백성은 약삭빠르다고 했다. 그렇다면 그대들에게 물어 보자! 오늘날 관리들을 비롯하여 많은 사람들이 질박하고 인정 많기보다는 융통성이 없고 약삭빠른 데 가까워 폐습이 짙은가?

'습習'이라는 말은 "새 새끼가 날기 위해 파닥거리며 날갯짓을 한다."는 의미다. 좋은 버릇인 정습正習이나 나쁜 버릇인 폐습弊習을 막론하고, 사람의 타고난 본성이 처음부터 그런 습관으로 만들어진 것은 아니다. 그렇다면 습관은 부모나 형제자매가 그렇게 되도록 한 것인가? 스승이나 벗이 그렇게 되도록 한 것인가? 아니면 나 한 사람이 스스로 그렇게 되도록 한 것인가? 맑은 거울은 티끌하나 묻어 있지 않기에 흠을 보여 주지 않는다. 건전한 언론은 솔직하게 소통하기에 허물을 드러내지 않는다. 그대들과 함께 오늘날의 폐습에 대해 진지하게 논의해 보려고 한다.

관직에 나아가 관리로서 근무할 때의 몸가짐은 자신의 직무와 관련하여 말과 행동이 어긋나지 않도록 조심하는 것이 가장 중요하다. 요즘은 위협에 굴복하지 않거나 강직한 사람을 찾아보기 힘들다. 북위 때의 곽경상郭景尙이나 이세철李世哲처럼 기회만 엿보는 인간들은 뻔뻔스러워서 수치를 모른다. 여기저기 기웃거리고 엿보면서 약삭빠르게 행동하는 사람들이 많다. 자기보다 강한 사람에게는 한없이 비굴하게 굴고, 마음이 맞지 않으면 배반하고서는 온갖 변명으로 자기 행동을 정당화하는 사람이 여기저기 보인다. 죽림칠현竹林七賢처럼 해이하게 사는 것을 오히려 즐거움으로 여기고 멋대로 방종하는 태도를 기쁨으로 여기며, 편리한 대로 행동하여 품행이 단정하지 않다. 아니면, 당나라의 관리들이 화를 당할까 두려워하는 것처럼, 너무나 지나치게 공손하여 자기의 몸 하나만을 보전하는 데 급급하다. 진정으로 근신하는 모습은 매우 부족하다.

공직자로서 자신의 직무에 대해 자세하게 말하고 낯빛을 엄정하게 하면 꽉 막힌 사람이라고 비꼬고, 천박한 농담이나 지껄이는 사람에 대해서는 원만하다고 인정하며 대충 넘어가려고 한다. 이런 식으로 처신하면서도 남에게 뒤질까 염려하고, 또 승진 시험은 반드시 통과하려고 애쓴다. 온 세상이 이런 방식으로 야비하고 비열하게 살아온 지가 벌써 몇 해인가?

국가를 빛나게 하는 정책은 문화 수준을 끌어올리는 방식이 좋다. 그동안 인재양성에 정성을 쏟으며 소홀하지 않았는데도, 인재라고 하는 작자들에게 대강 살아갈 수 있는 문만 열어 주는 꼴이 되었다. 인재를 두루 찾아 모으기에 힘써 훌륭하고 박식한 사람을 소홀하지 않았으나, 간혹 능력도 없이 자리를 차지하는 자도 있었다. 명문세가의 든든한 문벌 출신이라는 것에 의지하면 아무런 학식이 없어도 관리가 되는 데 전혀 구애됨이 없고, 자기와 생각과 취향이 다르면 현직 관리건 재야의 학자건 관계없이 사람을 비방하고 좋은 의견조차도 말하지 못하게 하여 국가 정책을 방해하고 있다.

개인적으로 좋아하거나 싫어하는 것을 통해, 사람의 마음을 만족시킬 수 있는 것은 아니다. 엄밀하게 말하면 개인의 호오好惡를 다른 사람들에게 강요하는 것은 도리에 어긋나는 짓이다. 인간의 품성을 북돋아 길러 주는 작업이 매우 중요함에도 현실은 그러지 못하다. 때문에 훌륭한 인물을 배출하는 일도 드물었다. 인재라고 하는 사람이 모두 보잘것없고, 사회 분위기는 더욱 혼잡스럽고 야박하게 되어 갔다. 과거공부를 한답시고 주워 배운 것들은 티끌로 끓인 국이나 흙으로 지은 밥과 같이 쓸모가 없으며, 학문을 한답시고 시대 분위기에 휩쓸려 베낀 것은 모두 애써 만든 모조품에 지나지 않는다. 문장가로 나아가는 길은 망망하여 안개 속에 떨어진 것 같고, 학자로서의 의리를 밝히는 길은 벽이 가로막고 있는 듯 깜깜하다. 온 세상 사람들이 분위기에 휩싸여 야비하고 거친 모습으로 빠져 든 지가 무려 몇 년이던가?

세상을 격려하고 사회 분위기를 바로잡는 데는 언론言論보다 좋은 것이 없다. 언론은 의사소통의 마당이다. 하지만 끼리끼리 패거리를 지으며 당파를 맺고 싸우는 것은 당파마다 결의한 자신들의 견해에 가려졌기 때문이고, 구차스럽게 이런 저런 핑계로 자리를 차지하는 것은 온갖 생각을 만들어 내는 계기가 되었다. 그리하여 가타부타하지 않는 것을 "사회 분위기에 휩쓸리지 않는다."고 하고, 사람을 따라 부화뇌동하지 않는 것을 "일을 안다."고 한다. 그런데 모두들 묵묵히 있는데 혼자 말을 하면 "일을 만든다."고 하고, 모두들 옳다고 하는데 혼자 그르다고 하면 "헛소리를 하고 있다."고 비난한다.

백성을 위한 정책이나 국가적 의식, 나라에서 주관하는 여러 가지 일에 대해서는 최고지도자인 나에게 떠맡겨 놓고, 개인적으로 이익을 꾀하거나 영달을 구하고 술 마시며 놀고 즐기는 일이라면 적극적으로 향유한다. 관리들의 이런 태도는 보거나 듣는 사람에게 믿음을 주지 못한다. 으쓱대며 남의 말을 듣지 않는 자만하는 모습이 자연스럽게 드러나서 그런 것인가? 진실로 반성해 보면, 내 얼굴이 붉어진다.

하지만 아직도 "충천한 의기에 감동되어 북두성이 싸늘해지고 핵심을 얻어 금석金石을 깨뜨린다."는 말처럼, 곧은 마음과 피나는 정성으로 직언을 하며 항의하는 관리가 있다면, 내가 아무리 최고지도자로서 군주의 위엄을 지녔다하더라도, 그 충성스런 직언을 어찌 거절하겠는가! 최고지도자의 잘못은 숨겨 줘야 하는 것으로 여기고, 각 당파가 공격하며 논박하는 것은 기세로 삼으며, 명예나 절의 따위는 소중히 여기지 않고 관리로서의 직책만을 좋아하며, 관리로서의 기품은 생각하지 않고 아첨만 하려고 한다. 온 세상 사람이 내달리듯 아첨이나 하는 말세의 버릇으로 빠져든 지가 벌써 몇 년이던가?

세상의 도리를 유지할 수 있는 대비책으로는 사람이 염치를 지니는 것보다 중요한 것이 없다. 윤리도덕도 지키지 못하고 학문도 제대로 하지 못한다면, 사물에 대한 욕망에 이끌려 행동은 거리낄 것이 없고 생각은 붕 떠서 자기가 좋아하는 것에 따라 마음을 바꾸게 된다. 그런 사람이 나라의 관리로 있으면 다른 관리들을 창피하게 만들고 지방 고을의 수령이 되면 백성을 학대하고 해친다. 그런 인간은 지혜를 발휘한다고 해봤자 털끝만 한 이익을 다투고, 외모를 치장하며 겉치레를 꾸미는 데나 신경을 쓸 것이다.

누가 관리로서 좋은 직책을 사양할 수 있으며, 누가 시퍼런 칼날을 밟을 지조가 있는가? 남루한 옷을 입고 나물 뿌리나 캐먹고 살면 가난뱅이라고 야유하고, 요령 있게 수단을 잘 부려 관직에 나아가면 영웅이라고 부러워한다. 사람들끼리 모여서 이야기하는 것도 뻔하다. 어떤 사람을 돌봐 주며 이익을 챙기고 편애하는 말이나 해주는 것에 지나지 않는다. 엎치락뒤치락 거리며 명예와 이익에 빠져 들어 예의라는 두 글자는 아예 알지도 못한다. 온 세상의 사람들이 내달리듯 거간꾼이나 사기꾼과 같은 삶에 빠져 든 지 벌써 몇 년이 되었는가?

아! 조정은 세상의 조직 가운데 하나의 표준이며, 사대부는 사농공상의 사민四民 가운데 모범이 된다. 위에서 지도층들이 수시로 낯빛을 바꾸면서 말을 하면, 아래 있는 사람들은 그 말에 따라 패거리끼리 힘을 겨루며 싸운다. 위에서 유학자들끼리 서로 업신여기며 헐뜯는 모습을 보이면, 아래에 있는 백성들은 유학을 조롱하게 된다. 위에서 지도자가 권력을 전횡하려는 뜻을 보이면, 아래에 있는 백성들은 그런 권력을 믿지도 않고 그런 권력이 지속되지 못하도록 분위기를 조성한다. 위에서 백성의 재물을 수탈하는 관리가 있으면 아래에서는 도적질하는 백성이 나타나게 된다.

관직에 나아가 관리로서 직분에 맞게 신중해야 할 바를 알지 못해서야 되겠는가? 밤낮으로 이 나라가 잘 다스려지기를 바라는 나의 괴로운 마음과 지극한 정성은 오직 국가의 재물을 풍성하게 하고 백성의 삶을 편안하게 만드는 데로 향하고 있다. 후손들에게 대대로 편안하게 잘살 수 있도록, 그 방법을 중앙의 관리들과 함께 만들어 우리나라가 무궁한 영화를 누렸으면 한다.

물론, 관리들이 다양한 상소문를 올리고는 있다. 하지만 세상을 경영하고 백성을 구제하라는 경세제민經世濟民의 뜻만을 덧붙인다고 올바른 정책대안이 되겠으며, 그것이 과연 나의 기대에 부응하는가? 그렇다면 어찌 오늘날의 폐습이 이 지경에 이르게 되었는가? 이러한 것이 병이라는 것을 알았다면 그렇게 하지 않는 것이 바로 약이 된다. 병이 있는데도 병인 줄을 모른 채, 염증이 아직 문드러지지 않고 복통이 아직 심하지 않다고 큰 걱정을 하지 않고 그냥 내버려 둔다면, 치료하기가 점점 어려워질 것이고, 그 폐단은 끝내 구제할 수 없는 지경에 이를 것이다.

청성青城의 도인이 육유陸游에게 다음과 같이 일러 주었다는 말이 전해 온다.

"국가를 잘 다스려 태평성대를 이룩하는 일과 사람이 장생불사長生不死하는 것은 다른 방법이 없다. 삼가는 것뿐이다."

내 일찍이 이 말을 심각하게 음미한 적이 있다. 지금 내가 그대들에

정조 책문, 새로운 국가를 묻다

게 도움을 구하는 것 또한 삼가는 방법뿐이다. 어떻게 하면 윤리도덕을 잘 지켜 삼가고 지나치게 용렬한 태도에 이르지 않겠는가? 학문을 열심히 하여 삼가고 지나치게 거친 모습에 이르지 않겠는가? 언론을 삼가고 지나치게 아첨하는 버릇에 이르지 않겠는가? 염치를 신중히 삼가고 지나치게 속이는 지경에 이르지 않겠는가? 중앙의 관리들이 점차 삼가는 태도로 공직자의 분위기를 일신하여 폐단을 고치고 올바른 자세로 돌아가기를 소망한다! 한나라 무제의 책문에도 다음과 같이 말하지 않았던가! "아, 그대 군자들은 늘 편안하게 휴식만 하고 있지 말라. 신이 들으시고 그대들에게 큰 복을 더해 주리라."

관리들이여! 자신의 임무에 최선을 다하라. 모두들 자신의 직분을 깊이 성찰하고 힘써 밝히되, 대강대강 하지도 말고 숨기지도 말라.

말과 침묵의 이중주를
펼쳐라

사람의 말이 얼마나 중요한지에 대한 고민이 담긴 책문이다. 사람의 말을 알고, 말해야 할 때를 알고, 진정으로 정치적 충고를 할 수 있도록 부탁하는 심경이 담겨 있다. 특히, 정치지도자들이 불의와 부정부패에 대해 침묵하는 것은 정치를 망치는 일이다.

  말을 하거나 침묵하는 것은 사람에게 아주 중요한 일이다. 이로움과 해로움을 가르는 문제는 공公과 사私에서 나누어지고, 정치적 안정과 혼란의 문제는 잘했느냐 잘못했느냐에서 형성된다. 이 두 가지 문제는 '말을 하느냐 침묵 하느냐'에 따라 그 변수가 무궁하다.
  말을 하거나 침묵함에 어찌 일정함이 있겠는가? 옛날 여분旅賁이 규계를 바치고 설어蚈御가 잠언을 바쳤는데, 이는 말을 통해 정치적 안정을 꾀한 것이다. 남을 헐뜯고 없는 죄를 있는 것처럼 알리는 말은 올바른 일의 진행을 방해한다. 교묘한 말은 현란한 음악을 연주하는 것처럼 혼란을 가중한다. 성품이 바른 사람은 말수가 적고, 어른스러운 사

람은 말이 어눌하다. 침묵하거나 과묵한 그런 특성이 이로움을 가져다
준다. 봉황새가 제대로 울지 않고 국가 행사의 의장대처럼 시끌벅적한
상황에서는 해로움이 생겨난다. 현명한 군주, 명철한 최고지도자는 공
손하고 묵묵하게 지도자의 길을 생각하고, 현명한 신하는 자기가 알고
있는 것을 분명하게 말한다. 이런 점에서만 보면 위에서는 과묵하고
아래에서는 말을 해야 하는 것 같다. 하지만 군주의 말씀은 실타래를
푸는 것 같고, 지혜 있는 사람은 침묵할 줄 안다는 측면에서 보면, 오히
려 위는 과묵하고 아래는 침묵해야 한다.

유학의 이론을 보면, 사람이 말을 하면 그것이 무엇을 의미하는지 알
아야 한다. 말을 알아야 하고, 또 말을 잘해야 한다! 유학과 다른 이단
의 학설인 노자나 장자, 불교의 경우, 말을 많이 하는 것보다 침묵의 의
미에 대해 강조한다. 어찌 보면 말을 하는 것이 옳고 침묵하는 것은 잘
못인 것 같다. 하지만 이런 태도는 어떤 말이건 그 말의 실행이 우선이
고 말 자체는 나중의 문제이며, 말을 할 수도 있고 침묵할 수도 있다는
의미와는 상반된다. 말을 하거나 침묵하는 일을 알맞게 실천하기가 이
와 같이 어렵다.

나는 말과 침묵 사이의 이런 부분이 두렵다. 때문에 내 한 몸에서 나
오는 사적인 말과 침묵은 물론, 한 나라를 책임지고 있는 최고지도자
로서 나라의 정책과 관련되는 공적인 말과 침묵에 이르기까지 매우 삼
가고 주의하고 있다. "심정을 드러내는 언사에 특히 조심하라. 깨지기
쉬운 유리병을 다루듯이 신경 써야 한다."는 교훈을 거스름 없이 실천
하려고 한다. 어떻게 하면 최고지도자를 향한 충고의 언표가 백성으로
부터 수시로 나오게 할 수 있겠는가? 국가가 시끄럽지 않도록 특정 집

단에 치우치지 않는 정책을 고르게 시행할 수 있겠는가? 지도층이나 서민들이 때로는 말하고 때로는 침묵하는 모습을 정확하게 파악하여, 그들의 의견에 귀 기울이며, 나는 모든 백성이 잘살 수 있는 나라를 진정으로 염원하고 있다.

그러나 우리나라의 현실을 직시하면, 날이 갈수록 이런 마음을 접게 된다. 사람들은 위엄을 갖추어 독려하는 말을 하면 싫어하는지 의심하고, 침묵하기를 심연처럼 하면 멀리하여 내버린다. 조언을 구하는 문서가 좀 간절하다 싶으면 무슨 특별한 뜻이 있는지 지레 짐작하며 탐색한다. 자문하는 일이 빈번하면 사안에 대한 문제를 이끌어 내놓고 결단하지 않은 데 대해 의심한다. 이런 점으로 보아, 최고지도자로서 나의 애정 어린 마음이 사람들에게 제대로 먹혀들지 않나 보다! 나 스스로 더욱 힘쓰고 자신을 탓할 수밖에.

눈을 들어 오늘날은 어떤 시대인지, 시대상을 찬찬히 살펴보라! 말을 하는 것이 알맞은가? 아니면 침묵하는 것이 알맞은가?

곧고 강직한 말은 아무리 조용하게 말하더라도 허물을 바로잡고 모자라는 부분을 채워 준다. 반면 매끄럽고 번들번들한 말은 대부분 어떤 사정이 있어 나오는 것이다. 안정된 정치를 펼치고 있는 조정에 갑자기 남을 헐뜯고 풍자하는 말이 아름다운 말을 널리 퍼지던 요순시대를 거스른다. 이러다 보니, 관리들은 매미 울음소리처럼 시끄럽게 굴기만 하고 하찮은 무쇠 솥에도 귀가 있다는 생각을 하지 못한다. 옳은 것은 옳다고 하고 그른 것은 그르다고만 할 뿐 조정에서 논의하며 공포한 법전을 제대로 살피지도 않는다. 사회 분위기는 혼란스러워 이리저리 움직이고 윤리와 기강은 갈수록 무너진다.

아! 최고지도자 한 사람이 아무리 총명하다고 한들, 한계가 있게 마련이다. 이 세상에 발생하는 모든 사안에 응하여 마음을 써서 다루는 일은 정말 번거롭다. 내가 최고지도자로서 나라를 다스리면서 기대한 것이 있다. 귀에 거슬리더라도 올바른 충고로 마음에 와 닿는 계책! 그 것뿐이다. 나에게 자신의 의견을 말해주는 사람이, 장손씨臧孫氏처럼 군주의 잘못을 잊지 않고 지적하고, 진수陳壽처럼 탄핵하는 것을 좋아하지 않는다면, 내 비록 덕이 부족하지만, 어찌 가슴을 비워 받아들이고 예의를 차려 용납하지 않을 수 있겠는가! 침묵하는 사람이 주발周勃처럼 말을 입 밖에 내지 않고, 모용수慕容垂처럼 겉으로는 어눌하지만 속으로 민첩하다면, 시대가 아무리 저속한 곳으로 추락한다 할지라도, 난잡한 것을 뒤집어 순수하게 하고, 가라앉은 것을 되돌려 융성하게 만들지 못하겠는가?

당연히 해야 할 말을 하지 않는 사람은 벙어리일 뿐이요, 침묵해야 할 것에 대해 침묵하지 않는 사람 또한 나대며 치켜세우는 짓일 뿐이다. 제대로 지식을 갖춘 지성인들이 현실에 횡행하는 말과 침묵을 본다면, 반드시 탄식을 하며 바로잡으려고 노력할 것이다. 진정으로 이런 우리의 현실에 알맞게 처방할 만한 번잡하지 않은 요긴한 말이 있다면, 학자와 관리들이여! 침묵만 하지 말고 모두 나에게 말해주기 바란다.

3부

문예부흥으로
빛나는
문명국가 건설

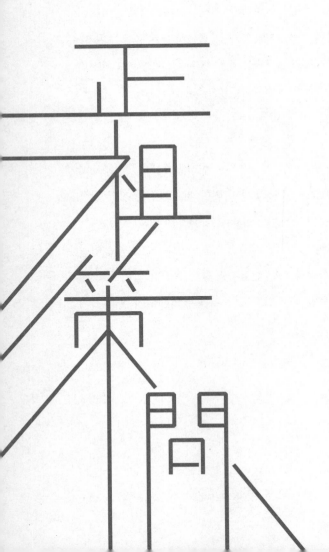

정치지도자의 책무에는 여러 가지가 있지만, 백성의 민생을 해결한 후에는 국민의 문화 생활에 관심을 두어야 한다. 국민의 문화적 삶을 풍성하기 위한 방안은 다양하다. 가장 중요한 것은 국민들의 지식수준을 높이고 지혜를 발휘하여 자신의 삶을 당당하게 살아가도록 지원하는 작업이다. 이에 지도자는 자연과 인간, 사회가 어울려 즐거운 사회 분위기를 조성하고, 냉철한 역사의식, 세련된 언어생활 등 풍성한 국민 생활의 제고를 통해 국가의 부흥을 고민한다.

여기에 제시하는 책문은 『홍재전서』 「제48권」의 〈규장각奎章閣〉〈사史〉〈오행五行〉〈기氣〉와 「제49권」의 〈문체文體〉, 「제50권」의 〈시時〉〈천문天文〉〈학學〉〈속학俗學〉〈문체文體〉〈언言〉, 「제51권」의 〈심心〉〈위서僞書〉〈문자文字〉〈팔대가八大家〉〈팔자백선八子百選〉 등 16편이다. 이를 문예부흥을 통해 문명국가로 나아가려는 염원을 담은 내용으로 정돈했다.

문화를 꽃피울 기반은
어떻게 마련하는가?

1777년 정조가 즉위한 기념으로 치른 증광전시에서 낸 책문이다. 규장각을 만들어 국가적 문예부흥을 꾀하려는 의도가 자세하게 담겨 있다. 문예부흥은 역사적으로 자존감과 주체성을 높이려는 자연스런 발로인데, 그것을 펼쳐 보이려는 시대적 소명의식과 포부도 보인다.

규장각은 우리 조선 왕가의 임금이 몸소 지은 글이나 만든 물건을 봉안하는 곳이다. 아울러 세상의 도서를 보관하는 곳이기도 하다. 이런 규장각을 설치하는 취지는 문필에 관한 일들을 숭상하는 정치를 지향하는 데 있다. 우나라에는 「칙천勅天」이라는 노래가 있고, 하나라에는 『조훈祖訓』이라는 책이 있고, 은나라에는 『반명盤銘』이라는 작품이 있고, 주나라에는 『대훈大訓』이라는 책이 있었다. 당시에도 임금이 몸소 지은 글이나 만든 물건, 세상의 소중한 도서를 보관하는 곳이 있었을 텐데, 오늘날 전해 오지 않은 이유는 무엇인가?

한나라는 궁중에 기린각과 천록각을 건립했고, 당나라는 경經·사史·

자子·집集을 보관하는 곳이 있었는데 궁인들이 담당했다. 그 연혁이 어떠한지 구체적으로 파악할 수 있겠는가? 위나라 문제文帝는 왕상王象에게 비서감을 관리하게 하여 황람皇覽의 찬술을 담당하게 했고, 진나라 무제武帝는 비서감을 중서성에 편입했으나 저작국은 폐지하지 않았다. 그것을 어떤 방식으로 운영했는지 자세하게 알 수 있겠는가?

송나라에는 용도각·천장각·보문각·현모각·휘유각·부문각·환장각·화문각·보모각·보장각 등이 있었다. 당시 이런 건물을 지은 전후 사정과 건립한 장소, 건물 명칭의 뜻 등에 대해 조사하여 일러 줄 수 있겠는가? 또한 학사·직학사·직각·대제 등의 관제가 있었다. 그들의 자질이 어느 정도인지, 그 선발 규정과 직책의 중요성 등에 대해 자세하게 논의하여 의견을 제시해 줄 수 있겠는가? 포석정처럼 복숭아 꽃무늬를 새긴 돌로 만든 술잔을 물에 띄워 보내는 장소를 만들고, 공신들의 초상을 배열하여 공적을 밝히는 영광으로 삼았는데, 그 제도는 어떠했는가? 천장각을 개설하여 시세에 맞는 정치 현안에 대해 문의하고 보문각에 제수하여 장원한 사람을 등용하였는데, 그 뜻은 어디에 있었는가? 군옥책부群玉冊府라는 것은 어느 책에 보이며, 용도노자龍圖老子라는 것은 누구를 지칭하는가? 명나라의 화개전·문연각·문화전·홍문각은 우리 조선의 규장각과 같은 제도인가, 그렇지 않은가?

전통적으로 책에는 정치의 원리와 방법을 담고 있다. 가을걷이가 끝나면 추수한 곡식이나 채소를 양식이나 씨앗으로 쓰기 위해 갈무리를 해두듯, 전각은 책을 보관하는 곳이다. 우리나라 왕가 대대로 전해 오는 규범과 공적을 몸소 본받아 펼치고 나라의 문화를 진흥시키는 것이 최고지도자로서 맨 먼저 해야 할 책무이자, 역대로 중요시해야 하는 일이다. 이렇게 해야 아름답고 훌륭한 문장, 보배로운 글씨와 그림이 영원히 빛나고, 왕가의 기록물이 대대로 널리 퍼져 위로는 조정의 풍성한 운기運氣에 호응하고 아래로는 사림士林의 찬란한 풍기風氣를 열어 줄 수 있다. 최고지도자로서 단지 보여 주기 위해 행사를 하는, 일시적이고 가식적인 행위가 아니다.

우리 동방은 중국에서 볼 때 후미진 바닷가에 멀리 떨어져 있어 중국의 문헌이 제대로 전해지지 않았다. 나라가 치우쳐 있는 만큼 그 풍속과 견문도 좁고 적다. 신라와 고려시대 이래로 그저 그런 정도로 나라가 지속되어 정치와 교화의 융성함을 듣지 못했다. 그러다 마침내 우리 조선에 이르러 훌륭한 정치와 아름다운 문명이 빛나게 기록될 수 있게 되었다.

그러나 한 나라의 예악이 흥기하기 위해서는 오랜 시간을 기다려야 하고, 나라를 운영하는 제도를 마련하는 일에도 또한 시기가 있는 법이라, 지금까지 전각을 건립하여 책을 보관하는 일에 신경 쓸 겨를이 없었다.

과분한 일이지만 나는 이제 큰 계통을 새로 계승하려고 한다. 왕가의 규범과 공적을 세상에 드날리고 문화를 통해 정치와 교화를 진흥하는 일을 우선적인 책무로 삼겠다. 그리하여 궁중에 규장각을 설치하고, 또한 제학·직제학·직각·대교 등의 관직을 송나라의 사례에 근거하여 새롭게 정비하겠다. 우리 동방에서 실천해야 할 예악의 근본이 여기에 있지 않겠는가!

위로는 지도급 인사들이 몸소 예악을 실천하고, 아래에선 백성들이 이를 본받아 사회 분위기를 크게 변혁해야 한다. 그리하여 거문고를 타고 시를 읊는 현송絃誦의 소리가 학교에 넘쳐흐르고 현명하고 지혜로운 인사들이 관직에 등용될 수 있도록 해야 한다. 그러나 인재를 찾는 일은 정말 어려워 아득하기만 하고 세상 물정도 모른 채 꽉 막힌 서생들은 변함이 없다. 인재양성의 방식을 일러 주는 『시경』「역복棫樸」의 교화가 아직 뚜렷한 효과를 이루었다는 말을 듣지 못하고 있으니 어찌하겠는가! 한탄스럽기 그지없다!

오늘날의 학자들에게 규장각이 의도하는 취지를 본받고, 주나라 사황思皇의 융성함을 따르게 하려면, 어떤 방법이 좋겠는가?

아! 그대 젊은 학자들은 제각기 대책을 마련하여 저술해 보시라.

마음을 한결같이
거둬들여라

마음에 관한 책문이다. 유교는 마음을 매우 중요하게 다루기 때문에, 마음의 학문이
라고도 한다. 정조가 보기에, 당시에 올바른 학문이 제대로 전해지지 않고, 잡다한
학설도 너무나 많아졌기에 걱정하였다. 이런 노파심에서 정조는 마음에 대한 이론
을 자세하게 언급하면서 유학이 제대로 연구되기를 갈망했다.

마음은 우리 인간이 지닌 몸의 주재主宰이자 모든 조화의 근본이다.
이치理를 본체體로 삼고 기운氣을 작용用으로 삼아 이치와 기운의 사
이에서 그것의 중심이 된다. 마음이 이치나 기운에 섞이지 않는 것이
라면 그것은 리인가 기인가? '깨닫게 되는 것'은 마음의 이치이고 '깨달
을 수 있는 것'은 기운의 신령함이라면, 깨닫게 되는 것은 덕德에 속하고
깨달을 수 있는 것은 체體에 속한다고 해야 하지 않는가? 마음은 성性에
비하면 미미하게나마 흔적이 있고, 기氣에 비하면 자연스럽고 또 신령
하다면, 이치도 아니고 기운도 아닌 별도의 것이 있다는 것인가? 정情
은 본성의 움직임이고, 뜻意은 마음의 발로라고 하면, 맹자가 사단四端

을 논의하면서 마음을 본성이라고 한 것은 무슨 뜻인가? 마음은 본성을 단속할 수 있어도 본성은 마음을 단속할 수 없다. 그렇다면, 정자가 심성心性을 논의한 것 가운데 성이 마음의 근본이라고 한 것은 무슨 말인가?

마음에 인심人心과 도심道心이 섞여 있다면, 그중 하나의 마음이 일어나기 전에는 같이 병립해 있다는 말인가? 마음이 일어나고 일어나지 않음에 제각기 경계가 있다면, 사물을 느껴 통한 후에 마음은 어디서 머무르는가? 어떤 사람은 "마음心이 성性과 정情을 통괄한다."고 하고, 어떤 사람은 "성이 마음과 정을 통괄한다."고 하는데, 어느 학설이 옳은가? 어떤 사람은 "마음에는 선과 악이 있다."고 하고, 어떤 사람은 "정은 자연스럽게 방탕하게 된 것"이라 하는데, 어느 것이 맞는 말인가? 마음을 손가락에 비유하여 "약지가 굽어져 펴지지 않는다."고 했다면, 마음이 사람의 몸 전체에서 한 부분이 된다는 뜻인가? 『맹자』에서 말한 "우산牛山이 저처럼 반질반질하다."고 한 것이 마음을 나무에 비유한 것이라면, 마음도 만물 중에 있는 하나의 사물이라는 말인가?

화를 내는 것은 마음에 그것을 두었기 때문에 생긴 병이며, 보아도 보이지 않고 들어도 들리지 않는 것은 마음을 쓰지 않기 때문에 생긴 병이다. 그렇다면 마음을 쓰는 것도 병이고 쓰지 않는 것도 병이란 말인가? 어린 싹을 억지로 잡아당겨서 자라는 것을 도와주려 했던 알묘조장揠苗助長의 고사에서 볼 때, 그것은 송나라 사람이 한곳에만 전념하는 마음을 지녔기 때문이다. 바둑을 두면서 저 하늘에 기러기가 날아오는 것을 생각하는 것은 바둑을 배우는 사람이 다른 것에 정신이 팔려 있다는 말이다. 그렇다면 전념하는 것도 해롭고 방심하는 것도 해롭다는 것인가?

"빈 방에 순백의 빛이 생기니 길상吉祥이 모이게 된다."는 것은 마음이 생동감 있고 그림처럼 생생하게 살아 있다는 말이다. "마음에 정성과 공경을 담고 있는 것이 차라리 무심한 것만 못하다."는 초부樵夫의 한마디 말도 들을 만하다. 어떤 점에서 장단점이 있는지 그 이해득실을 분별할 수 있겠는가? "일어난 마음은 진행되고 있는 것이고 일어나지 않았다는 것은 진행을 준비하는 것"이라는 말은 중화中和의 옛 학설이다. "사려가 싹트지 않아도 지각은 어둡지 않다."고 하는 것은 후대의 학자들에 의해 논의된 학설이다. 그렇게 지적한 까닭에 대해 논의할 수 있겠는가?

우주자연의 천지는 엄밀하게 보면 무심하다. 그런데 『주역』에는 "복괘復卦에서 천지의 마음을 볼 수 있다."고 했다. 초목은 무심한데 『예기』에는 "송백처럼 마음이 있다."고 했다. 사람의 혈기에서 성곽과 같은 역할을 하는 부분이 없다면 신명은 어디에 담겨 있는가? 세상 사람들의 마음은 제각기 바라는 것이 다르다. 욕심이 다르기 때문에 『대학』에서는 자기의 처지를 미루어 남의 처지를 아는 '혈구絜矩'의 길을 제시했다. 훌륭한 사람과 일반 사람의 마음은 하늘과 땅보다 큰 차이가 있다. 그런데 『논어』에는 '충서忠恕'를 말했다. 사람마다 이미 좋아하거나 싫어하는 것이 다른데, 어떤 차원에서 헤아리고 미루어 가며 시행할 수 있겠는가?

천광운영天光雲影은 어떤 심법이며, 광풍제월光風霽月은 어떤 흉금인가? 뜬금없는 생각과 부질없는 사려는 어디에서 일어나 어디로 없어지는가? 흐트러진 마음이나 묵은 물건은 누가 인도하며 누가 빼앗는가?

양지良知와 양능良能은 어린아이의 마음인데 대인大人은 어른임에도 그것을 잃지 않는다고 했다. 그 실례를 지적할 수 있겠는가? 3달 동안 인仁을 어기지 않는 것은 안자顔子의 마음인데, 보통 사람은 1달도 지키지 못했다고 한다. 안자와 보통 사람의 차이를 구체적으로 발견할 수 있는가?

우리 유학자는 마음을 허령虛靈으로 표현하고, 불교는 지각知覺으로, 도가道家는 혼백魂魄으로 이해한다. 하나의 마음인데 견해는 세 가지 층이 있다. 사람의 가슴은 하나인데 마음은 세 종류가 있는 것인가? 마음에 대해 "먼 여행을 떠난 것 같고 주인이 출타한 것과 같다."고 하는데, 이때 신명神明의 집은 누가 주장하는가? 이 세상의 모든 사물과 모든 사안을 총괄하는 것이 오히려 모든 사물과 사안에 맡겨지고, 형체를 부리는 것이 도리어 형체에게 부림을 당한다면, 이때 마음은 누구에게 소속되어 관리되는 것인가?

마음이란 것은 거두면 한 줌도 되지 않지만 채우려면 끝이 없다. 요임금과 순임금이 주고받은 것도 이 마음이고, 성현의 가르침도 이 마음이다. 하나의 일과 하나의 사물을 응접하는 것도 이 마음이고, 이 세상의 원리 원칙과 기준을 두루 다스리는 것 또한 이 마음이다. 순수한 마음으로 한쪽으로 치우치지 않고 한결같이 중용의 도리를 지키는 길을 비롯하여 마음을 다스리는 비결은 모두 마음이 '일어난 곳'에서 이루어진다.

마음은 살아 있는 사물이다. 기운을 타고 작용을 할 때, 지나친 것은 반드시 절제하고 모자란 것은 반드시 보탠다. 마음은 가는 곳에 따라 성찰하고 형세에 따라 자연스럽게 인도된다. 때문에 기운에 구애되고 사물에 가려진 본체의 찌꺼기가 완전히 융화되어 청명한 몸이 되어야만, 어그러진 모습이 없게 된다. 이것이 바로 학문의 핵심이고 도통의 연원이다. 적어도 한나라와 당나라의 학자들은 그렇게 학문의 전통을 지켜 왔다.

그러다가 염계濂溪 · 낙양洛陽 · 관중關中 · 민중閩中에서 현인들이 무리로 나와 경敬이라는 한 글자를 가지고 마음공부로 삼았다. 예를 들면, 하나를 중심으로 삼아 다른 곳으로 옮기지 않는다는 주일무적主一無適, 정돈되어 엄숙함, 마음이 수렴되어 조그만 사물도 용납할 수 없음, 항상 깨어 있는 방법 등 마음을 함양하는 다양한 방안을 친절하게 제시했다. 이들은 공통적으로 공부를 치밀하게 하여 이전의 고루함을 온전히 씻어 버리고, 『소학小學』에서 결손된 부분을 보충하였다.

그러나 나는 몇 가지 의문을 갖는다. 마음에서 일어나기 이전에는 어떤 일을 하건 아주 작은 힘도 생기지 않는다. 하지만 "하나를 중심으로 삼는다."고 했을 때, '중심으로 삼는다.'는 것은 이미 일어난 마음이 아닌가? 또한 '수렴한다'고 하였는데 수렴되는 것은 또한 이미 일어난 것이 아니겠는가? 일어나지 않은 마음의 형태가 진정 연못의 고요한 수면과 같다고 할 때, 가벼운 바람이 조금만 불어도 미세한 물결이 이는데, 이를 고요한 물이라 한다면 누가 믿어 주겠는가? 반대로, 어둡고 어리석어 깊은 잠과 졸음조차도 이기지 못하는 사람에게 말라 죽은 나무나 타 버린 재와 같은 마음을 지녔다고 단정해 보자. 그가 자신의 명청함을 스스로 인정하고 "이것이 펼쳐지지 않은 마음이다."라고 한다면, 이 어찌 내가 말하는 '일어나지 않은 것'이라 할 수 있겠는가?

이연평李延平은 "조용히 앉아 일어나지 않은 기상을 살피라."고 했다.

이에 대해 어떤 사람은 "마음을 가지고 마음을 살피는 것"이라고 비판했다. 정자는 "마음을 가지고 마음을 사용한다."고 했다. 이에 대해 어떤 사람은 "마음을 두 갈래로 사용할 수 없다."고 비판했다. 모두가 정확한 논박이다. 나도 이 학설을 증명하려고 여러 가지를 시도해 보았다. 밤이 늦도록 스스로 반성해 보았고, 아침나절에도 사물을 접했으며, 칠정七情이 펼쳐질 즈음에 그 단서를 세밀하게 관찰하고, 팔다리를 움직일 때 누가 명령했는지도 확인해 보았다. 때로는 마음이 일어나려고 할 무렵에 가만히 있는 나의 몸이 나를 잡아 주거나 떠오르게 한다는 느낌이 있었다. 『중용』에서 '계구戒懼'라 하여, 경계하고 두려워하는 것은 그 중요성이 지양持養이라는 두 글자, 즉 붙잡아 기르는 일에 있었다. 내가 체험한 것처럼 그것은 마음 깊은 곳에서 맛볼 수 있는 것이다. 그러니 어찌 유학의 성현들이 저술한 경전을 읽지 않을 수 있겠는가!

지금은 이런 심학心學이 제대로 전해 오지 않고, 학설도 너무나 많아졌다. 어떤 사람은 태극太極을 마음으로 삼기도 하고, 어떤 사람은 기질氣質을 마음으로 삼기도 한다. 또 어떤 사람은 북극성을 마음에 비유하기도 하고, 어떤 사람은 도장이나 인쇄판으로 마음을 논의하기도 한다. 마음은 얽매이면 병이 되고 넓어지면 방자해지기 쉽다. 나는 이를 몹시 걱정한다.

어떻게 하면 외부에서 밀려오는 욕망을 조절하여 내부의 마음을 편안하게 할 수 있을까? 마음을 착하게 써서 그것이 몸의 각 부분에 골고루 전해지게 할 수 있을까? 정성스런 마음을 회복하고 망령된 마음을 제거하여, 세상의 이치를 보존하고 사사로운 욕심을 없앨 수 있을까?

먼저 모두에게 공통으로 통할 수 있는 큰 것을 세워 세상의 기준이 될
만한 것을 제시할 수 있겠는가?

그대, 학자들이여! 옛날부터 전해 오는 상투적인 학문 관행을 버리
고, 정결하게 연구하고 깊이 생각하시라. 그리고 이렇게 마음 수양에
도움을 구하는 나의 진실한 마음을 열어 주도록 하시라.

역사는 어떻게
기술해야 하는가?

역사를 다루던 실록낭청 및 삼관三館과 삼조三曹 당하관의 응제應製에서 다룬 책문이다. 역사의 중요성을 재삼 강조하려는 의지가 가득한 내용이다. 당시 역사 기록과 역사 편찬에 치밀하지 못한 부분을 비판하고, 투철한 역사의식을 강조해 분명한 역사관을 세우려는 열망과 신하들에 대한 격려가 돋보인다.

역사는 사실을 기록하여 증명하는 작업이다. 역사를 기록하여 책으로 만들기 시작한 것은 언제부터이며, 역사라는 단어는 어떤 뜻을 품고 탄생한 말인가?『서경』「우서虞書」와 노나라의 역사를 기록한『춘추』는 사실을 기록한 글인데, 한나라 때부터 경經이라고 한 것은 무엇 때문인가? 역사 기록의 체제를 보면 연대별로 매월 단위로 편집한 것이 관례였는데, 사마천이 처음으로 전기傳記를 시도한 것은 어째서인가? 정사正史로 말하면 23대代가 있고, 야사野史로 보면 수백여 가家가 있다.[34] 이

34. 사마천의『사기』는 제왕의 연대기인「본기」 12편, 제후를 중심으로 한「세가」 30편, 역대 제도 문물의 연혁에 관한「서」 8편, 연표인 「표」 10편, 시대를 상징하는 뛰어난 개인의 활동을 다룬 전기「열전」 70편, 총 130편으로 구성되어 있다.「본기」는 정사에 해당하고 「열전」과 같은 것은 야사에 해당한다.

정조 책문, 새로운 국가를 묻다

처럼 역사 편찬에서 우열을 둔 이유와 편찬의 이름과 조목을 그렇게 설정한 까닭을 구체적으로 파악할 수 있겠는가? 오난五難[35]과 오지五志[36]는 역사 저술의 기본이고, 삼도三途와 기전체·기사본말체·편년체를 일컫는 삼체三體는 역사 저술의 규칙이다. 그 기본과 규칙에 대해 자세하게 구명할 수 있겠는가?

실록實錄과 시정기時政記는 언제부터 시작되었고, 일력日曆, 사성史成 등과 같은 명칭은 무엇에 근거하여 이름을 붙인 것인가? 무회씨無懷氏[37]와 유소씨有巢氏[38] 이전에는 사물을 부호로서 나타내는 결승문자가 만들어지지 않았고, 존려씨尊廬氏와 혁서씨赫胥氏의 시대에는 삼분三墳과 오전五典이 있었다는 말을 듣지 못했다.[39] 선통기禪通紀와 소흘기疏仡紀[40] 같은 것은 누가 저술했고, 거령鉅靈[41]과 회괴豗傀[42] 같은 일은 누가 기록했는가? 헌원씨軒轅氏나 주나라의 사사四史가 어떤 것인지 구명할 수 있겠는가? 하후씨夏后氏와 은나라 때 태사太史의 이름이 무엇인지 지적해서 언급할 수 있겠는가? 하·은·주 삼대가 연달아 역사를 편찬했는데 모두 양사良史라고 하는 것은 어째서인가? 여러 사람이 함께 역사서를 편찬하도록 명령 받

35. 역사 기록에서 다섯 가지 어려움을 말한다. 번잡하고 정돈되지 못함, 속되고 정중하지 못함, 기록이 실제가 아님, 상벌이 알맞지 못함, 문장이 본질보다 우세함 등이다.

36. 역사에서 다섯 가지의 기록 대상을 말한다. 도의에 맞는 것, 법식을 명백하게 드러내 보인 것, 고금에 두루 통하는 것, 공훈이 현저한 것, 훌륭한 부분을 들추어낸 것 등이다.

37. 신화전설에 나오는 중국 상고시대 제왕이다. 무회씨의 시대에는 백성이 모두 각자 잘 먹고 안락한 삶을 즐겼기 때문에 마을 사이에 닭 울음과 개 짖는 소리가 번갈아 들려도 사람들은 죽을 때까지 서로 왕래하지 않았다고 한다.

38. 나무 위에 새둥지처럼 집을 짓고 사는 주거형태인 '소거'를 발명한 왕이다. 옛날에는 사람은 적고 짐승이 많아 짐승의 공격을 자주 받았으므로 유소씨가 짐승의 공격을 막기 위해 나무로 둥지를 만드는 기술을 가르쳤다. 이후에 땅에 구덩이를 파고 살게 되면서 이러한 주거형태는 사라졌다.

39. 존려씨와 혁서씨는 중국 고대의 전설상의 임금이다. 『춘추좌전』 소공 12년 두예의 주석을 보면 삼분은 복희·신농·황제에 관한 글이고, 오전은 소호·전욱·고신·당 요·우순에 관한 글이라고 한다.

40. 선통기는 '서로 선양하는 도가 하늘에까지 통했다고 하여 붙여진 것이고, 소흘기는 '소로 먼 것을 알고 홀로 도덕의 쓰임을 판단'했기 때문에 붙여진 것이다.

41. 『수경』에 의하면 황하의 신이라고도 하고 『한무제내전』에 의하면 전설상의 소인(小人)을 말하기도 한다.

42. 송나라 라비가 저술한 『로사』에 의하면 성씨 중 하나로, 나중에 회씨와 괴씨로 나누어졌다고 한다.

았음에도 불구하고 비난의 목소리가 거세게 일어나는 것은 어째서인가? 유향劉向과 유흠劉歆은 당대에 칭찬을 받고 진수陳壽와 위수魏收는 후세에 조롱을 받았는데, 그들이 무엇을 잘했고 잘못했는지 말할 수 있겠는가? 소생蕭生은 사마자장司馬子長에게 벌을 주었고 여씨呂氏는 맹견孟堅을 등용하지 않았는데, 무슨 차이가 있는지 말할 수 있는가?

자연에는 봄·여름·가을·겨울의 사계절이 있다. 그런데 어째서 유독 봄을 지칭하며 춘사春史라고 하는가? 시기마다 여러 가지 징조가 있는데 어째서 유독 구름을 지칭하며 운사雲史라고 하는가? 음악은 육영六英·오경五莖·함지咸池·소소簫韶보다 훌륭한 것이 없다. 그런데 간혹 아름답게 만든 음악을 이것과 비교한다. 세상만물 가운데 옷을 만드는 데 필요한 뽕나무와 삼, 그리고 양식으로 사용하는 오곡보다 귀중한 것이 없다. 그런데 간혹 문장의 아름다움을 이것으로 설명한다. 문황文皇은 역사를 신감身鑑이라 일컬었다. 그 뜻은 어디에 있는가? 손초孫樵는 역사를 묵병墨兵이라고 했다. 그 까닭은 어디에 있는가?

청사靑史라고 할 때 '청'은 본래 의미가 있다. 그러면 동관彤管이라고 할 때의 '동'이라는 글자도 뜻하는 바가 있는가? 오봉鼇峰에서 시를 읊은 일은 성대한 일이라 전해 오고, 태액지太液池에서 초고를 불사른 일을 특별한 은혜라고 부러워한다. 그 시대의 사실을 자세하게 언급할 수 있겠는가? 장보張輔는 삼불여三不如[43]라는 논설을 저술하였다. 여기서 '불여'란 어떤 일인가? 유지기劉

43. 『진서』「장보열전」에 의하면, 장보는 『한서』를 쓴 반고가 『사기』를 쓴 사마천보다 역사 저술의 차원에서 못하다고 평가하였다. 글에 담긴 사상의 간략함, 글의 서술에서 선악의 구분, 조조에 대한 평가가 그것인데, 세 가지 차원에서 반고가 사마천에 미치지 못한다는 의미에서 삼불여라고 했다.

44. 『구당서』「유지기열전」에 의하면, 유지기는 역사서 편찬에서 올바르지 않은 다섯 가지 조목을 들어 오불가라고 했다. 역사적 논의에서 주관적 견해가 없는 것, 기록에서 광범위하지 못한 것, 편찬의 과정에서 비밀이 보장되지 않는 것, 역사가로서 지향점이 없는 것, 역사 집필을 회피하거나 시일을 끄는 것이 그것이다.

知幾는 오불가五不可[44]란 글을 올렸다. 이때 '불가'는 무슨 뜻인가? 역사를 기록할 때, 세계의 다양한 현실을 꿰뚫어 보는 마음인 심술心術을 그 전형으로 삼아야 한다고 주장한 사람은 누구인가? 아귀다툼으로 다투어서는 안 된다고 주장한 사람은 누구인가? 왕통王通이라는 사람은 『수서隋書』에 보이지 않는다. 그렇다면 과연 그런 사람이 없는가? 『오대사五代史』에 한통韓通에 관한 전기가 없는 것은 어쩌면 깊은 뜻이 있는 것은 아닌가? 역사를 인간의 영원한 관점에 비유한 것은 누구이며, 한 세대의 벼슬에 비유한 것은 누구인가?

역사책은 오래전부터 만들어져 왔다. 위로는 최고지도자의 말과 행동, 정치적인 법령을 기록하고 아래로는 당시 사람들의 훌륭한 일과 간사한 일, 옳은 일과 그릇된 일 등을 정확하고 자세하게 기록해 놓았다. 역사 저술은 한번 기록하면 함부로 고치지 못한다. 역사적 사실은 시간이 지나면서 인간 사회의 규범이 되고 인간의 일을 칭찬하고 나무라는 데 엄중한 기준이 된다. 그리하여 인간이 행한 일에 대한 권선징악은 길이길이 이어진다.

때문에 동서고금을 막론하고 국가마다 제각기 역사가 있었다. 각 나라는 금궤金櫃나 석실石室과 같은 소중한 곳에 역사를 보관하며 교훈으로 삼았고, 나라를 다스리는 신뢰의 표상으로 삼았다. 이것이 바로 유교의 기본 경전인 육경六經의 표리가 되고, 수천 년을 거치면서도 저 하늘의 태양과 별처럼 밝게 빛나는 까닭이 된다.

그러나 어찌하여 후대로 내려올수록 역사 기록은 어긋나는 것이 많아졌는가? 인물로 보면 남사南史를 편찬한 당나라 때의 연수나 춘추시대의 동호董狐와 같은 곧은 역사가가 적고, 문장으로 보면 사마천이나 반고班固와 같은 훌륭한 역사가가 드물다. 역사적 사건에 대한 변론을 하며 시비를 가릴 때는 간혹 자신이 좋아하고 미워하는 것에 따르고, 중요 사안에 대한 논의를 자신의 견문에 의지한다. 이런 점에서 이제는 역사 기록을 시대를 추동하는 지침이나 기준으로 삼기에는 부족하단 말인가? 옛날부터 국가에 사관을 두고 역사를 기록한 본뜻이 어디 그랬겠는가?

이런 사실을 깨닫고 내가 역사책을 보면서 그들이 논의한 내용을 탐구해 보기도 하고 지난 역사를 더듬으며 그 잘잘못을 단정해 보기도 하며, 그것에 연연해하면서 양사良史가 희귀하다는 것을 개탄하지 않은 적이 없었다.

우리 조선도 역사 기록을 매우 중요하게 여긴다. 때문에 사관은 역사를 관장하는 춘추관에서 숙식하며 기록을 담당하는데, 내사관과 외사관은 주나라의 제도를 모방했다. 이처럼 사관을 두는 제도가 갖추어져 있으니 역사를 편수하는 방법에서도 당연히 그 요령을 파악해야 할 것이다. 그러나 실록의 편찬을 살펴보면 사법史法이 결여되었음을 알 수 있으리라.

정치에 관한 기록은 그것을 전담하는 기관을 설치했다. 그렇지만 국사 편찬은 다시 별도의 인원에게 담당하게 했다. 국가의 역사를 편찬하는 편수국을 개설하여, 거의 한 시대를 대표하는 선비를 모조리 망라하여 배치했다. 여러 사람이 참여하다 보니 문장을 구사하여 역사적 사건을 배열하고 기록하는 사람은 삼장三長[45]의 자질을 두로 갖추었다고 할 수 없다. 그러므로 마음을 오로지 하여 역사의 오지五志를 완전하게 바라기는 아

45. 당나라의 학자인 유지기는 역사가의 세 가지 덕목으로 문장력, 학문, 통찰력을 꼽았다.

예 어렵다. 대부분이 역사 기록보다는 문장을 여유로 즐기면서 시간을 끌면서 국고만 허비할 뿐이다. 역사 기록에서 정밀하고 요약된 방안은 이미 잃었다. 이런 상황에서 꼼꼼한 역사 저술을 어찌 바랄 수 있겠는가? 이런 현상은 반드시 사학史學이 밝혀지지 않고 사재史才를 얻기 어려운 데에서 비롯되었으리라.

어찌하면 『춘추』의 대의를 천명하고 필삭筆削의 취지를 깊이 탐구하여, 순열荀悅과 원숭袁崇 같은 인재를 만들고, 편찬의 책임을 위임하여 사학을 나날이 부흥시키고 사재史才를 연이어 배출할 수 있겠는가?

아! 그대 학자 관료들은 역사를 편찬하는 자리에 있으면서 직접 목격하였으니, 마음에 반드시 판단하는 바가 있어 보탬이 될 수 있을 것이다. 제각기 모두 진술해 주시라.

시대정신을
정확하게 파악하라

시대를 인식할 때 고려할 문제에 대한 책문이다. 모든 시대는 그 시대의 역할과 기능이 있으며 옛날부터 전해 내려오는 문명은 바뀌게 마련이다. 따라서 시대에 맞는 문화 제도를 고민하여, 이 시대를 헤쳐 나가기 위한 노력이 중요함을 강조했다.

옛날과 지금은 시대가 같지 않다. 지금을 옛날의 그 시대로 돌아가게 할 수는 없다!『예기』와 『악기』에도 "오제五帝는 시대가 다르니 음악을 서로 따라할 수 없고, 삼왕三王은 세대가 다르니 예의를 서로 인습할 수 없다."고 했다. 지금의 시대를 당겨 다시 옛날이 되게 할 수 있다면, 삼왕과 같은 훌륭한 지도자가 그 시대를 어찌 오제의 시대가 되게 하지 않았겠는가! 요순시대는 황제의 시대와 다르고 황제의 시대는 신농과 복희의 시대와 다르다. 그것은 인간의 문화가 진보하는 차원에서 볼 때 당연한 일이다.

인간의 문명은 요순시대에 이르러 성대하게 발전했다. 그런 문명을 모범으로 따르고 지켜 나간다면 1000년을 이어간다 해도 좋을 텐데, 삼왕의 시대가 각자 다른 것은 어째서인가? 은나라는 본바탕인 꾸미지 않은 질박한 그대로를 문화정신으로 숭상했다. 하지만 바로 앞에 있었던 하나라의 문화정신인 인간의 본분에 충실하며 국가에 충성하는 충忠을 숭상하던 측면을 그대로 본받아 적용할 수 없었다. 마찬가지로 세련된 제도를 통해 문文을 숭상하던 주나라 때는 바로 앞에 있었던 은나라의 질質을 적용할 수 없었다. 어찌하여 충이 지닌 폐단을 질로 교정하고, 질이 지닌 폐단을 문으로 교정하여 이어받지 못했는가? 충의 폐단을 개혁하여 본래의 충으로 되돌리고 질의 폐단을 고쳐 본래의 질로 환원하지 않고, 시대마다 각자 숭상하는 문화가 달라진 것에는 무슨 사연이 있는가?

은나라가 하나라처럼 될 수 없었던 것은 주나라가 은나라처럼 될 수 없었던 것과 같았다. 그렇다면 한나라, 당나라, 송나라도 서로 따를 수 없는 것이 당연한가? 삼왕과 같은 훌륭한 지도자도 한·당·송나라에 태어나 살았다면, 마찬가지로 시대는 어쩔 수 없어, 다시 삼왕의 시대로 되돌릴 수 없는 것인가? 당나라가 한나라의 문화를 따를 수 없듯 송나라가 당나라의 문화를 따를 수 없고, 이것이 하·은·주 삼대에 충이 질로 변하고 질이 문으로 변하는 것과 같은 것인가? 한·당·송나라의 문화가 각기 어떻게 다른지 그 유래와 장단점을 자세히 논의해 보라.

소강절의 『황극경세서皇極經世書』에 보면, 시대를 황皇·제帝·왕王·패伯로 나누고 있다. '황'에서 제帝·왕王·패伯를 다시 나누었고, '제'에서 황皇·왕王·패伯를 다시 나누었고, '왕'과 '패'에서도 그렇게 했다. 황·제·왕·패라는 네 시절에 넷을 곱하면 열여섯이 되어, 열여섯 시대가 되었다. 그렇다면 지금은 이 열여섯 시대 가운데 어디에 속하는가? 황인가? 제인가? 왕인가? 패인가?

요임금과 순임금의 시대로부터 지금까지를 동일하게 보고 오회午會라고 한 것은 소강절의 이론이다. 그러나 지금 일구日晷로 구명해 보면 사회巳會 말에서 미회未會 초기에 이르고 있다.[46] 그러나 그림자의 위치는 한 치도 바뀌지 않았고 세상의 모든 존재는 그 모습 그대로 밝다. 빛과 그림자는 바뀌지 않았는데, 시대를 돌아보면 4000여 년 사이에 다양한 것이 교체되면서도 지속되어 온 것은 거의 어김없이 제자리를 지키고 있다. 그런 까닭은 무엇인가? 이런 방식으로 미루어 나간다면 사람이라는 존재가 귀신처럼 될 수도 있고, 옛날의 찬란한 문화를 회복할 수 있다는 이론은 가설이 되고 말 것인데, 어찌 그러하겠는가?

우리나라는 단군, 기자, 신라, 고려를 거쳐 조선으로 바뀌어 왔다. 나라마다 훌륭한 지도자가 서로 계승하며 국가를 부흥시켰으므로 우리 동방에서는 이런 나라들이 다스렸을 때가 융성한 시대였다. 세상의 문화와 문명을 논평하는 사람들은 우리 조선이 숭상하는 풍습을 때로는 송나라에 비유하기도 하고 때로는 주나라에 견주기도 한다. 어떤 의견이 합당한가? 그러나 최근 들어 시대의 폐단이 더욱 늘어나고 말았다. 100년 이전은 논의할 것도 없고, 수십 년 이전의 문화와 견주어 봐도 마치 아득한 옛날의 것처럼 느껴져 따를 수가 없으니, 왜 이러한가?

지금 이 시대의 폐단에 대해, 여러 사람이 모여서 헤아린다고 하더라

46. 소강절에 의하면, 우주의 역사는 사계절의 생장염장(生長斂藏)의 이치를 따라 원회운세(元會運世)로 전개된다. 30년인 1세가 12세가 되면 1운이며, 30운이 1회이고, 12회가 1원이다. 곧, 1원은 12회, 360운, 4,320세, 129,600년이 된다. 우주의 역사는 자회(子會)에서 시작되어 6회째인 사회(巳會)까지 성장하며, 오회(午會)부터 해회(亥會)까지로 서서히 줄어든다. 따라서 우주는 가을에 해당하는 미회(未會)에서 새로운 질서로 접어들어 후천개벽이 일어난다.

도 모두 헤아리기는 어렵다. 하지만 우선 그 가운데 크게 몇 가지만 들추어 보자.

옛날의 학자나 관리는 반드시 자신의 몸을 단속하고 행실을 가다듬어 『시경』이나 『서경』과 같은 경전을 열심히 강의했고 유학의 연원인 공자와 맹자를 학문의 종주로 삼았다. 그런데 지금은 학자나 관리들이 게으름을 피우고 규정에서 벗어나, 가정에 들어가면 배운 내용을 전혀 실천하지 않고, 공부를 하더라도 예의를 회복하지 않으며, 스스로 저속한 계층이 되기를 달게 여기며 뻔뻔하게 수치스러움도 모른다. 왜 이 지경이 되었는가?

옛날의 고위 관료들은 반드시 명예와 절의를 자부심으로 여기고 세상일에 관심을 가졌다. 국가의 일을 자기 일처럼 생각하고 국가 발전에 힘을 쏟으며 책임감을 느꼈다. 그런데 지금은 나라의 일이 자기 앞에 닥치면 오직 피하기에 급급하고, 자기에게 이익이 되는 정책이 아니면 쓸모없는 물건처럼 여기며 이럭저럭 세월만 보내고 있다. 예전엔 간언을 담당하던 대각臺閣에서 거의 매일 직언이 들리고 탄핵이 계속되었지만, 지금은 무슨 일을 하건 나약하고 머뭇거리며 구차한 변명이나 하고 엉터리 말만 지껄이고 있다. 특히 최고지도자인 군주에 관한 말이라면 더욱 위축되어 자기에게 화가 미칠까 두려워하고 관리들끼리도 일체 관심을 갖지 않으며 가타부타 하지 않는다. 왜 이 지경이 되었는가? 그 까닭이 무엇인가?

옛날 지방의 관찰사나 공공기관의 지도자는 청렴결백함을 귀하게 여기고 탐욕스러움을 수치로 여겼다. 그러나 지금의 지도층은 위에서 거만하게 제멋대로 굴며 배가 부르지만, 아래의 백성들은 잔인하고 포학함에 견디지 못하고 빈곤하고 야위어 있다. 그런데도 지도층에 대한 탄핵은 안중에도 없고 자기 한 몸만을 지키려 하고 잘못에 대한 깨우침도 없다. 옛날 조정에서는 서로 공경하고 협동하며 일에 힘썼는데, 지금은 모래알처럼 흩어져 비실비실거리며 서로 반목한다. 옛날엔 임금과 신하의 관계가 대청과 섬돌의 관계처럼 존엄하고 장중했는데, 지금은 태만하고 가볍게 무너질 정도다. 때문에 고위 공직의 기강은 제대로 정립되지 않고, 명분조차 하찮게 되었다. 그러다 보니 물이 저 하류로 흘러내리듯 고위 공직자의 품위나 분위기가 미천해져만 간다.

정말 알 수 없다! 이 무슨 폐단인가? 왜 이런 상황이 고질병처럼 발생하는가?

음식을 먹을 때나 집 안에 거처할 때도 옛날과 너무나 다르다. 옛날 재상이나 공직자들이 모일 때는 오이를 술안주로 갖다 놓기도 했고, 집안에서는 비록 좁기는 해도 우산을 펴 놓고 비를 피하기도 하였다. 그런데 지금은 더없이 맛있는 음식을 차려 놓고도 젓가락도 대지 않는다. 집은 거리에 연접해 있는 큰 저택을 짓고 살면서 걸핏하면 정해진 법도를 어긴다. 종로 네거리에 다니는 사람들 모두가 고위 공직자처럼 높다란 관을 쓰고 소매가 넓은 옷을 입었다. 사치로 인한 폐단이 지금보다 흥성했던 적은 없었다.

사회 풍속으로 본다면, 옛날 백성은 우직하고 소박했다. 그러나 지금의 백성은 교활하다. 옛날 백성은 공공기관을 두려워하여 하고 싶은 말이 있어도 하지 못했다. 그런데 지금의 백성은 위를 능멸하고 법을 무시하며 때로는 무고誣告하고 협박하는 흉계를 꾸미기도 한다. 옛날 백성은 본분을 지키고 농토에서 살았는데, 지금 백성은 농기구를 잡고 농사짓는 일을 수치로 여기며, 외람되게 선비라는 이름을 빌어 배운 사람인 것처럼 행세하기도 한다.

이 모든 폐단이 어디서 왔겠는가? 그 원천이 도대체 무엇인가? 위로는 고위관리로부터 아래로는 서민에 이르기까지 이 같은 폐단이 오래되었다. 기상이 시들하고 풍속마저 무너지고 문드러져, 더 이상 예전처럼 문화가 융성하던 시대가 아니다. 시대가 점점 내려오면서 기수氣數가 그렇게 되는 것이라 만회할 수 없는 것인가? 아니면, 만회할 수 있는 방법이 있는데, 단지 힘을 쓰지 않아 그런 것인가?

내가 최고지도자로 취임한 지 이미 10년이 되었다. 지금 밤낮으로 근심하고 두려워하여 어떻게 해서라도 시대정신을 만회하려고 한다. 하지만 일은 마음과 어긋나고, 정치는 의도한 대로 시행되지 않는다. 다스리는 자신의 모습을 돌아보면 망망하여 끝도 없어 보인다. 인자한 하늘은 위에서 경고하고 일반 백성은 아래에서 원망하고 한탄한다. 나라가 정말 걱정스럽다. 그러면서 태연한 척 조심하는 척하며 구차하게 하루라도 무사하기를 바라고 있다.

내가 최고지도자로서 비록 못난 사람이지만, 적어도 이런 것을 즐기고 있을 수만은 없다! 큰 질병이 있는 사람에 비유해보자. 그는 모발 하나하나까지 병들지 않은 것이 없다. 그러다 보니, 병이 들게 된 원인과 약 쓰는 방법을 몰라 속수무책으로 의원을 기다리며 질병이 낫기만을 바라고 있다. 내 마음도 이와 같을 뿐이다.

오늘날 나름대로 시대를 논평하는 자들은 대부분 "시대는 이미 혼잡하고, 사회 분위기는 인습을 따르고 있다. 신선이 만든 환약이나 신묘한 약제가 있다 하더라도 이 시대를 어찌하겠는가!"라고만 하고 있다.

나는 오히려 지금의 시대가 평화로운 시대로 만들어지기 쉽다고 생각한다. 『주역』에 "시대의 의의가 크도다!"라는 말이 있다. 지금의 시대를 가지고 지금의 사회 분위기를 바꾼다면, 요순시대나 하·은·주 삼대 같은 태평시대를 갑자기 거론할 수는 없다 하더라도, 한 번 노력하여 평화의 길을 모색하고 거기에 이르게 할 동기가 어찌 없겠는가! 하늘이 훌륭한 인재를 내는 것은 시대에 따라 그 시대의 일을 마무리하도록 한 것이리라. 이 시대의 문제를 논의하고 개탄하는 착실한 학자나 관리가 세상에 어찌 없겠는가! 있음에도 제대로 등용하지 못했을 뿐이다.

아! 사람들 사이의 신뢰와 의사소통을 담당하는 언로言路가 병든 지 오래되었다. 며칠 전에 여러 대책에 대해 좋은 의견을 들으려고 했다. 그러나 발언은 뜰에 가득하나 어떤 사람도 의로운 기개를 발휘하여 본래의 취지에 응하지 못했다. 이는 내가 최고지도자로서 경청하지 않아 간언을 막고 지성으로 도움을 구하려고 하지 않은 까닭이리라! 어찌 오늘날의 관리들만 잘못했다고 탓하겠는가?

그러나 재야의 가난한 선비들은 무엇을 꺼려 의견을 제시하지 않는 것인가? 최근, 대궐의 뜰에서 책문을 낸 것이 몇 번인지 알 수 없다. 허나 옛날 사람처럼 나라를 걱정하며 통곡하고 눈물을 흘리는 자는 보지 못했다. 모두가 과거부터 내려오는 하찮은 관례들뿐이다. 행여 한마디 말이라도 이 시대의 정신에 반하고 어긋날까, 부모는 자식을 단속하고 형은 아우를 주의시켜 말하지 않는 것을 제일의 미덕으로 삼고 있다. 언로의 막힘이 어찌 이렇게 심한가! 조정의 관리들도 말하지 않고 재야의 학자들도 말하지 않으니, 나는 앞으로 누구와 함께 이 시대를 혜쳐 나가야 하는가!

그대, 학자들, 관리들이여! 모두 오늘날 시대정신을 꿰뚫어 보고 옛날의 역사와 문화에도 박식한 사람들 아닌가! 이 시대의 정신과 이 시대에 해야 할 타당한 일들에 대해 반드시 나름대로 정리한 바가 있으리라.

눈앞의 폐단에 대해 그 원인을 구명하고 구제할 방안은 물론이고, 최고지도자인 나에게 부족한 점에서부터 정책의 잘잘못에 이르기까지, 크건 작건 관계없이 모두 지적하여 논의해 주어야 한다. 『서경』에 "신하로서 군주를 바로잡아 주지 않았을 경우, 형벌로 묵형墨刑에 처한다."고 하지 않았던가. 그대들은 언로의 책임을 맡고 있지는 않지만, 어려서부터 부지런히 배우고 어른이 되어 실천해야 하는 유학자로서, 조만간 중앙의 관리로 등용되어 나와 함께 정치를 펼쳐 나갈 것이다.

오늘 이 자리가 이 시대의 여러 문제에 대해 고심하는 자리임을 안다면, 어찌 망설이고 얼버무릴 수 있겠는가! 나의 간절한 부탁을 저버리겠는가! 그대들이 신중하게 고민하여 발언을 했는데 그에 따르지 않거나, 훌륭한 정책을 제시했는데 그것을 쓰지 않는다면 그 허물이 나 한 사람에게 있다. 하지만 내가 자문을 구해도 그대들이 말하지 않거나 요구해도 응하지 않는다면 허물이 그대들에게 있다! 그대들은 기존의 규정과 형식에 너무 구애받지 말고, 거리낌 없이 이 시대에 필요한 사고와 정책을 논해 보시라.

우주자연의 이치에 맞게
백성과 교감하라

자연의 법칙과 인사 문제의 관계를 묻는 책문이다. 음양오행에 따라 우주자연의 이치가 바뀌듯, 세상의 이치도 그 법칙에 따라 자연스럽게 운용해 나가야 한다. 그것만이 자연스럽게 정치를 잘 하는 길이다. 조화롭고 순리에 따른 정치의 길로 가기 위한 방안을 고민하게 만든다.

 우주자연은 오행五行의 이치에 따라 움직인다. 오행은 그 기운이 하늘에 흘러 다니고 그 형질이 땅에 갖추어져 있다. 그 수는 다섯 가지로, 그 이름처럼 움직이고 변한다는 뜻이다. 오행이 어떤 내용인지 자세히 파악할 수 있겠는가? 오행은 처음 만들어지는 순서대로 수水·화火·목木·금金·토土라고 말하기도 하고, 움직이고 변화하는 순서대로 목·화·토·금·수라고 말하기도 한다. 처음 생성되는 순서와 변화하는 순서가 동일하지 않은 것은 어째서인가?

 양陽이 변하고 음陰이 합해 사물 하나하나의 형태가 갖추어진다고 하는데, 어찌하여 오행을 그 쓰임으로 하는가? 오행이 생성되면 그 개체는 각각의 성질을 지닌다고 한다. 어찌하여 제각기 오행을 지니고 있다고 하는가? 오행 가운데 수·화는 기氣이고 금·목은 질質이라고 한다. 기는 반드시 양에 속하고 질은 반드시 음에 속하는데도, 수·목을 양이라 하고 금·화를 음이라 하는 이유는 무엇인가? 남방은 화에 속하고 북방은 수에 속한다. 남방은 반드시 양에 속하고 북방은 반드시 음에 속하는데, 수를 양이라 하고 화를 음이라 하는 것은 무엇 때문인가?

오행 가운데 수는 흑색이고 화는 적색이며 목은 청색이고 금은 백색이며 토는 황색이다. 이것이 오행의 색이다. 그런데 동정호의 물은 초록색으로 하늘빛 같고, 회해淮海의 토양은 붉은 진흙이다. 수는 흑색이며 토는 황색이라는 근거가 어디에 있는가? 수는 우羽이고 화는 치徵이며 목은 각角이고 금은 상商이며 토는 궁宮이다. 이는 오행의 소리다. 그런데 용문龍門의 오동나무는 잘라서 거문고를 만들면 오음이 갖춰지고, 형양衡陽의 금은 녹여서 종을 만들어 두드리면 오음이 갖춰진다. 목은 각이고 금은 상이라는 이유는 어디에 있는가? 오행으로 분류할 때, 하늘에서는 오성五星이 되고 땅에서는 오덕五德이 되며 마음에서는 오상五常이 되고 몸에서는 오장五臟이 된다는 것은 무슨 말인가? 그것을 그렇게 나누어 소속되게 하는 오묘한 이치를 구체적으로 지적할 수 있겠는가? 납음納音 오행의 요결은 그 용도가 무엇인가? 「홍범」의 주석에서 다루는 오행의 이론은 어떠한가? 오행의 시비와 득실에 대해 일일이 분명하게 말할 수 있겠는가?

우주자연과 천지 사이에 가득하여, 구부리고 펴거나 가고 오는 것은 오행의 이치와 기운일 뿐이다. 그러므로 사계절의 변화, 인간의 성장, 사물의 생장이 오행의 작용에 근거하지 않은 것이 없다. 이것이 최고지도자인 군주가 그 기운을 변화시키고 지도급 인사인 군자가 그 이치를 탐구하는 이유다.

후대로 내려오면서 음양은 서로 갈마들며 순환하는 궤도를 순행하지 않게 되었고, 오행은 운행의 과정에서 그 규칙을 다하지 않게 되었다. 이 때문에 '수'의 기운이 얕아져서 물고기나 자라와 같은 생물이 자라지 않고, '화'의 기운이 빠져나가 타다 남은 불씨조차 사그라지며, '목'의 기운은 쇠약하여 초목이 무성하지 않고, '금'의 기운이 흐릿해져 보물이 나오지 않으며, '토'의 기운은 척박해져서 곡식이 풍성하지 못한 것이 아닌가? 이는 음양과 오행이 어긋나서 자연히 그렇게 될 수밖에 없어 그렇게 된 것인가? 아니면 인사人事가 제대로 닦이지 않아 기운의 배열이 흩뜨려져 그렇게 된 것인가? 음양의 두 기운이 조화를 이루고 오행이 순리대로 베풀어져, 인간과 사물이 번식하고 자원의 쓰임을 결핍되지 않게 하려면 어떻게 해야 하는가?

학문을 부흥할 방안은
무엇인가?

배움에 대한 책문이다. 정조는 학문을 숭상하지 못하는 세태를 안타깝게 여겼다. 학
문이 부흥하는 만큼 국가 문화도 융성하고, 그렇지 않으면 국가도 쇠락하기 때문이
다. 그러므로 전통적으로 내려오던 유학을 부흥시켜 국가를 발전시킬 수 있도록 방
법을 강구하려는 강한 의지를 밝혔다.

이 세상에 태어난 모든 사람은 배우게 되어 있다. 어떤 형태로건 깨
우치지 않을 수 없다. 그런데 배움에는 '올바름과 그릇됨', '참과 거짓'
이 존재한다. 때문에 일찍부터 그것을 분별하여 충분히 강구하지 않으
면 안 된다.

'학學'이라는 글자는 『서경書經』「열명說命」편에 처음으로 나오고, 정
일精一이라는 학문은 요순시대부터 전해 왔
다.[47] 그런데 은나라 때 재상이던 부열傅說에
이르러 비로소 학문이라고 말하게 된 것은
어째서인가? 도학道學이라는 명칭은 송나라

47. 『서경』「대우모」에 지도자의 최고 덕목으로
전하는 '16자 심법'에서 나온 말이다. '정일'은
유정유일을 줄인 말로, 순임금이 우임금에게
왕위를 전해 줄 때 '자세하고 한결같은 마음을
가지라.'며 경계한 내용이다.

때부터 유행하기 시작했는데, 실제 도道를 배우는 것은 그 이전부터 있어 왔다. 그런데 송나라 때 정자와 주자에 이르러서야 도학이라고 일컫게 된 것은 어째서인가? 학문은 공자의 문하에서 배우는 것보다 성대한 적이 없었다. 그런데 공자 문하의 학문도 한두 번 전수되면서 그 진상을 잃었고, 때로는 장자의 사유로 흘러들어가기도 하고 때로는 순자로 흘러가기도 했다. 왜 이렇게 되었는가?

『예기』「유행儒行」 편에 실려 있는 유학자들의 학문은 모두 한결같이 정도에서 나왔다고 할 수 있는가? 도연명이 말하는 팔유八儒[48]의 학문과 비교하면 그 장점과 단점은 어떠한가? 서한의 유학자로는 동중서를 최고로 추앙하는데, 그의 학문이 과연 순수한 것 그 자체라고 할 수 있는가? 당나라의 학자였던 한유는 양웅揚雄의 학문을 "대체로 순수하다."고 평가했고, 사마광은 양웅에게서 "천지의 마음을 보았다."고 했다. 양웅의 학문에서도 취할 것이 있는가?

경학經學은 동한시대에 가장 성행했다. 어떤 때는 자신의 학설을 지나치게 주장하여, 제각기 자기가 당대 학문의 중심이 되어야 한다고 다투는 폐단까지 있었다. 어떤 학설이 있었는지 구체적으로 설명할 수 있겠는가? 문중자文中子는 하분河汾에서 학문을 창설했고 그 공로가 적지 않다. 예전의 학자들이 그를 단순히 왕망王莽에게 견주는 것은 지나친 처사가 아닌가? 한유의 학문은 불교를 배척한 하나의 사건에 불과하고, 성품을 논한 이론은 순자나 양웅에 비해 차이가 없다. 이고李翶의 복성설復性說[49]과 비교하

48. 공자가 죽은 후 유학이 여덟 분파로 나누어진 것을 말한다. 『한비자』「현학」에 의하면, 자장, 자사, 안씨, 맹씨, 칠조씨, 중량씨, 손씨, 악정씨 등이 그것이다.

49. 이고는 『복성서』를 써서, 하늘에서 받은 '성'을 회복하면 성인이 될 수 있다고 주장했다. 성과 정이 합쳐져 인간의 본질을 이루는데, 성인은 정에 따라 움직이지 않지만, 보통 사람은 정에 빠져 성을 잃기 쉬우므로 '성'을 힘써 지켜야 한다는 것이다. 나중에 송나라의 성리학에 영향을 주었다.

면 그에 훨씬 미치지 못한다. 예전의 학자들은 매번 한유를 정학正學이라 하여 이고를 인정하지 않았는데, 한쪽으로 치우친 평가는 아니었는가? 사마광司馬光은 맹자의 언설을 의심했고, 정자程子가 이 때문에 그를 배척했다는 말은 듣지 못했다. 소강절은 유학자로서 내성외왕內聖外王의 학문을 했는데, 주자가 그를 장자에 견주는 것은 무엇 때문인가? 육상산陸象山의 선학禪學은 전통 유학자들이 멀리 했는데 남쪽으로 천도한 이래 더욱 칭찬을 받았고, 여동래呂東萊의 사학史學에 대해서는 논란이 많음에도 불구하고 사계절의 조화가 한 몸에 갖추어졌다고 할 정도로 칭찬하는 것은 어째서인가?

주자는 『대학』 연구에 온 힘을 쏟았는데, 두 번이나 전수되어 왕노재王魯齋의 학문에 이르러 이미 다른 학설로 약간의 변화를 겪었다. 이렇게 본다면 학문의 실체는 전파되면서 뜻을 설명하기 위한 주석에 의해 조금씩 바뀌는 것이 아닌가? 명나라의 학자였던 왕양명이 격물치지格物致知를 바꾸어 해석한 것은 왕노재와 그다지 다르지 않다. 그런데 왕노재는 도통道統으로 돌아오는 것을 잃지 않았고, 왕양명은 이단異端으로 배척당했다. 어떤 것이 주主가 되고 어떤 것이 종從이 되는가?

왕양명 이외에 진헌장陳獻章이나 호거인胡居仁과 같은 사람은 어떤 학문을 주장하였는가? 명나라의 학문은 설선薛瑄을 최고로 치는데, 그 학문의 진면목은 어디에서 찾아볼 수 있는가? 설선 이후에 학자로 자처하고 세상 사람들에게 추앙받는 사람은 모두 몇이나 되고, 이 중 유학에서 정통성을 인정받은 사람이 있는가?

우리나라는 유학의 정통을 이어받았다. 유학의 기풍이 울창하게 일어난 것으로 보아 유학의 핵심 전통이 조선으로 왔다. 김종직, 김굉필,

정여창, 이언적, 이황 등 동방오현東方五賢의 학문이 탁월하여 후학의 귀감이 되는 것은 논의할 것도 없다. 나아가 서경덕이 탐색한 공부와 절벽처럼 우뚝 선 조식의 학문에서, 그 순수함과 장단점, 높낮이에 대해 자세히 논할 수 있겠는가?

학문이 소중한 이유는 배워서 훌륭한 인간이 될 수 있기 때문이다. 옛날 성현들이 덕德에 들어가는 학문의 길과 도道에 나아가는 계단을 후학에게 열어 보여 준 것이 명백하고 절실하다 해도, 사람의 기질에 따라 학문의 취향은 제각기 다르다. 때문에 학문에는 참과 거짓의 분별이 있고, 올바름과 그릇됨으로 나뉜다. 성스럽고 거룩하다 하여 성학聖學이라 부르지만, 그 길이 출발점에서 조금이라도 차이가 나면, 항로가 막힌 곳에 배를 띄우고 큰 바다에 이르기를 구하는 것과 같아지고 만다. 심지어 성현이 일러 준 학문의 길을 해치고 후학이 이를 오해하는 원인이 되기도 한다. 때문에 학문을 할 때 삼가고 또 삼가야 한다.

나는 최근의 학문에 대해, 그릇됨과 올바름, 참과 거짓이 무엇인지 분명하게 알지 못하고 있다. 하지만 속으로 요즘 학문이 유학의 본령에 제대로 접근한 것인지 의심은 한다. 옛날 학자들은 학문에 입문한 후, 경전을 읽고 뜻을 세워 학업을 공경하면서 사람들이 즐거워하는 것을 좋아했다. 세상의 사물을 분류하고 파악하여 그것에 통달해야 자기의 학문으로 굳히고 돌아서지 않았다. 학문을 성취하는 데도 일정한 단계가 있어 대개 9년 정도 용맹정진하면, 유학의 기본을 성취하지 못하는 사람이 없었다.

아무리 어리석기로 소문난 송나라 사람일지라도, 서로 떨어져 공부한 지 반년 만에, 어리석어서 불쌍하게 여긴다는 의미의 '긍矜' 자를 그들에게서 떼 버릴 수 있었다. 자신에게 최선을 다한 공부는 이와 같다. 그런데 최근에는 이런 사람조차도 없을 정도다. 요즘 사람들은 학문을 하겠다는 의지가 있고 오랫동안 근면하게 공부했다고 하더라도 헛수 고만 할 뿐 도대체 효과가 없다. 한 치를 진보했다고 생각하고 보면 한 자를 퇴보하고, 한 권의 시서나 한 권의 경전을 어릴 때부터 공부했다 고 하는데, 백발이 날리도록 읽어도 그 행실을 돌아보면 발전이 없고 옛날 그대로일 뿐이다. 어찌 그 사람의 자질이 매번 낮은 데로만 추락 하여 그러하겠는가? 학문의 길을 제대로 찾아가지 못했기 때문이리라.

옛날 학자는 어려서부터 배우면 어른이 되어 반드시 행동으로 실천 했다. 학문을 깊이 했는데 중앙으로 나아가 관직을 하지 않는 것은 의 미가 없었다. 군주와 신하의 대의를 어찌 버릴 수 있겠는가? 이것이 공 자의 학문, 유학의 본뜻이다. 그러므로 옛날부터 성현들은 안정적인 국 가에서 더불어 좋은 정책을 시행하려는 마음이 있었고, 혼란스러운 국 가에선 함께 위기를 극복하려는 뜻이 있었다. 어떤 상황이건 학문을 한 사람이 일할 수 없는 시기는 없었다. 나라를 위해 힘쓰는 관리가 되 지 못할 시기도 없었다. 자기가 성취한 학문적 능력에 비해 낮은 관직 을 받더라도, 세상을 위해, 백성을 위해 일하려는 마음을 먹었다. 그러 므로 예전의 학자들을 한 사람씩 꼽아 보면 벼슬하지 않는 사람이 매 우 드물었다.

최근에는 그렇지 않다. 한번 학문으로 유명세를 타면 곧바로 은둔자 를 자처하고, 조정에 불러들여 관직을 맡기려고 하면 은둔을 더욱 심 하게 하여, 담을 넘고 회피하는 것처럼 하는 폐단이 있다. 이런 경우는 마구 나대는 흰 망아지를 쉽게 잡아맬 수 없는 것과 같다. 어찌 이 모두가 시대와 자신을 헤아려 그런 것이겠는가? 반드시 개인적인 사정이 그 사이에 섞여 있으리라.

아, 학자들이여! 자신을 수양하는 학문에서는 성취가 적고, 남에게 베푸는 자세에서는 백성을 구제할 책임을 저버리고 있다. 제대로 자신을 수양하던 옛 사람들의 학문은 아마도 이러하지는 않았으리라. 학자의 행적을 가지고 그 근본을 탐구해 보라. 정당한 학문의 길과 질박한 공부에 오히려 모자람이 있는 것은 아닌가! 더구나 최근 수십 년간 학자라고 하는 자들 모두가 제멋대로 행동하고 자기 단속을 꺼려, 학문이란 이름마저도 남아 있지 않다. 이렇듯 유학의 폐단이 절정에 이르렀다.

학자들이 열심히 공부하도록 할 방안은 없는가? 모두가 학문에 마음을 쏟아 성실히 임하고, 그릇된 학설을 물리치고 올바른 학설을 옹호하며, 집안에 있을 때는 덕망을 성숙시키고, 세상에 나오면 군주를 높이고 백성을 보호하며 세상을 구제할 수 있도록 격려할 방안은 없는가?

자연의 이치와 인간의 도리는
어떻게 통하는가?

1779년 봄에 도기유생을 대상으로 낸 책문이다. 우주자연에 기운이 있듯이, 세상에
도 그것을 움직이고 돌아가게 하는 기운이 존재한다. 그 기운을 잘 파악하고 활용할
때 세상을 경영할 정치적 힘이 나온다. 세상을 지배하는 힘의 원리는 우주자연의 이
치에서 찾을 수 있으므로 그것을 깨달아야 한다.

기氣는 우주자연, 즉 하늘과 땅 사이에 위아래로 오르내리고 전후좌
우로 오가는 그 무엇이다. 왕이 최고지도자로서 우주자연의 때에 맞춰
정치를 시행하려고 할 때, 해日·달月·별星의 삼원三元과 조화를 이루
고, 금·목·수·화·토의 다섯 가지 행성이 우주 궤도를 순환하는 것을
살펴서 따르는 것보다 급한 것이 어디 있겠는가? 하늘의 운행은 12지
지 중 첫 번째 지지인 자子에서 열려 목木의 기운에서 왕성하다. 땅의
활동은 두 번째 지지인 축丑에서 열려 화火의 기운에서 왕성하다. 이처
럼 수·목·토·화가 활발하게 움직이는 것이 자연의 이치다. 사람은 세
번째 지지인 인寅에서 생겨난다고 하는데, 유독 그 왕성한 기운에 대해

말하지 않은 것은 무엇 때문인가?

기운은 저절로 허虛해지고 저절로 실實해지며, 시작도 없고 끝도 없다. 그런데 어째서 맑고 탁하며 순수하고 잡되게 섞이는 청탁수박淸濁粹駁의 차이가 있는가? 사물의 구별이 확실하지 않고 하나로 엉클어져 뒤섞이며 스며드는 혼돈효리混沌淆漓의 구별이 있는가?

옛날부터 "하늘은 형상에 의지하고 땅은 기질에 붙어 있다."고 했다. 그렇다면 하늘이 의지하는 형상과 땅이 붙어 있는 기질은 서로 상관이 없는가? 흔히 이치라고 이해되는 리理는 형이상形而上이고, 기운으로 이해되는 기氣는 형이하形而下라고 했다. 그렇다면 이치와 기운이 오르내릴 때 근원적으로 서로 필요하지 않은 것인가? 대우두大芋頭와 소우두小芋頭에 관한 이론[50]은 어떤 사물을 지적한 것이며, 태극太極의 생성과 사멸에 관한 논의에서 사태극死太極과 생태극生太極은 무엇을 근거로 논변한 것인가?

50. 토란의 잎이 무성하여 크듯이 사물을 뒤덮을 만큼 큰 물건을 형용한 것이다.

음악 이론에서 12음률은 황종黃鐘에서 시작되고, 1년 24절기는 중기中氣를 중추로 삼는다. 음악에서 황종으로 음률을 조절하고, 절기에서 중기로 절후를 추산하는, 이 오묘한 이치에 대해 자세하게 설명할 수 있겠는가? 기에는 근원에 해당하는 모기母氣와 가지에 해당하는 자기子氣가 있다. 모기와 자기에는 제각기 호칭이 있는데, 어느 것이 모기이며 어느 것이 자기인가? 또 기에는 기機나 함緘과 같은 별칭이 있다. 어느 곳이 '기'이며 어느 곳이 '함'인가?

『주역』의 괘에서 볼 때, 건乾에서 고요하기만 한 곳, 움직이되 곧기만 한 곳의 경우, 그 근거는 '리'인가 '기'인가? 곤坤에서 움직임이 열리는 곳, 고요함이 닫히는 곳의 경우, 그 근거는 '기'인가 '리'인가? 리와 기의 문제를 바닷물에 비유한 사람도 있고 보배로운 구슬에 비유한 사람도 있다. 이에 대해 차례대로 자세하게 설명할 수 있겠는가? 괘의 특성으로 볼 때, 어째서 선천괘先天卦의 순서는 진震괘에서 시작하여 곤坤괘에서 끝나며, 어째서 후천괘後天卦의 위치는 감坎괘에서 시작하여 간艮괘에서 끝나는가?[51]

51. 선천괘와 후천괘는 8괘를 순서와 자리로 나누어 파악한 것이다. 괘는 차서와 방위로 나누어지는데, 차서는 순서로 하였고, 방위는 위치로 하였다.

하늘이 바람을 만나면 달이 떠오르는 곳을 볼 수 있고, 땅이 우레를 만나면 자연의 근원을 볼 수 있다고 했다. 한 번 음하고 한번 양하여 일음일양一陰一陽으로 순환하는 자연의 이치에 일정한 위치가 있어 서로 뿌리가 된다면, 움직임動과 고요함靜에 그 뿌리나 단서가 없다는 뜻을 어디에서 파악할 수 있겠는가?

요임금은 하늘을 우러러 살펴보면서 처음 역상曆象을 말하였고, 순임금은 요임금을 보좌하여 훌륭한 조짐에 대해 관찰하였다. 오회午會의 아름다운 형상과 태계泰階의 빛나는 정치는 최상의 경지여서 더할 것이 없다. 은나라 백성의 평화로움이 그러했고 주나라의 정치도 이와 같았다. 5일에 한 번 바람이 불고 10일에 한 번 비가 오는 것은 어느 시대에 증험할 수 있는가? 아홉 개의 이삭과 두 가닥의 곡식을 자라게 한 것은 어느 시대 사람의 역할인가?

하·은·주 삼대 이전에는 인간 사이에 화합하는 기운이 자주 있었으나 아름다운 일이나 즐거운 사안에 대한 기록이 쉽게 보이지 않는다. 한나라 이래로는 인간 사회에 도리에 어긋난 사건이 많았으나 훌륭한 일과 교훈적인 사안이 역사에 끊임없이 기록된 것은 어째서인가? 목탁을 쳐서 백성들에게 봄이 왔음을 알리고 농사일을 시작할 수 있게 지도한 일은 『서경』 「하서夏書」의 교훈이고, 『시경』 「빈豳」에는 토우土牛로 추위를 내보내는 일을 노래했다. 옛날 제왕들은 최고지도자로서 한 해의 절기에 부합하는 정치를 시행했다고 하는데, 여기에서 벗어나지는 않았는가?

갈대를 태운 재인 가회葭灰로 기후를 측량하는 것은 황제 때 사람인 용성容成의 법이고,[52] 전국시대에 서율黍律로 봄이 오게 하는 것은 추연鄒衍이 남긴 술수다.[53] 그렇게 한 이유를 자세하게 설명할 수 있겠는가? 한나라의 역법인 태초력은 종률鍾律에서, 당나라의 역법인 대연력은 기책蓍策에 그 근원이 있다고 한다. 원나라는 해의 그림자를 측량하여 수시력을 썼고, 명나라는 해와 달의 적분을 계산하여 대통력을 만들었다고 한다. 그 천체 운행의 관측과 효과가 얼마나 자세한지 분명하게 설명할 수 있겠는가? 그것의 이익과 한계, 우열에 대해서도 확실하게 거론할 수 있겠는가?

당의 명황明皇이 갈고羯鼓를 두드리니 버들과 살구꽃이 피기 시작하고, 측천무후가 조서를 선포하니 갑자기 정원에 꽃이 피었다고 한다. 저 쇠미한 당나라가 스스로 하늘과 단절하였는데, 조화의 신비로운 권한은 여전히 쥐고 있었음은 어째서인가? 하늘의 밤이슬 기운인 항해沆瀣는 자시子時의 반半에 떠 있고 사람의 청명淸明도 반드시 밤중에 살핀다면, 하늘 기운과 밤기운은 같은 것인가? 서로 다른 것인가?

자연과 인간은 하나의 기운이 통하며, 이 세상 사물과 나는 하나의 이치를 따른다. 인간이 느끼는 감정은 자연의 기운에 맞닿아 호응하기

52. 가회는 갈대 속에 들어 있는 갈청을 태운 재인데, 옛날 중국에서는 이것으로 절기의 빠르고 늦음을 점쳤다. 예컨대 동지가 빠르면, 그에 맞추어 만든 대통 속의 가회가 날아 움직인다고 한다.

53. 추연은 음양오행을 주창한 사람이며, 서율은 기장과 같은 오곡의 상태나 생장의 정도를 통해 계절을 파악하는 방법으로 음양오행설에 의거한 술수다.

에, 인간의 기운은 바로 자연의 기운으로 이어진다. 내가 느끼는 감동은 이 세상 사물에게도 그 기운이 맞닿아 호응한다. 그러기에 나의 기운이 바로 사물에게로 통한다. 이런 점에서 자연은 인간이고 인간은 자연이다. 나는 사물이고 사물은 곧 나다.

저 하늘의 구름은 용을 따르고 바람은 호랑이를 따른다. 그것은 제각기 기류를 따라 흐르는 것이다. 물은 습기가 있는 곳으로 흐르고, 불은 마른 곳으로 번진다. 이 또한 자연스럽게 같은 부류끼리 모이는 것이다. 그러므로 군주가 윗자리에서 화합하는 기운을 펼쳐 보이면 백성들은 아래에서 화합하는 분위기에 젖는다. 마음이 화합하는 기운으로 가득하면 삶의 분위기가 화합으로 가득 차고, 사람의 모습도 화합으로 가득 차며, 다른 사람을 향해 내는 음성도 화합하는 기운으로 가득 차서 우주자연의 화합하는 기운도 여기에 호응한다.

우리나라는 지리적으로 동방의 한쪽 구석에 있으나 항상 소중화라는 문화적 자부심을 지녀 왔다. 우리 조선의 여러 선조들은 문화적 전통을 전승하여 절기마다 재앙이 없고 사회 분위기는 화합하는 기운으로 가득 차서, 태평스러운 세상에서 400여 년이나 지속되었다. 이에 나는 최고지도자로서, 여러 선조들이 실천해 왔던 어렵고 큰일을 계승하여 밤낮으로 경외하며 편안할 겨를이 없다. 그런데도 흉년으로 해마다 먹을 양식이 없어 굶주림은 계속되고, 이상기후과 자연재해로 추위와 더위도 본래의 계절을 어기며, 사람 사이의 화합하는 기운은 온데간데 없고, 다양한 정책을 펼쳤으나 효과도 막막하다.

이런 지경에 이르니 정말 두렵기만 하다. 어떻게 하면 나 자신을 수양하고 성찰하여 지도자로서의 내면을 채우고, 백성들을 위해 지도자로서 부여받은 책임을 온전하게 질 수 있겠는가? 먼저, 나의 마음이 화합하는 기운을 얻게 하여 우주자연에 통하게 하고, 사회 분위기를 아름답게 변화시키며, 저 미물에 이르기까지 모든 사물이 잘살 수 있도록 상황에 맞게 처리할 수 있게 하는 방안은 무엇인가? 은나라 탕왕의 여섯 가지 책망이 빈말이 되지 않게 하고,[54] 송나라의 여러 학자들이 말처럼 실제적인 효과가 있게 할 수 없겠는가?

그대들, 여러 학자관료들이여! 당신들의 학문은 자연과 인간의 문제를 탐구하였고, 지식은 옛날부터 지금까지 다방면으로 통달하였다. 그러니 이 나라의 병통을 치료하기 위한 처방전을 준비할 수 있으리라. 그리고 반드시 병통의 증세에 대한 약이 있으리라. 제각기 대책을 준비해 보시라.

54. 『서경』에 보면, 탕왕은 포악한 하나라의 걸왕을 치기 위해 전군을 모아 놓고 다음과 같이 말했다. "나를 도와 하늘이 내리는 벌을 이행하자. 큰상을 줄 것이다. 신뢰를 줄 것이다. 헛된 말을 하지 않는다. 훈시를 따르라. 그렇지 않으면 처자식과 함께 죽이고 용서하지 않을 것이다." 그러고는 걸왕을 치고 은나라를 세워 약속을 지켰다.

천문의 운행을
정치에 응용하라

천문에 관한 일을 묻는 책문이다. 지리와 함께 천문을 파악하는 일도 정치에서 핵심
이었다. 해와 달, 별자리의 움직임은 지구의 움직임을 일러 주는 동시에 그에 따라
인간의 삶을 결정하는 근거가 되었기 때문이다. 그 중요성만큼이나 군주의 곁에는
천문 관측을 하는 관직을 두어 국가 경영에 응용했다.

하늘을 하늘답게 하는 근본은 무엇인가? 하늘은 그야말로 창창한 허
공일 뿐이다. 그러나 해와 달이 분명하게 밝고, 별들이 그 빛을 발하며,
은하수가 높다랗게 빛나 그 작용이 쉼이 없다. 그것은 백성의 일상생
활을 이끌어 주는 자연의 원천이기에 아주 중요하다! 국가를 다스리는
데 이와 같은 천문에 관한 일보다 먼저 할 것이 무엇인가? 이전의 임금
들은 먼저 할 일이 무엇인지 그 우선순위를 알았다.

사관에게 천문을 통솔하게 한 일은 아주 오랜 옛날부터 시작되었다.
하나라에는 곤오昆吾가 있었고, 은나라에는 무함巫咸이 있었으며, 주
나라에는 사일史佚이 있었다. 이것이 제후에게 파급되어 위나라의 석

신石申, 제나라의 감덕甘德, 노나라의 재신梓慎, 송나라의 자위子韋, 정나라의 비조裨竈, 초나라의 당매唐昧 등이 천문에서 명성을 드날리게 되었다. 그렇다면 그들이 가진 천문지식이 같은 기술인가? 아니면 서로 다른 기술인가? 후대 사람들의 평가는 누가 수준이 높고 누가 수준이 낮다고 하는가?

개천蓋天·선야宣夜·혼천渾天은 옛날의 천문을 말하는 삼가三家다. 선야는 단절되어 전수하는 스승이 없다. 지금에 와서 치맹郗萌·우희虞喜 등의 좁은 이론으로 그것을 억지로 해석할 수는 없다. 개천은 하늘을 갓의 덮개로 나침반을 덮는 것에 비유하는데 그 제도가 자세하고, 혼천은 하늘을 노른자위를 감싸고 있는 계란처럼 비유한다. 그 형상이 어떠한가? 환담桓譚·정현鄭玄·채옹蔡邕·육기陸機 등은 개천이 천상과 어긋나는 점이 많다고 했다. 그렇다면 개천이 혼천보다 못하다는 말인가? 왕중임王仲任은 개천을 근거로 혼천을 공박했다. 이것은 혼천이 개천보다 못하다는 말인가?

천체를 감싸고 있는 아홉 겹을 일컬어 종동宗動, 열수列宿, 전성塡星, 세성歲星, 형혹熒惑, 태양太陽, 금성金星, 수성水星, 태음太陰이라고 한다. 고리가 아홉 겹이라는 말은 『초사』의 기록에 보인다. 그 설은 실제로 근거가 있는데, 주자가 "아홉 부분으로 나눈다는 말이 아니고 단지 선회하는 것이 아홉이다."라고 했다. 그렇다면 과연 높고 낮다는 논의와는 다른가? 역술가들이 증명한 것처럼, 별들끼리 서로 가리어 일식과 월식이 생긴다는 것과 운행하는 속도가 모두 멀고 가까움에 관계된다는 말에 부합되는가?

옛날부터 1년의 천체 운행은 하루 단위로 나누어 365와 4분의 1일로 나눠서 계산해 왔다. 하지만 지금은 1년을 360일로 나눠서 계산한다. 항성恒星은 이동하지 않고, 황도黃道가 서쪽으로 물러난다는 것은 세차설歲差說의 옛 법칙이다. 황도는 움직이지 않고 항성이 동쪽으로 나아간다는 것은 세차설의 현재 법칙이다. 옛 법칙이 요즘의 것보다 우세한가? 요즘의 법칙이 옛 법칙보다 치밀한가?

별은 하늘을 따라 서쪽으로 가고, 태양은 하늘과 반대로 동쪽으로 간다는 것은 한나라 때의 기록이다. 하늘은 왼쪽으로 돌고, 태양은 오른쪽으로 돌며, 태양은 동쪽에서 나오고, 달은 서쪽에서 생긴다는 것은 소강절의 학설이다. 하늘, 해와 달, 오성이 모두 왼쪽으로 선회한다는 것은 장횡거張橫渠의 학설이다. 『시경』의 주석은 소강절의 이론을 따르고, 『서경』의 주석은 장횡거의 이론을 따랐다는 것이 바로 주자의 학설이다. 옛 성현들의 학설이 이처럼 동일하지 않다. 그렇다면 앞으로 누구의 학설을 절충하라는 것인가?

위도로 보면 북쪽과 남쪽의 차이가 있어, 위도가 높은 쪽은 춥고 위도가 낮은 쪽은 덥다. 경도로 보면 동쪽과 서쪽에 빠르고 늦음의 차이가 있어 한쪽이 밤일 때 다른 한쪽은 낮이 된다. 그 경도와 위도의 수는 어떻게 되는가? 높고 낮음, 빠르고 늦음의 차이가 있어 상대되는 이유를 자세하게 설명해 보시라.

별을 여러 갈래의 범주로 나눈 것은 구주와 짝을 짓기 위해서다. 남쪽 지역의 경우 나날이 확장되어도 별자리는 변경되지 않는다. 은하수는 남쪽과 북쪽을 표시하는 기준이다. 황하의 길이 변하더라도 별자리는 옮겨지지 않는다. 이순풍李淳風과 일행一行 등 천문에 통달한 사람들도 견강부회할 때가 있는가? 왕혁王奕은 열두 성좌가 황제黃帝에게서 나왔다고 했다. 그렇다면 고신씨高辛氏 이전에 실침實沈이란 이름을 미리 알았는가? 진나라가 분할되기 이전에 대량大梁이라는 명칭을 예언했단 말인가?

진탁陳卓은 별 이름이 감석甘石에게서 나왔다고 했다. 그렇다면 우림羽林이니 낭장郞將이니 하는 관직이 춘추시대에도 있었고, 왕량王良이나 조보造父와 같은 사람이 당시에도 있었단 말인가? 북두칠성은 봄과 여름이면 그 빛이 청색과 적색이 되고, 가을과 겨울이 되면 백색과 흑색이 된다. 계절의 변화에 따라 색이 달라지는 것은 무슨 이치인가? 토성土星은 적도와 거리가 멀어지면 둥근 테가 커지고 넓어지며, 적도와 가까워지면 둥근 테가 토성의 본체와 가까워지고 좁아진다. 원근에 따라 형상이 달라지는 것은 무슨 까닭인가?

위성緯星이 규성奎星의 자리에 모이면 문운文運이 흥기될 것을 점치고, 난성難星이 나타나면 임금을 호위하여 피난한다고 한다. 무슨 수로 이렇게 천체 운행을 관측하는 증험이 신묘한가? 땅의 기운이 움직이면 의환儀丸이 조금도 어긋나지 않고 그것에 반응하고, 절후가 도래하면 윤선輪扇이 부절을 합치는 것처럼 반응한다. 어떤 기술이 있기에 이렇게 정교하게 만들었는가? 기구는 선기옥형璿璣玉衡보다 오래된 것이 없다. 어떤 사람은 그것을 혼의渾儀라 하고 어떤 사람은 선추璇樞라고 말한다. 어느 것이 옳은가? 경전으로는 『주비周髀』보다 오래된 옛것이 없다. 그 뜻을 주석을 달아 풀이한 사람은 그것이 주공의 저작이라고도 하고 한나라 학자의 위작이라고도 한다. 어느 설이 옳은가? 낙경洛耿은 원의圓儀를 만들었고 가규賈逵는 황도의黃道儀를 만들었으며, 장형張衡은 혼천상渾天象을 만들었고 왕번王蕃은 혼천의渾天儀를 만들었다. 이들이 만든 기구가 예전부터 전해 오던 천문 법칙에 어긋나는 것은 없으며, 새롭게 발명한 것이 있는가?

원나라의 천문 관측 기구로는 간의簡儀, 앙의仰儀, 규궤闚几, 경부景符 등이 있고, 명나라에는 상한象限, 기한紀限, 천구天球, 지구地球 등이 있다. 그중 가장 정밀한 것은 무엇에 근거하여 만들었는가? 관측하는 대상은 제각기 다른가? 숭고산嵩高山이 하늘의 정수리가 되는 것은 지역에 따라 동일하지 않다. 그런데 모든 주석가들은 그것을 하늘의 중앙이라는 뜻으로 오해하고 있다. 어린아이가 해 그림자를 다투는 것은 그 이치를 말하기 어렵다.[55] 그러나 후세의 유학자들은 이것을 보고 몽기蒙氣에 관한 이론을 창출하고 있다. 책을 보기가 쉽지 않음이 이와 같은가? 때문에 천문을 명백하게 분석하지 않을 수 없는 것이다.

나는 본래 천문 이론에 어둡다. 그러나 일찍이 마음에 있는 하늘을 미루어 기구로 관측한 하늘을 추리해 보고, 기구에 있는 하늘을 가지고 하늘에 떠 있는 하늘을 미루어 보았다. 그러면서 최고지도자로서 백성을 다스리기 위해, 하늘을 공경하고 순응하며 그 이치를 파악하려고 누차 뜻을 기울였다. 대체로 후대 사람들은 수학과 기구를 동원해 이리저리 맞추어 기후를 측량한다. 그러다 보니 너무나 가벼운 것에 대해 다투고 너무나 작은 물건에 대해 서로 비교하는 것이 모두 『서경』「요전堯典」 한 편의 뜻을 벗어나지 않았다. 희화羲和[56]에

55. 『열자』「탕문」에 보면, 공자가 동쪽 지역으로 천하를 주유할 때 다투는 어린아이들을 보았다. 한 아이는 해가 처음 나올 때는 그 크기가 수레바퀴처럼 컸는데 중천에 오면서 점점 작아져 소반처럼 작게 되었다며 "처음 떠오를 때 해와 사람과 거리가 가깝고 해가 중천에 떠 있을 때는 멀다."고 했고, 다른 아이는 해가 처음 나올 때는 찬물을 끼얹는 것처럼 으슬으슬 추웠는데 중천에 떠오르니 목욕탕에 들어간 것처럼 덥다며 "처음 나올 때는 해와 사람과 거리가 멀고 해가 중천에 있을 때는 가깝다."고 했다. 두 아이의 말을 듣고 공자도 어떻게 말해야 할지 몰랐다.

56. 중국의 신화에 나오는 인물로, 해를 싣고 하늘을 달리는 마차를 부리는 남신을 말하기도 하고, 열 개의 해를 낳고 물맛이 좋은 샘인 감천에서 목욕했다고 전해지는 여신을 말하기도 한다.

게 나누어 명하는 것은 해와 별을 미리 헤아려 관찰하는 일이고, 윤월로 시절을 정하는 것은 달과 28수宿의 자리를 미리 헤아려 관찰하는 작업이다.

　해는 별을 기강으로 삼아 한 해를 이루기 때문에, 춘분·추분·동지·하지와 입춘·입하·입추·입동의 절후가 있다. 달은 별자리와 만나 한 달을 이루기 때문에 그믐과 초하루, 상현·하현·보름의 분별이 있다. 춘분·추분·동지·하지와 입춘·입하·입추·입동은 백성의 일상사를 정해주는 관건이며, 상현·하현·보름과 그믐·초하루의 분별은 여러 방면의 정사에서 중요한 기준이 된다. 천문의 큰 단서가 어찌 이 몇 가지에서 벗어나겠는가? 문사는 간결하지만 뜻은 해박하고, 법은 간단하지만 공적은 넓다. 천하를 꿰뚫고 있는 최고의 지도자가 아니라면 누가 제대로 이렇게 하겠는가? 천문에 관한 일은 유사有司가 전담으로 맡아 수행했지만, 그 명칭과 뜻의 대략은 사람마다 익히지 않은 이가 거의 없었다. 이리하여 부인들의 말에도 "삼성三星이 하늘에 있다."고 하고, 국토를 방위하는 군졸의 글에도 "달이 필성畢星에 걸렸다."고 하며, 아이들이 부르는 동요에도 "용미龍尾에 신성晨星이 잠복했어."라고 했다.

　　　　　　　　　　　아! 최근의 문인과 학자들 가운데 스스로

57. 중국 고전인 아홉 가지의 경서로 『주역』『시경』
『서경』『예기』『춘추』『효경』『논어』『맹자』
『주례』를 말한다.

구경九經[57]을 연마하고 삼재三才를 통달했다고 하는 사람들일지라도, 역상曆象에 관한 것이라면 망망하여 월나라 유학자처럼 쓸데없는 물건이 되고 만다. 여기에서 얼마나 부끄러운지 알 수 있으리라.

　우리나라에는 위대한 것이 있다. 이렇게 외진 곳에 위치하고 있는 우리나라의 땅덩이에 관한 충분한 문헌 증거도 없지만, 우리 조선에서는 예업藝業을 창설하고 천문과 수리를 강론하며 전수하는 작업을 시작했다. 천문을 전담하는 규정각揆政閣과 제정각齊政閣을 설치하고, 천문을 위한 기구로 간의簡儀·혼의渾儀의 두었는데, 가장 완벽한 제도라 할 만하다. 그 쓰임이 오묘하고 무궁하여 하·은·주 삼대의 제도 가운데 장점만을 모은 불멸의 전형으로 생각된다. 이 얼마나 훌륭한가!

그러나 하늘의 도수가 움직이는 것은 여전히 힘찬데, 인간의 지혜는 한계가 있다. 천문대의 관리는 옛날에 들은 것에 얽매여 있어, 어떤 일을 당하면 옛 것을 고쳐 다시 현재에 맞게 조정하는 일을 꺼린다. 천체天體의 운행에서 나아가거나 물러나는 것, 행성이 점류하거나 잠복하는 것, 해와 달이 서로 먹히거나 스쳐가는 것에 대해 중국의 제도만을 이용하고, 조선에 맞게 변통하는 것이 없다. 그러다 보니 인습의 폐단이 점점 고루하게 되는 것은 당연하다. 이런 지경이다 보니, 합삭合朔의 시각을 동쪽과 서쪽에 어떻게 가감하는지 알지 못한다. 간지干支나 그믐·초하루를 계산하는 데 착오를 일으키고, 중성中星의 자오子午에 대해 세차歲差의 추이를 알지 못한다. 그러다 보니, 오경五更을 나누는 계산 방법조차도 일그러지고 있다. 이렇게 되니 분침氣祲의 징험을 점치는 것도 착오가 많고, 별자리가 움직이는 도수의 계산도 모두 생소하여 대가大家들의 비웃음을 사고 있다.

최고지도자인 내가 천문을 다루는 문제에 대해 교화를 제대로 하지 않은 점이 있었다. 그렇다고 어찌 나 한 사람이 제대로 인도하지 못한 데만 이유가 있겠는가? 요즘 천문의 잘못된 부분을 바로잡고 옛날의 좋은 법칙을 되살리려면 어떻게 하는 것이 좋겠는가?

정학인 유학 정통을
회복하라

초계문신과 성균관 유생들에게 속학을 경계하도록 하기 위한 책문이다. 당시 청나라로부터 들어온 서학과 과학기술 등 다양한 학문들이 유통되고 있었으므로 정통 유학에 대한 다양한 성찰도 있었다. 때로는 유학을 소홀히 하고 다른 방법으로 학문하는 경향이 엿보이기도 했다. 그에 대한 지도자의 고민이 적절하게 드러나 있다.

현재 세속적이고 그 수준이 낮은 속학俗學의 폐단이 너무나 심하다. 명나라 말엽과 청나라 초기에 간교한 문체가 등장한 이후, 번잡한 문장과 쓸데없이 늘여 쓴 글들이 찬란하게 꽃을 피워, 해학과 극담劇談을 꿀처럼 달게 여기기 시작했다. 그러면서 송나라 때의 학자들을 진부하다고 지목하며 당송팔대唐宋八代의 문장을 틀에 박힌 형태만 따른다고 비웃은 지 어느덧 백여 년이나 되었다. 학문을 하면서도 나날이 심할 정도로 기괴한 문장을 발전시켜 세상을 시끄럽게 만든다. 겉으로 현란한 소리를 내세우고, 들뜬 생각은 내면에서 절제하지 않은 채 함부로 튀어나오며, 그것이 유행하는 시대 분위기를 틈타 관행으로 굳어져 고

정조 책문, 새로운 국가를 묻다

질병처럼 번지고 있다.

경문의 뜻을 파악하는 학문을 한다고 하면서 그것을 파고드는 것이 아니라 이것저것 짝을 맞추어 배열하고, 『서경』「우서虞書」를 제대로 이해하지도 않은 채 함부로 비판하며, 『시경』의 아송雅頌에 대해서는 중복된 부분이 있다고 평가하면서 비판한다. 『석경石經』은 가규賈達의 작품이라 하고, 『시전詩傳』은 자공子貢이 가차한 것이라고 하며, 성현을 비난하고 경전을 속인다. 풍방豐坊과 손광孫鑛의 무리가 이런 풍조를 학문이라 부르짖으며 이끌어 갔다.

해박한 학문이라는 명분 아래 고증에 얽매이며 사물의 이름을 관찰하고 잡서와 곡설曲說을 탐닉한다. 이렇듯 방자하게 천착하는 풍조는 양신楊愼과 계본季本의 무리가 학문이라 부르짖으며 이끌어 갔다.

문장학의 경우, 금궤 같은 고전에서 구슬 같은 글을 읽고 반드시 꾸짖고 헐뜯는다. 문서를 기록해 둔 글에 불과한 『토원책兎園冊』을 보며, 이것저것 주워 맞춘 것을 확인하면서 엄청난 것을 발견한 것처럼 시끌벅적하다. 벌레의 그림을 새기듯이 세밀하게 그리는 것을 자랑으로 삼듯이 하면서 비교하는 것은 기껏해야 닭의 발톱처럼 엉성한 것에 불과하다. 이처럼 형식적으로 돈이 될 만한 것들을 만들며 베끼는 풍조를 마치 학문인 것처럼 부르짖으며 시대를 이끌어나가던 무리들이 칠자七子와 오자五子의 무리였다.

경전의 뜻을 풀이하는 경의經義, 넓은 지식을 자랑하는 해박該博, 그리고 문장을 중시하는 문장文章, 이 세 학과의 원류들이 남긴 책이 세상에 횡행한다. 그중에서 대표적인 것을 말한다면 다음과 같다.

풍방과 손광을 따르던 학파는 왕기의 『용계어록』, 왕간의 『심재어록』, 나홍선의『동유기』, 주득지의『소련갑』, 호직의『호자형제』, 나여방의『회어록』, 주여등의『왕문종지』, 모원순의『심락편』, 첨재반의『미언』, 모기령의『경설』등이 있다.

양신과 계본을 따르던 학파는 장수의『천백년안』, 서백령의『담정전』, 지윤견의『매화도이림』, 곽자장의『육어』, 조신의『설화록』, 유수의『고잉』, 주양공의『인수옥서영』, 장조의『단궤총서』, 육훤의『기진재총서』등이 있다.

칠자와 오자로 일컬어지는 학파는 이지의『대아당집』, 우순희의『덕원집』, 서위의『문장집』, 삼원의『백소중랑가설집』, 종성의『백경집』, 담원춘의『우하집』, 문상봉의『태청집』, 이불의『목당고』, 모선서의『사고당집』, 심덕잠의『귀우집』등이 있다.

잘못된 학문 부류와 투합하여 부지런히 노력하면서, 학자 한 사람이 그 지방의 종이를 모두 쓰면서까지 집 안을 서책으로 가득 채울 수도 있다. 뻔뻔하지 않은가! 낡은 빗자루와 깨진 술잔이 자기에게 보물일 수도 있지만, 노궁魯弓과 고정郜鼎에 비교해 볼 때, 1000년의 정론을 살펴봐야하지 않겠는가!

학술은 서적에 의지하여 유지된다. 그곳에 혹처럼 붙인 것은 지속적으로 유지될 수 없으며 올바른 서적을 문란하게 만들고 더럽힐 뿐이다. 진나라에서 경전을 불태운 분서 사건으로 인해 경전은 오히려 보존되었고, 그것을 바탕으로 한나라 학자들이 경전에 주석을 달면서 경전을 쇠잔하게 한 것이 이에 해당한다.

최근에 여러 학자와 관리들이 서양의 학설을 애써 배척하는 것을 보았다. 나는 정성으로 정학正學인 유학을 밝히는 것이 이단을 물리치는 근본이 된다고 생각한다. 또한 일찍이 명나라 말기와 청나라 초기의 학자들은 여러 서책에 대해 정학인 유학을 거칠게 하는 것이라고 인식했다. 여러 학자들이 속학에 빠지면서도 수치를 모르는 것이 어찌 단지 지식이 모자라고 수준이 낮아서 그렇다고 할 수 있겠는가!

진실로 돌이켜 실용할 수 있는 학문을 찾아 육경六經을 학문의 구심으로 삼고, 『좌전』과 『사기』를 참고하여 팔대가를 대문과 담장으로 삼아야 한다. 그렇게 하지 않으면, 건너야 할 나루는 넓디넓어 안개 긴 바다와 같고, 헤쳐 나가야 할 길은 어지럽기가 실타래 같아, 평범한 사람의 작은 역량으로는 어쩔 수 없이 대양을 바라보고 머리를 돌리지 않을 수 없으리라.

그런데 곁으로 한 가닥 쉬운 경로를 선택하고, 그것에 분을 발라 꾸미고 윤기 나게 하면서 수치스러움도 잊은 채 큰소리만 치고 있다. 옛날 사람들이 자질구레하다고 달갑게 여기지 않던 것에 대해, 어쩌다 우연히 찾아서 빠진 것을 보충할 수 있을 것 같으면 스스로 알았다고 촐랑대며 떠들거나 빈정거리며 때로 일어나 본받는다. 정말 고약한 노릇이다. 제대로 지식을 갖춘 사람이 이것을 본다면 우물 안의 개구리가 서로 높이 올라가려고 자랑하는 것처럼 느끼리라.

내 비록 덕이 없으나 최고지도자로서 군주와 스승의 지위에 있다. 이러한 속학을 어찌 그냥 보고만 있겠는가! 속학을 추방하는 깃발을 들리라. 진위를 가리고 학문적으로 시비를 헤아려 혼탁해진 문풍과 학자들의 취향을 바꾸고 정학으로 두텁게 하는 것은 나의 직분상 당연히 해야 할 일이다. 그 첫 번째 조치로 명말 청초의 속학을 주동한 여러 학자들의 잡스런 서적을 금지시켰다. 그러나 구매를 금지시키는 것만으로 여전히 부족하다. 어떻게 하면 학자들이 실제로 그것을 이행하게 만들 수 있는가? 사회 분위기에 휩쓸려 유행하는 자질구레한 것들을 어떻게 하면 싫어하게 되어, 금지하지 않아도 저절로 경전이 아닌 책과 법이 아닌 말을 모두 단절할 수 있을까? 그리하여 순수하게 요·순·우·탕·문·무·주공·공자로 이어지는 유학의 전통을 공부하게 만들 수 있겠는가? 세태를 바로잡고 유학 정통의 학문을 보호할 수 있는 좋은 정책이 없겠는가?

거짓을 넘어
진실한 학문에 힘쓰라

위서에 대한 책문이다. 당시 청나라와 교류가 활발해지면서, 조선사회의 근간인 유학을 뒤흔들 정도의 학술문화가 유입되는 일에 대한 경계를 보인다. 북경에서 들어오는 서적을 거짓 학문으로 규정하고 엄금하려는 태도가 강력하게 드러난다. 현재의 눈으로 보면 학문의 자유나 사고의 다양성을 무시하는 것으로 볼 수도 있지만, 당시에는 정통 유학의 붕괴가 두려웠을 수 있다.

나는 일찍이 이렇게 말한 적이 있다.

"후세로 갈수록 학술적인 견문이 좁아지고 사회 분위기가 붕 떠서 얄팍해진다. 그 까닭을 찾아보면 위서僞書가 제멋대로 퍼졌기 때문이다. 그 폐단은 오늘날에 이르러 아마 최고조에 이르렀을 것이다."

어째서 위서라고 하는가? 『소문素問』은 황제黃帝 때의 명의였던 기백岐伯의 이름에 의탁하여 지었고, 『악기』는 황제의 신하인 풍후風后에게 의탁하여 지었는데, 모두 주나라 말기에 나온 저술이다. 이런 경우에는 위작이라고는 해도 까마득한 고대에 가깝기 때문에 상대적으로 볼 만한 것이 있다. 하지만 시대가 내려올수록 사람들의 재주도 저속한 곳으로 전락하는지, 신농씨의 『본초本草』라고 하면서 한나라 때 군현의 명칭이 기록되어 있고, 주공이 지었다는 『이아爾雅』에 장중張仲의 효성과 우애라는 말이 기록되어 있는 것으로 볼 때, 이미 위작이라는 것이 명백하다.[58]

58. 『시경』「소아」의 '유월' 시를 말한다. 주나라 선왕 때, 북쪽 지역을 침범한 험윤을 정벌한 전투에 함께 참여했던 사람의 노래라고 한다.

『예기』에 나오는 연산連山을 보고 유현劉炫이 『연산』을 저술했고, 전기傳記에 나오는 삼분三墳을 보고 장천각張天覺이 『삼분』이라는 책을 저술했으며, 공자가 햇볕을 가리던 일산日傘을 기울였다는 얘기를 바탕으로 요관姚寬이 『자화자子華子』를 저술했고, 노담老聃이 관문을 나갔다는 얘기를 바탕으로 손정孫定이 『관윤자關尹子』를 저술했다. 『서경잡기西京雜記』는 본래 갈홍葛洪의 저작인데 유흠劉歆이 지었다고 하고, 『한무고사漢武故事』는 본래 왕검王儉의 저작인데 반고班固가 지었다고 거짓으로 전하고 있다. 『마의역麻衣易』은 본래 대사유戴師愈의 저작인데 마의麻衣가 지었다고 하고, 『문자文子』는 본래 서령부徐靈符의 저작인데 안사고顔師古가 지었다고 한다. 나아가서 강태공의 『육도六韜』, 황석공의 『소서素書』, 동방삭의 『신이경神異經』, 유갱생의 『열녀전列女傳』 등이 이전의 현인들이 지은 책을 인용하여 자신의 저작이라고 무게를 더하고 있으니, 그 잘못되고 망령스러움이 가소로울 지경이다.

여기에다 신기하고 묘한 곳에 힘쓰는 무리들이 나와 이전의 학자들보다 한술 더 떠서 서로 전해 가며 내용을 덧붙인다. 눈으로 직접 본 것보다도 전해지는 말에 솔깃하여 듣는 것은 귀하게 여기고 보는 것은 천하게 여긴다. 옛것은 훌륭하다고 생각하고 오늘의 것은 별 볼 일 없다고 생각하여, 지난 일은 편들고 현실은 배척하려 든다. '시설詩說'

이라는 것이 생겨난 뒤로는, 이전의 가르침이나 서책을 우습게 여기고 성현을 모욕하기까지 한다. 이런 점에서 위작을 양산하는 자들은 학문적 책임을 벗어날 수 없다.

나는 이렇게 생각한다. 위서에는 두 갈래가 있다. 하나는 옛것에 의탁하여 세상을 속이는 것이다. 이 경우는 그 거짓을 쉽게 분별할 수 있어 피해가 적다. 다른 하나는 실체를 뒤집고 스스로를 실체로 자부하는 것이다. 이 경우는 그 거짓을 분별하기 어려워 피해가 크다. 두 가지가 모두 위작인 것은 마찬가지라 해도 그 피해의 정도는 같지 않다.

아! 세상의 교화는 나날이 줄어들고, 사람들은 모두 닮달을 하고 있다. 탐욕스러운 자는 재물을 불리고 교활한 자는 명예를 벼른다. 마구 몰아대는 저들에게 무엇을 탓하겠는가! 경전과 역사서, 제자백가의 저술, 그리고 개인의 문집 등, 저 많은 서적이 나름대로 변화의 과정을 겪지 않았는가! 학자가 진실로 옛날과 현재의 사건에 대해 조금만 알고 있다면, 급군汲郡의 과두문자科斗文字와 베갯속의 홍보鴻寶는 말할 것도 없고, 역대로 비밀리에 전해 오던 것이 발이 없어도 자연스럽게 찾아오고, 장사꾼이 표절한 형태를 단번에 간파할 수 있을텐데, 누가 위서를 믿겠는가?

문제는 유명한 인물이나 지적 대가들이 과감하게 비평의 붓을 잡고 선배를 헐뜯고 그들의 말을 배격하는 데 있다. 쇠똥구리가 뭉쳐 놓은 똥 같은 것을 자랑하며 수나라의 명월주明月珠에 견주고, 연석燕石을 품고 현포玄圃의 옥을 밟으려고 한다. 가짜와 위조품이 상자에 가득하고, 그것으로 집 안을 온통 채우다가 조금씩 유포되어 마침내 사회의 분위기나 유행을 바꾸어 놓고, 서생들의 취향을 파괴한다. 옛말에 "철학적으로 깊이 있는 리학理學에 천착하다가 진부해지고, 과거 시험을 보기 위해 경전 가운데 중요한 부분만을 보다가 학문이 얕아지며, 한나라의 문장과 당나라의 시에 골몰하다가 고질병이 된다."는 말이 진실로 사리에 맞게 되었다. 또한 새로운 책을 만들어 내는 신서新書의 명문가라고 자칭하는 자들의 대다수가 잡가雜家, 소설가小說家, 총서가叢書家, 예완가藝玩家 등에 심취해 있다. 이러한 부류들이 우리 인간의 심신을 수양하는 데 무슨 유익함이 있고, 나아가 국가 발전에 무슨 소용이 있겠는가?

진실은 거짓의 반대편에 있다. 노나라의 『논어』나 추나라의 『맹자』 같은 경전을 언급하면 우리 삶의 규범이 된다. 어느 것 하나라도 이치에 합당하고 알맞은 것을 바탕으로 하지 않는 것이 없다. 그러나 위서는 크게 보면 이치에 해당되는 것이 없고, 작게 보면 사안에 알맞은 것이 없다. 썩어 문드러진 풀이나 물거품처럼 쓰일 곳이 없다. 위서와 다름없는 신서의 실용적 가치는 무엇일까? 거기에 세상의 이치와 인간의 도리가 있는가? 사실이 있는가? 실용적 가치가 있는가? 이런 것이 진솔하게 담겨 있지 않다면, 그것은 허위일 뿐이다.

책이 거짓이라면 말도 거짓이다! 말이 거짓이라면 행동도 거짓이다! 신서나 위서가 이 사회에 유행하면 이 세상이 거짓으로 끌려 들어갈 것이다. 나는 최고지도자로서 이런 폐해가 퍼질까 정말 두렵다. 때문에 평소 사람들을 가르치고 인도하며 바로잡아 훈계할 때, 반드시 실제를 중심으로 공부할 것을 하나의 기준으로 제시하고 있다. 중국의 연경燕京, 즉 북경을 다녀오는 사절단이 새로운 서적을 사오지 못하게 하는 것도 이 때문이었다.

지금 그대, 학자들에게 위서에 대한 책문을 내는 이유는 간단하다. 위서의 폐해에 대해 심각하게 고민해 달라는 것이다. 그대들 가슴에 간직하고 있는 생각을 모조리 털어내 보시라. 그리고 나를 위해, 위서를 배척하고 진실한 학문을 할 수 있는 방법을 제시해 주시라.

세상의 이치를 파악하려면
문자에 해박하라

신하들과 초계문신들에게 문자의 중요성을 강조한 책문이다. 세상을 알기 위한 공부를 제대로 하기 위해서는 문자에 능숙해야 한다. 당시의 공부는 한문으로 쓰인 유교 경전이 중심이고, 한자는 뜻글자로서 공부를 하는 데 바탕이 되는 기본 능력이기 때문이다.

서書는 예禮·악樂·사射·어御·서書·수數를 통칭하는 육예六藝 가운데 하나다. 주나라에서는 고위급 정치가이자 관리인 공公·경卿·대부大夫의 자제를 가르칠 때 육서六書를 교육했다. 선대의 군주들이 문자를 귀중하게 여긴 것도 이런 전통에 기인한다.

문자에 대한 명칭을 보면, 춘추시대 이전에는 문文이라 했고, 자字라고는 말하지 않았다. 예를 들면, 『춘추좌전春秋左傳』에서는 "문文을 보면 전란을 멈추게 하고, 그것이 진정한 무공이 된다."고 했고, 『논어』에는 "사관이 글文을 기록하지 않았다." 하였으며 『중용』에는 "글이 문文과 같다."고 하였다. 그렇다면 문과 자를 병칭한 것은 어느 시대, 어느 책,

어느 사람, 어느 설에서 시작되었는가? 그대들은 역사를 거슬러 올라가 구명하고 차례로 설명해 보라. '자字'의 옛 뜻은 양육한다는 의미인 육育에 가깝고 문文이라는 글자의 뜻과는 가깝지 않았다. 예컨대, 『주역』에 보면, "정조를 지켜 아이를 기르지 않는다."고 했고, 『시경』에는 "소와 양이 잉태하여 기른다." 하였으며, 『춘추』에 "경숙에게 기르게 하였다."고 하였다. 그렇다면 '자字' 자를 '문文' 자로 풀이한 이유를 설명할 수 있겠는가?

문자가 만들어지자 노끈으로 매듭을 지어 표시하던 결승문자를 대신하게 되었다. 그때 문자는 새 발자국을 참고하여 만든 서계書契였다. 독립적인 한 글자로 만든 것은 문文이 되고, 합성한 것은 자字가 된다. 문에는 팔상八象이 있고 자에는 육류六類가 있다. 문과 자가 어떻게 만들어졌는지, 그 뜻을 정확하게 말해 보라.

지사指事는 모양을 살펴서 그 뜻을 알 수 있는 글자로 '상上' 자나 '하下' 자가 그것에 해당한다. 상형象形은 물체의 형상을 따라 그린 것으로 '일日'이나 '월月' 자가 그것에 해당한다. 해성諧聲은 뜻과 소리를 합친 것으로 '강江' 자와 '하河' 자 등이 그것에 해당하는데 형성形聲이라고도 한다. 회의會意는 의미를 합한 글자로 '무武' 자와 '신信' 자 등이 그것에 해당한다. 전주轉注는 한 글자가 다른 뜻으로 전용되는 것으로 '고考' 자나 '노老' 자 등이 그것에 해당한다. 가차假借는 음을 따라 글자를 빌려 쓰는 것으로 '영令' 자와 '장長' 자 등이 그것에 해당한다. 이처럼 육서에 해당하는 문자를 탐구하여 해석하고 그 미묘한 뜻을 낱낱이 설명할 수 있겠는가?

육서 가운데 지사·상형·해성·회의 등 네 가지 형상으로 문자의 경

經으로 삼고, 가차·전주는 위緯로 삼았다. 육서 가운데 어떤 것은 경이 되고 어떤 것은 위가 되는 이유는 무엇인가? 앞의 네 가지 형상은 한계가 있고 가차와 전주는 무궁하다. 동일한 육서인데 이런 차이가 있는 이유는 무엇인가?

육서 가운데 가차와 전주는 특히 이론이 많다. 가차에 대해서도 어떤 글자는 소리를 가차했다고 하고, 어떤 글자는 소리를 따라 그 뜻을 가차했다고 하며, 또 어떤 글자는 뜻을 가차하고 음은 가차하지 않았다고도 한다. 전주에 대해서도 어떤 글자는 소리를 전용했다고 하고, 어떤 글자는 소리를 전용해서 그 뜻을 붙였다고 하며, 또 어떤 글자는 소리로 인하여 전주한 것도 있고, 단지 그 소리만 전주하고 별다른 의미가 없는 것도 있다고 한다. 그중에는 세 번 네 번 전용해서 여덟 번 아홉 번까지 전용한 것도 있고, 동일한 소리를 전용한 것도 있고, 본래 음 이외에 딸린 소리를 전용한 것도 있으며, 쌍음雙音과 병의並義는 전주하지 않은 것도 있고, 방음旁音과 협음叶音은 전주의 범례에 두지 않는다고도 한다. 이러한 논의들이 과연 제대로 된 근거가 있는가?

옛날부터 팔괘八卦는 충忠이 되고, 고문古文은 질質이 되며, 주문籒文은 문文이 된다고 했다.[59] '충忠'과 '질質'과 '문文'이 문자와는 무슨 관계가 있기에, 이렇게 나누어 비유하는가? 모양에 의하여 형상을 나타내는 것을 문文이라고 하고, 모양과 소리가 서로 도움을 주는 것을 자字라고 하며, 대나무 죽간이나 비단에 쓴 것을 서書라고 한다. '문'과 '자'와 '서'가 본래 제각기 고유한 뜻이 있는데, 이는 서로 혼용하여 해석할 수 없는

59. 『주역』의 팔괘는 사물의 진정한 상황을 그려낸 글자이자 상징이다. 고문은 진나라와 한나라 이전의 실용적인 고체의 산문을 말한다. 주문은 주나라의 태사였던 '주'가 만들어 낸 글씨체로, 소전의 전신인 대전을 말한다. 이것이 문자의 특성상 '충'과 '질'과 '문'으로 상징되었다.

것인가?

진한시대에는 팔체八體[60]를 번갈아 사용하였다고 하는데, 지금 그것을 모두 헤아릴 수 있겠는가? 견풍甄豐이 육체六體[61]로 정돈했다고 하는데, 그것 또한 자세하게 거론할 수 있겠는가?

60. 진나라에서 사용되던 여덟 가지의 서체로 대전, 소전, 부서, 충서, 모인, 서서, 수서, 예서를 이른다.

61. 육서라고도 하며, 왕망이 견풍에게 문자의 서체를 정돈하도록 했다고 전한다. 고문, 기자, 전서, 좌서, 무전, 충서를 이른다.

불교 경전에서는 '범梵'과 '가로伽盧'와 '계힐季頡'을 모두 함께 거론하며 세 가지라고 했고, 서화瑞華니, 화초花草니, 운하雲霞니 하는 것은 후세로 내려오면서 변화된 세 가지 문제라고 했다. 이런 문제에 대해 그 장단점을 지적할 수 있겠는가?

"옆으로 눕혀 가로로 보면 기다란 선박이 작은 항구를 가로막고 있는 것 같고, 똑바로 세워 세로로 보면 봄철의 죽순이 차가운 골짜기에 솟아오른 것 같다."는 것은 어떤 문자를 보고 하는 말인가? 「하도」와 「낙서」가 나온 것은 글과 그림을 아우른 도서圖書의 조짐이고, 벼에 이삭이 많이 붙은 것을 보고 수서穗書라는 책의 형태가 시작되었다는 것은 어디에서 증명할 수 있는가?

문자는 역사와 교훈을 담는 문화의 바탕이며 언어의 몸체이기 때문에 시가와 문장을 표현하는 도구가 된다. 책을 펼쳐 옛일의 의미를 잘 곱씹어 보면 1000년 이전의 일도 함께할 수 있고, 편지를 보내 오늘의 일을 논한다면 1만 리 밖에서도 마주보고 있는 것과 같다. 이렇게 하여 세상의 도리를 전하고 인간의 일을 기술하며, 관직을 다스리고 백성을 살필 수 있다. 우주자연에 존재하는 모든 사물의 조화와 무궁한 자취 가운데 이것으로 형용하지 못할 것이 없다. 아, 문자의 역할이 이처럼 크다!

　고문古文이 가장 먼저 나오고, 주나라의 글씨인 대전大篆이 그 다음에 등장하였으며, 진나라에 와서『창힐칠장倉頡七章』『원력육장爰歷六章』『박학칠장博學七章』의 소전小篆이 등장했다. 이런 발전을 거쳐 정막程邈의 예서隸書가 나오고, 서경西京의 초서草書가 탄생했다. 이외에도 고서薰書·해서楷書·현침懸針·비백飛白 등 다양한 서체가 발전했는데, 모두 '소학小學'이라 명명했다. 허신許慎에 이르러 사주史籀 이하의 모든 서체를 채집하고『설문해자說文解字』를 저술했다. 후세에 소학이 겨우 존속된 것은, 허신의 이 책에 근거한다.

　그런데 문자학을 소학으로 명명하는 것과 별도로 주자가 지은『소학』이 있다. 주자는 그의 엄청난 학식에도 불구하고,『소학』을 문자학에서 찾지 않고『예기』「곡례曲禮」나「내칙內則」등의 지류에서 찾아 정돈했다. 쓸고 닦고, 손님을 응접하며, 일을 익히고 공경을 생활화하는, 이른바 '쇄소응대진퇴灑掃應對進退'를 핵심으로 하는『소학』의 이론은 모두 한나라와 당나라 이전에는 전해 오지 않던 것이다. 이전의 학자가 찾아내지 못한 것을 찾아낸 것이라고 하여 후학에게 학문적 공로가 있다고 할 수 있겠는가? 소학에 대한 이론은 분분하다. 하지만 "육예六藝만으로 일의 중심으로 삼았다."는 이론에 대해 옛 문헌을 아무리 고증해도 정확하지 않다. "문자로 소학을 삼았다."고 하는 이론에 대해서도 아직까지 여러 다른 견해가 뒤섞여 복잡하다. 어째서 그런가? 주자도 강구하지 못한 부분이 있는가? 아니면 여러 학자가 신기한 것을 좋아하기 때문에 다른 이론이 제시되는가?

　학문은『대학』에서 말하는 격물格物과 치지致知보다 중요한 것이 없다. 그런데 격물치지를 하려면 반드시 문자에 대해 해박해야 한다. 나는 사실 문자학에 전념하여 힘쓴 적은 없다. 그러나 그 문자의 뜻과 음에 얽힌 변화 과정에 대해 그 단서를 엿본 적은 있다.

　지금 그대들은 평소에 독서를 하며 익힌 고문과 옛날에 썼던 다른 글자들을 많이 알고 있으리라. 현재 국가적 차원에서 온힘을 기울여 '운서韻書[62]'를 편찬하고 있다. 이런 상황에서 그대들에게 많은 조언을 구하니, 알고 있는 문자에 대해서는 뜻을 다하여 진술하시라. 규정과 격식에 구애받지 말고, 나의 격물치지를 보조해 주시라.

62. 한자를 소리로 분류하여 일정한 순서로 배열한 서적을 통틀어 이르는 말이다.

정통 있는 문체에
시대정신을 담아라

시대를 나타내기 위한 도구로서 문체와 문장에 대한 책문이다. 문장으로 시대를 제
대로 표현하지 못하면, 오해가 생길 수 있고 정책을 잘못 펼칠 수도 있다. 따라서 정
확한 문체를 통해 시대를 바르게 표상해야 한다. 시대를 포장하여 꾸미기만 해서는
곤란하므로, 정조는 심각하게 시대정신을 담은 문장에 관한 대책 강구를 주문했다.

　문장은 한 시대를 표상하며, 시대마다 일정한 체계가 있다. 따라서
문장은 세상의 이치, 그 세상의 문화와 함께 부침한다. 이 때문에 한 시
대를 대표하는 문장을 읽어 보면 그 세상에 대해 논의할 수 있다.
　주나라의 문화가 쇠퇴하자 춘추 전국시대를 거치면서 제자백가들이
나와서 천하를 종횡하고, 한나라에 들어 황제들이 나라를 잘 다스려
번창하자 진나라 때의 문화가 우아하게 정돈되었다. 무엇이 그렇게 만
드는가? 서진시대의 육기陸機와 육운陸雲의 문체는 아름다움이 아득히
비치는 것 같고 그 소리가 주옥이 흐르는 듯 구슬이 합쳐지는 듯하다.
후한 이후 육조시대의 노래는 비단처럼 고와 새가 지나가고 꽃잎이 나

부끼는 듯하다. 당시의 세상은 혼란스럽고 문란했는데도 이렇게 문체에 차이가 나는 것은 무엇 때문인가?

1000리를 외길처럼 흘러가는 장강長江의 가을 강물도 이미 흘러간 물결은 되돌릴 수 없다. 가벼운 비단과 흰 명주가 닳고 해져도 밝은 시대를 보필하는 데는 문제가 없다. 그렇다면 문체가 지니는 힘은 세상의 이치나 문화의 흥망성쇠와 관계가 없는가?

은나라의 문화를 개혁하기 위해 「대고大誥」편을 지었고, 험난하고 괴이한 것을 막으려고 학문의 체계를 변경했다고 한다. 세상을 이끌어가는 방법이 문체에만 있는 것은 아니겠지만, 사회 분위기나 취향을 바로잡는 것이 문체를 바로잡는 데서 시작하는 것인가? 조금 친근하게 세속적인 분위기를 띠면 궁체宮體니 배체俳體니 하면서 비판하고, 조금 고상하게 하면 시학時學이니 시문時文이니 하면서 비난한다. 그렇다면 그 사람에게서 풍기는 문체의 기운을 교정할 수 없단 말인가? 아니면 그 시대의 문체가 시대를 거슬러 한 사람의 습성으로 굳어진 것인가?

시대가 변하고 세대가 바뀌면 문장도 달라지게 마련이다. 요순시대에는 전모典謨라는 문체가 있었고, 은나라와 주나라 때는 훈고訓誥의 문체가 있었다. 세월이 흘러서 한나라와 당나라 때에 이르면 그것이 정종파正宗派가 되고, 송나라와 명나라에 이르러 제가諸家로 발전했다. 시대마다 문체의 기운이 때로는 시대를 풍미할 만큼 두텁고 때로는 시대를 대변하지 못할 정도로 얇었다. 시대가 바뀌면서 이전의 문체가 쇠퇴하기도 하고 발전하기도 했다. 대부분의 문체가 나름대로의 본보기를 가지고 발전하지만, 대체로 경전의 중요한 부분이 다시 경전을 보완하며 한 시대의 문화를 더욱 융성하게 만들고 그 우아함을 잃지 않았다.

문명국가로서 우리 조선은 그 어떤 나라보다도 뛰어나다. 그만큼 문장에서도 뛰어난 인물이 연이어 등장했다. 또한 지식인들은 성현의 문장이 아니면 읽기를 수치로 여겼고 모범적이지 않은 말에 대해 언급하는 것을 수치로 여겼다. 모자란다고 생각되면 세상에 전할 만한 글을 전문적으로 공부하고, 어느 정도 익숙해지면 세상에 필요하다고 판단되는 글을 공부하여 국가 발전을 위한 정책으로 제시한다. 따라서 그런 문장을 한 번 보면 세상에 감동을 준다는 것을 알 수 있다.

그런데 최근에는 문장을 쓰는 분위기와 문체의 양식이 그와 같지 않다. 문장을 좀 쓸 줄 안다고 하는 학자들은, 시서詩書와 육예六藝의 문장에 바탕을 두지 않는다. 취미 삼아 소품처럼 읽는 책에 머리를 싸매고 마음을 쓰고 있다. 온 힘을 다하여 시문이나 변려체騈儷體를 지으면 붓이 종이 위에 닿기도 전에 이미 기운이 빠져 버릴 지경이다. 마치 혼수상태에 빠진 사람이 때때로 헛소리를 하는 것과 같다. 그러면서도 글을 쓰는 자기 자신에 대해 아주 자랑스럽게 여기며, 문장이 수려하고 기교가 있으며 기묘할 정도로 통달했다고 착각한다.

훌륭한 사람의 문장을 흉내도 못 낸 그런 글은 마술사의 속임수와도 같다. 좀 낮은 차원의 사람들이나 시골구석의 사람들에게 자랑이라도 하고 싶어 하지만, 조용히 글을 쓰며 전통적인 글쓰기 방식을 고집하는 사람들의 해묵은 언사만도 못하다. 국가 정책을 제안하는 글로 내놓기에는 너무나 터무니없고, 문장 꽤나 하는 사람들 앞에서는 도무지 행세할 수가 없다. 이전 시대에 이런 사례가 있었는지 찾아보려고 했지만, 문장가들 사이에 이런 문체는 없었다. 우리나라 역사에서 이렇듯

격 없는 문체는 존재하지 않았다. 도대체 이것은 누구의 문체를 따랐으며, 누가 전한 문장인가?

최고지도자로서 나는 정말 문장의 대가들에게 민망할 따름이다. 매번 학자 관료들을 마주할 때마다, 지금 조선 사회에 유행하고 있는 유치하고 졸렬한 분위기의 문체를 바꾸어야 한다고 간절하게 당부하고 있다. 하지만 내 말을 제대로 듣지 않아 효과가 미미하다. 조잘대듯 지저귀는 누추한 문장을 씻어 버리고, 모두가 정통성을 지닌 순수한 문체로 돌아가려면 어떻게 해야 하는가? 유교의 경전을 정통으로 구명한 문장을 구사하여 우리 시대의 문체를 밝히고, 이 세상의 견문을 넓혀 시대정신을 새롭게 밝히려면 어떤 방법을 동원해야 하는가?

여러 학자들이여! 요즘 유행하는 저 졸렬한 문장의 관행을 벗어나 옛 정통을 따르는 문체를 회복하시라. 이제 더 이상 내가 거듭말하지 않게 하시라!

훌륭한 문장으로
정책을 펼쳐라

당송시대의 문장가에 관한 책문이다. 정책을 펼치기 위해서는 그 지침이 될 만한 훌륭한 저술이 필요하다. 지도자를 이끌어 줄 정치지침서를 역사에서 살펴 비판적으로 바라보면서도, 화려하게 꾸미지만 않고, 실제 정책에 유용한 책을 다방면으로 고심해 보기를 염원했다.

『당송팔대가문초唐宋八大家文鈔』는 당나라와 송나라 때의 최고의 문장가가 지은 문장의 정수를 표준으로 삼아, 모곤茅坤이 후대의 학자들이 위작과 표절을 하지 않도록 걱정하며 표본을 보여 주기 위해 저술한 것이다.

서경시대는 너무나 아득하여 논의할 것이 없을 수 있겠지만, 옛날 학자들은 촉한의 「출사표出師表」와 진나라의 「귀거래사歸去來辭」를 문장 가운데 절묘한 시문이라고 했다. 그런데 이 책에서 단지 당송시대의 글만 취한 것은 무엇 때문인가? 육조시대에 유행한 변려체를 애써 바꾸려고 했던 당나라의 문장가인 소정蘇頲의 글을 수록하지 않은 것은 무엇 때문인가? 문장의 폐단을 막고자 옛날의 관행을 밝혀낸 송나라의 문장가인 유개柳開의 글을 수록하지 않은 것에 대해서는 어떻게 설명할 수 있겠는가? 이몽양李夢陽은 명문으로 유명하지만 표절을 했다는 허물을 들추어내어 싣지 않았다. 당순지唐順之는 그와 사승師承 관계에 있는 사람이라 싣지 않았는데, 이 또한 의미가 있는 것인가? 한유의 문장에 대해서는 "삼키고 토하며 내달리고 멈춘다."고 평가했고, 유종원柳宗元의 문장에 대해서는 "높다랗게 가파르고 뾰족하다."고 하였으며, 구양수歐陽脩의 문장에 대해서는 "가볍고 유려하며 호탕하다."고 하였고, 소순蘇洵의 문장에 대해서는 "나아갈 곳에 나아가고 멈출 곳에 멈춘다."라고 평가한 것은 모두 좋은 평이라고 할 수 있다. 그런데 왕안석王安石·증공曾鞏·소식蘇軾·소철蘇轍 등의 문장에 대한 평가가 없는 것은 어째서인가?

비석에 새긴 글에 관하여 학자들 대부분이 한유를 으뜸으로 꼽는데, 여기서는 구양수나 왕안석보다 못하다고 하였다. 또한 편지에 관해서는 보통 소식을 인정하는데, 여기서는 한유가 우뚝하다고 했다. 달리 특별한 견해가 있어 이렇게 논단한 것인가? 당송팔대가의 문장은 "하나의 뜻으로 전편을 구성하기 때문에 흐트러진 내용이 없고, 예리한 문사로 묘사하기 때문에 절실하지 않은 말이 없다."고 하였는데, 이것이 팔대가의 핵심이다. 누가 이런 견해를 제시했는가? 그런 의견은 과연 적절한가?

어떤 사람은 팔대가에 이고李翱와 손초孫樵를 더하여 십대가로 삼기도 하고, 어떤 사람은 한유·유종원·구양수·소식만을 뽑아 사대가로 삼기도 한다. 이처럼 팔대가를 늘리거나 줄일 경우, 문장가를 선별할 때 오류가 생기지는 않겠는가? 팔대가의 문장에 관해 때로는 제목의 하단에 논평을 더하기도 하고, 때로는 글줄 사이에 요지를 기록하기도 했는데 그 논평과 기록은 예의상 잘못된 것이 없는가?

어떤 사람은 "이윤伊尹과 주공周公이 불평한 심기를 보였다."라고 평가한 것을 가지고 한유의 「맹동야孟東野를 전송한 서문」을 비판하기도 하고, 한위공韓魏公과 백거이白居易를 두고 우열론을 펼쳤다며 소자첨의 「취백당기醉白堂記」를 비판하기도 하며, 구양수의 「육일거사전六一居士傳」은 말이 되지 않는다고 욕하기도 하고, 유종원의 「복기서服氣書」에 대해 실제의 모습이 너저분하다고 배척하기도 한다. 이렇게 비판이 있음에도 팔대가로 꼽힌 것은 어째서인가?

문장에 관한 책으로 한나라의 『문류文類』, 당나라의 『문수文粹』, 송나라의 『문감文鑑』이 있다. 이런 저술에서 논평하여 선정한 문장은 『당송팔대가문초』에서 선정한 문장과 비교해 볼 때, 어떤 특징이 있는가? 당시에 이미 당순지가 문장을 편집한 책이 있었는데, 모곤은 그의 수제자로서 별도로 첨삭하여 이 책을 편집했다. 이는 스승을 이기려고 한 행위가 아닌가?

명나라의 『십대가문초十大家文鈔』는 속편이라고 할 수 있다. 명나라 때에 꼽은 문장가가 당송이라는 두 시대에서 선정한 문장가보다 많다. 그렇다면 "시대가 내려올수록 인재도 적어진다."는 말도 확정적으로 논의할 것은 못 되지 않은가?

생각해 보건대, 문장은 마음에서 펼쳐져 기운에서 지어진다. 그러므로 마음이 섬세하고 기운이 배양되면 형식을 아무리 바꾸어도 문장이 되지 않는 것이 없다. 반면 마음이 거칠고 기운이 제한되면 문장은 그럴듯하게 표현할 수 있을지라도 이치는 끝내 터득할 수 없다. 이것은 바람이 물 위를 지나는 것처럼 저절로 그렇게 되는 일이다. 규격을 어기고 억지로 주워 모아 틀에 맞출 수 있는 것이 결코 아니다. 그렇다면 『당송팔대가문초』라는 책은 재능이 없는 이들에게 귀로 듣고 눈으로 표절하는 자료에 불과하다. 그렇다면 "장전長箋이 나오면서 자학字學을 망가뜨렸고, 팔대가가 나오면서 문장이 종식되었다."는 말이 진정으로 지나친 언사는 아니지 않는가?

그러나 이 책을 비판하게 되면서부터 문체는 또 한 번 바뀌었다. 문장의 특징을 보건대, 주나라의 문장은 단아한 특징을 지니고 있고, 전국시대 칠웅의 문장은 웅장하며, 한나라 때의 문장은 넉넉하다. 이는 모두 한 시대의 마음이며 기운이다. 비단과 종이를 오려 만든 화려한 꽃이나 상아를 깎아 만든 나뭇잎 같은 것이 모조품인 줄 누가 모르겠는가!

그런데도 어떤 문장가들은 당송팔대가의 문장에 대해 뻔뻔스럽게도, 그 이전인 진나라와 한나라의 문체라고 스스로 명명한다. 또 세상을 떠들썩하게 만들고 시대분위기를 현혹시키는 문장가들은 때때로 팔대가를 비하하면서 "고문은 위작과 같고, 재주가 있다는 것은 지푸라기와 같으며, 기괴하다는 것은 말더듬이와 같다."고 한다. 저들이 당송팔대가를 이렇게 비난하며 논평한 폐단은 너무나 도도한 물결처럼 흘러 오늘날에 이르도록 바로잡을 수가 없다. 오히려 이렇게 되고 나자 팔대가의 명문장이 제대로 보이게 되었다. 참으로 얕잡아 볼 수 없는 엄청난 문장임을 알게 되고, 마음을 섬세하게 지니고 기운을 배양하는 방법을 거기에서 발견할 수 있음을 깨닫는다.

나는 최고지도자로서 나랏일을 돌보는 틈틈이 다양한 서적을 섭렵했다. 작가의 진정한 본모습을 찾아내어 그것을 통해 나에게 오랫동안 쌓인 고질병적인 습성을 씻어 보려고 노력했다. 그 요점을 『당송팔대가문초』에서 들추어내어 기준으로 삼았는데, 이보다 좋은 다른 책을 발견하지 못했다. 관리들과 백성을 인도하고 이끌어 갈 때, 모두가 나라의 정치를 거스르지 않고 따라오도록 만들기 위해서는 공적이건 사적이건 현재의 정책을 수준 높은 문장과 품위 있는 저술로 변화시킬 필요가 있다. 그러려면 어떤 기술로 해야 하겠는가?

아, 활을 쏘려고 하는데 정해진 표적이 없다! 그렇다면 후예后羿와 같은 명궁도 솜씨를 발휘할 수가 없으리라. 학술에 펼치려는데 정해진 논거가 없다! 그렇다면 자유子游나 자하子夏와 같은 학문의 대가도 정밀한 이론을 펼칠 수 없으리라.

이러한 이유로 그대 젊은 학자, 여러 신임 관리들과 이 『당송팔대가문초』를 함께 읽고 풀이해 보려고 한다.

정치에 필요한 좋은 문장을
존중하라

『당송팔대가문초』를 바탕으로 정조 자신이 지은 『어정팔자백선』에 관한 책문이다.
역사적으로 볼 때, 정책이 제대로 펼쳐지던 시대에는 훌륭한 문장가와 사상가가 있
어 솜씨 있게 정책을 잘 표현했다. 이에 훌륭한 문장을 쓸 수 있는 정치 사상가들을
잘 길러 좋은 정책을 펼 수 있도록 권장했다.

나는 좋은 문장을 존중한다. 그러다 보니 정무를 살피는 틈틈이 『어
정팔자백선御定八子百選』을 펴서 보고 이제 그대들에게 자문을 구한다.
모곤은 팔대가의 문장에서 뽑은 글을 모아 『당송팔대가문초』를 펴냈
다. 그 가운데 내가 또 백 편을 취하여 엮었다. 그러니까 가려 뽑은 문
장에서 또 가려 뽑은 문장 백 편이 되는 셈이다.

문장을 가려 뽑는 일은 사람을 가려 뽑는 것과 같다. 문장을 감별하
여 평가하는 작업이 혹시라도 합당하지 않으면 좋은 문장과 나쁜 문장
을 혼동하기 쉽다. 때문에 나는 문장을 선택할 때, 세 번씩 신중에 신중
을 거듭하며 가려 뽑았다. 고운 문장이나 묵직한 느낌을 주는 문장에

약간의 감정을 가하지 않은 것은 아니지만, 사람의 견해가 제각기 동일할 수 없으므로 나의 견해도 나 자신이 신임하지 못할 때가 있으리라. 제나라와 초나라의 수준이 비슷하지만 결과는 같지 않기도 하고, 정나라와 위나라가 추방할 대상이 아니더라도 남겨 두느냐 마느냐를 논의해야 할 때가 있다. 문장도 마찬가지다. 예를 들면, 한유의 「휘변諱辯」의 문장은 실으면서 「사설師說」은 누락시켰고, 단태위段太尉의 「일사장逸事狀」은 싣고 「장중승전후서張中丞傳後敍」는 기록하지 않았다.

유학을 옹호하는 글로는 「학기學記」와 「민자묘기閔子廟記」를 취하는 것이 당연하다. 하지만 이단을 배척하는 것으로는 첫머리에 「불골표佛骨表」를 실으면서도 또한 「보살각기菩薩閣記」를 든 것은 어째서인가? 한유의 비碑, 유자후柳子厚의 기記, 구양수의 서序, 소동파의 논論은 세상의 여러 학자들이 평소에 칭송하는 것이라 각기 장점이 있다. 그러나 어떤 경우에는 선택한 글이 단점이 있는 글보다도 못할 때도 있다. 「원도原道」를 특별히 가려 뽑은 것은 유학의 정통에 가깝기 때문이다. 하지만 「원과原過」를 선택했다고 하여 허물을 잘 보충하는 것인지는 의심스럽다! 「전신傳神」은 골계滑稽 소품인데도 선택했고, 「전기책錢幾策」은 경륜의 대작인데도 누락시켰다. 「추성부秋聲賦」와 「적벽부赤壁賦」는 소체騷體이기 때문에 선택했다면 「송궁문送窮文」과 「걸교문乞巧文」은 어찌하여 빠뜨린 것인가?

장복야張僕射에게 올린 편지와 이익李翊에게 답한 편지는 문사의 활달함만을 높이 산 것이라고 한다. 그렇다면 「위인구천서爲人求薦書」와 「응과목시여인서應科目時與人書」와 같은 글은 문사가 활달하다고 볼 수 없는가? 한유의 「제십이랑문祭十二郞文」은 진실로 천고의 일조逸調라고 하겠지만, 소자첨蘇子瞻과 왕개보王介甫의 「제구양공문祭歐陽公文」과 같은 글은 「제장원외문祭張員外文」이나 「제석만경문祭石曼卿文」보다 무엇이 우월한가? 어찌 이런 글에서 취사선택이 이처럼 동일하지 않은가? 「서언왕비徐偃王碑」와 「기자비箕子碑」는 그 내용이 비슷하지만 문장에 따라 그 감정과 단점이 분명하게 드러나고, 「표충관비表忠觀碑」와 「오중윤비烏重胤碑」는 그 내용과 형식이 다름에도 불구하고 문장을 보면 그 장점과 단점이 가려졌다. 소자유蘇子由의 「노자론老子論」은 왕안석王安石의 「백이론伯夷論」만 못하고, 왕안석의 「예악론禮樂論」은 소명윤蘇明允의 「춘추론春秋論」만 못하다. 그런데 오히려 못한 것을 취한 것은 무슨 특별한 의미가 있는가?

「변간론辨姦論」의 선견지명과 「재인전梓人傳」의 속된 것을 고쳐 주는 것은 실제로 정치의 이치와 관계된다. 그런데 우계愚溪 대화의 비분함과 「모령전毛穎傳」의 특이한 일은 세상의 도리 차원에서 볼 때, 무슨 유익함이 있는가? 「영벽원기靈壁園記」가 어찌 감히 자기 아비인 소순蘇洵의 「목가산기木假山記」에 비교될 수 있겠으며, 소철蘇轍의 「군술책君術策」이 어찌 감히 자기 형인 소식蘇軾의 「책단策斷」에 비교될 수 있겠는가! 그런데 오히려 자제의 것을 취한 것에 대해 세상 학자들은 무엇이라고 비평하는가? 「송은원외서送殷員外序」와 「송석창언북사인送石昌言北使引」은 기껏해야 노나라와 위나라처럼 형제의 반열에 해당한다. 「묵군당기墨君堂記」와 「번후묘기樊侯廟記」는 진나라와 수나라 정도의 분별이 있다. 그런데 그 결과는 이광李廣[63]과 옹치雍齒[64]의 행복과 불행처럼 갈라졌다. 이것은 어째서인가?

63. 한나라 때 장수로, 40여 년 동안 군대를 이끌고 흉노와 대치하면서 70여 차례의 크고 작은 전투를 치르며 전공을 세웠지만 끝내 봉후되지 못했다. 후에 대장군 위청을 따라 흉노를 공격했다가 길을 잃고 문책을 받자 자살했다.

「유미당기有美堂記」와 「의현대기擬峴臺記」
는 기러기 행렬처럼 비슷한 수준이고, 「왕언
장화상기王彦章畫像記」와 「오자서묘명伍子胥廟
銘」은 고기비늘처럼 비등하다. 그러나 수나
라 구슬이나 연나라의 돌처럼 별 볼 것 없는 것마냥 취급하고 취하지
않은 까닭은 무엇인가? 증남풍曾南豊이 올린 「태조총서太祖總序」는 「백
년무사차자百年無事箚子」보다 우수한 것 같고, 「열녀전목록서列女傳目錄
序」는 「영곡시서靈谷詩序」보다 나은 것 같은데 하나도 채택하지 않았다.
왕형공王荊公의 「상전정언서上田正言書」는 「상범사간서上范司諫書」에 비
해 손색이 없고, 「상두학사서上杜學士書」는 「상한태위서上韓太尉書」보다
못할 것이 없는데 하나도 발췌하지 않았다. 논평하기를 좋아하는 학자
들이여! 이에 대해 더할 말이 없는가?

잡저雜著를 먼저 하고 비지碑誌를 뒤로한 것은 범례상 어떠한가? 한
유 한 사람으로 소씨 세 사람을 담당하게 하였는데, 문장의 수를 많고
적게 한 것은 무엇 때문인가? 석만경의 묘표는 허평許平의 묘지에 비
하면 노래 곡이 끝난 다음의 아송雅頌 같고, 「서산연유기西山宴遊記」는
「은현경유기鄞縣經遊記」에 비하면 후렴구의 가사와 같다. 팥배·배·아
가위·귤의 맛과 기호가 제각기 다른 것과 같은 느낌이어서 그러한가?
「쟁신론爭臣論」은 「간관론諫官論」에 비하면 한 꾸러미에 꿴 것 같고, 「능
허대기凌虛臺記」와 「구곡정기九曲亭記」는 두 보루가 대치하고 있는 듯하
다. 이는 걸러 낸 술과 남은 술지게미처럼 맛의 차별이 있어 그러한가?

소편小篇을 가린다면, 소노천蘇老泉의 「명이자설名二子說」이 왕임천王
臨川의 「독맹상군전讀孟嘗君傳」에 비해 어찌 손색이 있겠는가? 대편大篇

을 가린다면, 증자고曾子固의 「구재의救災議」가 소동파의 「간용병서諫用
兵書」에 비해 어찌 손색이 있겠는가? 그대들은 각기 소신 있게 자신의
의견대로 취하고 버릴 것에 대해 진술하시라. 진실로 이치에 합당하다
면, 나 자신의 견해를 버리고 그대들의 견해를 따르는 것이 옳다! 또한
옛날에 고위관리였던 김석주金錫冑가 고문 99편을 선정하고 서문을 지
어 붙여 『고문백선古文百選』이라 명명했는데, 그대들이 이 책과 합작하
여 만들어 낸다면, 거기에서 우러나오는 장점을 내 어찌 사용하지 않겠
는가!

어려운 문체와 쉬운 문체를
상황에 맞게 구사하라

문체의 특징에 관한 책문이다. 정조는 정치 상황에 맞는 수준 있는 문체를 구사하여
정책에 실제적인 도움을 주기를 기대했다. 과거시험에 겨우 합격하는 수준의 문체
를 넘어 학자이자 선비로서 국가 정책에 힘이 될 정도의 문체까지 수준을 높여 가기
를 갈망했다.

문체는 한 둘이 아니다. 시대나 문장의 종류, 글을 쓴 사람의 성격에
따라 문장의 특색은 다르게 나타나기 때문이다. 하지만 어려운가 쉬운
가로 크게 구별하여 나눌 수 있다.

말이 어려운 것은 기이하게 보이고 말이 쉬운 것은 자연스럽게 보인
다. 이 가운데 어떤 것을 취하고 어떤 것을 버려야 하는가? 문장은『상
서尚書』의 기록보다 좋은 것이 없다. 『서경』가운데서도 고문古文은 대
개 쉬운 편이고 금문今文은 어려운 편이다. 심지어 사람들에게 일러서
깨우쳐 주는 문장은 마땅히 자연스러워야 할 텐데 도리어 기이하다.
그 까닭은 무엇인가? 주공의 문장은 까다로워서 쉽지 않고 공자의 문

장은 쉬워서 까다롭지 않다. 주공이나 공자나 모두 훌륭한 분인데 문장으로 보면 이처럼 기이하여 까다롭거나 자연스러워 쉽게 느껴지는 것은 무엇 때문인가?

중국 역사에서 사마천은 당대 최고의 문장가로 꼽힌다. 그런데 범수范睢 · 채택蔡澤 · 사군四君 등의 열전은 자연스러운 듯 쉽게 썼고, 혹리酷吏 · 화식貨殖 등과 같은 전기에서는 좀 기이하면서도 까다로운 문장을 구사했다. 사마천 한 사람의 문장인데 어떤 부분에서는 어렵고 어떤 부분에서는 평이하게 쓴 것은 왜 그런가? 서한시대의 사상가인 양웅은 『법언法言』을 지으면서 오로지 문장 다듬기에 힘썼다. 그러자 사람들이 이 책을 항아리 뚜껑으로나 써야겠다는 핀잔을 주었다고 한다. 제갈공명의 「출사표」는 억지로 다듬지 않았음에도 오히려 뜻있는 선비들의 흉금을 적신다. 이런 점에서 본다면, 쉬운 글이 어려운 글보다 나은 것인가?

당나라 때의 관료이자 학자인 번종사樊宗師의 문장은 어렵기로 소문이 났지만 한유는 감탄하며 칭찬하였고, 당나라의 걸출한 시인인 백거이의 문장은 유려하면서도 쉽다고 소문이 났지만 같은 시인인 두목지杜牧之는 이를 매우 배척하였다. 이것은 쉬운 것이 어려운 것보다 못하기 때문인가? 후한시대에 반고班固가 쓴 「연주서連珠敍」는 문장의 체제가 완벽하다고 하고, 서진시대의 육기陸機가 쓴 「화엽언華葉言」은 글의 내용이 본질을 꿰뚫지 못해 놀림을 받았다. 이렇듯 다양한 사례에서, 문장이 어렵다거나 쉽다는 의미에 대해 자세하게 설명해 보시라.

또한 아름다움만을 추구하는 경향을 띤 영명체永明體는 어떤 사람들로부터 시작되었으며, 기이한 것인가 자연스러운 것인가? 서균체徐均體

는 어느 시대에 시행한 것이며, 쉬운 것인가 어려운 것인가? 명나라 때의 학자인 양사기楊士奇의 시문詩文은 대각체臺閣體라 불리고, 황평천黃平倩의 고문古文은 한림체翰林體와는 다르다. 이것도 어렵고 쉬운 것으로 분별하여 거론할 수 있는가? 당나라의 서견徐堅은 그 문장이 관청의 양식으로 상징될 정도로 준수하였지만, 반면 송나라의 목수穆脩는 예부禮部의 격식에 따라 쓰는 문장을 수치스럽게 여겼다고 한다. 여기에도 문장의 기이하고 자연스러운 측면을 발견할 수 있는가?

송나라 때 구양수가 과거시험을 담당하는 관리가 되어 시험을 주관하게 되었다. 그러자 당시 송나라 주류 시단을 이끌며 문인들의 연회석 화답시가로 인기를 끌던 서곤파西崑派[65]의 어렵고 기이한 문체가 단번에 바뀌었다. 명나라 때의 왕세정王世貞과 이반룡李攀龍은 운치가 있고 아담

65. 서곤파는 송나라 진종 때부터 인종에 이르기까지 약 40여 년간 문단에 큰 영향을 끼쳤다. 양억의 『서곤수창집』이 나온 이후에 서곤체 시를 본받아 짓는 이가 적지 않았다. 대체로 그 내용이 허망하고 기교만을 중시하여, 감정이나 개성이 없고, 단지 유창한 리듬, 화려한 형식으로 내용을 장식했다

한 문필가 집단인 소단騷壇을 앞 다투어 주장하며, 소동파의 자연스럽고 쉬운 문장에 대해 깊이 비판하였다. 문인들이 상대방에 대해 서로 가볍게 여기는 것은 옛날부터 그러했는데, 그런 태도가 가져오는 장점과 단점은 무엇인가? 이에 따른 이해득실은 어떠한가?

문체는 시대에 따라 동일하지 않다. 동일한 시대에도 상황에 따라 누차 변한다. 문체라는 것이 시대의 유행일 뿐인데, 그 흥망성쇠의 차원을 보면 정치와 공통되는 부분이 상당히 많다. 인간의 길을 담고 있는 문장이 가장 좋다. 그 이하라 할지라도 반드시 내면에 학식이 쌓여야 외부로 아름다움이 드러난다. 그럴 때 자연스러움을 구하지 않아도 저절로 자연스럽게 되고 기이함을 구하지 않아도 저절로 기이해진다.

정조 책문, 새로운 국가를 묻다

그 자연스러움은 양자강이나 황하가 유유히 흐르는 것과 같아 하루에 1000리를 가고, 그 기이한 것은 성난 물결이 암석에 부딪치는 것과 같아 온갖 변화가 뜻밖에 생긴다. 그런 다음에 비로소 최고의 문장이라 이름붙일 수 있다. 문장을 통해 인재를 알아볼 때도, 드러난 문장을 보고 내면에 쌓인 것을 믿을 수 있게 된다.

우리나라는 훌륭한 문장가들이 많아 앞뒤를 둘러보면 서로 바라보일 정도다. 선배들의 훌륭한 문장 가운데 누구의 문장이 어렵고 누구의 문장이 쉬운가? 누구의 문장이 자연스럽고 누구의 문장이 기이한가? 그것을 정확하게 알 수는 없으나 정말 훌륭한 문장은 많다.

그러나 어찌된 일인지, 최근에는 훌륭한 문장을 지은 사람이 누구인지 소문은 들리지 않고, 젊은 학자들이 익히는 것은 과거시험에서나 필요한 문자에 불과하다. 평범한 것에 얽매여 있지 않으면 반드시 억지로 기이하게 만들므로, 그것은 문체의 측면에서 어렵다거나 쉽다는 것과는 거리가 멀고, 천박하고 난잡한 문장쓰기가 갈수록 심해진다. 이런 현상은 시대의 유행이 빚은 것인가? 아니면 문장쓰기 연습과 교육을 잘못하여 그러한 것인가? 어떻게 하면 문체를 혁신하여, 때로는 자연스럽게도 하고 때로는 기이하게도 할 수 있는가? 상황에 맞게 하여 유학을 확장하고 세상의 도리를 빛나게 할 수 있겠는가?

자신의 목소리를 실천할 수 있도록
글을 써라

1787년 봄에 도기유생을 대상으로 실시한 시험으로 말에 관한 책문이다. 정책 입안자는 남의 말에만 의존하는 구태의연한 자세에서 벗어나, 자신의 견해를 주장하며 책임 있는 자세를 보여야 한다. 무엇보다도 내용을 분명하고 실질적으로 제시하여 정책을 분명하게 할 수 있는 방안을 요청했다.

사람들은 평소에 다음과 같이 말한다.

"저서로 자신의 언어를 남기는 일은 헛된 말에 의지하는 것에 불과하다. 따라서 말을 자신의 행동에 담아 공덕을 세워 길이 남게 하는 것이 좋다."

삼분三墳과 오전五典은 누가 지었고, 육예六藝와 구류九流는 어느 시대에 시작되었는가? 맹자는 제나라와 양나라에 차례로 초빙되었다가 물러난 후 『맹자』 7편을 지었고, 『중용』은 요순시대까지 거슬러 올라가 기술한 것이다. 성인의 저서도 또한 단순하게 자신의 말을 남기는 의도를 지니고 있는가? 양웅이 『태현경太玄經』을 베껴서 기록하자 함부로 지었다는 비판을 받았고, 정강성鄭康成이 『발묵수發墨守』를 저술하자 탄식하는 이가 있었다고 한다. 하나는 비판받고 하나는 탄식했다고 하는데 누구의 것이 그나마 더 훌륭한가? 노자는 세상을 등지면서 5000글자로 『도덕경』을 남겼고, 장자는 「제물론」을 비롯하여 10만 마디의 글을 『장자』로 남겼는데, 대방가大方家의 웃음거리가 되지 않겠는가!

『사기』는 아버지 사마담司馬談이 용문龍門에서 아들인 사마천의 손을 잡고 완성할 것을 부탁한 저술이다. 『한서』는 반표班彪가 짓고 아들인 반고班固가 계속하여 저술한 역사책이다. 이처럼 대를 이어 전한 것은 어째서인가? 왕충王充은 문간마다 필기구를 두고 『논형論衡』이라는 책을 완성했고, 좌사左思는 문과 뜰에 종이를 두고 「삼도부三都賦」를 완성했다고 한다. 저술을 짓는 데 어찌 이처럼 열성적인가? 주흥사周興嗣는 일천 글자를 운문으로 꿰맞추어 『천자문千字文』을 짓고 몇 시간 만에 모발이 하얗게 세었음을 탄식했고, 하나의 사건을 기록할 때마다 붓을 던지며 어느 날에나 역사가 완성될지를 개탄하였다고 하는데, 한 편의 저술이 어찌 이처럼 어려운가? 또한 그는 저술을 전업으로 삼으려고 촉군蜀郡의 관직을 버리기도 했고, 스스로 저술로 즐기려고 은둔하기도 했는데, 저술을 하면서 어찌 이처럼 급히 서두르는가? 안자顔子는 저술을 하지 않았는데도 후세에 전하는 그의 학문은 오래도록 변하지 않았고, 사마장경司馬長卿은 글로 기예를 닦기는 했지만 배우俳優라는 비판을 모면하지 못했다. 사람이 착하고 착하지 않음은 책의 저술 여부와 관계없는가?

창힐倉頡과 복희씨伏羲氏가 매듭 대신 문자를 발명하게 되면서부터 말이 책으로 만들어졌는데, 인간사회의 예악과 문화제도가 여기에서 종합되었다. 삼황오제의 발자취가 수천 년이 된 지금까지 해와 달처럼 빛나는 것은, 그동안 수많은 불후의 사업이 있었던 것과 마찬가지로 저술 작업이 있었기 때문이다.

우리나라에서는 문명의 운세가 열린 이후, 훌륭한 지도자와 현명한 유학자들이 많이 배출되었다. 그 교훈과 계략은 요·순임금보다 뛰어나고, 문화제도는 천지와 짝하여 말을 할 수 있는 체제가 갖추어졌으며, 글을 숭상하는 정치가 성대했다.

그런데 어찌된 일인지 최근 들어 전문적인 학자가 몇 명 전해 오지도 않고 학자들의 말도 무미건조하다. 지루하게 문자만을 나열하는 저술은 교육을 하는 데 도움이 되지 않고, 겨우 읽을 수 있을 정도의 저술은 시대 문제를 해결할 수 있는 정책으로 유용하지도 않다. 저술이 있다 하더라도 글의 옳고 그름을 논의할 때 사사로운 당파에 제한되고, 글의 취지는 당파의 세력과 이익의 분쟁에 달렸다. 그러니 일찍이 안목을 높게 하고 가슴 속의 것을 토해 내어 한마디의 귀중한 말이 후세에 전해질 수 있는 저술을 어떻게 볼 수 있겠는가? 나아가 학자의 과거 시험에 쓰는 문제와 관리의 상소문 같은 것도 스스로 고민하여 터득한 견해는 없고, 남들이 작업해 놓은 저술을 뒤따르는 의도만 있으니, 밀랍을 씹는 것처럼 아무 맛이 없고 벽을 사이에 두고 듣는 것과 같다.

지금 자신의 목소리를 낼 수 있는 학자들은 일반 군중과 함께 웅성거리는 말을 고쳐야 한다. 잠꼬대 같은 소리를 따라하지 말라. 자기의 목소리로 자신의 견해가 담긴 저술을 하되 의복이나 음식처럼 유용하게 하라. 자신이 논의하고 싶은 내용을 주장하되 저울의 눈금처럼 오차 없이 하라. 천박한 습성을 버리고 충과 신의를 숭상하며 음란한 언사에 주의하라. 내용을 정밀하고 분명하게 쓰는 것에 힘쓰라. 그것이 자신이 한 여러 말 중에 핵심이 된다.

말을 할 때 정성을 다하여 말하고 서로 규제하되, 용서할지언정 고자질하지는 말라. 최고지도자가 맡은 일 가운데 빠진 것이 있다면 체면을 구길지라도 숨기지 말고 충고하라. 군주는 충고해 주는 말에 감사를 표하고, 부인네와 어린이는 곧은 말을 외워서 전해야 하리라. 명언이 바로 여기에 있다. 좋은 말이 잠복해 있지 않게 하려면 어떻게 해야 하는가?

그대, 학자들이여! 평소에 독서하고 자신의 견해를 주장하면서 반드시 마음에 정리한 것이 있지 않은가! 각기 대책을 내 보시라.

4부

정치지침서를
통한
리더십 함양

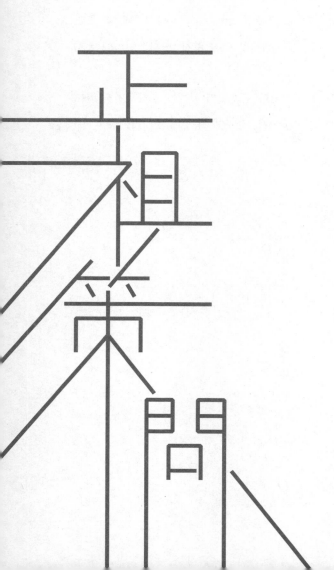

유교에서 최고지도자는 정치, 교육, 종교, 문화 등 사회의 전 영역에서 두루 지혜를 갖춘 지도자였다. 때문에 그를 최고의 인격체인 성인聖人의 반열에 올려놓고 우러러보는 존경의 대상이자 사회의 구심점으로 자리매김했다. 그만큼 최고지도자 군주는 리더십과 지식, 지혜를 골고루 갖추고 국가 운영에 앞장서야 한다. 정조의 경우에는 『홍재전서』라는 문집을 출간할 정도로 학식이 뛰어난 학자군주였기에, 독서와 강의를 통해 국가 운영에 필요한 지혜를 경전 속에서 찾으려고 노력했다.

여기에 제시하는 책문은 『홍재전서』 「제48권」의 〈주례周禮〉〈황극내편皇極內篇〉과 「제49권」의 〈대학연의보大學衍義補〉, 「제50권」의 〈십삼경十三經〉〈상서尙書〉〈대학大學〉〈논어論語〉〈맹자孟子〉〈중용中庸〉, 「제51권」의 〈경술經術〉〈의례儀禮〉〈악樂〉〈시詩〉〈춘추春秋〉〈통서通書〉 등 15편이다. 이를 정치에 응용하는 측면을 강조하는 내용으로 재정리했다.

정통 있는 학문으로
세상을 경영하라

경전을 다루는 기술인 경술에 관한 책문이다. 조선시대에는 정치의 기준인 유학에
대한 올바른 이해가 중요했다. 지도자가 유학에 관한 정확한 자문을 구할 수 있는지
의 여부가 좋은 정치의 바탕이 되었다. 따라서 이는 경전을 정밀하게 연구하고 자세
하게 살피라는 주문으로 이어졌다.

인간이 발휘할 수 있는 기술 가운데 경전을 다루는 학문인 경술經術
보다 큰 것은 없다. 경술을 제대로 발휘하지 못한다면 그 폐단 또한 그
만큼 고질병 같은 것이 없다. 내가 일찍이 경술의 폐단을 우려하여, 그
것과 일대 전쟁을 선포하려는 것을 그대들도 잘 알고 있으리라. 지금
그대 학자 관리들과 시대적 문제에 대한 대책을 논의하는 데, 경술을
통해 묻는 것을 첫 번째로 내세우지 않을 수 없다!

그러면 무엇을 경술이라고 하는가? 『한서』「예문지」에서는 다음과
같이 설명했다. "성인이 제작한 것을 경經이라 하고, 현인이 저술한 것
을 전傳이라 하며, 그것을 바탕으로 설명한 것을 고誥라 하고, 그것을

근거로 장구章句를 나눈 것을 주註라고 한다."

여기에서 '전' 이하에 해당하는 것 모두가 경술의 대상이다. 이 기술을 이용하는 사람은 최고지도자인 제왕이다. 이 기술을 차용하는 자는 힘으로 정권을 잡는 패주霸主다. 정치지도자가 이 기술을 발휘하면 세상의 교화가 맑아지고, 스승에게 이 기술이 있으면 유학의 도가 바르게 존속된다. 이렇게 본다면, 정치에서 경술이 얼마나 중요한지 알 수 있으리라.

팔유八儒를 나누는 학설은 동진의 도연명으로부터 비롯되었다. 이는 제각기 하나의 경經을 중심으로 학파가 나누어지게 된 것을 말한다. 송렴宋濂이 살던 명대에 이르러서는 새로운 유학자의 명칭으로 유협遊俠 · 광달曠達 · 지수智數 · 사공事功이 있었다. 이 네 가지 부류는 경술과 무슨 관계가 있는가?

『주역』에서 다루는 역학은 상구商瞿가 공자에게 전해 받은 뒤로 전한의 전하田何에 이르기까지 그 근원이 같았다. 전하로부터는 유파가 나뉘어져 시수施讐 · 맹희孟喜 · 양구하梁丘賀 · 경방京房의 네 유파가 제각기 자신의 분야를 만들었다. 그 후, 비직費直 · 고씨高氏 · 마융馬融 · 정현鄭玄 · 순상荀爽 · 우번虞翻 · 육적陸績 · 왕필王弼 등 여러 전문가들이 등장했다. 송나라 때 이르러서는 마침내 140여 명이나 되는 대가들이 활동하였다. 그 전수와 변화의 과정은 어떠한가? 의리학義理學을 전문으로 한 사람은 누구이며, 상수학象數學을 전문으로 한 사람은 누구인가? 정자와 주자가 종주로 삼은 것은 과연 어느 학파인가?

『서경』은 『상서』라고도 하는데, 3000여 명의 학자들이 그 뜻을 전수받았다고 한다. 한나라 때 삼가三家라 하여 복생伏生 · 구양생歐陽生, 대하후大夏侯, 소하후小夏侯로 나누어졌다. 『고문상서古文尙書』가 나오면서부터 구양씨와 하후씨의 학설은 모두 없어져 전해 오지 않고, 고문과 복생의 『서경』이 세상에 유행하게 되었다. 그러나 주자는 "빠진 문맥을 억지로 통할 수 없다."고 하며, 별도로 집주를 만들지 않았다. 그렇다면 한나라 때부터 송나라에 이르기까지 『서경』를 전공한 40여 명의 학자들은 모두 견강부회하며, 떨어져 나간 죽간을 통해 끌어 모아 억지로 말을 만든 혐의를 면하지 못하는 것인가? 그리고 주자 자신은 주석을 내지 않고, 만년에 제자인 채침蔡沈에게 그것을 위촉했는데, 그렇다면 채침의 경술이 주자 자신보다 우월한가? 주자도 통달하지 못한 뜻을 채침은 통달했다는 것인가?

『시경』은 원고轅固의 제시齊詩, 신배申培의 노시魯詩, 한영韓嬰의 한시韓詩, 모정毛亨의 모시毛詩 등의 네 명의 대가가 있다. 모시는 자하子夏 계열의 학문에서 비롯되어 홀로 후세에 전해졌다고 한다. 그러나 한영의 『외전外傳』과 자공子貢의 『시전詩傳』, 그리고 신배의 『시설詩說』이 뒤섞여 그 진위를 믿어야 할 것인지 아닌지 종잡을 수 없다. 주자에 이르러 서설序說을 일소하고 별도로 『집전集傳』을 저술했는데, 친구인 여백공呂伯恭이나 제자인 보한경輔漢卿과 같은 이들과는 다른 견해를 많이 보인다. 일찍이 다양한 질문과 논란에 대해 의견을 주고받았지만 끝내 하나로 통일하지는 못했다. 그렇다면 주자의 『집전』이 아직까지도 확정된 책이 아니란 말인가? 50여 명의 학자들이 『모시毛詩』에 대해 갑이니 을이니 하며 다양한 견해를 제시한 것도 해롭지 않단 말인가?

『춘추』를 해석한 것으로 삼전三傳이라 하여 세 종류가 있다. 『좌전左傳』 『공양전公羊傳』 『곡량전穀梁傳』이 그것이다. 『공양전』과 『곡량전』을 지은 공양고公羊高와 곡량적穀梁赤은 모두 자하를 스승으로 삼았고, 『좌전』은 좌구명이 저술했다. 이들은 모두가 성인으로부터 이어지는 계통을 지니고 있다. 공양학은 동중서로부터 하휴何休에게로 전통을 이어받았고, 곡량학은 강공江公으로부터 범녕范寗으로 내려오는 계통을 이어받았다. 좌씨학을 전공으로 하는 사람은 장창張蒼으로부터 두예杜預로 이어지는 학문 전통을 지니고 있다. 이렇게 하여 당나라를 거쳐 송나라에 이르면, 삼전을 근거로 주석을 낸 학자들이 백여 명이나 등장했고, 그 가운데 호안국胡安國이 지은 저술이 가장 성행했다. 그러나 옛날부터 학자들은 춘추삼전이 유행하게 되면서 『춘추』의 원래 모습이 도리어 참됨을 잃었다고 하며, 경經이 전傳에 가리어졌다고 했다. 그렇다면 경술에서 전주傳注가 학문적으로 신뢰할 만한 것이 못 된단 말인가?

일반적으로는 주로 『예기』를 일컫지만, 실제로는 삼례三禮가 있다. 고당생高堂生의 『의례』, 유향劉向의 『주례』, 소대씨小戴氏의 『예기』가 그것이다. 삼례는 제각기 사사받은 계통이 있고, 여기에 주석을 낸 학자 가운데 송지宋志에 실려 있는 대가만 60여 명이나 된다. 그러나 그 저술들은 한나라 유학자들이 전거나 출처를 분명하게 밝히지 못하여 완전한 책이 못 되는 것도 있고, 어떤 것은 왜곡되어 많은 의혹을 남기는 것도 있다. 이 때문에 마침내 옛날과 지금의 제도를 다르게 만들기도 하였다.

송나라 이후로는 예학禮學이 독자적인 학문 분야를 이루게 되었다. 이렇게 되자, 경과 예가 두 가닥으로 판이하게 달라져, 경술을 하는 학자는 더욱 전문적으로 학문에 힘을 쓰기 어렵게 되었다. 이것이 어찌 경술의 근본이겠는가?

옛날에 구경九經을 공부한 사람은 대부분이 그 원류를 주고받으며 확실한 근거를 지니고 있었다. 가로로 보았거나 세로로 보았거나, 들어온 것을 주로 삼고 밖의 것을 객으로 삼는 것 따위를 논할 것 없이, 세심하고 정밀한 공부를 통해, 머리를 맞대고 학문의 본질과 응용이 원만하게 융화되게 했고, 근본과 말단이 관철되게 했다.

그런데 오늘날 경술이라고 하는 것은 어째서 이런 학문과 서로 거리가 먼 것인가? 대부분의 학자들이 사물의 명칭에만 주력하고 도구를 밝히는 데만 치밀하다. 고증에 얽매이거나 변론에 집착하여 대의가 무엇인지 제대로 탐구하여 파악하는 데는 이르지 못하고 있다. 그러므로 그 폐단이 여자로서 선비인 체 하지만 뜻도 모르면서 시를 암송하는 것과 같다. 성리학의 핵심 개념인 '천인성명天人性命'이나 '경의존양敬義存養'을 논의하면 진부하다거나 사리 분별이 분명하지 않다고 비웃는다. 하늘도 땅도 두려워하지 않고 큰소리로 외치며, 아무도 발견하지 못했던 것을 발견했다고 자랑한다. 그러나 그것은 잘못 검토한 것이거나 다듬어지지 않은 거친 견해나 들뜬 지식으로 위아래가 어긋난 해석이다. 아니면 기껏해야 옛 학자들이 큰 관심을 갖지 않고 그대로 보아넘긴 것에 불과하다.

예를 들면 '호련瑚璉'이라는 말에 주석을 달면서 "하나라의 호瑚와 은나라의 연璉"이라고 해석하거나,[66] 향례享禮의 주석에서 "기운을 발하여 얼굴에 가득하게 한다.", 허행許行의 주석에서 "농가들 따위다."라고 하는 따위다. 이것이 경의 뜻과 이치를 다루는 데 무슨 오류를 낳는가? 경술의 풀이에 무슨 누가 되기

66. 『논어』「공야장」에서 자공이 스승 공자에게 자신이 어떤 존재인지 물었다. 그러자 공자가 "너는 그릇에 비유할 수 있다."고 했다. 이에 자공이 어떤 그릇에 해당하는지 다시 물었다. 공자가 대답하기를 "제사 때 쓰이는 귀중한 '호련' 같은 그릇이다."라고 했다. 이 '호련'을 당시 학자들이 잘못 해석한 데 대한 지적이다.

에 공공연하게 나무라고 꾸짖으며, 열을 올려 제멋대로 학설을 만들어 내는가? 그러고는 황금을 쪼개어 저울질하는 훌륭한 솜씨를 가진 장인과 같은 진정한 학자들을 버젓이 앞서려고 하는가?

아! 붓은 말이 없어 쓰는 대로 따라간다. 종이는 무정하여 마음대로 잘라도 가만 있는다. 이런 태도가 오늘날의 경술과 같은가? 내가 최근 청나라로부터 유입되는 새로운 서적을 금하고 있는데, 이 어찌 금하고 싶어서 금하는 것이겠는가? 새로운 서적을 통해 섭렵하는 학문에 실제 획득하는 지식은 없고, 가볍게 붕 뜬 습성이 가슴에 스며드는 것을 참아 내지 못하기 때문이다.

미루어 보면, 최근에 글줄이나 한다는 자들은 문장에서 행동에 이르기까지 무엇이건 이러한 모양을 보인다. 책상에 쌓여 있는 패관소설稗官小說[67]을 보면서도 조금도 부끄러워하는 기색이 없고, 자기

67. 민간의 풍속이나 소문을 모으거나 이처럼 지은 설화문학을 말한다.

자리의 주변에 진열해 놓은 진기한 완구나 제멋대로 거친 솜씨를 드러내는 것을 고상한 취향으로 여긴다. 이 때문에 사회 분위기는 나날이 어그러지고, 사치는 수시로 무성해진다. 그 틈으로 점차 이단異端과 사학邪學이 끼어들어, 자칫하면 경술이 종식될 지경이다. 앞으로 어떻게 세상의 이치를 파악할 것이며, 어떻게 인간의 도리를 터득할 것인가?

최근 나는 관리들과 조회를 하면서 곤경에 빠진 민생과 무능한 관리들의 모습에 한없이 개탄하였으나, 이런 일은 오히려 자질구레한 일이다. 보다 중요한 것은 경술의 폐단이다. 세상의 도리와 인간의 마음이 점점 치료하기 어려운 지경으로 추락하고 있다. 날마다 깊이 근심하고 우려하며 한밤에도 잠 못 들고 벽을 따라 서성이곤 한다. 정말 고민이

심각하다. 그대들이 이런 나의 마음을 어찌 다 알겠는가?

"이렇게 하여 병이 되는 줄 알면 그렇게 하지 않는 것이 약이 된다." 고 했다. 경술이 폐단에 빠진 원인을 그대 학자들, 관리들은 제대로 알고 있는가? 끊임없이 시대가 바뀌고 있음을 나도 잘 알고 있다. 그러나 새로운 것을 좋아하는 태도가 경술의 폐단을 여는 단서이고, 무엄함이 그 추락을 초래했다고 생각한다. 새로운 것을 좋아하기 때문에 매일 먹는 담백한 음식을 싫어하게 되고, 무엄하기 때문에 성현의 모범을 업신여기게 된다. 이것을 바꾸는 계기가 참된 경술에 종사하여 주자의 학문을 배우는 데 있지 않겠는가!

어떻게 해야 성인의 말이 아닌 것과 떳떳하지 않은 글을 보면 더러운 것을 본것처럼 울타리 밖으로 버릴 수 있겠는가? 구경의 올바른 맥락과 진정한 학문 전통을 존중하는 사회 분위기를 만들어 부지런히 힘쓰게 할 수 있는가? 집집마다 스승의 자리를 마련하고 사람마다 강론하여, 유학의 참된 길에 이르게 할 수 있겠는가?

옛말에도 "책을 담았던 주머니가 휘장으로 쓰이고, 다시 그 휘장이 다 떨어진다 할지라도 『칠략七略』의 이름은 들을 수 있다!"거나 "책을 깊숙이 숨겨 놓았던 벽이나 무덤이 모두 해지고 부서져도 아직 구경의 뜻은 전한다!"고 하지 않았는가? 나는 이 말을 여러 번 되뇌며 희망을 품고 있다. 그대, 학자 관리들이여! 내가 듣고 싶어 하는 말을, 마음에 담아 두지만 말고 모두 다 읊어 보시라.

십삼경을 연구하여
학문의 근본을 탐색하라

13가지 유교 경전이 학문의 근본임을 강조한 책문이다. 십삼경은 유교의 기본 경전으로 문학, 역사, 철학 등 인문학의 영역이 총망라되어 있다. 이러한 십삼경을 중시한 이유는 그것이 유교의 도덕과 정치의 기초이기 때문이다.

경전을 분류해 놓은 도서 목록의 첫머리에 십삼경이 있다. 십삼경은
『주역』『서경』『시경』『주례』『예기』『의례』『춘추좌씨전』『춘추공양
전』『춘추곡량전』『논어』『효경』『이아』『맹자』를 말한다. 이 열세 개의
경전은 도덕의 기초이고 문예의 바다다. 그것은 어떻게 전수되었는가?
그 원류와 주석의 역사에 대해 자세하게 설명해 보라.

학자들은 평가하기를, 『주역』은 백성을 낳는 창고이고, 『서경』은 백
성을 양육하는 창고이며, 『시경』은 백성을 성취시키는 창고이고, 『춘
추』는 백성을 갈무리하는 창고라고 한다. 경전에 따라 제각기 이런 뜻
을 붙인 이유는 무엇인가? 『의례』는 예를 행하는 근본이고, 『예기』는

예를 행하는 지엽이다. 『이아爾雅』는 『시경』이나 『서경』과 친근하고, 『논어』는 육경의 정화라고 한다. 이렇게 비유하게 된 이유는 어디에 있는가?

진나라 때 서적을 불태우는 화염 속에서도 『주역』만이 유독 분서를 모면했는데, 『주역』 중에서도 '연산連山'과 '귀장歸藏'은 결국 그 전통이 흔적도 없이 사라져 버렸다. 공자의 옛집 벽 안에 있었던 경전 가운데 『시경』은 끼어 있지 않았는데, 「국풍」과 「아송」이 제자리를 잃지 않은 것은 어째서인가? 『서경』 「순전舜典」 편은 대항두大航頭에서 뒤늦게 나왔는데, 어떻게 공안국孔安國의 구본인 것을 알 수 있는가? 「고공기考工記」는 뒤늦게 하간河間에서 구입하였는데, 「주관周官」의 제도에 어긋나는 내용은 없는가? 『논어』 가운데 『노논어魯論語』와 『제논어齊論語』는 공자의 문하에 함께 전해졌는데, 「문왕問王」 편은 장후張侯가 『논어』를 논의하는 과정에서 삭제되었고, 『맹자』에 「내서內書」와 「외서外書」가 있지만 조기趙岐가 『맹자』를 주석하고 재편집하면서 유독 「성선性善」 편이 누락되었다. 경전이 전해지고 인멸되는 것에도 운수라는 것이 존재하는가?

『춘추공양전春秋公羊傳』과 『춘추곡량전春秋穀梁傳』은 서경西京에서는 성행했으나 진나라와 위나라 때는 그 학설이 점점 미약해졌고, 『춘추좌씨전春秋左氏傳』은 장창張蒼에게서 처음으로 나왔는데, 당송시대에 이르러 관학官學으로 세워지기까지 했다. 경전의 주석이 번갈아 나타나거나 사라지는 것도 정해진 시기가 있는 것인가? 『서경』에서 금문今文이니 고문古文이니 하며 논란이 벌어지는데, 그 진본과 위작을 확인할 무슨 증거가 있는가? 『모시毛詩』에서 대서大序니 소서小序니 하며 논쟁을 벌이는데, 어느 것을 따라야 하는지 쉽게 결정할 수는 없다. '춘왕春王 정월' 부분에서 '시절'을 개정하였는지 '달수'를 개정하였는지, 그 부분은 지금까지도 확정적으로 결정하지 못한 문제다. 속임구변續任鉤邊 부분에서도 '합봉合縫'이냐 '복봉覆縫'이냐는 옛말부터 논란이 많다고 하는데, 논의에서 인용한 증거들이 역사적으로 증명될 수 있는 것인가?

『주례』의 관직 제도는 「주관周官」과 비교해 볼 때 어긋나는 것이 많고, 『맹자』에서 제시한 정전법井田法은 『예기』 「왕제王制」 편과 비교해 보면 동일하지 않다. 경전에 기록된 내용이 서로 맞지 않는 것은 어째서인가? 양승암楊升菴은 벽옹辟雍을 학교의 이름이 아니라고 했고, 방합산方合山은 교체交禘가 백금伯禽에게서 시작된 것이 아니라고 했다. 그렇다면 경전에 기록된 내용이라 하더라도 모조리 신임할 수 없다는 것인가? 왕개보王介甫는 11개의 항목을 들어가며 『춘추좌씨전』을 변증했고, 임효존林孝存은 「십론十論」과 「칠난七難」을 통해 『주례』를 반박했다. 이에 대해 자세하게 하나하나 논의하라.

『주역』의 「문언文言」과 「단彖」이나 「상象」을 분류하여 본괘의 아래에 기록한 것은 누구로부터 시작되었는가? 『춘추』에서 「경」과 「전」에 연도를 나누어 붙인 것은 언제 시작된 것인가? 엄중淹中의 일례逸禮가 지금까지 전하는 것은 『대기戴記』 중 어느 편이며, 공자의 옛집 벽 속에서 발견된 고문이 금문과 비교하여 늘어난 것은 『효경』 가운데 어느 장구인가?

고구려는 한나라 선제宣帝 이후에 건국되었는데, 공안국의 주석에는 그 명칭이 나와 있고, 서장庶長이란 관직은 진나라 효공孝公 때 시작된 것인데 그 명칭이 『춘추좌전』에 먼저 드러난 것은 어째서인가? 『이아』

가 과연 주공周公의 작품이라면 풍우風雨의 주석에 어찌하여 『초사』의 글귀를 인용하였는가? 『효경』이 실제로 공자의 저술이라면 수장首章의 글에서 무엇 때문에 증자라 호칭했는가? 『춘추공양전』의 주소注疏에 대해서는 찬술한 사람을 드러내지 않았는데 어떤 이는 서언徐彦이라고 지적하는 것은 무슨 근거인가? 『맹자』는 처음에는 제가로 분류되어 유가儒家에 포함되어 있었는데, 누가 경전의 반열에 올렸는가?

옛날 학자들은 "아홉 스승이 나오자 『주역』의 도가 은미해지고, 『좌전』 『공양전』 『곡량전』의 삼전三傳이 지어지자 『춘추』가 산만해졌으며, 『대대예기大戴禮記』와 『소대예기小戴禮記』가 나오자 예학이 쇠잔해지고, 제시齊詩·노시魯詩·한시韓詩·모시毛詩가 일어나자 『시경』이 희미해졌다."고 했다. 그렇다면 경전에 대한 주석이 이해에 보탬은커녕 손해만 된다는 것이 바로 이를 말하는가? 관청이나 학교와 같이 사람이 상주하지 않는 관館에서는 상대할 사람이 없고, 군주가 거주하는 궁궐에는 두 사람의 군주가 있을 수 없듯이 13경은 그 자체로 빛난다. "정대춘井大春이 오경을 실타래 풀 듯 한다."는 것과 "후한시대의 주거周擧가 오경에 종횡한다."는 것은 당시에는 선망의 대상이었지만 후세에 전하는 것이 없다. 왕필王弼은 노자에 빠져들었고, 범엽范曄은 참위설과 연관되었으며, 정현鄭玄의 주해는 때때로 모순되기도 하고, 공영달孔穎達의 주소는 군더더기를 붙여 그릇된 부분이 없지 않지만, 오늘에 이르기까지 누구도 대체하지 못할 정도로 유구하게 학문적 영향력을 발휘하고 있다. 어째서 그러한가?

'경천위지經天緯地'라고 하듯이, 경經은 하늘의 역할에 비유된다. 경전은 성인이 저작하고 현인이 기술하였으며, 옛날부터 지금까지 전통으로 이어지고 우주에 기운을 가득 뿜어낸다. 때문에 경전은 영구적인 최고의 길이자 삭제될 수 없는 큰 교훈이다. 경의 문장은 저 바다처럼 넘실대고 넓디넓다. 경의 의미는 아주 간단하면서도 쉽고 깊디깊다. 경의 가르침은 넓고 크며 밝다. 신명과 통하고 조화를 알아 정밀한 깊이까지 모두 파고든다. 사물을 열고 일을 성취하여 복잡하고 은밀한 기미까지 모조리 다다른다. 그만큼 넉넉하고 위대하다! 그러므로 저 세세한 제도나 법도의 사이에서 넘나들려는 세속적인 학자들이 경전을 모두 알기에는 너무 천박한 것 아닌가!

진나라에서는 분서의 화를 당하고, 한나라에서는 소실되어 떨어져 나간 죽간과 빠진 문장을 살펴볼 증거조차 없었다. 다행히 추나라와 노나라, 양나라와 조나라에서『시경』『예기』『춘추』를 전승한 스승이 있어 그 유실된 것을 주워 꿰어 맞추고 누락된 부분을 보완할 수 있었다. 덕분에 선학을 기리고 후학을 열 수 있었고, 당나라로 넘어오면서 비로소 십삼경의 주소와 해석이 갖추어졌다. 구양수가 말한 것처럼, "옛날 유학의 내용을 학자들이 장구章句로 만들었고, 그 학문을 돌아가며 서로 강술하여 성인의 도가 대략적으로 밝아졌다." 삼삼경에 대해 주석을 한 학자들의 언어가 모두 경전의 의미에 순수하게 부합한 것은 아니지만, 그 공로는 결코 소홀히 하거나 사라지게 할 수 없다!

송나라 때 여러 훌륭한 학자들이 나와 공자와 맹자조차 전하지 못하던 학문의 계통을 계승하여, 한나라와 당나라 때의 학자들이 천착하며 연구한 학문적 고루함을 일소했다.『중용』과『대학』을『예기』중에서 발췌했고,『맹자』를 높이 올려『논어』와 짝을 맞추었으며, 심성心性과 도기道器의 학설을 학문적으로 승화했다. 이리하여 유림儒林과 도학道學

이 다른 차원으로 분류되었고, 한나라 이래의 훈고와 명물名物의 학문
이 거의 사라지게 되었다.

명나라 영락永樂 연간으로부터 사서오경四書五經을 학궁學宮에 반포
한 이후, 발을 막 내딛는 예비학자들과 어려서부터 유학을 공부하여
흰머리가 너풀대는 재야의 학자에 이르기까지, 호광胡廣과 해진解縉 등
이 편집한 『사서오경대전四書五經大全』을 벗어나지 않았다. 시험 삼아
공영달과 정현 이래로 전승된 십삼경의 계통과 마융馬融·왕필王弼 등
여러 학자들의 학설의 차이점을 물으면, 눈이 휘둥그레지고 입을 다물
지 못하며 제대로 대답을 하지 못한다. 상황이 이러한지라 한 시대의
학문과 교육의 효과를 들추어내고, 역사적으로 지속되어 온 유림의 전
통을 계승하는 문제로 들어가면, 어찌 껄끄럽고 어렵지 않겠는가?

이제라도 경전의 원류를 거슬러 올라가시라. 그리하여 한때 잠시 유
행처럼 번지는 세속적인 학문의 병폐를 경계하고 큰 것에 힘쓰면서도
작은 것이라고 소홀히 하지 말라. 오늘날의 유행만을 고려하여 옛것을
비난하지는 말라. 학문에 대한 뜻을 겸양하게 지니고 넓게 배우라. 냇
물이 강물로 나아가고 바다로 흘러가듯이 십삼경의 뜻을 차근차근 나
누고 마디마디 분해하여 해와 별처럼 밝게 하라. 이렇게 하려면 어떤
방안이 좋겠는가?

그대 학자들이여! 어려서부터 경전을 탐구하고 옛것을 배웠으니 평
소에 강구한 것이 있으리라. 형식에 얽매이지 말고 성심껏 대답해 보
시라.

『주례』를 통해
문화제도의 모범을 설정하라

『주례』의 내용과 특징 등을 자세하게 소개하고, 그것이 정치에 미치는 영향력, 적용
방법 등에 대한 진지한 고민을 요청한 책문이다. 이는 유교의 십삼경을 중심으로 전
통적 정치의 방법을 재확인하기 위해서였다.

『주례』는 주나라의 주공이 낙읍洛邑을 건설한 후, 정치를 시행할 때
운용한 제도를 기록한 저술이다. 제도적으로 직책을 만들어, 총재冢宰
가 담당한 정치는 궁중에서부터 시작되었고, 사도司徒가 담당한 교육
은 일반대중에게 베풀었다. 종백宗伯은 나라의 의례를 담당했고 사마司
馬는 나라의 정무를 담당했는데, 그 의례와 정무는 신과 사람을 안정시
키고 나라의 안팎을 편안하게 만드는 데 기여하였다. 사구司寇는 나라
의 금령을 담당하고 사공司空은 나라의 자원을 담당했는데, 그 방법은
형벌을 알맞게 하고 자원을 적절하게 쓰는 것이었다. 이런 제도가 만
들어지는 과정에서 자연의 오묘한 이치를 고려하여 정비되고, 그만큼

정밀하게 설계되었음을 차근차근 말할 수 있겠는가?

예전의 학자들은 『주례』의 몇 부분에 의문을 제기했다. 재부財賦에서는 구직九職과 구부九賦 등 여러 가지 징수의 측면에서 치우친 부분과 바른 부분에 논란이 있고, 전제田制와 군제軍制에서는 향鄕, 수遂, 공읍公邑, 채지采地에서 나누어지거나 합해지는 부분을 지적했다. 봉건封建에서는 등수와 복수服數 및 조공과 향폐享幣에서 차이나는 부분과 동일한 부분이 있고, 제사에서는 교사郊社 및 체협禘祫과 모든 제사에 순순한 측면과 잡된 측면이 있다고 했다. 몇몇 논란이 되는 부분에서 서로 연관되고 서로 충족되는 예와 서로 보충해 주는 정밀한 뜻을 조목조목 분별할 수 있겠는가?

『주례』는 진나라 때 유실되었다가 한나라 때 발견되었는데, 경전 가운데 어째서 유독 「동관冬官」 부분만 빠졌는가? 「동관」을 습득한 사람은 이씨李氏이고 이를 황제에게 올린 이는 하간왕河間王인데, 어째서 학관學官을 세우지 않았는가? 『서경』와 『예기』 「왕제王制」에는 나라의 직책 가운데 사공을 첫머리에 두었는데, 유독 『주례』에서는 뒷부분에 둔 것에 무슨 근거에서인가? 주관周官의 육전六典에는 직책이 나뉘어져 있는데, 천관天官에는 총괄하여 서론으로 한 것은 무슨 뜻인가? 어떤 사람은 『주례』를 전국시대에 만들어진 터무니없는 책이라고도 하고, 여섯 나라가 음모를 꾀한 책이라고 한다.[68] 또 어떤 사람은 유흠劉歆의 위작이라고도 하고, 진나라 때 불타고 남은 단편이라고도 한다. 이러한 견해에 대해, 그런 주장을 하는 사람과 그들이 제기한 의문을 학술적으로 하나

68. 『주례』는 천지춘하추동에 따라 천관·지관·춘관·하관·추관·동관의 여섯 가지 직제로 나누고, 그 아래에 각 관직과 직무를 서술하는 형태로 되어 있다. 그러므로 책의 체제가 여섯 편으로 구성되어 있는데, 여섯 부분이라는 점이 전국시대 여섯 나라의 음모에 의한 것은 아닌가 하고 추측한 것을 말한다.

하나 분석할 수 있겠는가?

"반드시 『시경』의 「관저關雎」와 「인지麟趾」의 뜻이 있어야 행할 수 있다."라고 한 것은 정자의 말이고, "반드시 문왕과 무왕 같은 군주를 만나야 행할 수 있다."라고 한 것은 주자의 교훈이다. 그렇다면 하·은·주 삼대 이후로는 『주례』와 같이 훌륭한 주나라의 정치를 행할 수 있는 시대가 결코 없었다는 말인가?

균전제均田制와 부병제府兵制는 당나라 정관貞觀 연간에 어느 정도 행해졌으나 그 참뜻을 얻지 못했다. 청묘법靑苗法과 균수법均輸法은 송나라 희령熙寧 연간에 부분적으로 응용하였으나 백성들에게 피해만 끼쳤다. 그렇다면 이런 제도는 주나라의 주공 이외에 시행할 수 있는 지도자가 없다는 말인가? 전진시대 선문군宣文君은 대학자의 집안인지라 붉은 비단 장막을 사이에 친 채 『주례』를 전수하였고, 왕안석은 학자관료로서 이런 분야의 전문가인지라 복고편復古篇을 저술하여 부족한 부분을 보충하였다. 이런 행동이 『주례』를 발전시키는 데 도움이 된다고 할 수 있는가? 『주례』를 스님이 쓰는 염주나 부서진 옥에 비유한 것은 무슨 뜻이며, 다리 잘린 학이니 줄 끊어진 거문고니 하고 조롱한 것은 어째서인가? 진군거陳君擧가 주자에게 배척당한 것은 『주례』의 6관官 중 어느 관직이며, 정현鄭玄이 임천臨川의 논설을 강력하게 배척하였다고 하는데, 누가 옳고 누가 잘못된 것인지를 일일이 파악할 수 있겠는가?

우주자연에는 사계절이 있고, 나라의 관료 제도에는 이·호·예·병·형·공의 여섯 분야六職가 있다. 세상 이치와 일의 조화가 그물의 벼리와 의복의 요령을 잡는 것처럼 모두 여기에 갖추어져 있다. 그러므로 예전의 학자들이 『주례』에 대해 주나라가 이룩한 훌륭한 정치의 발자취이며, 최고지도자인 제왕이 본받을 정치의 거울이라고 했다. 그러나 한나라 때 학자관료들이 수정한 곳이 많아 후대 사람들이 『주례』를 반신반의하였다. 주렴계를 비롯한 여러 학자들이 『주례』를 주공의 저작이라고 단정했음에도 불구하고, 명칭과 제도에서 논란이 지금까지 끊이지 않고 있다.

아! 우리 조선은 정치의 전반적인 방책이 주나라의 제도를 따랐다. 나도 특별히 『주례』를 좋아하여 3일 동안 강론하고 탐구하며 정치의 기준이 되는 방안이 무엇인지 도움을 받았다. 책을 읽으면서도 만세를 태평스럽게 열어 주려는 옛 성인의 뜻이 언어와 문자의 말단에만 머물러 있지 않게 하려고 노력하였다.

그러나 어찌하겠는가! 정치는 내 뜻을 따라 주지 않고, 세상일은 모두 인습에 따를 뿐이다. 『주례』를 들먹이며 인용하면 꽉 막혀 어리석다고 몰아붙이고, 구체적인 계책을 모방하면 번거롭고 자질구레하다고 비난한다. 새롭게 고쳐서 펼쳐나가기를 주저하는 사람은 옛날과 지금은 다르다는 주장을 펴고, 조그마한 성취에 만족하는 사람은 자기 견해나 주장을 굽히지 않는다. 마음먹고 제대로 한 번 개혁하여 올바른 정치의 길을 펼치는 일은 정말 기대하기 어렵다. 이는 나의 마음이 고상하고 식견만 높아 힘쓰며 노력하는 경지까지는 나아가지 못한 탓이다. 어쩌면 내가 위임한 고위 관료들도 나와 같은 책임을 모면할 수 없을지 모르겠다.

어떻게 하면 주공이 정치를 실천할 때의 심법心法을 얻고, 주공이 만들어 놓은 『주례』의 정치를 따를 수 있겠는가? 정현을 비롯한 한나라 때부터 『주례』를 이해해 온 여러 논의에 얽매이지 않을 뿐만 아니라,

반드시 실제 정치에서 주례의 방식을 체험할 수 있겠는가? 학자관료로서 그대들이 파악한 대로 모조리 연구하여 나를 인도해 주시라.

정조 책문, 새로운 국가를 묻다

『예기』를 파악하여
세상을 분별하라

『예기』의 내용과 특징 등을 자세하게 소개하고, 그것이 정치에 미치는 영향력, 적용 방법 등에 대한 진지한 고민을 요청한 책문이다. 이는 유교의 십삼경을 중심으로 전통적 정치의 방법을 재확인하기 위해서였다.

예禮가 무엇이기에 이렇게 대단한가! 예는 우리 삶에 녹아 있고, 삶 자체를 좌우하기에 정말 중요하다.

세상에 전해지는 세 가지 고례古禮 중 『의례』가 가장 오래되었다. 그러므로 옛날부터 학자들은 말했다. "고례를 회복하려면 반드시 『의례』에서부터 시작해야 한다." 그러나 한유 때부터 이미 『의례』를 읽기가 어렵다고 고심했고, 한나라나 당나라 때부터 『의례』가 시행되는 것이 적다고 개탄했다. 학자들의 재능은 점점 낮아지고 세상도 더욱 저속해져, 읽는 사람이 없고 시행될 날도 없는 것인가? 『의례』를 경례經禮라고 하는 사람도 있고, 『예기』를 곡례曲禮라고 하는 사람도 있으며, 제도는 경례가 되고 문장은 곡례라고 하는 이도 있다. 어느 이론이 옳은가? 어떤 사람은 "사례土禮를 미루어 천자에게 사용한다."고 하고, 어떤 사람은 "옛날에는 천자와 제후의 예가 있었는데 지금은 소멸되었다."라고도 한다. 어느 의견이 옳은가?

고당생高堂生이 전한 『의례』는 17편이고, 노나라의 엄중淹中에게서 나온 『의례』는 이보다 39편이 더 많다. 하내河內에 사는 어떤 여자가 집을 헐다가 얻은 것이 또 1편이 있다고도 한다. 그렇다면 주자가 주장하는 『의례』 300여 편이라는 것은 무엇에 근거한 것인가?

『의례』를 연구하여 예법에 익숙한 사람으로는 서연徐延과 서양徐襄이 있었고, 예절의 뜻에 명석한 사람으로는 후창后倉, 대덕戴德, 대성戴聖, 가규賈逵, 정현鄭玄이 있었다. 예를 도식화하는 데 해박한 사람으로는 완심阮諶, 양정梁正, 장일張鎰, 섭숭의聶崇義가 있었다. 그런데도 주자가 『의례』를 편수하려고 한 것은 좀 객쩍은 일이 아닌가? 『의례』 가운데 잃어버린 것으로 '학례·순수례·조현례·조사의·증상례·중류례·소목편·본명편·빙례지·왕거명당례' 등이 있는데, 이는 경문의 주소에 섞여 나온다. 또한 '삼정기·별명기·친속기·명당기·증자기·왕도기·서명기·변명기·태학지·공자삼조기' 등도 있는데, 이는 전기 속에 섞여 나타나고 있다. 지금 그 명칭만을 가지고 무슨 뜻인지 논의할 수 있겠는가?

『의례』는 다른 이름으로 동례動禮라고도 하고 예고경禮古經이라고도 한다. 『의례』의 전문가로는 십삼가十三家가 있고, 오전제자五傳弟子라고 불리는 대덕戴德과 대성戴聖도 있다. 그들이 어떤 시대를 살았고, 왜 『의례』를 연구했는지 자세하게 설명해 보시라. 숙손통叔孫通은 자신이 생존하고 있을 당시에 예의 의식을 실행하여 효과를 입증하려고 했으나 지나치게 비루했고, 노나라 두 서생이 논의한 예는 반드시 100년을 기다린 후에 일어난다고 했으니 지나치게 고상하다. 가의賈誼는 예를 편수할 뜻이 있었으나 주발周勃과 관영灌嬰의 반대에 부딪혔고, 조포曹褒는 예를 정하자는 의논을 했으나 장포張酺와 장민張敏 등에게 저지당했다. 부함傅咸은 진나라의 예에 대해 매우 격렬하게 논의했으나 세속의 비판을 받았고, 유분劉蕡은 당나라에서 정책으로 건의했으나 바로 버림받았다. 이렇게 본다면 예를 회복하려고 해도 방법이 없고, 사용하려고 해도 사용할 곳이 없다는 것이 정확한 논평이 아니겠는가? 자태숙子太叔이 조간자趙簡子에게 알리기를, "이것은 의식이지 예가 아니다."라고 했는데 의식과 예는 다른 것인가? 장횡거는 문인을 가르치면서 "예의禮儀 삼백과 위의威儀 삼천 가지가 어느 것 하나라도 인仁이 아님이 없다."고 했는데, 그렇다면 인과 예는 구별이 없는 것인가?

『의례』라는 경전은 주공의 저술이라고 전한다. 『춘추전春秋傳』에 "선대의 군주인 주공이 『주례』를 지었다."고 하는데, 오관五官에 관한 책은 본래 「주관周官」이라고 명칭을 붙였으므로, 바로 이 책을 지적했다는 것은 옳은 말이다. 『의례』에서 음식·의복, 승강昇降·석습裼襲, 좌기坐起·배립拜立 등에 관한 내용은 그 혐의를 구별하고 미세한 부분을 밝히며, 외부를 절제하여 내부를 양성하는 것으로, 보편적인 도리로 나아가는 자연스러운 예절이다. 기이한 수식과 심오한 내용 속에는 정미한 뜻과 오묘한 도리가 담겨 있고, 섬세한 곡절 중에는 분명하게 분별한 등급이 있다. 사람에게 생각할 기회를 주고 가르친 의도를 알게 하며, 금지할 것을 알게 하여 지킬 것은 지키게 하고, 사치하는 자에게는 절제 없는 욕심으로 치달리지 못하게 하며, 검소한 사람에게는 구차하게 어려운 행동을 못 하게 했으니, 예의가 지닌 힘은 정말 넉넉하고 대단하다. 옛날 지도자들이 세상을 경륜하던 커다란 원칙과 법이 이 책에 근거하여 존재하는 것이다. 학자들이 깨닫기 어렵다고 거기에 뜻을 두지 않을 수 있겠는가?

주자만이 이런 뜻을 알고 『의례경전통해儀禮經傳通解』를 저술했고, 『의례』로 주간을 삼고 『주관』과 『예기』 및 그밖에 다른 경전에서 예에 관해 말한 것을 나누어 부록으로 붙였다. 주자의 문인인 황면재와 양신재 등이 이러한 취지와 규례에 따라 두 편의 예서를 연이어 편찬했고, 그 후에 위료옹의 『의례요의儀禮要義』, 오계공의 『의례집설儀禮集說』, 학경의 『의례절해儀禮節解』가 각기 저술되어 지금까지 전하고 있다. 이것들이 모두 고경의 뜻을 밝혀내어 교육에 보탬이 되고 있는가?

나는 『의례』를 깊이 연구하여 스스로 터득하지 못했다. 뿐만 아니라, 사물을 명명하게 된 다양한 경위와 복잡하고 무궁한 예문에 대해 핵심을 이해하거나 본질에 가까이 다가가지도 못하고 있다. 서두르지도 않고 그렇다고 너무 느슨하지도 않게 조금씩 예에 관한 지식을 쌓아 나가고 싶다. 도식을 작성하여 그 형상을 추구하고 사례를 인용하여 그 학설을 증명하여, 하늘에 근본하고 땅에서 본받은 것을 내 마음과 눈앞에 환하게 밝혀 보고 싶다.

그러나 조정의 관리 가운데 고문으로 삼을 사람이 없으니, 이것이 개탄스럽다. 어찌하여 육경 가운데 이 경전만 빠뜨리고 강구하지 않았는가? 옛날부터 제대로 연구되어 전해지지 않으니 문장의 단락과 뜻의 풀이마저 망망하다. 더구나 그 넓은 범위와 치밀한 조리에 있어서야 말할 필요가 있겠는가?

옛날부터 그랬다. 예禮가 밝아진 다음에 악樂이 갖추어지고, 악이 갖추어진 다음에 세상을 바르게 하는 정政이나 사회를 다스리는 치治를 말할 수 있다! 이 때문에 내가 최고지도자로서, 세심하고 정결한 생각을 지니고 있는 여러 학자들과 토론을 하려고 한다. 그대들은 제각기 예에 관한 의견을 제시하고, 내가 질문한 뜻을 저버리지 마시라.

『악경』을 이해하여
세상을 조화하라

『악경』의 내용과 특징 등을 자세하게 소개하고, 그것이 정치에 미치는 영향력, 적용 방법 등에 대한 진지한 고민을 요청한 책문이다. 이는 유교의 십삼경을 중심으로 전통적 정치의 방법을 재확인하기 위해서였다.

음악은 세상을 조화롭게 만들고 통합하는 핵심 도구다. 그러기에 나는 육률六律과 오성五聲, 그리고 팔음八音에 관해 알고 싶다. 아, 끝없이 넓고 아득하다, 음악의 쓰임이여! 하늘에 닿고 땅에 가득하도다. 높고 낮음을 그대로 늘어놓고, 움직임과 고요함에 일정함이 있다.

'예'는 우주자연의 질서다. 청명함은 하늘을 본받은 것이고 광대함은 땅을 본받은 것이다. 사람의 눈과 귀는 총명하고 원기와 혈기는 화평하다. '악'은 우주자연의 조화로움이므로, 우주자연이 있으면 바로 예와 악이 있게 된다. 사람에게 성性과 정情은 서로를 필요로 하여 드러난 것과 은미한 것 사이에 틈이 없다. 그런데 악은 하늘을 따라 제작되었고 예는 땅을 따라 만들어졌다고 하는 것은 어째서인가? 또한 예는 외부로부터 만들어지고 악은 내부에서 나오게 된다고 하는 것은 무엇 때문인가?

음률을 '소리의 조화로움'이라고 한다면, 소리는 곧 음률이 되는 셈이다. 그렇다면 사람의 소리가 음악의 소리와 같다는 것인가? 이 세상의 도리는 예법이나 제도에 반영된다. 예법이나 제도는 세상의 도리를 싣는 셈이다. 그렇다면 악이라는 제도가 세상의 도리를 싣는 예법과 같다는 것인가? 『괘배卦配』에는 "처를 취하여 자식을 낳는다."고 하였고 『준서準書』에는 "자식을 만들어 어미를 찾는다."고 했다. 이것이 무슨 뜻인지 자세히 설명해 보시라.

해곡에서 생산된 대나무로 구멍을 뚫어 마디마다 소리를 나오게 하는 피리를 만들고, 양두산에서 생산된 곡식인 기장을 쌓고 그것을 헤아려 용량을 규정하는 법도를 만든다. 이에 피리 소리와 기장의 법도로 신명을 따르게 하며, 이를 신령스러운 물건이라고 했다. 그렇다면 대나무와 기장이 아니면 육률六律을 만들 수 없단 말인가? 궁宮 · 상商 · 각角 · 치徵 · 우羽의 오음五音에 견주어 보면, 모든 물건은 군君 · 신臣 · 민民 · 사事의 아래에 있다. 그러면서도 그 차례가 가장 높고 맑은 것은 무엇 때문인가? 토土는 금金 · 목木 · 수水 · 화火의 모든 부분에 붙어 있다. 그러면서도 그 응용에서는 근본이 되고 으뜸이 되는 것은 무엇 때문인가?

군자는 마음을 평온하게 하고 소인은 허물을 듣기 쉽다. 군자가 소인을 다스리기 때문에 그 인간관계가 진실로 정치와 상통한다는 것은 알겠다. 그러나 남방에서 정치에 사용되는 음악의 소리는 모호하고 흐리며, 북방의 음절은 맑고 드높다고 한다. 그렇다면 정치에 쓰이는 음악도 지방에 따라 차이가 있는 것인가? 오五라는 숫자로 된 것 중에 오륜五倫·오복五福·오사五事·오미五味·오채五彩 등은 모두 「하도」와 「낙서」의 중궁中宮의 자리인 5에서 시작된다. 이를 오성五聲으로 분류한다면 하나하나가 모두 제자리에 맞는가?

군자는 시기로 보면 가을에 해당하고 바람으로 보면 서풍에 해당하므로, 성정의 조화를 보인다. 음音은 변辨이고 성聲은 각角을 숭상한다. 그만큼 완성하지도 울리지도 않는다. 가을은 그 기운이 화창하다고 할 수 있는데, 각의 소리가 어째서 변에 속하는가? 가지런한 곡조인데 화창한 분위기와 속도의 빠르기가 다르기도 하고, 같은 관악기인데도 때로는 청아한 소리를 내고 때로는 혼탁한 소리를 내기도 한다. 이처럼 소리가 다른 것은 무엇 때문인가? 성정이나 뜻에 따라 느끼고, 길고 짧음도 그에 따라 고르지 못하기 때문은 아닌가?

포匏라는 식물은 흔히 깎아서 악기를 만드는데, 대나무가 이 식물에서 기원했다고 전해진다. 옛글에 전하기를, 순임금은 옥으로 생笙이라는 악기를 만들었고 흙으로 훈塤이라는 악기를 만들었다고 한다. 세상 사람들은 진나라의 악기인 부缶가 주나라에서 유래되었다고 한다. 세상 사람들은 진나라의 부缶가 주나라에서 유래되었다고 한다. 그렇다면 생을 만든 옥도 포에 속할 수 있겠는가? 또한 부는 진나라에 이르러 천한 것으로 전락했는가?

국가의 성대한 제사를 지낼 때 큰 북인 대고大鼓와 작은 북인 응고應鼓는 연주에 사용하면서, 땅에 제사를 지낼 때에 북의 가장자리를 치는 영도靈鼗와 노고路鼓는 함께 연주하지 않는다. 여러 악기를 도축鼗柷

과 강갈桲楬로 시작한다면 알격戛擊과 해격楷擊은 무엇 때문에 명구鳴球와 함께 쓰는가?[69] 악기를 만드는 재료에 소리가 달라지는 팔음八音[70]은 여덟 자리를 건너 한 음절씩 생기는데, 그 나오는 소리가 끝이 없다. 그렇다면 오음과 육률이 모두 팔음 가운데서 나온다고 말해도 괜찮지 않은가?

　음악을 만드는 작업은 성공한 후에 하는 것이다. 최고지도자로서 성현의 임무는 음악을 만드는 것에서 완성된다. 이렇게 하여 마음이 화창하고 기운이 화창하며, 세상의 모든 백성이 화창하여 우주자연의 화합하는 기운이 부응하게 된다. 초목도 무성해지고 새싹도 잘 자라며, 날아다니는 새와 지상의 짐승들도 튼실하고, 움츠리고 있던 벌레들도 깨어나게 된다. 이것이 "음악의 쓰임이 끝없이 넓고 아득하다."는 것을 이른다. 그러나 대악大樂이 전통을 잃은 이후, 제대로 된 소리의 형태나 악기의 제도를 열에 한둘도 찾을 수 없다. 아송雅頌과 정성鄭聲이 뒤섞이고 편종編鐘과 편경編磬이 뒤죽박죽되어, 우주자연과 인간 사이에 9번이나 연주되어야 하는 리듬이 무너지고, 나라의 공식적인 연회에서 악기를 진열하는 네 가지의 의식이 있는 것조차 알지 못한다. 하지만 서민들이 울리는 다양한 방울 소리가 12율의 근원이 되는 황종黃鐘의 음률과 충분히 조화될 수 있고, 포정庖丁이 부엌에서 칼을 잡고 요리를 하는 모습이 탕왕이 상림桑林[71]에서 춤을 추는 것과 충분히 어울릴 수 있다. 올바른 음악 소리인 정성正聲은 드문 곡조이므로, 100년을 기다려야 생기는 것이다.

상림은 은나라의 탕왕이 비가 내리기를
빌었던 곳이다. 7년 동안 큰 가뭄이 계속되자
탕왕은 스스로 머리를 자르고 손톱을 깎은 후
자신을 제물로 삼아 비가 내리기를 빌면서
여섯 가지 조목을 들어 자책했다. 여섯 가지
자책은 '첫째, 정치가 한결 같이 시행되는가?
둘째, 백성이 생업을 제대로 종사하는가?,
셋째, 궁궐은 지나치게 화려하지 않은가?
넷째, 여인들의 청탁은 어느 정도인가?
다섯째, 뇌물이 횡행하지는 않는가? 여섯째,
참소하는 사람은 많은가?' 등이다. 상림은
탕왕이 기도했다는 '상림지도(桑林之禱)'의
줄임말이다.

아! 하늘이 성인을 이 세상에 탄생시켜 신비로운 지혜를 부여했다. 그래서 우리 조선의 세종대왕께서 덕망이 높은 신하와 함께 아악雅樂을 만들어 제사에 사용하였는데, 그 빛나는 궤보軌譜가 명산名山 석실石室에 보관되어 있다. 나는 세종대왕의 후손으로서 선조를 본받아 그런 음악을 계승하는 것이 최고지도자로서의 도리라고 생각한다. 법규를 정성껏 따르고, 저 빛나고 아름다운 소리를 들추어 봉황이 울고 짐승이 춤을 추던 음악을 날마다 우리 조선에 울리게 하고 싶지 않겠는가? 그러나 지금 와서 보니, 음악을 연주하는 기구는 있으나 그 제도에 어두워 사용을 포기하고 남겨진 음악의 울림만 전하고 있다.

조정의 관리 가운데 예를 아는 신하들은 대부분 종묘와 조정에서 사용하는 음악을 세종 시대에 사용하던 옛것으로 복구할 수 있다고 한다. 하지만 지난 수백 년 동안 논의가 분분하고 이론상 어긋나는 것이 많아 아직도 시행할 기회를 잡지 못했다. 어떻게 하면 좋겠는가? 음악의 소리를 따라 음악의 근본을 소급하여, 육률·오성·팔음이 각기 제자리를 찾을 수 있겠는가? 우리나라의 옛 법을 따라 요·순·우·탕·문·무의 음악에까지 미루어 나갈 수 있겠는가? 그대들과 함께 우리의 음악을 찾아 나가길 바라니, 그대들은 알고 있는 한, 말을 아끼지 마시라. 내 기꺼이 즐겁게 들으리라.

『시경』을 통해
세상을 화합으로 경영하라

시의 내용과 특징 등을 자세하게 소개하고, 그것이 정치에 미치는 영향력, 적용 방
법 등에 대한 진지한 고민을 요청한 책문이다. 유교가 예악의 문화임을 감안하면,
시의 특성을 담고 있는 악을 통해 정치를 완성하는 방법을 재확인하기 위해서였다.

시는 가운데 소리, 곧 중성中聲이 그치는 지점이다. 때문에 이 세상의
모든 존재를 포용하는 부드러움을 보인다. 『논어』에서 언급한 것처럼,
"시가 지닌 말에는 간사한 생각이 없고, 그 교육은 아주 두텁고 따스하
며 부드럽다. 그 감흥을 돋울 수 있고 사물을 정확하게 관찰할 수 있게
하며 사람들과 함께 어울릴 수도 있고 슬픔이나 원망을 풀게 할 수도
있다." 그런 만큼 시의 의미는 대단하다.

시에 관해서는 여섯 가지 의미인 육의六義가 있다.[72] 그것은 『주례』
「주관」에서 비롯되었는데, 삼경三經과 삼위三緯로 분류한 내용이 동일
하지 않다. 사시四始[73]의 논의는 『사기』에서 시작된 것인데, 정시正始와

72. 시의 여섯 가지 내용과 작법인데, 풍(風)·아(雅)·송(頌)·부(賦)·비(比)·흥(興)이다. 이 가운데 '풍·아·송'은 내용을 말하고, '부·비·흥'은 작법을 일컫는다. 풍·아·송은 음악적인 분류로 알려져 있는데, 풍은 국풍이라고도 하는데 민요를 채집했기에 당시 민중들의 현실과 정감이 잘 담겨 있다. 아는 궁정에서 악곡에 맞추어 지은 시가로 연회나 전례 때 주로 사용되었는데, 서정적인 국풍과 뉘앙스가 상당히 다르며 속악과 구분하여 정악으로 삼았다. 송은 사람과 사물을 칭송하는 시로 조상들의 제사 또는 조상의 덕을 기리는 의식에 무용을 곁들인 의례악으로 알려져 있다.

73. 네 가지가 처음인 것을 말하는데, 『사기』 「천관서」에 의하면, 한 해의 정월 초하루 연월일시를 말한다.

74. 『시경』 「빈풍」 '칠월' 시를 말한다.

행시行始의 해석이 각기 다르다. 학자들은 어느 것을 따라야 하는가?

대서大序와 소서小序에 대해, 어떤 사람은 공자가 지은 것이라고 하고, 어떤 사람은 국가의 사관이 기록한 것이라고 하며, 어떤 사람은 위굉衛宏이 덧붙인 것이라고도 하고, 어떤 사람은 자하子夏가 쓴 것이라고도 한다. 대서와 소서로 나눈 것에 대해 "국가 이상에서 사용하는 것을 대서라 하고, '풍風은 풍자한 것이다.'라고 한 이하의 것을 소서라고 한다."고 하는 사람도 있고, 또 어떤 사람은 "머리 글귀의 두 마디 말을 대서라 하고, 그 아래 부연한 것을 소서라 한다."고 하기도 한다. 그렇다면 시를 읽는 사람은 그것을 어떻게 절충해야 하는가?

공자는 3000여 편이 넘는 시를 정리하여 300편만 남겼다고 한다. 정나라와 위나라의 시에서는 무엇을 취했기에 남겨 두었는가? 한나라의 학자들이 전수한 것은 『제시齊詩』 『노시魯詩』 『한시韓詩』 『모시毛詩』의 네 개 파로 나누어졌다. 이 가운데 모씨毛氏의 학문만이 홀로 전해진 것은 무엇 때문인가? 빈시豳詩[74]가 국풍國風이냐 아송雅頌이냐 하는 논쟁은 지금까지도 계속되고 있다. 절기에 따라 시를 연주한다는 해석이 최근의 학자들 사이에 별도로 제기되었다. 생시笙詩에 대해 글을 짓기 위한 생각이 있거나 없는 것은 옛날부터 논란되어 왔는데, 악기를 따라 연주해야 한다는 의견과 사람을 따라 연주해야 한다는 견해가 『신서新書』에 다시 보인다. 이러한 이론은 모두가 옛사람이 발견하지 못했던 것을 발견한 것이라 할 수 있는가?

모씨毛氏와 정씨鄭氏는 "후비后妃가 숙녀를 얻어 군자의 일을 돕게 된 것을 즐거워하는 시다."라고 하는데, 그렇다면 '관저關雎' 시는 후비가 직접 지은 글이 된다. 정자와 주자는 "궁인宮人이 숙녀를 얻어 군자의 배필이 된 것을 즐거워하는 시다."고 했는데, 이렇게 되면 이 시는 궁인이 찬미하는 글이 된다. 두 가지 뜻 가운데 어느 것이 우세한가?

'채번采蘩' 시에 대해서는 '제사를 지내는 시'라는 설과 '누에를 치는 시'라는 두 학설을 나란히 실어 두고 있다. 그러나 "머리를 단장한 조용한 걸음걸이여."라는 글귀의 뜻은 어떤 학설로도 뜻이 통하지 않는다. '하피농의何彼穠矣' 시는 서주시대의 것인지 동주시대의 것인지, 정확하게 알 수가 없다. 평왕平王이니 제후齊侯니 하는 말은 억지로 덧댄 것마냥 어색하다. 어디에서 인용했는지 실증할 수 있겠는가? '행로行露' 시에서 여인은 강포强暴하게 더럽혀지는 것을 두려워하는데도 남자는 송사를 불러일으킨다. '야균野麕' 시에서 여인은 스스로 정결貞絜을 지키려고 하는데 남자는 흰 띠풀로 유혹하고 있다. 어째서 후비의 덕화는 여인을 감화시키는데, 문왕의 덕화는 남자를 감화시키지 못했는가?

『맹자집주孟子集註』에는 '백주柏舟' 시를 "어진 사람이 불우함을 읊은 것"이라고 했고, 「백주」 편에는 "부인의 시"라고 했으며, 「백록동부白鹿洞賦」에는 "청금靑衿의 의문"이라 했고, 「자금편子衿篇」에서는 "음분시淫奔詩"라고도 했다. 이런 학설은 모두 주자에게서 나온 것인데, 이처럼 해석들이 서로 모순되는 것은 무엇 때문인가? '모과木瓜' 시가 제나라의 큰 덕을 찬미한 것이라는 해석은 『국어國語』에서 찾아볼 수 있고, '유녀동거有女同車' 시가 갑자기 혼인을 사양하는 일을 풍자했다는 것

모두 『시경』 「국풍」에 나오는 시다. '모과'는
친구 또는 애인 사이에 물건을 주고받으며
부른 노래라고도 하고, 제나라 환공을 기린
시라고도 한다. '유녀동거'는 결혼하는 남자가
신부의 아름다움을 노래한 시라고도 하고,
정나라 장공의 세자 홀이 제나라에 공을
세워 제나라 임금이 착한 자신의 딸을 홀에게
주려고 했으나 홀이 장가들지 않았고 나중에
홀이 제나라에서 쫓겨나자 사람들이 그것을
풍자한 시라고도 한다.

은 『좌사左史』에서 근거를 찾을 수 있다. 이
런 시를 모두 음란한 시에 속하게 한 뜻은
무엇인가?[75]

'풍우風雨'와 '계명鷄鳴'은 군자가 절의를
바꾸지 않는 것을 형용한 시이고, '자차子嗟'
와 '자국子國'은 은둔한 사람의 현명한 덕을
찬탄한 시인데, 모두 앞에서 말한 서序의 뜻을 취하지 아니한 것은 무
슨 근거가 있는가? '출거出車' 시에 나오는 천자天子는 구설舊說에 의하
면 은나라에 속한다 하였으나 지금은 주나라에 속한다고 하고, '청이菁
莪' 시에서 교육을 즐거워함은 처음은 서의 학설을 따랐다가 새 학설로
고쳤다. 어느 것이 보다 정론인가?

서리黍離를 왕풍王風으로 강등한 것은 정치가 쇠미해졌기 때문이라
고 한다. 그런데 '판板'과 '탕蕩' 등의 시는 그대로 「아송雅頌」에 속해 있
다. '억계抑戒'가 「대아大雅」에 있는 것은 풍자시이기 때문인데, 『시경집
전詩經集傳』의 풀이는 단지 스스로 깨우침만 취하고 있다. 그렇다면 편
집의 차례가 잘못된 것은 아닌가?

시매時邁를 사하肆夏로 바꾼 것은 이 시에 '사하'라는 구절이 있기 때
문이다. 그렇다면 사문思文을 거渠라 하고 집경執競을 번알樊遏이라 하
는 것은 어디에서 근거를 찾을 수 있는가? 무시武詩가 대무大武가 되는
것은 이 시에 '기정耆定'이라는 문구가 있기 때문이다. 그렇다면 '환시
桓詩의 유마類禡'와 '뇌시賚詩의 송문頌文'은 어째서 억지로 짜 맞추었는
가? 추우騶虞는 관직명인가 짐승의 이름인가? 사계莎鷄는 하나의 물건
인가 두 가지 물건인가? 악부鄂拊는 악萼인가 부拊인가? 녹죽綠竹은 왕

추王朝인가? 편축篇筑 · 잡패雜佩 · 동관彤管 등은 무슨 물건인가? 분명하게 밝혀져 있지 않은 여러 가지 문제에 대해 하나하나 토론해 보시라.

『자공시전子貢詩傳』과『신배시설申培詩說』등은 황당한 책이지만 총서에 실려 있다.「속석束晳」일편逸篇과「풍방豐坊」석경石經은 괴이한 일을 기록하고 있지만 오히려 경류經類으로 분류되어 실려 있다. 이에 대해서도 하나하나 분석해 보시라. "거닐며 상송商頌을 노래하니 소리가 천지에 가득하다."는 것은 누구를 가리키는가? "거문고로 빈풍豳風을 연주하니 주나라를 생각한다."는 것은 누구를 가리키는 것인가? 광형匡衡이 시를 해설하자, 듣는 사람들의 입이 벌어지고, 유악劉鑰이 시를 설명하자, 사람들이 혀를 내둘렀다고 한다. 무슨 독특한 견해가 있었기에 이처럼 사람을 감동시킨 것인가?

시는 효도와 공경을 고무하고, 인륜을 두텁게 하며, 교화를 아름답게 하고, 사회 분위기를 바꾸는 데 결정적인 영향을 미친다. 시에는 여러 나라의 군주와 신하들에 관한 이야기, 산천의 경계, 금수와 초목, 각종 기물과 생활 도구, 복식, 방언, 훈고와 성쇠, 안정과 혼란의 자취에 이르기까지 우주자연과 인간의 삶에 관한 내용이 망라되어 있다. 그러므로 시를 읽은 사람은 그만큼 해박하기에 여러 나라에 외교사절로 나갈 수 있고, 시를 읽지 않은 사람은 담장을 마주하여 선 것처럼 식견이 막히게 된다.

학자는 반드시 경서를 읽어야만 하는데, 그 가운데『시경』은 더욱 읽지 않을 수 없다. 그러나『주역』은 네 사람의 성인을 거치며 저술되었고,『서경』은 네 시대의 기록이므로, 그것이 누구의 저작이고 어느 시대의 사실인지를 경전을 통해 알 수 있다. 그러나『시경』은 찬미와 풍자가 교차되어 있고, 흥취와 비유가 함께 나타난다. 때문에 어느 시는 무슨 일 때문에 지어졌고 어느 시는 누구의 말이라는 것이 아득하여 진실을 제대로 알지 못해 오해를 낳고 있다. 전문가조차도 때로는 자신의 생각대로, 1000년이 넘는 세월이 흘러간 시점임에도 불구하고 쉽고 가볍게 자신의 주장을 내세우고 있다.

또한 시에 대한 이전의 연구 경향을 보면, 모장毛萇과 정현鄭玄의 전주箋註는 본뜻에 어긋나는 것이 많고, 육덕명陸德明의 『시소詩疏』와 구양수歐陽脩의 『시보詩譜』도 잘못된 것이 많다. 왕안석王安石과 소식蘇軾의 새로운 해석도 끼워 맞춘 잘못을 모면하지 못했고, 정씨程氏와 장씨張氏가 스스로 깨달아 밝혔다는 것도 억지로 결단하여 취한 사례가 있고, 육산음陸山陰과 진영가陳永嘉 이하로는 말할 가치조차도 없다.

주자의 『시경집전』에서는 의로움과 이로움을 자세하고 치밀하게 드러내 밝혔고, 사물의 명칭에 대해서도 세밀하고 폭넓게 고증했다. 큰 줄거리와 세밀한 조목으로 볼 때, 세속의 학자들이 자기만 알고 자세하게 설명하여 남겨놓지 않는 고루한 습관을 말끔히 씻어 주었다. 그런데 어찌하여 주자의 이런 정론이 나오자마자 이의가 횡행하는가? 주자의 수제자였던 보한경輔漢卿도 『시경집전』을 새로 편집하는 초기 단계에서 서설과 어긋나는 점을 비판했던 모습이 전기傳記에 생생하게 남아 있다. 황금을 나누듯이 저울질하며 심혈을 기울인 주자의 오묘한 솜씨가 논설에만 있고 시학에는 없는가?

덕이 부족한 내가 이제 왕위를 계승하여 최고지도자가 되었다. 이에 황풍皇風·정파正葩로 이 나라 백성을 태평스런 터전 위에 살게 하려는 것이 평소의 내 생각이었다. 어떻게 하면 봄여름으로 시를 읽으며 닦은 학문이 모두 올바른 소리에 화합할 수 있겠는가? 모든 마을에서 집집마다 책을 읽고 외워 올바른 의리를 알아 『시경』 305편의 깊은 뜻을 두루 완미할 수 있겠는가? 뿐만 아니라 시의 유형을 연결하고 문장을 품어 아래로는 세상일에 고루 미치고 위로는 하늘의 도리가 갖추어져, 다른 곳이 아닌 『시경』 공부에서 수신·제가·치국·평천하 하는 요령을 터득할 수 있겠는가? 그대들의 의견을 들어 보고 싶다.

최고의 고전인
『서경』을 복원하라

『서경』은 다른 경전에 비해 위서가 많다. 이에 그것을 정확하게 연구하기 위한 고심을 토로한 책문이다. 이 또한 유교의 십삼경을 중심으로 전통적 정치의 방법을 재확인하기 위해서였다.

육경六經 중에 가장 오래된 경전은 『서경』이다. 그만큼 『서경』는 해지고 결손된 것이 심하여, 옛날부터 논란이 되는 경전이었다. 의심스러운 부분과 믿을 만한 부분이 반반이어서 지금까지도 논란 중이다.

대체로 공자가 살던 집의 벽에서 나온 것을 고문古文이라 하고 진나라 때 복생伏生의 입으로 전한 것을 금문今文이라 한다. 고문은 한나라 때는 유행하지 않았으나 사마천이 스승에게 전수받았기에 그 전통이 확실하다. 금문은 한나라 때 성행하였는데 조조가 자기의 뜻대로 부회하여 만들었다고 한다. 이것은 고문을 숭상하고 금문을 배척하는 논란의 근거가 되었다.

고문은 문체가 평이하고 방정하며 온화하다. 그에 비해 금문은 이해하기 어렵고 어색하다. 그런데 느낌만으로 보면 고문의 문체가 어렵고 어색할 것 같고, 오히려 금문이 평이하고 온화할 것 같다. 그러므로 오징吳澄은 천고의 고서古書가 가장 늦게 나왔는데 어찌 자획과 문세가 조금도 저어되는 것이 없느냐고 의심했다. 이것은 금문을 숭상하고 고문을 내칠 때의 근거다.

『서경』에 대해 어떤 이는 골작汨作, 구공九共, 고어槀飫 등 42편이 없어진 글이기 때문에 망서亡書라고 하고, 어떤 이는 공안국孔安國의 집에서 찾은 10여 편이 흩어지거나 세상에 알려지지 않은 글이기 때문에 일서逸書라고 한다. 또 어떤 이는 남제南齊에서 나와 대항두大航頭에서 얻은 순전舜典 서두의 28자를 고문이 진짜가 아니라는 증거로 삼았다. 이처럼 『고문상서』와 『금문상서』가 같으냐 다르냐의 논쟁은 헤아릴 수 없이 많다.

『서경』이 세상에 있는 것은 해와 달이 하늘에 떠 있고 강과 하천이 땅에 흐르는 것과 마찬가지다. 강과 하천은 터졌다가 다시 완성되고, 해와 달은 가려졌다가 다시 둥글어진다. 『상서』는 결렬되고 착란된 지 3000여 년이나 되었지만 아직도 완성되거나 회복되지 않고 있다. 이 어찌 유학의 일대 흠전欠典이 아니겠는가? 어떻게 하면 잘못된 것을 바로잡고 진위를 분별하여 공자가 다듬었던 옛 모습대로 복원할 수 있겠는가?

『춘추』를 통해 역사를 알고
바른 정치를 고민하라

『춘추』의 내용과 특징 등을 자세하게 소개하고, 그것이 정치에 미치는 영향력, 적용
방법 등에 대한 진지한 고민을 요청한 책문이다. 이는 유교의 십삼경을 중심으로 전
통적 정치의 방법을 재확인하기 위해서였다.

242년간의 역사 기록인 『춘추』는 이 세상의 커다란 사건과 변동을
해박하게 기록한 역사서의 모범이다. 하늘의 법을 받들고 백성을 보호
하는 창고로서, 좋은 정치를 행할 수 있는 본보기이며 영원한 교훈이
된다. 이에 대해 자세하게 설명할 수 있겠는가?

『춘추』는 사계절에서 봄과 가을의 이름을 따서 경전의 명칭으로 삼
은 것이다. 이에 대해서는 "봄과 가을을 들추면 겨울과 여름도 그 속에
있는 것을 알게 된다."고 한 『석명釋名』의 말을 따라야 하는가? 『광아
廣雅』에서 말하듯 "봄과 가을은 온화하고 시원하니 중화中和의 기상"이
라는 해석을 따라야 하는가? 『춘추』의 문장은 역사의 흔적을 따라 변

화를 만들어 내는데, 그것이 산수를 구경하는 사람이 발걸음을 옮기면 형태가 바뀌어 어느 한곳에 얽매이지 않는다는 것과 같은가? 하늘 둘레의 숫자로 법도를 삼는 것처럼 본래 정해진 바가 없는 것과 같은가? 글을 읽는 방법만 해도 십례十例·오정五情과 삼과三科·구지九旨등 다양하지만 훌륭한 일을 드러내 밝히는 뜻이 한 글자에 나타나고, 치적을 깎아 내리는 것도 말 한마디에 포함되어 있다고 하는데, 그것은 아마도 억지로 부회한 것에 가까운 것 같다. 이에 대한 이해득실을 논의해 보시라.

『춘추』는 노나라 은공隱公의 시대에서 시작하여 '기린을 잡은 일'에서 끝맺고 있는데, 여기에도 논란이 있다. "뜻은 『춘추』에 있고, 행실은 『효경』에 있다."는 말은 공자의 정밀하고 은미한 가르침이다. 그 취지가 무엇인지 구체적으로 설명할 수 있겠는가? 어떤 사람은 『춘추』에 대해 명분을 밝히는 책이라 하고, 어떤 사람은 전쟁이나 전염병, 천재지변 등의 재앙에 관계되는 것을 기록한 책이라 하며, 어떤 사람은 공자가 쓴 형벌에 대한 책이라고 하고, 어떤 사람은 법률의 단적인 본보기라고도 한다. 이러한 평가가 모두 정확한 학설이라고 할 수 있는가?

『춘추』를 해나 별에 비유하며 일성日星이니 산악山嶽이니 하는 것은 그 뜻을 말한다. 날개나 날개죽지에 비유하며 우핵羽翮이라 하고 갓과 면류관에 비유하며 관면冠冕이라 한 것은 그 문장을 말한다. 또 예의나 풍속에 비유하며 의표儀表라고 하고 먹줄이나 수준기에 비유하여 준승準繩이라고도 한다. 일정한 법도를 말한 것은 그 체제를 가리킨 것이고, 국가의 거울이며 경전의 으뜸이라는 것은 그 용도를 말하는 것이다. 이런 표현들은 좋은 비유라고 볼 수 있는가?

'춘왕春王'이라는 말을 해석할 때, '왕'을 노나라 역사의 옛글로 이해
하기도 하고 성인이 새로운 의도로 나라를 다스린다는 의미로도 이해
한다. 어떤 뜻을 취하는 것이 좋겠는가? '정
월正月'에서 정正이란 하나라 달력으로 건인
建寅의 달이라고도 하고, 주나라 달력으로
건자建子의 달이라고도 한다.[76] 어느 학설이
옳은가? 계절은 말하지만 몇 월이라는 달수
는 말하지 않는 것이 옛날 역사를 기록하는
체제다. 그렇다면 『춘추』에서 두 가지를 아
울러 기록한 것은 어떠한 범례에서 나온 것인가? 왕이라 칭하고 천왕
이라 칭하지 않은 것은 『서경』의 기록에서 고찰할 수 있는데, 『춘추』에
서 두 가지를 모두 칭한 것은 어디에서 취한 범례인가?

착한 일을 좋아하고 악한 일을 싫어한다는 뜻에서 제나라를 중하中
夏라고 말했다. 왕도王道를 귀하게 여기고 패주覇主를 천하게 여기는 뜻
에서 형邢에 성곽을 쌓은 것은 밝히고 초구楚丘의 일은 들추어내지 않
았다. 이렇게 특별한 사례는 어떤 것이 있는지 나머지도 모두 찾아보
시라. 오석五石과 육익六鷁에 대해서는 자세하게 설명하여 문장을 만들
고, 치문雉門과 양관兩觀에 대해서는 앞뒤로 정돈하여 뜻을 드러냈다.
이러한 사례를 다른 곳에서도 추리할 수 있겠는가?

『설원說苑』에서 "문왕文王은 원년과 같고, 무왕武王은 춘왕과 같고, 주
공周公은 정월과 같다."고 했는데, 세 성인을 이렇게 분류하여 비유한
뜻이 무엇인지 자세하게 설명할 수 있겠는가? 「천록사天祿史」에서 "공
자의 도는 『춘추』를 저술한 것을 계기로 더욱 높아졌다."고 했는데, 그

렇다면『춘추』를 저술하기 이전에는 도가 미처 존귀하지 못했단 말인가? "단문端門에서 명을 받으니 적색 무지개가 황옥黃玉으로 변했다."는 것은 상식적인 말이 아니고, "천지가 갑자기 맑아지고 해와 달이 일제히 밝아졌다."고 한 것은 지나친 과장이 아닌가?

전한시대의 학자로 오전제자五傳弟子라고 불리는 대덕戴德과 대성戴聖은『예기』의 주석가로 유명하지만『춘추』의 주석에서도 전문가다. 그런데 추씨鄒氏와 협씨夾氏가 주석한 두 책만이 없어져 전하지 않게 된 것은 어쩌면 그 해석이 삼가三家를 따를 수 없어서인가? 좌구명이 지은『춘추좌전』은 가장 늦게 세상에 나왔는데『춘추』의 삼전三傳인『좌전』『공양전』『곡량전』가운데 으뜸으로 인정받는다. 그의 학설이 다른 학자들보다 월등해서 그런가? "좌씨는 태관太官의 요리사이며 공양씨는 떡장수다."라는 말은 누구로부터 나온 것인가? "좌씨는 경을 알지 못하고 공양씨와 곡량씨는 역사를 알지 못한다."는 평가는 어떤 책에 언급되어 있는가?

'업신여긴다'는 뜻의 '멸蔑' 자 하나를 좌씨는 궐멸厥蔑이라고 해석하고 공양씨와 곡량씨는 '어두울 매眛' 자로 해석하였다. 궐은厥慭이라는 하나의 단어를 좌씨와 곡량씨는 궐은厥慭이라고 하였고 공양씨는 굴은屈銀이라고 기록하고 있다. 누구를 기준으로 따라야 하는가?

예에서는 좌씨가 우세하고, 도참에서는 공양씨가 우세하며, 경문에서는 곡량씨가 우세하다. 문장이 화려하고 풍부하면 꾸밈에 치우치기 쉽고, 청아하고 유순하면 색다른 맛이 부족하게 되며, 분별하여 따지고 밝히려 들면 비속한 글이 되기 쉽다. 문장마다 각기 장단점이 있는가? 담조啖助가 삼가三家를 고정한 것은 정론을 얻었다고 할 수 있는가? 호안국胡安國이 별도로『호전胡傳』을 만든 것은 성인의 취지에 제대로 부합하는가?

『춘추』는 왕도王道를 바로잡고 정치의 가장 중요한 방법을 밝히는 경전이다. 왕위는 없으나 임금의 덕망을 갖춘 사람이 세상을 움직여, 호오好惡를 공정하게 하는 것은『시경』에서 성정性情을 열어 밝혔고, 옛날과 지금의 상황을 살펴 취한 것은『서경』에서 역사적 사실을 통해 꿰뚫어 보았다. 영원한 규범을 만드는 것은『예기』에서 체득하였고, 충서忠恕에 근본을 두는 것은『악경』의 화락한 것에서 끄집어냈다. 제도를 마름질하는 것은『주역』의 변통을 활용했다. 이처럼 육경六經의 일반적인 대의와 역사에 길이 빛날 인간의 도리가,『춘추』의 1만 9400여 글자 중에 포괄되지 않은 것이 없다. 그러기에『춘추』는 진실로 마음을 전하는 요점이자 예의 표준이라 할 수 있다.

그러나 전傳에 관한 학설이 앞을 다투듯 일어나, 그만큼 의문점이 많고 난해해졌다. 어떤 사람은 "노나라의 역사를 본래『춘추』라고 했는데, 공자가 그것을 따라 편찬했다."고 하고, 어떤 사람은 "혜공惠公 이상의『춘추』는 노나라 사관의 기록이며 은공隱公 이하의『춘추』는 공자가 저작한 것이다."라고 한다. 또 어떤 사람은 "필삭筆削을 거치지 않은『춘추』가 있는데『예기』가 그것이고, 이미 필삭을 거친『춘추』가 있는데 이 책이 바로 그것이다."라고 한다. 이러한 말들은 모두 근거가 있는가? 서로 어긋나는 견해가 아닌가?

세상에서『춘추』를 제대로 연구하지 않은 지 오래되었다. 주자처럼 경전의 주석에 통달한 사람도 "곡부曲阜의 집노비를 기다려야 한다."고 했는데, 그 이하의 사람들에게 더 말할 것이 있겠는가? 덕이 부족한 몸

정조 책문, 새로운 국가를 묻다

이지만 나는 최고지도자의 계통을 이어받았다. 따라서 지난 일을 거울 삼아 장래의 일을 고민하며, 그런 방안을 마련하기 위해 마음속 깊이 납득하고 실천해야 한다. 문제는 역사 기록에 해박하지 못해 시험하여 믿을 계제가 없다는 점이다.

『춘추』를 읽으면서도 은미한 말은 그대로 얼버무려 넘기고 어렴풋한 내용은 분명하게 깨닫지 못하고 만다. 경연에서 한 차례 읽거나 초계문신의 구색을 갖추기 위해 조목을 질문하는 것도 대충 읽고 넘어가는 데 지나지 않는다. 당나라 태종이 『춘추』의 큰뜻을 대략 알았다고 한 말과 비교해도 아주 부끄러울 지경이다. 『춘추』를 읽을 때마다 고민이다. 삼전三傳 이하 여러 선비들의 주소나 해설을 가지고 같음과 다름을 분석하고 시비를 증명하려고 한다. 특별히 기록하게 되는 변례變例에도 정통하고 싶다. 사건을 기록하여 경문을 해석하는 것도 여러 학자들의 장점을 취하여 경세經世의 대전으로서 하나의 책으로 편집하려고 했다. 그러나 바빠서 겨를이 없고 뜻을 같이할 사람도 없어 지금까지 시행하지 못하고 있다.

세상의 이치와 인간의 도리는 끝내 비밀에 묻혀 있을 수 없다. 그런 기록이나 학문은 반드시 전수되어지는 법이다. 어찌 이 세상에 장막을 둘러치고 글을 읽은 동중서董仲舒나 후작侯爵에 봉해진 정공丁恭 같은 사람이 없을 것이라고 단정할 수 있겠는가? 어떻게 하면 『춘추』의 경문에 밝아 전傳을 추리할 수 있겠는가? 외부의 다양한 학설을 섭렵하여 내면을 정돈하고, 제멋대로 천착하거나 힘 있는 학설에 끌려다니는 것 없이, 공자의 근엄하고 충후한 『춘추』의 본지를 파악할 수 있겠는가? 그대들의 의견을 들어 보고 싶다.

세상을 다스리는 지혜의 헌장
『대학』을 풀이하라

『대학』의 내용과 특징 등을 자세하게 구명하고, 그것이 정치에 미치는 영향력, 적용 방법 등에 대한 진지한 고민을 요청한 책문이다. 이는 『대학』『논어』『맹자』『중용』의 사서를 중심으로 전통적 정치의 방법을 재확인하기 위해서였다.

『대학』은 학문을 하는 지침이고 세상을 다스리는 헌장과 같은 경전이다. 그 규모의 방대함과 조목의 자세함에 대해, 주자는 "모두 다 해석하지는 않겠다."라고 했다. 주자의 이런 언급이 무엇을 의미하는지, 그 나머지에 대해 자세하게 논해 보시라.

『대학』의 첫 구절에 등장하는 "명명덕明明德 신민新民 지어지선止於至善"에서 '명덕明德'을 "마음이 성性과 정情을 통괄하는 것"으로 풀이한 것은 적절하지 못하다. 그것을 단적으로 지적하면 어떤 경지인가? '신민新民'은 원래 친민親民이었는데, 여기에서 '친親'을 '신新'으로 고친 것에 대해서는 의견이 분분하다. 원래대로 친민親民이라고 하면 정말 의

미상 심하게 어긋나는가? "지선至善에 그친다."는 것은 앞의 두 강령인 '명명덕明明德'과 '신민新民'을 포함하고 있다. 그 뜻을 정확하게 밝힐 수 있겠는가?

"정해지고 조용해지고 편안해지고 숙고한다."는 것은 모두 앎의 저변에 속한다고 한다. 그 이론은 무엇을 근거로 했는가? 격물格物·치지致知·성의誠意·정심正心·수신修身·제가齊家·치국治國·평천하平天下의 팔조목八條目 공부는 '뒤의 것을 실천하려면 앞의 것을 먼저 해야 한다.'는 형식으로 구성되어 있다. 그런데 유독 '치지'와 '격물'은 그 형식을 바꾸었다. 경문에서 끝맺음 구절의 경우, 앞에서 언급한 팔조목과 호응해야 하는데, "두텁게 해야 할 것을 엷게 하고 엷게 해야 할 것을 두텁게 한다."는 별도의 말을 덧붙이고 있다. 이것은 왜 그런가?

제1장에서 "밝은 명령을 돌아보라."는 것은 어쩌면 불교에서 말하는 "마음으로 마음을 본다."는 말과 가까운 것은 아닌가? "백성의 뜻을 크게 두려워하게 한다."는 것은 혹시 최고지도자가 힘으로 사람을 항복시키거나 굴복시키는 일과 상관되는 것은 아닌가? 제2장은 신민新民을 해석한 것이다. 장구 내에 언급한 다섯 가지의 새로움은 모두 스스로 새롭게 하는 것이라고 하는데, 이는 무슨 뜻인가? 제3장은 지선至善을 해석한 것이다. 명덕과 신민을 나란히 말하고 있는 것은 무슨 이론인가?

제5장에서 격물치지를 보충한 전문은, 그 뜻을 정자에게서 취했다. 어떤 사람은 지지知止와 청송聽訟을 격물치지의 착간된 부분이라고 한다. 그렇다면 평생 동안 노력하며 힘써도 오히려 미진한 부분이 있다는 것인가? 제6장과 제7장에 걸쳐 '성의'와 '정심'을 이어서 접속한 것은 주자 자신의 의사를 드러낸 것이다. 어떤 사람은 심心과 의意는 동

일한 물체이기 때문에 둘로 나누어 합할 필요가 없는 단적인 예라고도 한다. 그렇다면 『대학』의 작자가 본래 지니고 있던 은미한 뜻을 제대로 파악하지 못한다는 비평을 면하지 못하는 것은 아닌가? 사람을 좋아하고 미워하는 감정인 호오好惡가 처음 생긴 곳은 정情인데, 제6장에서 성정性情이라고 하지 않고 '성의'라고 한 것은 어째서인가? 신독愼獨은 『중용』의 기미幾微에 해당한다. 여기에서 신기愼幾라고 하지 않고 신독愼獨이라 한 것은 어째서인가? "폐나 간을 보는 듯하다."는 것은 다른 사람이 본다는 말인가, 스스로 본다는 말인가? "속이 진실하면 겉으로 나타난다."고 했는데, 착함을 진실하게 한다는 말인가, 악함을 진실하게 한다는 말인가? 제7장에서 마음을 두는 것이나 마음을 두지 않는 것이나 모두 병이 된다면, 어떤 모양으로 '정심'을 지니며 함양해야 하는가? 마음이 마주하는 것과 사물이 마주하는 것으로 '정심'과 '수신'을 나누었는데, 어째서 '제가'는 조금도 보이지 않는가?

효孝·제悌·자慈는 치국治國의 세 가지 강령이다. 「강고康誥」의 구절은 그 가운데 단지 '자'의 뜻만 해석했다. '혈구絜矩'라는 두 글자는 '평천하'의 중추다. 그런데 호오好惡의 양단에서 단지 오惡의 저변만을 거론한 것은 무슨 의도가 있는 것인가? 예악禮樂과 형병刑兵은 최고지도자의 정치와 관계되지 않은 것이 없다. 그런데 어째서 유독 재물을 다스리는 것에만 정성을 쏟는가? 자신을 닦고 다른 사람을 다스리는 일은 자연스럽게 나의 본분의 범위 안에서 이루어지는 일이다. 그런데 어찌하여 이해득실을 따지는가?

격물치지는 '꿈과 깨달음 사이'의 관문이고, 성의는 '사람과 귀신 사이'의 관문이라는 말은 무엇을 가지고 비유한 것인가? 나라를 다스리는 것은 사람을 다스리는 것이고, 세상을 고르게 다스리는 것은 사람을 사랑하는 것이라고 한다. 이는 어디에 속하는 일인가? "외부에서 다가오는 사물을 막는다."는 것은 누가 해석한 이론인가? "발견한 것을 바탕으로 마침내 밝힌다."는 말은 어디에서 인용한 것인가? 장구에서 "착함에 한결같다."는 말이 나오는데, 이는 무엇 때문에 나중에 개정했는가? 「경」은 공자가 지었다고 하고 「전」은 증자가 지은 것으로 나누어서 보는데, 이런 견해가 왜 논란이 되는가?

한 사람의 마음을 근원으로 만사의 이치를 깨닫는다. 그 근본은 자신의 몸을 닦는 데 있고 그 기준은 가문을 다스리는 데 있으며 그 실제적 효용은 이 세상을 다스리는 데서 최고조에 이른다. 때문에 『대학』이 '전체적으로 크게 쓰이는 경전'으로 평가받는다. 전통적으로 성현들은 『대학』을 교육의 근거로 삼았고, 군주는 『대학』을 바탕으로 나라를 다스렸으며, 학자들은 『대학』을 통해 인간으로서 해야 할 사업이 무엇인지 배웠다. 이런 점에서 『대학』은 실제로 육경六經을 총괄적으로 정돈한 요점이고, 오랜 세월을 이어온 대경전이다. 이제삼왕二帝三王 이래로 마음으로 전해지고 세상을 경영하는 데 필수적인 학문이다.

그런데 어찌하여 후대로 내려오면서 『대학』의 길은 밝아지지 않고, 다스리는 규모는 형벌의 이름으로 돌아가는가? 학술은 입과 귀로 답습하여 진서산과 구경산의 『대학연의大學衍義』와 『보편補篇』 등의 저술에 대해, 때로는 세상물정에 어둡고 현실적인 정책에 절실하지 못하다고 하는가? 경연에서도 질문하는 수준이나 강사가 전수하는 내용이 명사의 뜻과 자구字句의 분석에 지나지 않는다. 심한 경우에는 정자와 주자를 실컷 배척하면서 별도의 문호를 세워 성의誠意를 으뜸이라고 하고,

수신修身을 본령으로 삼아 다른 길을 따라 차츰차츰 육상산과 왕양명의 논설로 들어가기도 한다. 이처럼 세상의 교육이 황폐해지고 올바른 학문이 가려지는 상황이 어느 정도인가?

나는 세자로 있을 때부터 『대학』을 탐독했다. 낮 시간과 새벽녘에 깊이 탐구하고 연마한 세월이 이미 여러 해가 되었다. 그때마다 나는 이렇게 생각하며 말했다.

"경전을 존중하려면 먼저 주자를 존중할 줄 알아야 한다. 주자를 존중하는 요령은 간단하다. 그것은 의심이 없는 부분에 의심을 가지고, 의심이 있는 부분을 의심하지 않는 데 달려 있다! 송나라의 유학자였던 장식張栻이 호안국胡安國과 깊이 연관되어 있듯이 그렇게 한 후에 참으로 주자를 존중할 수 있다."

지금 나의 책문을 대하는 여러 학자 관리들이여! 그대들은 모두 주자의 문하로서 제주祭酒를 올리고 계보를 계승하는 선비들 아닌가! 이미 『대학』의 「경」 1장과 「전」 10장의 『대학장구大學章句』와 『대학혹문大學或問』을 익숙하게 읽고 체험해 왔으리라. 그러니 감추지 말고 그대들의 지식과 의견을 모두 제시해 보시라.

정치의 핵심을 담은
『대학』 해설서를 성찰하라

『대학』을 해설한 『대학연의』와 『대학연의보』의 내용과 특징 등을 소개하고, 그것이
정치에 미치는 영향력, 적용방법 등에 대한 진지한 고민을 요청한 책문이다. 『대학』
과 『대학연의보』까지도 책문에서 논의한 것으로 볼 때 『대학』이 지도자의 정치철학
에서 매우 중요함을 엿볼 수 있다.

명나라 때 구준丘濬이 지은 『대학연의보大學衍義補』는 진덕수眞德秀가
지은 『대학연의』를 보완한 저술이다. 진덕수의 『대학연의』는 『대학』의
팔조목 가운데 격물·치지·성의·정심·수신·제가까지만 다루고 치국
과 평천하에 대해서는 자세하게 설명하지 않았다. 하지만 구준의 『대
학연의보』는 여러 가지 학설을 참고해 자신의 의견을 덧붙이고 치국과
평천하까지 설명한다. 즉 『대학연의』에서 다루지 않은 치국·평천하 부
분을 보완하여 『대학』의 내용을 온전하게 갖추고 있다. 따라서 군주가
정치를 잘 할 수 있게 하는 요령을 일러 준다.

진덕수는 군주에게 충성하기 위해 『대학연의』를 지었는데, 묘하게도

치국·평천하 이 두 조항을 자세하게 설명하지 않았다. 사실 구준은 학자로서 진덕수에 비해 학문적으로 부족하지만 『대학연의』를 보충하여 그것을 전반적으로 완성했는데, 무슨 이유가 있는가? 보충하지 않으면 빠진 글이 있고, 보충해도 지나치게 넘치는 글이 없는, 그런 이유라도 있었던 것은 아닌가? 『대학연의』를 보충한 내용이 4분의 3이나 되는데도 불구하고 책의 권수는 오히려 많아지지 않았고, 속편에서 보충한 것은 단지 치국·평천하의 두 조항에 불과한데도 권수는 오히려 몇 배가 넘는다. 어찌하여 번잡하게 만들거나 간략하게 만든 것이 내용에 따라 동일하지 않은가?

원서와 속편 두 내용을 합쳐서 말한다면, 어느 것이 본체이고 어느 것이 작용에 해당하는가? 무엇이 보편적 이치에 해당하고 무엇이 개별적 사물에 해당하는가? 원서에서 보충한 것과 속편에서 보완한 내용 가운데 어느 것이 보다 치밀하거나 상대적으로 엉성한가? "기미를 살핀다."는 말이 격물의 마음을 보완하는 것이고, "공용功用의 조화를 이룬다."는 말이 치국·평천하의 효과를 수렴하는 작업이라면, 구준이 보완한 내용 가운데 처음과 끝에 해당하는 것은 무엇인가? 구준은 『대학연의보』를 저술하면서 열두 개의 단락을 나누어 큰 제목을 붙였고, 백여 개의 세부 항목을 만들었는데, 그 차례와 범위를 자세하게 설명할수 있는가? 구준의 문장을 보면 어떤 경우에는 단아하거나 순수하지 않고, 어떤 경우에는 저속하기도 하다. 다루는 사건의 내용도 유학에서 중시하는 부분보다는 관리 차원의 내용에 가깝다. 왜 그런가?

정치의 기본은 상하전후좌우를 둘러보며 사람들의 생활과 마음을 헤아려 보는 혈구絜矩보다 좋은 것이 없다. 그런데 그것에 대한 뜻을 부연한 것이 없다. 『대학』「전문傳文」에는 군사나 군대 문제에 관한 언급이 없는데, 이에 대해 상세히 설명한 것은 어째서인가? 이는 도적을 막기 위한 근본 정책을 마련하면서 도적이 횡행할 것에 대해 주도면밀한 대책을 미리 제시하는 것과 같다. 그런데 환관들이 방종하며 설치는 문제는 전혀 걱정하지 않고 숨긴 것은 노련한 늙은 환관들에 대한 두려움 때문인가? 나라의 기강을 확립하고 도로와 시장을 정비하는 일은 당연한 일이지 자랑할 것은 아니다. 황석공이 장량에게 전해 주었다는 병법서인 『소서素書』와 의학서적인 『금궤金匱』를 서로 비유하며 제시하였는데, 이것이 『대학연의』를 해석하면서 절실하게 어울리는 내용이라고 할 수 있겠는가?

여러 조목을 나열하며 보충 설명한 것은 실로 금전을 살포하는 것처럼 내용에 살을 붙여 풍부하게 만들었지만, 『대학』의 팔조목을 동일한 차원에서 연관시켜 설명한 것은 무언가 부족하다는 비판을 면하기 어렵지 않겠는가? 명나라의 태조 고황제高皇帝가 『대학』의 내용을 그림으로 만들어 벽에 새겨놓은 것은 영원한 감흥을 불러일으킬 수 있고, 효종孝宗이 경연에 나아가 『대학』을 강론하게 한 것은 한 시대의 은혜와 영광을 입은 것이다. 그렇다면 학자들에게 『대학』은 행·불행의 차원에서 어떤 것인가?

『대학』은 삼강령三綱領을 기본 원칙으로 하여 팔조목八條目으로 확장되고, 「경」의 1장經一章을 바탕으로 「전」의 10장傳十章으로 펼쳐진다. 공자에서 증자로 전수될 때 이미 약간의 내용이 보충되면서 차츰차츰 확장되는 형태로 저술의 모습이 갖추어진 것이다. 진덕수의 『대학연의』는 성의·정심·수신·제가의 네 가지 요점을 주로 거론하였다. 구준은

『대학연의』에 빠진 부분을 보충하여 『대학연의보』를 쓰면서, 당시까지 전해 오던 경전이나 문집, 역사 책 가운데 치국·평천하의 두 조항을 보충할 수 있는 언행을 모조리 수록했다. 때문에 후세의 정치지도자는 인재등용·경제·민생안정·범죄예방 등 다양한 분야에서 정치를 펼칠 때, 마주하는 실제 상황에 따라 이 책에서 일목요연하게 정책유형을 살펴 볼 수 있도록 하여, 선택적으로 시행하면 되었다. 그러므로 구준 의 『대학연의보』를 지은 공로가 대단하지 않은가!

문제는 실천이다. 이 책이 지어진 지 수백 년이 지났지만, 세상에는 좋은 정치가 없고 여전히 옛날과 같이 혼란스러운 정치가 횡행하고 있다. 이 어찌 천하의 명의인 손사막孫思邈의 천금방千金方이 질병을 치료할 수 없어 그러한 것이겠는가! 질병이 있는 자가 처방받은 약을 복용하지 않았을 뿐이리라.

나는 『대학연의보』를 수시로 즐겨보며, 가끔씩 책 속으로 빠져들기도 한다. 명덕明德·신민新民·체용體用의 이론은 옛날이나 지금이나 두루 통한다고 나는 확신한다. 때문에 나는 『대학』이 일러 주는 정책을 힘껏 시행하여 정치의 좌표로 삼으려고 했다. 하지만 책은 책대로 나는 나대로 제각기 놀아나 정치가 뜻대로 되지 않는다. 그동안 실시한 정책을 돌아볼 때 오류도 있고 후회할 일도 꽤 많다. 이를 어찌해야 하는가? 지금 구준이 고심을 거듭하며 저술한 『대학연의보』를 빈말이 가득 담긴 저술이 되지 않게 하려면, 어떻게 해야 하는가?

세상을 다스리는 지혜의 결집체, 『논어』를 검토하라

『논어』의 내용과 특징 등을 자세하게 소개하고, 그것이 정치에 미치는 영향력, 적용 방법 등에 대한 진지한 고민을 요청한 책문이다. 특히, 『논어』는 유교의 최고 경전 으로서 백성을 교화할 수 있는 기본 지침서이므로 보다 자세한 자문이 있기를 요청 했다.

정자程子는 다음과 같이 말했다.

"『논어』에 쓰인 말은 가까우나 뜻은 멀다. 말은 끝이 있지만 뜻은 무 궁하다. 끝이 있는 것은 훈고에서 찾고 무궁한 것은 정신으로 이해해 야 한다."

정말 의미 있는 언급이다. 이런 점을 인식했다면, 『논어』가 왜 『논어』 다운지, 그것을 읽는 방법을 다른 경전에서 구할 필요가 없으리라. 『논 어』는 세 종류가 있는데, 『노논어魯論語』 『고논어古論語』 『제논어齊論語』 가 그것이다. 『노논어』는 현재 우리가 읽고 있는 통행본과 같다. 『고논 어』는 이보다 한 편이 많고 『제논어』는 두 편이 많다. 옛날 학자들이 세 가지 『논어』를 합하면 『논어』의 정본定本이 된다고 했는데, 무슨 근거로 이렇게 주장했는가?

공자의 문인 중에 존칭인 '자子'를 붙여 높여 부르는 네 분은 증자曾子·유자有子·염자冉子·민자閔子다. 증자는 도통을 전수했고, 유자는 일찍이 공자와 외모가 비슷하게 닮았다고 하여 존경하고 섬겼기 때문에 '자子'를 붙여 호칭하는 것이 당연할 수도 있다. 하지만 염자와 민자를 '자'라고 호칭한 것은 무엇이 특별해서 그런 것인가? 『논어』의 첫머리에 나오는 "배워서 때때로 익힌다."는 말은 『논어』에서 제일가는 뜻이라 해도 과언이 아니다. 하지만 이때 '배우고 익힌다'는 의미는 일반적으로 말한 것일 뿐이다. 양주나 묵적, 불교나 노자와 같은 이단의 학설조차도 알고 보면, 배우고 익히는 일을 벗어나지 못하는 것이 아니겠는가?

'인仁'이라는 한 글자는 『논어』 20편을 꿰뚫고 있는 핵심어로, 그 쓰임에 따라 다양하게 표현된다. 심덕心德이 그 전체라는 것은 일찍이 사람들에게 일러 주지 않은 것인가? 하안何晏은 "개나 말과 같은 짐승도 잘 기른다."고 해석했는데, 자칫하면 박절함에 가까운 설명이다. 그런데 주자가 옛날의 다른 주석을 놔두고 그것을 취한 것은 무슨 뜻인가? 관중管仲이 세 가지 귀한 것으로 삼귀三歸를 갖추었다는 일을 『사기』와 『한서』에서는 "여자에게 장가든 일"이라고 분명하게 지적했다. 그런데 주자는 『논어집주論語集註』에서 『설원說苑』에 근거하여 주석했는데, 무슨 논리로 그런 것인가?

'일관一貫'이라는 동일한 개념에 대해 증자에게는 지知를 말한 것이라 하고 자공子貢에게는 행行을 말한 것이라 했고, 인仁을 질문한 차원

에서는 동일한데 안자顔子에게는 하늘의 도라 하여 건도乾道라 하고 중
궁仲弓에게는 땅의 도라고 하여 곤도坤道라고 한 것은 어째서인가? 공
자와 안자가 즐기는 것이 나물 먹고 물 마시는 것이 아니라면, 즐거워
하는 경지가 무엇인지 명백하게 설명해 보시라.

공자의 기상이 온화하고 양순하고 공손하고 검소함을 충분히 살필
수 있는데, 『논어』의 「향당」 편에서는 너무 번잡하게 그려낸 것이 아닌
가? 자로·염유·공서화, 세 명의 제자가 자신의 포부를 말한 것이 사실
이라면, 어찌하여 공자는 유독 "기수沂水에서 목욕하고 무우舞雩에 바
람 쒼다."라는 증점曾點의 대답[77]에 감탄하였
는가?

제후를 규합한 것은 군주가 힘으로 밀어
붙이는 것에 지나지 않기 때문에 공자는 어
짊이라 인정하지 않았다. 그런데 어찌하여
선뜻 관중管仲은 인정해 주었는가? 관중이
섬긴 군주인 환공桓公은 아우이고 공자公子
규糾는 형이라는 것이 그들의 전기에 분명하
게 드러나 있다.[78] 정자程子의 학설은 시비가
분분하고, 좌구명左丘明과 우중虞仲은 그 시
대를 구명하기 어려워 여러 학자들의 논란
이 오늘날까지도 이어져 오고 있다. 이 사건
의 논란에 종지부를 찍을 만한 결정적 이론
은 없는가?

인간의 본성이나 품성, 덕성을 말할 때 매

77. 다른 제자들은 정치에 나아갈 포부를
내비쳤으나, 증점은 현실 정치에서 벗어나
덕을 쌓는 일에 매진하겠다는 의지를 밝혔다.

78. 『논어집주』「헌문」에 보면 자로와 자공이
관중에 대해 어질지 않다고 말하지만 공자는
그를 어질다고 평가한 장면이 등장한다.
주자는 다음과 같이 설명한다. 제나라의
양공에게는 형인 소백과 동생인 규라는 두
공자 있었다. 포숙아는 공자 소백을 받들어
모시고 거 땅으로 피했고, 이후에 무지가
양공을 죽였다. 관중과 소홀은 공자 규를
받들어 모시고 노나라로 망명했다. 노나라는
공자 규를 받들었다. 양공이 죽자 규와 소백은
서로 먼저 제나라로 들어가 군주가 되기 위한
싸움을 벌였는데, 이 권력 다툼에서 이긴
소백이 제나라의 군주 환공이 되었다. 이후
환공은 노나라에 공자 규를 죽이고, 관중과
소홀의 압송을 요청했다. 이에 소홀은 자결해
죽었으나, 관중은 죽지 않고 노나라에 자기를
잡아 가두라고 했다. 한편, 관중의 오랜
친구이던 포숙아는 환공에게 관중을 재상으로
등용해 쓰라고 말했다. 자로는 공자 규를
잊고 원수인 환공을 섬겼던 관중의 처사가
어진 사람이 아니라고 이해했는데, 공자가
어질다고 하니 의아하게 여긴 것이다. 공자는
죽지 않은 관중을 질책하지 않고 그의 공적만
칭찬한 것이다.

번 기질氣質의 측면에서 살핀다면, 본연本然이라는 것은 어째서 조금도 보이지 않는가? 얻거나 혹은 얻지 못하는 것에 대해 반드시 천명天命이 있다고 한다면, "드물게 말한다."고 한 것은 과연 무엇을 지적하는가?

시詩 · 서書 · 예禮 · 악樂의 사교四敎를 언급할 때는 문학을 먼저 말하고 덕은 뒤로 했고, 덕행德行 · 언어言語 · 정사政事 · 문학文學의 사과四科를 언급할 때는 덕을 먼저 말하고 문학은 뒤로 했다. 때로는 먼저 말하고 때로는 뒤로 한 것은 무슨 세밀한 의도가 있는가?

79. '예가 아니면 보지 말며, 듣지 말며, 말하지 말며, 행하지 말라는 유교의 가르침을 말한다.

80. 공자는 평소 억측하지 않고, 옳다고 우기지 않고, 고집부리지 않고, 자기를 내세우지 않았다고 한다.

81. 『논어』「옹야」에 보면, 공자가 남자라는 부인을 만나자, 자로가 좋아하지 않은 장면이 나온다. 공자가 굳은 표정으로 말했다. "내가 예의에 어긋나는 짓을 했다면, 하늘이 용서하지 않으리라."

사물四勿[79]은 외부와의 부닥침을 막고 마음을 편하게 하는 일이고, 사무四毋[80]는 마음을 곧게 하여 외부를 방정하게 만드는 일이다. 한 번은 마음으로부터 외부로 나아가고, 한 번은 외부로부터 마음으로 들어오는 것에도 정도가 있는가? '의리義利'에 관한 장을 강론하다가 "사람을 감격시킨다."고 한 것은 누구이며, '남자南子의 일'[81]을 논의하다가 "나는 감히 할 수 없다."고 한 것은 누구인가?

기록한 자도 한 사람이 아니고 들은 시기도 동일하지 않은데, 옛날 학자들이 "하나의 높은 솜씨가 그 이외 사물에서도 이치를 깨달아 나아가게 한다."고 말한 것은 억측이 아닌가? 양웅은 『법언法言』을 저술하고 왕통王通은 『중설中說』을 저술했는데, 그 저술을 평가하는 학자들이 때때로 『논어』와 매우 유사하다고 한다. 이는 법도에 지나친 발언이 아닌가?

『논어』는 성인의 그림자다. 그 첫머리는 인간의 길로 들어서는 문이고, 그 끝은 인간의 길이 무엇인지를 전하는 일이다. 그 사이에 자신을 겸손하게 낮추고 다른 사람을 가르치는 언행과 용모의 훌륭함, 덕을 닦고 학문을 강론하는 공로, 관직에 나아가고 행동하는 절차 등이 있어, 어느 것 하나 조심스럽게 기록하고 해박하게 싣지 않은 것이 없다.

나아가 시時와 중中과 같은 『주역』과 『서경』의 체제도 갖추고 있고, 화和와 경敬과 같은 『예기』와 『악경』의 실체도 갖추고 있다. 사무사思無邪를 본령으로 삼고 있기 때문에 시인詩人의 성정까지도 방정해진다. "장무중臧武仲이 군주를 위협했다."고 한 것은 『춘추』에서 말하는 죄인을 토벌하는 마음을 담은 부분이다.

이런 점에서 『논어』는 진실로 육경六經의 총집합이며, 천덕天德과 왕도王道를 밝힌 대전적大典籍이다. 더구나 황금을 나누듯 저울질하여 우려내는 주자의 오묘한 해석은 의미를 한층 더한다. 주자는 주석의 정밀한 뜻을 경도經度로 삼고 『논어혹문論語或問』을 위도緯度로 삼아 순금으로 철을 벗기고 좋은 옥을 돌 속에서 추출하듯이 『논어집주論語集註』를 지었다. 때문에 한 글자를 첨가해서도 안 되고 한 글자를 빼먹어도 안 된다. 이는 과장하고 자랑하는 말이 결코 아니다.

문제는 『논어』를 읽는 사람이다. 많은 사람들이 『논어』를 거칠고 얕게 읽고, 이를 탐구한다고 하는 사람들까지도 억지로 해석을 끌어 붙이고 있다. 때문에 성현이 후세를 위해 열어 놓은 진정한 우주자연의 이치와 삶의 법칙이 한낱 종이 위의 헛소리로 전락하고 만다. 아는 것이 분명하지 못하면 최선을 다해 실천할 수 없다! 사회의 분위기에 젖어서 공부하고 있는 지금의 학자들을 힐책해서 무엇 하겠는가!

나는 최고지도자로서 군주와 스승의 지위에 있으면서, 『논어』를 교육할 방법을 고심하고 있다. 멀리는 도덕道德과 성명性命의 문제, 가까이는 명물名物과 자구字句에 이르기까지 모든 것을 자세하게 분석하려고 한다. 하지만 의리는 무궁하고 사람의 견해는 한계가 있어 지금까지 그러한지 아닌지, 따라야 할 것인지 말아야 할 것인지를 결정하지 못하는 부분이 한두 가지가 아니다.

그대, 학자 관료들이여! 내가 이제 옛것을 살펴보고 힘써 배워, 이 시대에 문화를 보다 융성하게 만들고자 한다. 그대들이 지금까지 마음을 가라앉히고 탐구하여 체험한 것 가운데 제대로 밝히지 못한 부분은 밝히고, 듣지 못했던 부분은 정확하게 들으라. 그리고 『논어』에 관한 여러 이론들을 자세히 저술하여 나의 모자람을 보충해 주시라.

『맹자』를 통해
정책을 입안하라

『맹자』의 내용과 특징 등을 자세하게 소개하고, 그것이 정치에 미치는 영향력, 적용 방법 등에 대한 진지한 고민을 요청한 책문이다. 『맹자』는 다른 경전에 비해 정치에 관한 구체적 내용이 많으므로 그것을 분석하여 자문해 줄 것을 요청했다.

유학에서 맹자는 공자 다음가는 학자다. 『맹자』 7편에는 맹자가 추구한 인간의 길이 실려 있다. 사람들은 맹자와 그의 저술인 『맹자』에 대해 다음과 같이 평가한다. "여러 나라에 두루 초빙되었으나 좋은 때를 만나지 못하고 물러나 스스로 저술하였다." "죽은 후에 문인들이 맹자의 말을 추가로 기록한 것이다." 이런 견해 가운데 어느 것이 옳은가?

『논어』의 사상은 그 핵심이 인仁에 집중되는데, 『맹자』는 인仁은 물론 의義·예禮·지智를 추가하여 인의예지라는 사덕四德을 아울러 가르쳤다. 『춘추』에서는 주나라의 왕실만을 숭앙하는 측면이 있는데, 『맹자』는 여러 제후에게 왕도王道를 행하라고 권유했다. 맹자가 바라는 것은 공자를 배우는 일이라고 했으나, 조금 깊이 생각해 보면, 그 내용이 상반되는 듯한 느낌을 주는 것은 무엇 때문인가?

맹자는 "호연지기浩然之氣를 잘 기른다."고 했다. 이는 실제로 공자도 언급하지 못한 부분을 주장한 공로가 있다. 하지만 "본성이 착하다."고만 한 것은 "기氣를 논의하지 않아 이론상 미비하다."는 혐의에서 벗어나지 못하는 것은 아닌가? 맹자가 『시경』과 『서경』은 말하기 좋아하면서 『주역』의 말을 인용하지 않은 것은 어째서인가? 맹자는 공자에 버금가는 성인聖人의 영역에 넉넉히 들어간다. 그런데도 오히려 전국시대의 분위기를 벗어나지 못하는 것은 어째서인가?

어떤 사람은 『맹자』에 대해 다음과 같이 이야기 한다. "세상을 다스리고 인간이 사는 법도를 세워 정하니 학자들이 자연스럽게 그것에 따르려는 기상을 지녔다. 그러나 그것에 채색을 가하며 꽃처럼 만들어 내니 그런 이치는 흔적도 없이 사라져 버렸다." 이러한 기상은 어디에서 간파한 것인가? 어떤 사람은 "『맹자』를 배우려 하면 의거하여 힘쓸 수 있는 근거가 없다."고도 하고, 어떤 사람은 "『맹자』를 읽고 난 후에 비로소 왕도王道가 행하기 쉬움을 알았다."고도 한다. 이처럼 이전 학자들의 평가가 학자에 따라 다른 것은 어째서인가?

『맹자』에 대해 박사博士를 처음으로 두게 된 것은 어느 시대이며, 『맹자』를 교육과정에 포함시킬 것을 주장한 사람은 누구인가? 고종高宗이 손수 『맹자』를 병풍에 썼는데, 그것은 과연 『맹자』를 아주 좋아해서 그런 것인가? 항몽원項夢原을 맹자라고 호칭한 것은 맹자를 잘 배웠기 때문인가? 전당錢唐이 죽음을 무릅쓰고 직간直諫하여 마침내 『맹자절문孟子節文』을 찬수했고, 사마온공司馬溫公은 『맹자』의 내용을 의심하고는

『의맹疑孟』을 지어 헐뜯고 비판했다. 후대의 왕과 현인들의 의견에 차이가 나는 이유를 자세히 논의해 보라.

맹자가 활동하던 때는 세상이 쇠퇴하고 성인의 도가 미약해진 시대였다. 재야의 학자들이 가만히 앉아서 이러쿵저러쿵 세상일을 논의하고 양주와 묵적이 올바른 정치의 길을 막고 있었다. 맹자는 성인에 버금가는 아성亞聖의 자질을 지니고 있었고, 공자 문하에서 논의하는 유학의 핵심을 깨우쳤다. 그리하여 공자의 가르침을 열고 여러 가지 의심을 단절하여 교화의 근원을 인도하고 시대의 폐단을 시정하였다. 특정한 나라에서 관직을 얻어 구체적으로 백성을 구제하지는 못했으나, 여러 군주나 제자들과 문답한 말을 기록하여 후세의 학자에게 남겼다.

의리와 이익을 엄격하게 분별했고, 인간의 본성과 정치적 운명에 관한 심오한 이론을 전개했으며, 한쪽으로 치우치는 말이나 그릇된 이론을 막고, 생활에서 기강을 부지하고 정직한 삶을 살아가도록 강력하게 주장했다. 맹자의 문체는 화려하고 뜻하는 취지는 통달했으며, 언어는 거칠지만 알맞았다. 이런 점에서 "천지를 망라하고 온갖 부류를 헤아려 차례를 정하였다."라고 평가한 옛날 학자들의 말이 옳지 않은가?

『맹자』는 한나라 이래로 『논어』 『중용』 『대학』과 더불어 경서의 반열에 올랐다. 어떤 사람은 겸경兼經이라 하고, 어떤 사람은 소경小經이라고도 하며, 학자들에게 높은 신임을 받았다. 정자와 주자가 나오면서, 제대로 전해 오지 못한 유학의 계통을 맹자를 중심으로 잇고, 『맹자』를 구와 장으로 분석하여 『맹자집주』를 저술하여 그 귀결되는 취지를 밝혔다. 이를 바탕으로 공자와 맹자로 거슬러 올라가면, 유학의 정통을 맛볼 수 있기에 다른 길로 선회하거나 항로가 막히는 일은 없으리라.

그런데 어찌하여 『맹자』가 그 취지를 드러내면 낼수록 유학은 더욱 어두워지는가? 인간의 본성은 타고나면서 착하기 때문에 세상의 모든 일에 대해 잘 알 수 있다는 양지良知나 맹자의 성선설性善說은 어찌된 일인지 고자告子의 무선무악설無善無惡說로 변질되고, 맹자의 이론은 태반이 향원鄕愿[82] 이 말하는 것처럼 되어 버렸다. 맹자가 강조

82. 겉으로는 덕이 있는 사람인 체 행동하면서 실제로는 사람들을 속여 실속을 채우던 악덕 토호를 말한다.

한 것처럼, 자기의 밭을 버리지 않고, 송나라 사람처럼 곡식의 싹을 뽑아 올리지 않으며, 천리天理를 확장하고 인욕人慾을 막아, 걸출하게 성인의 무리가 될 수 있는 사람이 수천 년을 지나면서 몇 사람이나 되겠는가?

나는 세상의 도리가 한 쪽으로 치우치는 것을 민망히 여긴다. 사람의 마음이 거칠어지는 것을 두려워한다. 때문에 서연書筵과 경연經筵에서 『맹자』를 강론한 것이 대여섯 차례에 가깝다. 또한 초계문신에게 명하여 열흘마다 『맹자』를 과제로 삼아 강론하게 하였다. 그렇게 한 뜻이 어찌 없었겠는가? 그러나 그런 논의가 일시적으로 입으로 말하고 귀로 듣는데 그친다면, 한낱 형식적인 도구일 뿐이니 좋은 정책을 확장하는 효과를 기대하기는 어렵지 않을까 염려된다.

지금 진정으로 내가 이 말을 하게 된 뜻을 알아 평소 정책으로 펼 수 있으면 좋겠다. 글을 읽고 나서 아무런 일도 없었다는 비판을 모면할 수 있었으면 고맙겠다. 맹자가 말한 것처럼 편안한 집에 거처하고 올바른 길을 행하는 계기가 되게 하려면, 어떻게 해야 하는가?

학문의 근본이 되는
『중용』을 탐색하라

『중용』의 내용과 특징 등을 자세하게 소개하고, 그것이 정치에 미치는 영향력, 적용 방법 등에 대한 진지한 고민을 요청한 책문이다. 『대학』과 마찬가지로 사서를 중심 으로 전통적 정치의 방법을 재확인하기 위해서였다.

　『중용』은 공자의 손자인 자사가 지은 책이다. 거기에는 성현들이 서 로 전수한 심법心法의 전체와 큰 쓰임이 갖춰져 있다. 그 정밀하고 미 묘한 깊이를 자세하게 설명할 수 있겠는가?

　책을 펼치면, 천명지위성天命之謂性이라 하여 "하늘이 명한 것이 성性 이다."라는 첫 번째 구절이 등장한다. 『중용』에서 첫 번째로 '사람과 다 른 모든 사물의 오상五常이 같은가 다른가?'를 큰 의문점으로 던진 것 은 어째서인가? '계신戒愼'과 '공구恐懼'는 학문의 근본문제이자 핵심영 역인데, 동정動靜이 관통하느냐 그렇지 않느냐를 분쟁의 단서로 삼은 것은 어째서인가?

『중용』의 첫 번째 장인 "천명지위성天命之謂性 솔성지위도率性之謂道 수도지위교修道之謂敎"에서 성性 · 도道 · 교敎는 세 가지 기본 강령인데, 두 번째 구절에서 도道만 말하였고, 희喜 · 노怒 · 애哀 · 락樂 · 애愛 · 오惡 · 욕欲의 칠정七情에서 단지 희 · 노 · 애 · 락 네 가지만 거론한 것은 어째서인가?

펼쳐지지 않은 것은 성性이며 이미 펼쳐진 것은 정情인데, 이것을 통솔하는 것은 마음心이다. 중中은 대본大本이고 화和는 달도達道인데,[83] 이것을 펼치게 하는 것은 기운이다. 그런데 『중용』 경문에서는 마음을 말하지 않았고 기운을 논하지 않

은 것은 어째서인가? 중과 화를 이루는 것은 공부이고, 제자리를 찾고 양육하는 것은 공을 들인 효과다. 나의 한 마음과 한 몸이 천지 만물과 무슨 관계가 있기에, 그것이 서로 관계되는 기미와 그 사이의 미묘함이 이와 같은가?

"순임금은 중中을 잡으라."는 말은 했지만 용庸은 말하지 않았고, 공자는 중용을 말하면서 화和는 말하지 않았다. 자사子思의 주장이 순임금이나 공자와 동일하지 않은 것 같은 느낌을 주는 것은 무슨 까닭인가? 군자라 해도 오히려 시중時中을 실천해야 한다면, 군자의 시중에서 가장 어려운 것은 시時라는 글자인가? 중용이 아니라도 또한 스스로 중용이라고 여긴다면, 2장에서 소인의 중용이라는 글귀에 구태여 '반反' 자를 보충할 필요가 있는가?

『중용』에서 중中이니 용庸이니 하는 것은 아마도 동일한 사례로 경문에 부연해야 할 것 같은데, 중의 뜻은 장마다 펼쳐내고 조목마다 해석

정조 책문, 새로운 국가를 묻다

하면서, 용의 뜻은 용덕庸德과 용언庸言 이외에는 보이는 곳이 거의 없는데, 어째서 그런가? '대본'과 '달도'도 두 조목으로 분석하는 것이 마땅할 것 같은데, 달도는 구절마다 반드시 거론하면서 대본은 유독 "천하의 대본을 세운다."고 하는 곳에서만 두어 번 말하고 마는 것은 어째서인가?

중용을 '만족한 도리'로 여긴다면 선택할 게 없을 것 같은데, '선택한다'고 말한 것은 무엇 때문인가? 중 자체는 본래 일정하게 정해진 방향이 없어 기댈 수 있는 것이 아닌데 '의지한다'고 한 것은 어째서인가? '지혜로움'과 '어리석음'은 앎에 속하고, '똑똑함'과 '멍청함'은 행에 속한다. 그럼에도 도가 행해지지 않음을 지혜로움과 어리석음이 불러일으키는 것으로 보는 까닭은 무엇인가?

지知·인仁·용勇은 가능하나 중용은 불가능하다고 하면서, 6장과 8장에서 순임금의 지혜로움은 "중도를 사용하는 것"에 있고 안연顔淵의 사람됨은 "중용을 선택하는 것"에 있다고 한 말은 무엇을 일컫는가? 12장에서 말하는 비은費隱은 이치이고, 솔개가 하늘에 날고 고기가 연못에 뛰는 것은 기운이다. 그렇다면 기운을 이치에 비유하는 것은 서로 어긋나는 것이 없는가? 16장에서 "귀신은 기운이고 덕"이라는 말은 이치인데, '덕이 된다爲德'고 할 때에 '위爲'라는 글자는 두루뭉술하지 않은가? 13장에서 "일관一貫된 길이 곧 충서忠恕라면 도와 거리가 멀지 않다."고 했는데, 이는 것을 도리어 배우는 자의 관점에서 말하는 것은 무슨 뜻인가? 15장에서 언급했듯이, 오륜이 애초부터 높고 먼 것이 아니라면 군자의 삶을 이루기 위해서는 낮은 곳에서 높은 곳으로 올라가듯 일상생활부터 잘해야 한다. 하지만 이를 오직 부부와 형제만을 들어 이야기하는 것은 어디에서 유래한 것인가?

증자會子가『중용』과『대학』을 말할 때 '서로 겉과 속이 된다.'고 했는데, 성신誠身과 성의誠意가 동일하지 않은 것은 진정 의심하지 않아도 되는가? 구경장九經章은『공자가어孔子家語』에 실려 있는 말인데, 문체의 번잡함과 간략함의 측면에서 보면 동일하지는 않다. 이것 또한 굳이 따질 것은 없는가?『중용』제21장의 '성실로부터 밝힌 성性'과 제1장의 '하늘이 명한 성性'은 같은가, 다른가? 밝음으로부터 성실해진 교敎와 도를 닦는 교敎는 하나가 되는가, 둘이 되는가? 하늘의 도와 사람의 도를 섞어서 말한 이유는 무엇인가? 쉼이 없는 것과 쉬지 않는 것을 어찌하여 서로 바꾸어 가며 설명하는가? 26장에서 박후博厚와 고명高明을 하늘과 땅에 견주어 나란히 말하고 끝에 가서 오직 하늘의 명命이라고 말한 것은 어째서인가?[84] 27장에서 위의 삼천, 예의 삼백이라고 한 것은 '매우 작다'는 것을 언급한 부분인데, 첫머리에 먼저 '넉넉하고 크다'고 말한 것은 어째서인가?

27장에서 "덕성德性을 존중하고 문학問學을 말하는 것"은 실천의 측면이 탐구하는 공부보다 우선되어야 함을 의미하고, "고명高明을 다하고 중용을 따른다는 것"은 편의 이름인데 도리어 조목의 반열에 넣었다. 그 취지에 대해 구체적으로 논의해 보시라. 요·순임금을 시조로 삼아 기술하고 문왕과 무왕을 모범으로 삼는 것은 공자의 도통道統이고, 위로는 하늘의 계절과 절기를 모범으로 삼고 아래로는 땅의 기운을 따르는 것은 공자의 덕행德行이다. 자사가 할아버지인 공자의 덕을 밝히

84. 26장으로 구성된『중용』의 앞부분은 '박후배지' '고명배천'으로 시작하고, 마지막 구절에 가서는 '유천지명' '오목불이'로 끝난다. 여기에서 '박후-지', '고명-천'으로 짝하여 말했는데, 마지막 부분에서 '천지명'만 강조한 것에 대한 문제제기다.

는 것은 성인의 도를 밝히기 위함인가? 소덕小德이니 대덕大德이니 하는 것은 무슨 명목인가? 지성至誠이니 지성至聖이니 하는 것은 무슨 분별이 있는가? 『중용』 가운데 두 곳에서 공자를 중니仲尼라고 호칭했는데 어떤 특별한 의미가 있는가? 시를 인용할 때 '운云' 자와 '왈曰' 자를 섞어서 말하고 있는데, 왜 이렇게 쓰는지 단정할 수 있는 사례가 있는가? 『중용』을 장구로 나눌 때, 어떤 곳에는 여섯 개의 큰 구절로 되어있고 어떤 곳에는 네 개의 큰 구절로 되어 있는데, 독법讀法과 장구章句에서 어느 것을 따라야 하는가? 『중용』의 내용을 전개하는 방식을 살펴보면 내부에서 외부로 설명해 나가기도 하고, 외부에서 내부로 설명해 들어가기도 했다. 말장末章과 수장首章 중 어느 것이 가장 치밀한가? 불현不顯이란 두 글자를 "그윽하고 깊다."로 해석했다면 『시경』에서 말하는 뜻과 구태여 동일하게 할 것은 없다. "소리도 냄새도 없다."는 것은 유학에서 오묘함을 형용하는 말인데, 주렴계周濂溪의 무극설無極說이 실제로 이 글귀에서 유래된 것인가?

『중용』이란 책은 그 의미가 넓고 크며 깊고 미묘하여, 천지를 종횡으로 가로지르고 끊임없이 조화를 모색한다. 성性·도道·교敎 세 글자가 『중용』 전체 33편에 스며들어 단락을 만들고, 성誠이라는 한 글자 또한 세 글자의 주요한 기둥이 된다. 올바른 방향과 정밀하게 찬 내면은 매우 정당한 체계를 구축하고 있고, 그 뜻이 풀어 놓으면 가득하고 물러나면 갈무리되며, 그 밝기는 손바닥을 보는 것처럼 분명하다. 때문에 공자의 문하에서 단독으로 전수하고 몰래 부쳐 주는 유학의 심법心法이다. 학자가 『중용』을 빼고 유학의 길에 들고자 한다면 무슨 방법이 있겠는가!

불행하게도 성현이 꿈꾸던 세상은 멀어지고 유학도 실추되어, 그 누구도 진정한 모습을 들추어내지 않은 지 오래다. 정호程顥·정이程頤의 두 정자程子가 불교와 노장 등 문란한 이단의 학설을 배격하고 『중용』을 존중하고 신임하면서, 자사가 주장하여 후세에 남긴 뜻이 1000년 후에 다시 밝아지게 되었다. 그리고 주자에 이르러 그가 침잠하고 반복하여 정밀하고 미세한 것을 탐구하면서 『중용장구中庸章句』와 『중용혹문中庸或問』을 만들었다. 그밖에 장흠부張欽夫를 비롯하여 여러 학자가 중화中和와 동정動靜을 논의하여 주고받은 이론이 상세하고 확실하여 거의 빠뜨린 뜻이 없다. 때문에 『중용』을 읽는 사람이 입으로 강송하고 마음으로 생각해 보면 깨달을 수 있고, 자신에게 되돌려 체험한다면 힘써 행할 수 있으리라. 진정 '중정한 도'로 매진한다면 공부를 시작할 곳이 없다고 염려하지 않아도 된다.

　어찌된 일인지 세상은 점점 저속하게 추락하고 있다. 인심은 한쪽으로 치우치고 학문은 밝아지지 않는다. 인간의 기질은 점차 교화하기 어려워지고, 은밀한 것을 찾아 괴이한 행동을 하는 자도 있다. 사회 분위기는 도리에 맞게 움직이지 않고 더러운 것을 찾아다니며 영합하는 자도 있다. 어떤 사람은 자막子莫처럼 이것과 저것의 중간을 잡기도 하고, 어떤 사람은 호광胡廣의 중용처럼 하는 이도 있다. 인간의 착한 본성이라는 차원에서 대본大本과 달도達道를 보는 것을 연나라 승상이 초나라 서신을 설명하듯이 하는 것일 뿐이다. 군자가 있다면 도를 위해 근심하는 마음이 어떠하겠는가?

　불교나 노장과 같은 이단의 학설에 대해서는 말할 것조차 없지만, 우리 조선에서 유학에 종사하는 학자들이 공자와 자사의 말씀을 암송하면서도, 공자와 자사의 교훈과는 상반되는 행동을 한다. 하늘에서 흩날리며 꽃이 떨어지듯이 천인天人과 성명性命의 근원을 강설하면서도, 그 행실을 돌아보면 책 속에서 강조하는 삶의 도리와 서로 부합되는 부분이 거의 없다.

사물이 아직 내 앞에 닥치지 않았을 때 존양한다는 것이 어떤 의미인지 알지 못하고, 은밀한 곳에 혼자 있을 때 성찰하는 것이 어떤 일인지 알지 못한다. 고요할 때는 너무나 어둡고 어리석어 딱딱한 돌덩이처럼 깨뜨릴 수조차 없는 모습이고, 움직일 때는 거리낌 없이 제멋대로 행동하여 길들일 수 없는 사나운 말처럼 된다. 공평무사한 천리天理는 나날이 소멸되고 욕망으로 들끓는 인욕人慾은 나날이 자라나, 대본이 서지 않고 달도가 행해지지 않는다. 심지어는 조무래기 소인들이 조심하지 않고 거리낌 없이 행동하는 지경에 이르니, 자사가 깊은 근심과 원대한 생각을 담은 『중용』을 통해 성인을 계승하고 장래를 열어준 공적이, 단지 종이 위의 헛소리로 전락하고 만다.

지금 당장 통렬하게 잘못된 인습을 버리고, 진실한 마음으로 『중용』을 읽어, 자구와 훈고를 입과 귀로만 믿지 말고 문사와 의리를 반드시 몸과 마음으로 체험하시라. 옥루屋漏의 공부를 극진히 하고 정일精一의 요점을 깊이 깨달아, 마침내 선을 택하여 굳게 잡고 덕을 닦고 도를 완성하시라. 공자를 비롯하여 주자에 이르기까지 유학의 성현들이 인간을 위해 전한 심법을 저버리지 않으려면 어떻게 해야 하는가?

아, 여러 관리들이여! 숨김없이 자세히 나름의 방법을 제시하여 절충할 수 있게 하시라.

『통서』를 통해
조선유학의 도통을 확인하라

주렴계의 『통서』에 대한 책문이다. 『통서』는 성리학의 원조에 해당하는 어려운 저
술인 만큼 매우 중요하지만 제대로 파악한 사람이 없다. 정조는 유학의 도통이 담긴
『통서』를 깊이 탐구하여 자신에게 자문해 주기를 요청했다.

주렴계가 지은 책으로 『통서通書』가 있다. 이 책은 도설圖說과 함께
모두 정자程子에게 전해졌고, 정자를 이어받은 주자도 이 책을 읽었다.
주자는 처음 이 책을 읽을 때 심지어 구두句讀도 제대로 떼지 못했다고
한다. 그렇다면 후학들은 『통서』에 담긴 오묘한 도리와 정밀한 뜻을 제
대로 엿볼 수 없는가?

『통서』 첫머리에는 성誠에 관한 언급이 나온다. "착함을 계승하고 성
품을 이룬다."고 하여, 세상의 모든 존재는 성의 지류에 속한다고 했다.
그렇다면 이치에도 단계가 있단 말인가? 아니면 여기서 말하는 성품은
기질을 가리키는 것인가?

미세하게 움직이는 것이 정情의 시초이고, 이것이 바로 동기다. 선함과 악함의 동기는 그것이 펼쳐지려는 첫머리에서 그 조짐이 결정된다. 그렇다면 정성스러움에도 선함과 악함이 있는가? 아니면 펼쳐질 때 이미 다르게 시작되는 것인가? 화살이 활줄 위에 놓여 있다 해도 과녁을 향해 쏘기 전에 높고 낮음이 결정되지 않고, 저울추가 저울대에 있지만 무게를 달기 전에 올라가거나 내려감이 나누어지지 않는다. 그러나 이 상태를 가지고 기미幾를 말한다면, 움직일 수 있는 조건은 갖추어졌으나 움직이는 형태는 없다는 의미다. 북쪽에서 풍로風爐를 밟으면 그 꼬리가 남쪽에서 들려지고, 동산銅山이 서방으로 기울어지면 낙종洛鐘은 동방에서 반응을 보인다.[85] 이것을 가지고 기미를 말하자면 동기가 여기에서 움직이면 형체는 저기에서 움직인다는 말이 된다. 그렇다면 동기의 경계는 어느 것을 중심으로 따라야 하는가?

> 85. 동산은 구리가 생산되는 산이고 낙종은 신령스런 종이다. 동산이 무너지려 하면 신령한 종이 먼저 반응을 보인다는 말로, 같은 종류끼리는 서로 감응하여 영향을 주게 된다는 의미다.

『통서』의 제3장은 성誠·기幾·덕德을 그 본질로 삼았고 성聖·현賢·신神을 그 단계로 삼았다. 제4장은 성誠·신神·기幾를 본질로 삼았고 성인을 단계로 삼았다. 신神이라는 한 글자는 정말로 정해진 새김이나 풀이가 없는가? 도설圖說에서는 중정中正과 인의仁義라고 했는데, 여기에서는 인의와 중정이라고 선후를 바꾸어 말했다. 이에 대해서는 어떻게 설명할 수 있겠는가? 도설에서는 수·화·목·금·토라고 했는데, 여기에서는 강剛·유柔·선善·악惡·중中으로 바꾸어 말했다. 무슨 의미가 있는가?

수치스러움을 안다면 그런 사람은 자신이 무엇을 잘못했는지 깨달고 있기 때문에 가르칠 수 있고, 허물을 알아듣는다면 자신의 오류가 무엇인지 알고 고칠 수 있으므로 이미 현명한 사람이라 할 수 있다. 그렇다면, 가르침은 사람을 교육하는 공부에 속하고 현명한 사람은 그런 가르침의 결과 드러나는 효험에 속하는가? 뜻에서는 은나라의 이윤伊尹이 대표적인 사람이고 학문에서는 공자의 제자인 안자顔子가 대표적인 사람이라고 한다면, 이윤은 학문이 없고 안자는 뜻이 없단 말인가?

"태극이 움직여 양陽을 낳는다."고 하는데, 여기에서는 "움직임과 고요함이 있으면 사물이 되고, 그것이 없으면 신神이 된다."고 했다. 그렇다면 신神의 공용功用은 태극보다 한 단계 높다는 것인가? 움직임과 고요함은 뿌리에 해당하고, 음과 양은 모습이라고 한다. 여기에서는 수음水陰은 양에 뿌리를 두고 화양火陽은 음에 뿌리를 둔다고 한다. 그렇다면 뿌리라는 말은 리理와 기氣의 두 곳에 있단 말인가? 고요하고 비어 있는 정허靜虛나 움직이면서 강직한 동직動直을 음양으로 분류하여 갖다 붙이는 것은 어쩌면 지나친 천착일 수 있다! "신령하지도 투명하지도 않다."는 것이 태극을 직접 지적한 것이라면 지나친 비약이 아닌가?

안자顔子의 즐거움을 갑자기 말하기는 어렵겠지만, 정자程子가 끝내 비밀에 부친 것은 어쩌면 지나치게 숨긴 것이 아닌가? 세상의 형세가 얼마나 가볍고 무거우냐에 달려 있겠지만, 사람의 힘으로만 돌린다면 나중에 폐단이 없겠는가?[86] "신중히 행동하라."는 것은 당연한 훈계다. 하지만 길흉화복吉凶禍福이란 말은 이익과 손해를 개입시킨 것 같

86. 『논어』「옹야」에 나오는 안자의 안빈낙도를 어떻게 해석하는가의 문제다. 공자가 말했다. "현명하구나, 안회여! 대나무 그릇에 담은 밥을 먹고, 표주박에 담은 물을 마시며, 누추한 골목에 살고 있다. 보통 사람들은 이런 삶을 견디기 힘들어 하건만, 안회는 그런 즐거움을 고치지 않는다." 이에 대해 정자는 다음과 같이 해석했다. "안자의 즐거움은 대나무 그릇의 밥을 먹고 표주박의 물을 마시고 누추한 마을에 사는 빈궁 자체를 즐기는 것이 아니다. 가난에 시달려도 인간의 도리를 지키는 마음을 다치지 않고 즐기는 것을 고치지 않았다." 주자는 정자의 말에 대해 "인도만 하고 깊은 뜻을 밝히지 않았다."고 평가했다.

은 느낌이 든다. 올바르지 않은 부귀영화는 진실로 도외시해야 하지만, "저울의 눈금이나 먼지처럼 지나치게 하찮게 여긴다."는 말은 너무 심한 것은 아닌가?

책 이름은 『역통易通』인데 역학易學을 설명한 곳은 단지 「건乾」「곤坤」 등 두어 편에 그치고, 끝 부분에 가서 정靜을 중심으로 여러 가지 비유를 할 때 몽괘蒙卦와 간괘艮卦 두 괘를 아울러 들고 있을 뿐이다. 그 외에 다른 특별한 설명이 있는가? 황암손黃巖孫이 이 책에서 잃어버린 부분이 있음을 의심한 것은 무엇에 근거한 것인가? 호오봉胡五峰이 자기의 견해에 따라 책 내용 가운데 더하고 뺀 것이 있는데, 이 또한 함부로 한 것은 아닌가?

주렴계가 남긴 심오한 학문 가운데, 그림을 그려 형상으로 보여 주는 것으로는 「태극도太極圖」가 있고, 책으로는 『역통易通』이 있다. 이 두 편은 우주자연의 조화를 온전하게 보여 주며 성명性命과 리기理氣의 핵심을 일러 준다. 도식은 이를 모조리 표현하지 못했지만 책에서는 진지하고 격렬하게 논의했다. 옛날 학자들이 이 책에 대해 "말로 하자면 경서가 되니, 『논어』나 『맹자』에 비해 정밀하고 심오하다."고 한 것도 지나친 언표는 아니다.

그러나 책의 가치를 알아보는 학자가 적으니, 도가나 불교 같은 이단의 말이 개입되었다고 부추긴 논란이 있다. 어떤 사람은 "선생이 도식을 그려 정자에게 보였고, 책을 만든 일은 없다."고 하고, 어떤 사람은 "선생의 학문은 노자老子와 열자列子에서 나왔다."고도 한다. 어떤 사람은 "선생이 호문정胡文定과 함께 학림사鶴林寺의 승려 수애壽涯를 스승으로 삼았다."고 한다. 이단이 끼어들었다고 이렇게 논박하는데도 어찌하여 이 책이 없어지지 않았는가? 『통서』가 어디에서 나왔는지, 그 단서를 찾아볼 생각도 하지 않고 묶어 두고 읽지는 않았는가?

주자만이 정자의 뒤를 계승하여 사숙하며 유학의 길을 책임 있게 전수했다. 그리고 이 책의 구성과 내용을 알고 깊이 빠져 탐구하여 풀이하며 주석을 만들었다. 자신의 문인들에게도 주렴계의 책을 도학道學의 근원이라고 수시로 말했다. 아! 주자가 아니었다면 선생은 하마터면 여러 학자들과 한데 섞여 일반적인 학자로 전락할 뻔했다.

나는 세자궁인 춘저春邸에 있을 때부터 이 책을 아주 좋아했다. 입으로 외고 마음으로 생각하며, 글자마다 탐구하고 구절마다 낱낱이 따지며, 힘을 들여 오랫동안 연구했다. 그러나 아직도 대의는 거의 터득하지 못하고 있다. 박식하고 치밀한 학자를 찾아 어려운 부분에 대해 문의하고 토론하고 싶으나, 금마金馬, 옥서玉署의 반열에서 고개를 끄덕이고 제대로 손대며 공부하는 사람을 찾아보기 어렵다.

경서를 학문의 절대적 기준이자 뿌리가 되는 경經이고, 사서史書를 그 주변에 가로로 놓여 있는 가지가 되는 위緯로만 인식하지는 말라! 무엇을 먼저 공부하며 몰입할 것인가, 무엇을 나중에 공부하며 좀 느슨하게 할 것인가를 고민하는 것이 지성인의 도리 아닌가? 어떻게 하면 유학의 도통이 담긴, 이 40장의 책을 즐겁게 몸에 녹아들게 할 수 있겠는가? 그 전체 뜻을 펼쳐내어 세상의 뜻 있는 학자들에게 권하여 힘쓰게 하고, 그들을 우대하여 모두 광풍제월光風霽月 가운데 노닐도록 할 수 있겠는가? 그대들은 심각히 그 방법을 생각해 주시라. 그리고 나의 모자람을 인도해 주시라.

정조 책문, 새로운 국가를 묻다

『황극내편』을 보고
정치의 근원을 탐구하라

황극과 홍범 등 유교 정치철학의 핵심이 담겨 있는 『황극내편』에 관한 책문이다. 때문에 학자들이 더욱 관심을 갖고 강독하며 정밀하게 탐구해야 한다. 앞에서도 다루었던 황극을 통해 정치의 이치와 방법을 세밀하게 살피도록 연구를 당부했다.

홍수를 다스려 나라를 크게 안정시켰다고 전해지는 우임금은 『주역』에서 주요하게 언급되는 「낙서」를 정리하였다. 은나라가 망하자 동방으로 가서 기자조선을 건국했다는 기자箕子는 『서경』에서 주요하게 다루어지는 「홍범」의 내용을 보충하여 널리 퍼뜨렸다. 『황극내편皇極內篇』은 채침蔡沈이 저술하였다. 채침은 성리학을 집대성한 주희에게 배웠는데, 주희의 요청으로 구봉九峰에 은거하면서 10여 년에 걸쳐 『서경』에 주석을 하면서 『서경집전書經集傳』을 완성했다. 구봉에서 생활했기 때문에 구봉선생이라고도 한다. 구봉이 『서경』을 주석하면서 『황극내편』을 저술하였고, 여기에서 「낙서」와 「홍범」의 내용을 보다 구체적으로 밝혔다.

『황극내편』을 통해 고민해 보자. '홍범구주' 가운데 「홍범」을 벗어난 것이 어디에 있는가? 하지만 책의 명칭으로 유독 '황극'을 취한 이유는 무엇인가? 『주역』에서 다루는 숫자는 모두 「하도」에 근거를 두고 있는데, 책머리에 단지 '낙서'를 실은 이유는 무엇인가? 원형으로 되어 있는 것은 하도의 숫자이고 사각형으로 되어 있는 것은 낙서의 숫자인데, 앞면에는 원형인 하도를 두고 뒷면에는 사각형인 낙서를 두었다. 그렇게 배치한 의미를 감지할 수 있겠는가? 역易에서 행수行數[87]는 1·1에서 9·9까지고, 적수積數[88]는 1에서 6561이다. 그러므로 적수는 많고 행수는 적다. 왜 그렇게 계산하는지 그 방법을 분별할 수 있겠는가? 『주역』의 음양陰陽과 동정動靜의 이론이 어째서 『서경』의 구주九疇보다 앞에 제시되어 있고, 주돈이, 정이, 장재, 소옹 등 북송 성리학자의 학설이 어째서 이론을 설명하는 가운데 뒤섞여 있는가?

숫자에서 1은 시작이고 9는 종결을 의미하므로, 그것은 숫자의 처음과 마침을 말한다. 사물에서는 순順이 시작이고 역逆이 종말을 의미하므로, 그것은 사물의 처음과 마침을 말한다. 사물과 숫자를 통일해 볼 때, 순수順數는 본래 1에서 일어나는 것은 분명하다. 그런데 종수終數는 5와 9로 동일하지 않다. 이는 어째서 그런가?

1은 변하지 않지만 9는 모조리 변한다. 이는 숫자의 변화다. 숫자는 9인데 사용할 때 10인 것은 숫자의 체용體用이다. 체용도 또한 하나의

87. 행수는 자연수의 나열을 말한다. 1·1에서 9·9까지 9행의 정사각형으로 배열하는데, 이 도표가 「구구행수도」다.

88. 적수는 구구법으로 곱수를 말한다. 1에서 9까지 9행으로 정사각형이 되게 배열한다. 1×1=1이고 9×9=81, 81×9=729, 729×9=6561이 된다. 이 도표가 「구구적수도」다.

변화인데, 때로는 9가 되기도 하고 때로는 10이 되기도 하여 서로 차이가 난다. 이는 어째서 그런가? 1에서 시작하여 3에 참여하고 9에 끝나면 81이 된다. 그 이유를 자세히 설명해 보라. 숫자 가운데 1은 길吉이고 9는 흉凶이며, 3은 상祥이고 7은 재災이며, 8은 휴休이고 2는 구咎이며, 4는 린吝이고 6은 회悔라고 하는데, 그 이치가 왜 그런지 탐구할 수 있겠는가? 구야九野[89]와 구주九州[90] 등등에서 모두 9수를 사용하였는데, 군대의 진법은 유독 8로 기록한 것은 어째서인가?

89. 하늘을 아홉 부분으로 나눈 것으로, 중앙을 균천, 동방을 창천, 동북방을 민천, 북방을 원천, 서북방을 유천, 서방을 호천, 서남을 주천, 남방을 염천, 동남방을 양천이라 한다.

90. 땅을 아홉 등분으로 구별한 것으로, 동남은 양주, 정남은 형주, 하남은 예주, 정동은 청주, 하동은 연주, 정서는 옹주, 동북은 유주, 하내는 기주, 정북은 병주이다.

91. 『황극내편』에서는 『주역』에서 팔괘를 제곱하여 64괘가 나오는 것을 본받아, 구주를 제곱으로 하여 81괘를 만들었다.

「오행육기도五行六氣圖」는 모두 일곱 조목으로 이루어져 있다. 그런데 이 그림은 사물 가운데 작은 것을 들어 설명하고 큰 것을 빠뜨려 놓았는데 그 이유는 무엇인가? 일상에서의 예의를 기준으로 삼고 인간의 본성과 운명을 단서로 삼았다고 했는데 무엇을 지적하여 말한 것인가? 군자의 학문을 도모하기 위한 것이지 소인을 위한 그림은 아니라고 했는데 무엇을 비유한 것인가? 조목을 나눈 것이 81개인데 원原과 잠潛에서 시작하여 타墮와 종終으로 끝나는 것은 어떤 뜻을 취한 것인가?[91] 기후氣候는 72인데 구인결蚯蚓結에서 시작하여 여정출荔挺出에서 마치는 것은 어디에서 취한 형상인가?

동극洞極과 잠허潛虛를 억지로 부회한 것이라면, 이 『황극내편』이 『태현경太玄經』에 근거한 것에 대한 야유는 없을 것 같다. 『주역』의 형상과 「홍범」의 수학은 하나는 전승되고 하나는 유실되었다고 한다. 이전의 학자들이 강론하여 전수하지 않은 것을 어디에 근거하여 탐구하고 해석하였는가? 잠曆과 수守 이하는 모두 수사數辭가 결여되어 있고, 몽蒙과 진晉 등의 조목은 간혹 『주역』의 괘 이름을 취하였다. 그것은 어째서인가? 오덕五德과 오상五常은 숫자와 무슨 관계가 있기에 지속적으로 반복하는가? 『주례』와 『중용』은 「홍범」과 무슨 관계가 있기에 섞어서 인용하는가?

「홍범」은 도를 논의한 책이다. 수학도 그 속에 있다. 채침은 당시 최고의 학자였던 채원정蔡元定의 아들이며 주자의 뛰어난 제자였다. 부친과 스승에게서 직접 교육받아 이치와 수학의 근원을 탐구했다. 그가 저술한 『서경집전』은 도道와 기器의 대륜大倫 및 대경大經에 대해 명백하게 구명했다고 할 수 있다. 그러나 『서경집전』은 천지만물의 수數, 즉 미루어 나가고 차고 기우는 이치에 대해 모조리 천명할 수 없는 한계가 있었다. 이에 채침은 『황극내편』을 별도로 저술하여 미세한 부분까지 깊게 탐구하여 빠진 부분을 보충하고 후대에 새로운 학문을 제시했다. 이에 대해 사무무謝無楙가 "신을 궁구하여 조화를 알았다."라고 하였는데, 지나친 표현이 결코 아니다. 문제는 지속력이다. 하나의 책이 만들어진 지 몇 년 지나지도 않았는데, 그 계보를 계승할 사람이 없다. 학식과 덕망이 깊은 학자들 가운데 스스로 해박하다고 자부하는 사람들도 역易의 상象과 수數에 들어가면 깜깜해져 잘못 해석하니, 너무나도 애석하다!

내 이 부덕한 몸으로 외람되이 『황극내편』의 학문적 계통을 이어받고, 유학을 흥기하기 위한 첫머리를 빛나게 장식하려고 한다. 이 책은 이치와 수학의 핵심이다. 그만큼 학자들은 반드시 먼저 강독하여 정밀하게 힘써 탐구하시라. 그렇게 한다면 우임금의 「낙서」와 기자가 보충한 「홍범」에 대한 경위와 연원이 찬연히 빛나, 어두운 거리에 밝은 촛불을 든 것과 같으리라. 그런 다음에 황극을 보호하고 황극을 주는 정치를 할 수 있다. 이 나라 백성을 평화롭게 살게 하는 정치의 근원! 그것을 실천하기 위한 길을 어떻게 열어야 하겠는가?

그대 학자 관료들에게 그 길이 무엇인지, 들을 수 있기를 기대한다.

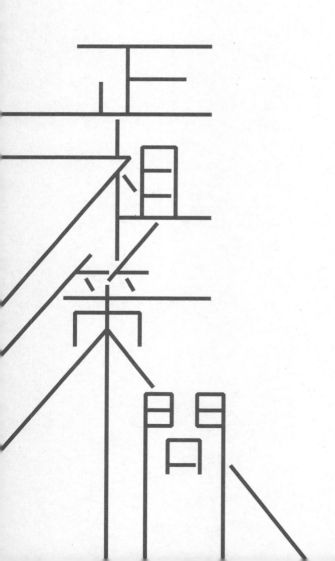

5부

**함께 잘사는
나라를 만드는
노력**

동서고금을 막론하고, 한 나라의 국민이 생존하는 문제는 그 국가의 가장 중요한 정치적 사명이다. 먹고사는 문제인 민생고가 해결된 다음, 문화생활을 비롯한 여타의 문제를 고려할 수 있다. 때문에 국가를 이끌어 가는 지도자들은 국민의 삶과 직결되는 생업에 최대한 관심을 갖고, 생업에 충실할 수 있는 정책과 생업을 활성화할 수 있는 정책을 지속적으로 펼쳐 나가야 한다. 조선 후기 정조가 집권했던 시대는 상공업이 싹트기는 했지만 여전히 농업을 근본으로 하던 시대였다. 따라서 농업을 중심으로 백성들의 삶을 윤택하게 만들려는 다양한 차원의 국가적 노력이 요청되었다.

고대로부터 지금에 이르기까지 민주주의의 기초는 지역사회에 있다. 때문에 민주주의 제도 가운데 지방자치를 풀뿌리 민주주의라고도 한다. 조선이 민주주의 정치체제는 아니었으나, 적어도 백성을 정치의 근본으로 인식한 민본民本에 기초한 사회였다. 따라서 국가 지도자들은 전국의 백성을 돌보고 살펴야 하는 의무와 책임이 있었다. 그것은 각 지역의 특성과 상황을 파악하여 충실하게 정치에 반영하는 것으로 이어졌다. 그 정책의 핵심은 지역사회의 지리적 특성과 지역사회 분위기의 특성을 살려 민생을 챙기는 데 있었다.

여기에 제시하는 책문은 『홍재전서』「제48권」의 〈춘春〉〈거본업억말리舉本業抑末利〉, 「제49권」의 〈마정馬政〉〈조운漕運〉〈주진賙賑〉〈귤橘〉, 「제50권」의 〈농農〉〈지세地勢〉, 「제51권」의 〈판적版籍〉〈환향還餉〉〈관동關東〉〈탐라耽羅〉, 「제52권」의 〈남령초南靈草〉〈휴노노농休老勞農〉〈호남湖南〉〈북관北關〉 등 16편이다. 이를 지도자와 백성 사이에 민생과 복지를 고민하는 차원과 지방의 상황 파악, 지역사회의 특징 분석 등을 파악하는 내용으로 다시 정돈했다.

아무리 작은 사물일지라도
그 이치를 보라

궁중에 숙직하는 신하들과 성균관 기숙사에 거처하는 유생들을 대상으로 한 책문
이다. 아주 조그만 과일인 귤을 보고 그것에 담긴 여러 가지 정황을 이치로 표현했
다. 아무리 작은 사물일지라고 그 사물이 존재하는 이치가 있고 나름대로의 장단점
이 있다. 따라서 그 조그만 것을 통해 세상을 볼 줄 아는 혜안을 갖출 것을 요청했다.

귤은 아주 조그만 과일이다. 『서경』과 『춘추』에도 귤에 관한 기록이
있다. 요임금이나 순임금도 귤을 항상 먹지는 못했고, 우·탕·문 삼왕
은 귤을 예의와 비교했다. 이런 것을 보면 귤이라는 과일은 정말 대단
하다.

귤이 익는 시기는 주로 가을이다. 하지만 나부산羅浮山에서는 여름에
익고 목노木奴에서는 겨울에 익으므로, 더러는 익는 시기가 다르다. 빛
깔은 주황색이지만 조양산條陽山에서는 흰색의 귤이 나고 민산閩山에서
는 붉은색의 귤이 나므로, 그 색깔도 다르다. 이는 어째서인가? 교지交趾
의 귤관橘官과 남월南越의 귤적橘籍 등 국가적으로 귤에 관한 제도를 마

런하기도 했던 이유는 무엇인가? 동정洞庭에는 귤리橘里가 있고 팽택彭澤에는 귤시橘市가 있는데, 지역의 토산품을 공물로 바치게 한 사연은 무엇인가?

생업을 위해 귤을 재배하는 사람은 그 부유함이 5품 정도의 관리가 받는 녹봉에 견줄 만하다. 귤을 재배하여 이익을 얻는 사람도 있었고, 손님으로 왔다가 귀한 귤을 보고 부모에게 갖다 주기 위해 그것을 품에 넣었는데, 그 효성스런 명성을 6대까지 떨친 사람도 있었다. 때문에 사람마다 모두 귤을 사랑할 줄 알고 귤이 지닌 의미와 미덕을 드러내었다.

귤이 회수淮水를 넘어가면 탱자枳가 되고, 강을 건너면 등자橙가 된다고 했다. 이는 귤의 기질을 말한 것이다. 귤나무를 둘러싼 이상한 이야기도 있다. "큰 귤나무 아래에 두 늙은이가 장기를 두고 있을 텐데, 그 귤나무를 세 번 두드리면 응답하리라."는 것이다.[92] 그러나 이는 근거가 없다. 귤은 호주壺酒라고도 하고 경장瓊漿이라고도 하는데, 시인과 묵객이 시절을 감상하며 사물을 읊고 노래할 때 비유의 대상이 되기도 한다. 이것은 귤이 아름다워서 자연스럽게 그렇게 된 것인가? 아니면 사람의 기호가 심하여 그러한 것인가?

귤은 기운이 성하고 아름다운 곳에 심어져 정기를 독차지한다. 그리하여 찬란하고 향기롭게 우거지는 특성을 지닌다. 이는 양陽의 성품이다. 옥으로 장식한 책상처럼 현란하고 금으로 만든 소반처럼 빛나는데, 반대로 가을의 차가운 빛을 기다려야 익는 것은 어째서 그러한가? 사물에는 그것이 본래부터 아주 작더라도 그에 합당한 이치가 담겨 있다.

굶주리고 헐벗은 백성을
어떻게 구휼할 것인가?

이 책문은 1783년 봄에 도기유생을 대상으로 본 시험이다. 봄이 되면 해마다 보릿고 개라는 춘궁기가 돌아오고, 굶주리고 가난한 사람, 소외되고 어려움에 처해 있는 사 람을 구해야하는 국가적 사명이 대두한다. 이는 정치지도자의 궁극적 책무다. 정치 에서 가장 기초적인 먹고 사는 문제를 어떻게 해결할 수 있는지 대책을 모색했다.

국가가 백성을 구휼하는 정책을 주진賙賑이라 한다. 주진은 특히, 홍 수나 가뭄과 같은 재해로 굶주리는 백성이나 가난한 사람, 소외된 사 람 등 사회적 약자를 구휼하는 일이다. 이는 국가의 가장 중요한 정치 적 책무다.

일반적으로 백성이 흉년을 만나 굶주리면 나라에서 구휼하는 곡식 으로 연명한다. 그런데 중국 고대에서 태평시대라고 하는 요순시대, 주 나라 탕왕시대에는 '주진'의 정치가 있었다는 말을 듣지 못했다. 그것 은 백성들이 부유하게 살 수 있도록 이미 조치를 취해 두었기에 나라 의 창고를 열어야 할 일이 없었기 때문인가? 주나라가 녹봉을 나누어 주던 때나 제나라가 창고를 개방한 여러 사례들이 반드시 흉년이 들었던 때에 시행한 것인지는 알 수 없다. 옛날부터 나라에서는 정책적으로 먹을 양식이 떨어지는 시기인 봄에 백성들에게 곡식을 대여해 줄 것을 논의했다. 국가 지도자는 도성 밖이나 성에서 멀리 떨어진 국경 부근의 백성들의 상황이 어떤지 교외를 순행하며 계절에 따라 상황에 맞게 은혜를 베풀었다. 당시 곡식을 대여하거나 은혜를 베푼 것이 과연 후세의 지도자인 군주들이 '주진'을 한 것과 다름없는 것인가?

공자의 제자인 자로子路가 간소하나마 음식을 마련하여 군사들에게 대접하자 공자는 이를 만류했고, 춘추시대 정나라의 자피子皮가 당시 흉년이 들어 사람들이 굶어 죽기에 이르자 집집마다 곡식을 나누어 준 것에 대해 같은 시대의 유학자였던 숙향叔向이 이를 아름답게 여겼다. 그 장점과 단점에 대해 자세하게 설명해 보시라. 다른 지방에 흉년이 들어 하동河東의 곡식을 그 지방으로 옮기는 일과 관중關中 지역에 살던 백성을 촉蜀으로 나가서 먹게 한 일은 동일한 성격에 해당한다. 그런데 하나는 옳고 하나는 잘못이라고 하는 것은 어째서인가?

전한시대 무제武帝 때 장안을 중심으로 세 지역으로 구획한 삼보三輔의 공전公田을 백성에게 나누어 주기도 하고, 때로는 1년 치의 세금을 면제시켜 주기도 했다. 이것이 실속 없이 죽을 쒀 먹이는 것보다 나은 일인가? 하늘의 별자리에는 '주진'을 주관하는 별이 있고, 땅의 남쪽 들녘에는 추수 후에도 남겨진 벼 이삭의 이익이 있다. 최고지도자 군주가 하늘을 본받고 땅을 모범으로 삼아 정치를 하는데, 어찌 주진에 관한 정책을 소홀히 할 수 있겠는가?

우리 조선은 전통적으로 이렇게 백성을 굶주림과 헐벗음에서 구휼하는 정책을 가장 중요하게 여겼다. 그리하여 백성의 빈궁함을 구휼하는 문제에 대해서는, 홍수나 화재가 난 것처럼 구원에 힘을 쏟았다. '주진' 정책에 사용하는 곡식은 상진常賑이라 했고, 그것을 실행하는 기구로 교제창交濟倉을 두었으며, 젊고 혈기 왕성한 장정과 힘이 약한 노약자를 구별하여, 정책 시행 단계를 열두 개로 구분하여 제각기 상황에 맞게 배정했다.

재난이 심할 때는 더 첨가해 주고, 보리 수확이 시작되어 먹을 것이 생긴 다음에 이를 중지했다. 어떤 때는 어사를 파견하여 주진 정책을 시행하기도 하고, 어떤 때는 각 지역을 다스리는 지도자인 관찰사에게 정책 시행을 위임했다. 상황에 따라서는 대여하던 것을 무상으로 주어 갚지 않아도 되게 하고, 죽을 쒀 주어 굶주림을 면하게 하던 것을 술과 음식으로 주기도 하였다. 심지어는 저 멀리 제주도까지 곡식을 실어다 백성의 굶주림을 면하게 했다. 이처럼 우리 조선의 지도자에게는 백성에게 베푸는 시혜 정신이 몸에 배어 있었다.

그런데 최근 들어 이런 정신이 점점 희미해져 옛날 같지 않다. 집이 없어 사방으로 흩어진 백성은 있어도 좋은 정책으로 백성을 살렸다는 정치는 볼 수 없다. 이런 백성의 상황을 생각하면 개탄하지 않을 수 없다! 잘못은 최고지도자인 나에게 있으니, 누구를 원망하겠는가! 지난해 경기도 지역의 농사가 유래 없는 흉년을 맞았고, 충청도 지역의 연해안에도 재난이 들어 한 줌의 곡식도 비축된 것이 없다. 부녀자들이 길쌈해 놓은 것도 이미 바닥이 나서 텅 빈 배에서 일하는 남정네들은 부황으로 들뜬 몰골에 남루한 의복으로 생계가 막막하여 절규하는 소리로 가득하다. 저 백성들이 초가집에서 떨며 괴롭게 지내는 것을 생각하면, 내 어찌 편안하게 좋은 집에서 먹고 잘 수 있겠는가? 주진의 정책을 바르게 시행하는 일이 백성의 목숨을 구제하여 살릴 수 있는 유일한 길이다.

나는 사실 부족함 없이 지내는 몸이다. 하지만 최고지도자 군주로서 대궐에 있다 보니, 백성들이 한 식구라도 먹을 것이 넉넉하지 못해 걱정하는 일은 없는지, 한 달에 두세 번 음식을 베풀어 백성을 구휼하는 일을 계속하기 어렵다는 한탄은 없는지, 굶주린 백성을 구휼할 때 관리들이 농간하지는 않는지, 곡식을 나누어 줄 때 백성이 실제로 혜택을 받는지, 소금을 비롯한 부식은 제대로 공급하는지, 질병을 앓는 사람은 요양을 제대로 받는지, 정확하게 알 수 없다. 그렇지만 나는 백성들이 굶주리면서도 구휼을 제대로 받지 못할까 조마조마 하는 마음으로 나 자신이 그런 지경에 처한 것처럼 상심하고 있다. 마침 학자 관료들에게 나라의 여러 정책에 대해 자문하는 기회를 가진 이 자리에서, 다른 일에 대해 언급할 겨를이 없다.

그대 학자 관료들도 평소에 '주진'에 관한 정책을 나름대로 강구하고 있다고 생각한다. 이번 기회에, 형식에 너무 얽매이지 말고 백성을 구휼할 방도를 과감하게 제시해 보시라.

봄기운이 꿈틀대듯
백성의 삶을 활기차게 하라

이 책문은 1778년에 문신들을 대상으로 한 책문이다. 봄이라는 계절의 특성을 통해
국가 운영의 원리를 고심하는 제왕의 철학적 단편을 보여 준다. 봄은 만물이 소생하
고 생기발랄하다. 이처럼 국가 정책도 생기를 머금고 새롭게 펼쳐질 것을 염원하는
마음이 가득하다.

봄은 한 해를 시작하는 계절이다. 자연의 질서에서 보면 원元이 되고,
인간 사회의 일로 보면 인仁에 해당한다. 원은 으뜸을 뜻하고 인은 열
린 마음 곧 사랑을 말한다. 그만큼 봄이라는 때와 의미는 위대하다.

　많은 사람들이 봄에 대해 "꿈틀꿈틀 움직인다."라고 한 것은 무슨 뜻
인가? "놀라고 두려워한다."라고 한 것은 무
슨 까닭인가? 음악의 육률六律에서 태주大簇
가 이러한 인월寅月에 해당되는 것은 어째서
인가? 오신五神[93]에서 구망句芒[94]이 이때의 절
기인 입춘을 담당하는 것은 어째서인가? 이

> 93. 혼(魂), 신(神), 의(意), 백(魄), 지(志)의 다섯
> 가지를 말한다. 정신과 사유 활동을 표현한
> 것으로 생명 활동의 기능을 통틀어 지칭한다.
>
> 94. 동방의 제왕을 보좌하는 동쪽의 신, 봄의
> 신이다. 얼굴은 사람의 모습을 하고 있지만
> 몸은 새와 같고 두 마리의 용을 올라타고 있다.

즈음 목탁木鐸을 두드리며 도로를 순찰한다는 것은 『서경』「하서夏書」에 기록되어 있고, 상위象魏로 법령을 게시한다는 것은 『주례周禮』에 실려 있다. 이를 시절에 알맞은 정령政令이라고 볼 수 있는가? 토우土牛로 절후를 경계하는 것은 『대대례大戴禮』의 교훈이고, 여이女夷가 북을 두드리며 노래하는 것은 『여씨춘추呂氏春秋』에 실려 있다. 이 또한 이 시기에 행하는 정령이라 할 수 있겠는가?

어떤 사람은 봄에 학교에 입학하여 무도舞蹈를 익히기도 하고, 『논어』에 나오듯이 공자의 물음에 증석은 "기수沂水에 목욕하고 기우제를 지내는 무우舞雩에서 바람을 쐬고 싶다."고 했는데, 이것도 모두 봄이라는 때에 순응하는 뜻인가? 제사에 부추와 죽순을 올린다는 기록이 왕실의 의식인 전례典禮에 실려 있고, 음식과 금전을 하사하는 일은 사람을 우대하는 의미에서 나온 것이다. 이것 또한 봄이라는 때에 호응하는 도리인가?

검소하게 흙계단인 좌개土个에 거처하는 것은 어느 세대에 시작되었는가? 상신일上辛日에 기원하는 것은 어느 시기에 비롯되었는가? 하·은·주 삼대에는 달력의 간지인 태세太歲의 월건月建을 바꾸었는데 최고지도자인 성왕들이 세시를 세운 것이 동일하지 않은 것은 어째서인가? 정이程頤와 사마광司馬光이 간언한 일을 두고 시비를 따졌는데, 그런 대학자들 사이에 의견이 제각기 다른 것은 어째서인가? 한나라 황제들이 백성의 가난을 떨쳐버리는 일에 대해 논의한 것은 아주 조그마한 은혜라는 혐의를 받을 수 있고, 송나라 인종仁宗이 꽃을 감상하는 상화연賞花宴을 연 일은 지나치게 사치스런 일이라는 비난을 할 수 있지 않겠는가?

'하룻밤의 봄'이란 말은 무엇이며, '다리 있는 봄'이란 말은 누구를 지칭하는가? "빈나라 사람이 북을 두드려 봄을 맞이했다."라고 했는데, 어떻게 봄을 맞이했다는 말인가? "당나라 풍속에 수레를 타고 봄을 찾았다."라고 했는데, 어떻게 봄을 찾았다는 말인가? 소요부邵堯夫의 시에 "36궁이 모두 봄"이라 했는데, 36궁을 차례로 헤아릴 수 있겠는가? 주자양朱紫陽의 시에 "뉘라서 건곤乾坤 조화의 마음을 알리?"라고 했는데, 건곤의 마음을 미루어 밝힐 수 있는가?

봄의 기후는 이치상 만물을 소생시키고 발육시키는 공로가 있다. 세 개의 양을 뜻하는 삼양三陽이 너무나 큰 기운을 열어 만물이 소생하므로, 우주자연의 탁 트이고 열린 덕을 여기에서 발견할 수 있다. 그러므로 최고지도자인 군주도 우주자연의 질서를 받들고 그 원리를 본받아 은혜를 베풀며 세상을 감싸야 한다. 백성을 자식처럼 사랑하여 자연의 초목과 곤충에까지도 그런 사랑이 미치도록 해야 한다. 특히, 혈기가 있는 무리인 사람을 사랑으로 양육하여 태양이 솟아오르는 봄을 맞는 것과도 같다.

그러나 어찌하여 삼황三皇의 봄은 이미 저물고 오패五霸의 겨울처럼 추위가 밀려와, 덕망이 백성에게 미치는 교화의 흐름 없이 이처럼 오래도록 민생의 곤궁함이 계속되는가? 우주자연의 충만한 질서는 태평화太平畫와 같은 그림에서나 볼 수 있고, 훌륭한 지도자가 올바른 정치를 제대로 한 지가 아주 오래되어, 정말 한탄스럽다!

나는 부족하지만 천天·지地·인人 삼원三元의 특성을 바탕으로 만물을 다스리려고 했다. 하지만 나의 덕은 우주자연의 질서를 받들어 실천하기에 부족하고, 나의 정치는 우주자연의 이치를 본받기에 부족하다. 그러다 보니, 전국적으로 봄기운의 따스함을 즐길 수 있는 사람이 적고, 보리 고개라 불리는 춘궁기를 넘기기 어려운 가난한 집이 많다. 음지의 골짜기에 햇살이 들기에는 아직도 더디고, 큰 덕의 생육을 본받지 못하고 있는 것이 현실이다. 우주자연의 질서에 따라 봄과 같은 시절을 백성들에게 베풀려고 하나, 실제로는 제대로 되지 않으니 부끄럽기 짝이 없다!

봄을 맡은 동쪽의 신인 청제靑帝가 봄의 특성을 드러내는 시절! 나는 동방의 봄을 상징하는 우리나라를 경영하면서, 사회 분위기를 화합과 평화로 가득 차게 하고, 훌륭한 인재들이 자신의 능력을 발휘하게 하고 싶다. 춘풍화기春風和氣 속에 우리 백성을 감싸 한 세대의 봄기운이 무르익게 하여, 삼황의 시대와 같은 봄기운을 누리게 하려면, 어떻게 해야 하는가? 그 방법을 어디에서 찾아야 하는가?

아! 그대 학자 관료들이여! 모두가 봄을 맞는다는 의미를 마음에 새기고, 제각기 대책을 저술해 보시라.

본업에 충실하여
잘사는 법을 고민하라

1780년 봄에 도기유생을 대상으로 본 시험이다. 조선시대는 농경이 산업의 주류를
이루던 사회. 여기에서 본업은 농업을 말한다. 어떤 사회, 어떤 사람이건, 본업은
그 사회나 한 개인에게 삶의 중심이 된다. 따라서 그것을 틀어쥐고 개인이나 사회를
운용해 가는 것이 원칙이기에, 그에 대한 대책을 물었다.

농경 사회에서 본업은 농사다. 농사는 힘을 써서 땅의 재물을 기르는
사업이다. 농사는 백성을 잘 살 수 있게 민생을 두텁게 하고 국가의 재
정을 풍성하게 만드는 것이다.

요임금과 순임금은 농사짓는 시기를 제대로 알려 주기 위해 매우 신
중했고, 우임금은 농사의 원천이 되는 치수治水를 부지런히 했다. 우리
인류에게 보리를 남겨 준 이는 후직后稷이고, 백성을 편안하게 하고 농
사에 힘쓴 지도자는 문왕文王이다. 옛날 최고지도자들은 논밭을 경작
하고 옷감을 짜는 방직에 힘쓰기를 이처럼 진지하게 했다.

공자의 제자 번지樊遲가 농사짓는 법을 배우려 하자 공자는 그를 소

인이라 말했고, 허행許行이 아침저녁으로 부엌일을 하자 맹자는 오랑캐들의 삶의 방식을 사용한다고 배척했다. 공자와 맹자가 그렇게 한 의미는 무엇인가? 기자箕子의 구주九疇 팔정八政에도 음식이 첫머리에 있고, 반고班固의 『한서漢書』 「지리지地理志」에 보면 사농공상士農工商이라고 하여 농업이 두 번째에 자리하고 있다. 앞뒤 차례가 동일하지 않은 것은 어째서인가?

삼사三事가 삼농三農을 독려하는 것은 『시경』과 『예기』에 기록되어 있고, 구호九扈로 아홉 명의 농사를 담당한 직분의 수장인 구농정九農正을 삼은 것 『춘추좌전』에 기록되어 있다. 숫자로 볼 때 크고 작은 차이가 있는데 이렇게 고르지 않은 것은 어째서인가? 곡식은 삼곡·오곡·육곡·구곡의 구별이 있고, 그것을 총괄하여 백곡이 된다. 토지에는 일시一施·재시·삼시·사시의 구분이 있어 이십 시에서 마친다. 그에 대한 자세한 내용과 차례를 일일이 설명할 수 있는가?

파종하는 것을 동작東作이라 하고 수확하는 것을 서성西成이라 하는데, 그 본래의 뜻은 동쪽과 서쪽을 인용하여 비유한 데가 있다. 전묘田畝라고 하면 반드시 남쪽을 말하고 천맥阡陌이라고 하면 반드시 북쪽을 지칭하는데, 이 또한 위치를 바꿀 수는 없는 것인가? 삼도三盜니 삼족三族이니 하는 말은 어느 책에 보이는가? 오속五粟이니 오장五章이니 하는 이름은 누가 기술한 것인가? 밀양密陽이 짝이 된다는 것은 무슨 일을 들어서 말하는가? 양외良畏가 나쁜 벗이라는 것은 구체적으로 어떤 물건을 지적하여 비유한 것인가? 농사 정책에서 세금을 결정하는 것보다 우선시해야 할 일은 없다. 어떤 때는 조법助法을 사용하기도 하고 어떤 때는 철법撤法을 사용하기도 한 것이 은나라와 주나라 때의 세법이다. 어느 것이 농업을 부흥시키고 산업 구조를 조정하는 데 유용한 방법인가?

농사에서 흙을 다스리는 방법을 정확하게 아는 것보다 중요한 것은 없다. 밭을 갈기 위해서는 파耙를 이용하기도 하고 노勞를 이용하기도 하는데, 이는 남방과 북방의 풍속이다. 어느 것이 밭을 가는 데 요긴한 방법인가? 밭을 개간하는 경우, 구전區田·궤전櫃田·위전圍田·제전梯田 등의 이름을 붙이는데, 왜 그러는지 그 제도에 대해 차례대로 설명할 수 있겠는가? 파종을 하는 데는 만종漫種·누종樓種·호종瓠種·구종區種 등의 구별이 있는데, 그 방법을 자세히 논할 수 있겠는가?

봄에 밭을 갈고 가을에 곡식을 수확하는 것이 농사의 기본이지만 베트남을 비롯한 동남아시아에서는 삼모작이 가능하며, 1년에 2번 누에고치를 수확하는 것이 기본이지만 영가군永嘉郡에는 8번이나 누에고치를 수확할 수 있는 진귀한 종자가 있다고 한다. 어찌 된 것인가? 농상성農祥星이 저녁 무렵에 중성中星이 되는 자리를 측량해 보면, 해가 바뀌어도 그 자리의 도수만 지키고 있다. 그렇다면 현호玄扈의 천문 이론인 점후편占候篇은 융통성이 없는 의논일 뿐이다. 서량西涼의 흰 보리가 성숙하는 시기는 남하南夏에 비해 시기를 어기고 있다. 그렇다면 왕정王禎의 시간을 알려 주는 수시도授時圖 또한 융통할 줄 모른다는 비판을 면할 수 없는 것 아닌가?

지원편地員篇에 적로赤壚니 황당黃堂이니 하는 이름이 나오는데, 대식戴埴은 그것을 우공편禹貢篇의 소략한 부분을 보충한 것이라고 말한다. 토회법土會法은 산림과 천택이 어느 곳에 적절한지 분변한 것인데 문정文定은 그것이 후대 사람들에게 게으름을 가져다줄 것이라고 염려하였

다. 그렇다면 '일가를 이룬 사람들이 보좌하여 함께 근본에 힘쓰라.'는
일반적 논의가 옛날 삼왕의 제도보다 낫다는 것인가? 한나라 문제文帝
는 몸소 밭갈이를 하여 농사를 가르쳤으나 당시에 놀고먹는 이가 많았
다. 장전의張全義는 백성에게 곡식을 재배하는 방법을 권장했는데 들녘
에 빈 땅이 없었다. 그렇다면 군주가 농사를 직접 지으며 백성을 인도
한 것이 일개 지방의 읍장이 곡식 재배를 권장한 공로보다 못하단 말
인가?

역대에 농업에 힘쓴 사람으로는 돈황燉煌의 누려耬犁, 오원五原의 방
적紡績, 남양南陽의 수문水門·제갑提閘, 하동河東의 자우牸牛·초마草馬 등
을 거론한다. 그 사람들이 살았던 시대에 대해 논의하고 그 사람들은
어떤 노력을 했는지 설명할 수 있겠는가? 옛날부터 지금까지 농업에
관한 주요한 서적으로는 초나라의 『야로野老』, 한나라의 『제계祭癸』, 가
사협賈思勰의 『제민요술齊民要術』, 서광계徐光啓의 『농정전서農政全書』 등
을 든다. 이에 대해서도 자세한 사례를 들어가며 어떤 장단점이 있는
지 논의할 수 있겠는가?

농업의 기본 원칙은 하늘의 절기를 따르고 땅의 특성에 따라 사람이
힘을 쓰는 것이다. 그러므로 "낳는 것은 하늘이고 기르는 것은 땅이며
이루는 것은 사람이다."라고 한다. 하늘天과 땅地, 인간人이라는 삼재三
才의 이치가 모아진 다음에 농사가 제대로 되는 것이다. 때문에 「주관」
의 제도에도, 어두울 무렵 장성張星이 중성中星이 되면 곡식을 파종하
고, 묘성昴星이 중성이 되면 수확하는 것은 하늘의 절기를 기준으로 한
것이다.

두둑을 따라 길을 만들어 경계를 바로잡고 농수로를 내고 물길을 만

들어 수택水澤을 펴는 것은 토지에 맞게 한 것이다. 농사를 짓는 단위별로 하나의 마을을 형성하여 농민을 편하게 하고, 호미와 같은 농기구를 통해 농민들이 농사짓기 쉽게 하며, 다양한 기구를 통해 농민들이 농사짓는 데 이용할 수 있게 권장하고 적절한 구역을 정하여 농민에게 맡기는 것은 농사지을 노동력을 적절하게 안배하는 작업이다. 때문에 도인稻人이라는 직책을 설치하고 전준田畯이라는 관리를 두어 농기구를 선택하고 종자를 분별하며 경작과 수확을 살폈다. 이렇게 하여 농사일이 번잡해도 백성이 싫어하지 않고 잡세인 이포里布와 환곡의 일종인 옥속屋粟을 물어도 포학하다고 혐오하지 않는다.

농사일의 어려움을 꼼꼼하게 살피고 염려해 주는 것이 어찌 최고지도자로서 군주의 정치적 기반이 아니며 백성이 의지할 곳이 아니겠는가! 하늘과 땅과 함께 만물을 길러 내는 데 협조하는 일은, 다름 아닌 농업을 제대로 되도록 하는 정책에 달려 있다.

그러나 논밭길이 개간된 이후, 겸병하는 무리가 일어나기 시작했고, 농수로가 폐지되자 관개법이 제대로 시행되지 않았다. 지나치게 현란한 기술이 많아지자 농업과 상공업이 맞서게 되고, 사치의 바람이 성행하자 황금과 곡식이 모두 희귀해졌다. 세상 사람들이 차츰 본업인 농업을 버리고 상공업으로 향하자, 기름진 옥토가 개간하지 않는 땅처럼 모조리 황폐하게 되고, 돈 있는 서민들조차도 높은 관에 큰 소매의 옷을 입고 놀고먹게 되었다.

"한 사람이 농사짓는데 백 사람이 먹고, 한 부녀가 옷감을 만드는데 백 사람이 입는다."는 옛날 사람의 말이 정말 현실이 되어 버렸다.

이런 상황에서 우리 백성들이 굶주리지 않고 춥지 않으려면 어떻게 해야 하는가? 대책 없이 덤벼들다가는 바다에 장대를 걸치는 꼴과 다름없는 길을 가는 것이 아닌가! 그래서 장횡거張橫渠가 정목井牧의 제도를 회복해 보려고 자신의 의견을 말하자, 어떤 사람은 백성을 괴롭히고 군중을 동원하는 것에 대해 염려했고, 동강도董江都가 한전限田의 법을 시행하려고 논의하자, 어떤 사람은 요란만 떠는 것일 뿐 성공하기 힘들다고 흠잡았다. 우집虞集의 수전의水田議도 당시에 거절당했고, 정명貞明의 노수편潞水篇은 헛소리로 전락하고 말았다. 세상이 저속하게 추락하는 즈음에 옛 제도는 다시 시행할 수 없는 것인가? 아니면 시대에 맞게 변통하는 수가 있는가? 옛것을 참조하고 오늘날의 시각에서 새로운 것을 만들어 영원토록 전할 만한 정책은 없는가?

아! 본업인 농업을 귀중하게 여기고, 상공업과 같은 말기末技를 억제하는 일은 최고지도자가 펼쳐야 할 정책의 기본이다. 나는 이 문제에 대해 밤낮으로 고민한다. 봄이 오는 첫 달이면 매번 농사를 권장하는 교서를 내리고, 상신일上辛日에는 반드시 풍년을 기원하는 행사를 몸소 행한다. 궐내의 후원에서 벼 베기 행사를 하는 것은 농사의 중요성을 강조하기 위해서다. 흉년에 환자를 탕감하는 것은 곡식을 나누어 주는 뜻을 모방한 것이다. 이처럼 모든 백성에게 유리한 정책, 삶을 윤택하게 하는 정책이라면 조금도 소홀함이 없었다.

그런데 어찌하여 뜻은 수고로우나 정책에는 따라 주지 않는가! 마음은 간절하나 그 효과는 갈수록 아득하다. 장마와 가뭄이 조절되지 않아 흉년이 연달아 들고, 황폐한 밭을 개간하지 않아 묵정밭이 점점 많아진다. 창고에는 쌓아 둔 곡식이 없고, 백성들은 굶주리지 않을까 걱정이다. 높은 자리에 있는 관리들도 날이 갈수록 빈핍해져 가고, 백성들도 나날이 곤궁해지고 있다. 그 원인을 어디에서 찾을 수 있을까?

금년 경술년은 개띠의 해다. 경술년은 옛날부터 "풍년이 든다."고 하는 해다. 절기와 기후는 우주자연의 궤도를 순조롭게 행하여 삼사三事가 정돈되어 가고, 비가 때에 맞게 오고 수확 철에는 날씨가 맑게 개어 전국이 다 같이 풍성한 가을을 맞았다. 이런 상황이야말로 국가가 아름다운 시기를 맞이하고 다음 해를 흥기시킬 수 있는 좋은 기회다.

어떻게 해야 집집마다 모두 잘 사는 대규모의 상농가上農家가 될 수 있겠는가? 해묵은 토지를 모두 옥토로 만들어 1년 경작하면 3년 먹을 수 있는 것이 남고 3년 경작하면 9년 먹을 수 있는 것이 남아 한 세대를 풍요롭고 즐거운 곳으로 들게 할 수 있겠는가?

본업과 함께 다른 여러 사업으로
민생을 보완하라

본업인 농업에 충실하면서, 그것을 보완해 주는 공업이나 상업 등 여러 산업을 함께 고려하려는 생각을 담은 책문이다. 이는 기본적으로 다양한 산업이 상호 협력하여 사회를 만들어 가야 함을 깨닫고, 당시 상공업이 발달하면서 농업이 흔들리는 데 대한 염려도 있음을 보여준다.

한나라 때의 유학자인 환담桓譚이 이렇게 말하였다.

"국가를 다스리는 일은 본업本業을 권장하고 말리末利를 억제하는 데 있다."

여기에서 본업은 농업이고 말리는 상업·공업을 말한다. 그런데 공업·상업도 농업과 함께 백성이 종사하는 생업인데 어떤 것은 권장하며 양성하고 어떤 것은 억제하는 것은 왜 그런가?

공업에 종사하는 사람은 농업에 필요한 도구를 만들어 곡식과 바꾸어 살아간다. 상업에 종사하는 사람은 물건과 재화를 가지고 있는 사람과 가지고 있지 않은 사람 사이에 유통해 주는 역할을 하며 살아간다. 이처럼 공업과 상업에 종사하는 사람들의 역할은 민생에서 모두 없어서는 안 되는 일이다. 그런데 어떤 것은 권장하며 양성하고 어떤 것은 억제하는 정책은 너무 편벽되지 않은가?

하나라의 우임금은 홍수를 다스리며 물길을 조정하는 관개법灌漑法에 힘을 쏟아 부었고, 관포지교管鮑之交로 유명한 춘추시대 제나라 때의 재상인 관중管仲은 부국강병의 정책을 실현하는 가운데 무엇보다도 속임수를 엄금하였다. 이들이 왕도와 패도를 실천하면서, 본업을 권장하기도 하고 말리를 억제하기도 한 것은 같은 취지였던가? 진나라 때는 농사에 힘써 곡식을 많이 생산하면 세금이나 부역을 면제해 주었고, 한나라 때는 농사에 힘쓰면 상황에 맞게 벼슬과 직위를 주었다. 진나라나 한나라나 본업에 충실한 것은 동일한데, 그것으로 인해 하나는 나라가 문란해지고 하나는 나라가 다스려진 것은 어째서인가?

주나라 문왕文王은 농사제도를 정비할 때 마을에 불모지가 있으면 세금을 부과했고, 한나라 무제武帝는 지나치게 무력을 추구한 나머지 떠돌이 사내에게는 세금을 내게 하였다. 모두 똑같이 본업本業을 권장하고 말리末利를 억제하는 정책이지만, 어떤 것은 옳고 어떤 것은 그름은 어째서인가? 제나라 사람들은 느티나무를 심고 부추 농사를 시작하게 되면서 상·공업인 말리末利를 좋아하던 풍속을 바꾸었고, 5대 10국의 후촉後蜀에서는 살구꽃이 피고 창포 잎이 나는 것을 바라보고 농업을 권장하는 정치를 시행했다. 하지만 제나라 발해渤海의 정치는 진실로 훌륭했지만 5대五代 후촉은 맹창孟昶을 마지막 임금으로 마무리 하며 역사가 길지 못했다. 이는 어째서인가?

말리인 상공업을 장려하는 정책으로 나가는 것을 염려하여, 소금, 무쇠, 술의 전매 제도에 대해 혁파를 요청한 이는 누구인가? 본업인 농업에 힘쓰기 위해 호미, 삽, 괭이, 자귀 따위를 만든 이는 누구인가? "황금과 곡식은 서로 공존하지 못한다."는 언설은 누구에게서 나왔는가? "구리와 곡식이 간사함을 이긴다."는 논의는 어느 책에 보이는가?

전한시대의 대학자인 가의賈誼는 상공업의 말단적인 기술을 바꾸어 남쪽의 전답에 나아가 본업인 농사에 충실할 것을 요청했고, 변법으로 유명한 진나라 때의 상앙商鞅은 "상공업을 추종하는 사람들은 붙잡아 노예로 삼는다."고 법을 제정할 정도로 본업을 중시하였다. 이렇게 본다면, 옛날 순임금 때의 뛰어난 목수로서 명장名匠이었던 공수工倕의 경우에는 손가락을 잘라야 하고, 『주역』에서 말한 '한낮에 여는 시장'도 폐지해야 한단 말인가?

전통적으로 볼 때, 농사지을 땅인 농토가 많이 개간되면 지도자의 공적은 그만큼 많아지고, 백성이 사리사욕이 많으면 그 나라는 그만큼 빈곤해지게 마련이다. 목공이나 석공이 물건을 만들거나 재단사가 의복을 만드는 것은 농사를 해치는 일이며, 산이나 바다를 독점한 채 거기에서 나는 산물을 취하여 놀고먹는 것에 이르면 그 정도가 최고조에 달한 것이다. 본업인 농업과 말리인 상공업의 공존이 이처럼 힘들단 말인가? 당나라 때의 서적 수집가였던 업후鄴侯는 과일의 씨앗을 서로 나누어 주어 과일나무를 심도록 했고, 한나라 고조高祖는 시장에서 상품을 파는 장사꾼의 자손은 관직에 나갈 수 없게 하여 말리를 억제하는 조치를 취하였다. 여기에서 현명한 군주와 지혜로운 신하가 본업과 말리에 애쓴 흔적을 대략적으로 볼 수 있다.

세상일 가운데는 본질적인 차원인 근본도 있고 지엽적인 측면인 말단도 있다. 농사는 근본이고 공업과 상업은 말단이다. 공업은 도구나 기구를 만들어 삶을 풍족하게 하는데 기여하고, 상업은 재화를 유통시키는 역할을 하며, 서로 보조를 이룬다. 따라서 어느 한 쪽을 버리기란 어려운 것이다. 하지만 농업에 비한다면 상공업은 그 무게가 확연하게 다르다.

옛날부터 현명한 군주는 언제나 본업을 권장하고 말리를 억제하려는 것을 책무로 인식하였다. 농사를 보배로 삼고 기술과 장사를 천하게 여겼다. 이런 생각을 바탕으로 국가에는 곡식이 썩을 정도로 많이 쌓여 있고 탐욕을 부리는 무리가 없어질 때, 국가는 부유해지고 백성은 만족하였다. 하·은·주 삼대의 정치는 이런 것에 기초하여 이루어졌다.

더구나 우리나라는 신성한 여러 선조가 지도자 자리를 계승하여 몸소 밭을 갈고 뽕밭을 가꾸어 누에를 치며 백성에게 본보기를 보였고, 기술자와 장사꾼들을 배격하며 선비의 반열에 끼워 주지 않았다. 농사 짓는 백성에게는 조세를 감량하고 재앙이 들면 세금을 면제하기도 하여 본업에 힘쓰도록 하였고, 시장에서 장사하는 백성에게는 세금을 부과하고 물건을 만드는 장인에게는 포목을 부가하여 말리를 억제하는 뜻을 보였다. 이렇게 하다 보니, 대부분의 사람들이 본업인 농사에 힘쓰게 되고, 말리인 상공업에 종사하지 않게 되어, 들녘에는 개간되지 않은 토지가 없고, 시장의 점포에는 팔리지 않는 좋은 물건이 있다.

나는 이 나라의 최고지도자로서 이전 지도자들의 유지와 사업을 계승하여 부지런히 정책을 강구하고 연마하지 않은 것이 없다. 본업을 권장하고 말리를 억제하는 방안에 더욱 관심을 가지고 있다. 그런데 최근 들어 사회 분위기가 이상하다. 어찌하여 사람들이 편안함을 숭상한 나머지 농사에는 종사하지 않고 하찮은 이익만 다투려 하는가? 농사에 충실해야 할 서민은 허술한 차림에 초가집에서 항상 군색하기만 하고, 상공업으로 돈을 번 무식한 천부賤夫들은 좋은 옷을 입고 북적대는 도시 한복판에서 날마다 소비만 하고 있는가! 이러다가는 이미 쇠퇴해지고 있는 본업인 농업이 더욱 쇠퇴해지고, 말리인 상공업도 따라서 쇠퇴해지리라.

아! 우리 조선의 지식인들이 이런 부분에 대해 우려한 지 실로 오래되었다. 어떻게 하면 이런 현실을 개혁할 수 있는가? 옛날로 돌아가서 본업인 농업을 권장하여 양성하고, 말리인 상공업을 조절할 수 있는가? 농사지을 땅에 힘을 쏟아 붓고 사람은 저마다 맡은 일에 충실할 수 있는가? 농사에서는 자주 풍년이 든다는 칭송이 드날리고, 기술자와 장사꾼은 각자 물건을 만들고 유통하여 사회의 모든 구성원이 그 혜택을 볼 수 있도록 할 수 있는가? 농사짓는 사람은 하나인데 먹는 사람은 여섯이라는 탄식이 없어지고, 삼황과 어깨를 견주며 오제와 같은 성스러운 지도자가 될 수 있겠는가?

그대들, 학자 관료는 사농공상士農工商의 네 계급으로 볼 때, 백성 가운데 으뜸이 아닌가! 그러니 평소에 잘살 수 있는 나라를 만드는 정책이 어떤 것인지 마음으로 강구한 것이 있으리라. 제각기 그 대책을 저술해 보시라.

노인을 잘 모시고 농부를 격려하는 복지 정책을 고려하라

이 책문은 1779년 사람을 소중하게 여기는 날인 인일제에 과거를 보면서 물은 내용이다. 그만큼 사람이 살아가는 기본에 대한 모범이 어떤지를 보여준다. 최고지도자로서 군주가 먼저 어른을 공경해야 백성도 동시에 교화할 수 있다는 사회 윤리적 차원을 염두에 두고, 유교의 복지에 대한 고민을 하고 있다.

나는 "공자가 시골 사람들의 생활을 직접 목격하고 정치의 길이 얼마나 쉬운지를 알았다."는 말을 들은 적이 있다. 정치가 어떠한지 관찰하려면 그 나라가 어떤 정책을 펴는지 보면 알 수 있다. 백성의 삶이 어떠한지 관찰하려면 그들이 사는 삶의 현장을 보면 알 수 있다. 나라의 정책이 사람들에게 감동을 주는 일은 적지만 민생의 현장에서 얻어지는 감동은 삶의 깊이만큼이나 크다. 그러므로 여러 나라를 잘 관찰하면서, 그 나라 백성들의 삶이 어떠한지 파악하는 일은 매우 중요하다. 그 다음에 그 나라의 정책을 보아야 한다.

이제 하늘의 큰 복을 받은 내가, 삼가 어머니의 회갑을 맞이하여 전국의 백성과 함께 그 즐거움을 누리려고 한다. 노인을 공경하고 효자의 덕행을 널리 펴서 알리는 일에 최선을 다했지만, 나라의 정책을 살펴보면 특별히 내세울 만한 것이 없고, 민생을 살펴보아도 크게 나아지거나 새로워진 것이 없다. 오직 나 한 사람의 덕이 부족하여, 선대 임금들의 정책을 살펴보고 그것과 비교할 수는 없다. 하지만 민생을 생각하면 한밤중에도 번번이 잠을 이루고 못하고 일어나, 어찌하면 백성이 잘살 수 있을까를 고민하며, 처음 먹었던 마음을 저버리고 있다는 것을 개탄하게 된다. 내가 최고지도자로 취임하면서 기약했던 정책들이 어찌 이렇게만 하고 말려는 것이었겠는가?

사람의 마음은 편안하면 게을러지고, 게을러지면 쓸데없는 곳에 마음을 쓰게 된다. 쓸데없는 데 마음을 쓰게 되면 거리낌 없이 멋대로 행동하고 거짓으로 사람을 현혹한다. 그렇게 되면, 올바른 정신을 놓아버려 술 취하듯 취하고 짐승처럼 양육되기에 이른다. 어려서는 올바른 교육을 받지 못하고 자라면서도 스승에게 제대로 된 교육을 받지 못해, 검소하게 생활하는 사람에 대해 세상을 속이는 사람이라 하고, 본인은 거짓말을 하며 사람을 현혹하는 짓거리를 수시로 저지른다. 어릴 때부터 늙어서까지도 사람이 지켜야 할 윤리도덕이 있는 줄 알지 못하는 듯하다. 사람들과 어울려 간단하게 술 한 잔을 나누어도 예의와 법도가 있는데 이런 풍습이 무너진 지 오래고, 풍류를 돈독히 하는 것조차도 어렵게 되었다.

부모를 사랑하는 사람은 감히 다른 사람을 미워하지 않고, 부모를 공경하는 사람은 감히 다른 사람을 업신여기지 않는다. 그것은 공경한 태도를 다른 사람에게 확충하고 사람이 지켜야 할 근본 도리를 따랐기 때문이다. 그러므로 요·순임금으로부터, 우임금이 세운 하나라, 은나라와 주나라가 계승되어 오면서도, 시대별로 부유함과 덕목, 친척, 관직 등 문화제도의 차이는 있었지만, 나이 많은 어른을 존중하는 일만은 모두 같았다. 이는 나이 많은 어른을 존중하는 것이 부모를 섬기는 일에 버금가기 때문이었다.

요즘 사람들은 나이 많은 어른을 제대로 돌보지 않는다. 그만큼 유학의 핵심인 오륜五倫 정신도 많이 훼손되었다. 『효경孝經』에 보면 "선대의 임금은 훌륭한 인품을 갖추고 세상을 다스리는 올바른 도리를 통해 백성의 마음을 따랐다. 그러므로 백성은 나라에 충성하고 어른을 공손하게 모시고 관리들은 임무를 다했다."고 했고, 『대학大學』에서는 "사람마다 부모를 제대로 모시고 어른을 제대로 모시면 세상이 자연스럽게 잘 다스려진다."고 했다. 세상 사람이 공경함을 온 누리로 퍼트리고 사람의 근본 도리를 다하는 문제에 대해, 나는 지금 나 자신을 돌이켜 보기에도 겨를이 없다. 24절기가 끝나면 동지冬至가 다시 시작되고, 잘못된 습성을 제거하면 거짓 없는 참된 마음이 보이게 마련이다. 생각건대, 세상의 평화가 찾아오고 나날이 새로워질 수 있는 기회가 아마도 지금인 것 같다.

『소학小學』이라는 경전은 어린 아이가 학교에서 처음으로 배우는 교과목이다. 덕이 부족하고 어리석은 나도 선대 임금이 이끌어 주신 은혜에 힘입어, 어린 나이에 그런대로 『소학』의 내용을 익히는 데 효과를 거뒀다고 생각한다. 옛날 우리 선조들의 자제는 육경을 두루 통달하지는 못했다 하더라도, 사람 노릇을 하게 만드는 기본 틀인 『소학』을 부지런히 익히고 실천했다. 그런데 최근 들어 학문은 나날이 얕아지고 교육은 나날이 해이해진 나머지, 이 책도 덩달아 높은 다락에 처박아 둔 채 읽지 않게 되었다. 내 이것을 두려워하여 담당 관리에게 『소학』의 뜻을 교정하도록 명령했다. 동시에 『삼강행실三綱行實』과 『이륜행실二倫行實』 등도 정치의 보조 자료이자 세상을 격려하는 도구로 정리하여 『오륜행실五倫行實』이라는 한 권의 책으로 만들었다.

나는 또 어른을 공경하는 데 관련되는 예법이 없는지 생각해 보았다. 하루라도 예의를 행하면 온 사방의 사람들이 바람에 휩쓸리듯 따라 움직이게 된다고 했는데, 오직 향음주례鄕飮酒禮가 이에 가깝다. 이 예법은 노인을 쉬게 하고 농민을 격려하는 전통이다. 어른을 모시고 즐거움을 이끌어 내면서도 나이에 따른 질서를 지키게 하고, 신분의 존귀하고 미천함을 밝히는 동시에 높고 낮음을 분별한다. 그리하여 사람들이 몸을 바르게 하고 국가를 편안하게 하는 방법을 알게 했다. 옛날 우리나라 세종임금 때에 양로연養老宴을 처음으로 시행했는데, 이때 『삼강행실三綱行實』이라는 책을 발간하여 나눠주었다. 그 이후 모든 백성들은 착한 사람을 가깝게 여기고 유익함을 함께 즐거워하는 생각이 간절하여, 그것을 지금까지도 잊지 못하고 있다. 내가 어찌 감히 『삼강행실』을 계승하여 백성을 교화하고 그들이 기뻐할 수 있는 책을 펴내지 않을 수 있겠는가!

백성을 교화하고 사회 분위기를 만들어 가는 데는 향약鄕約이 또한 쉽게 효과를 나타낸다. 주자朱子가 매월 초하루마다 향약의 약관을 읽게 하자, 하·은·주 삼대의 훌륭한 제도를 다시 볼 수 있을 것 같았다고 한다. 그러므로 내가 생각할 때, 지금의 백성들에게 옛날의 사회 분위기를 느끼게 하여, 사람을 사랑하고 올바르게 살려는 의식과 인간의 근본 도리가 무엇인지 그 실체를 보여 준다면 향약의 효과도 향음주례에 못지않다. 따라서 향약에 관한 규정 또한 강론하여 밝히지 않으면 안 되겠기에, 정사를 돌보는 중간에 틈틈이 향음주례의 의식과 향약의 조례에 관한 글을 모아 편찬했다. 백성을 교화하는 내용에 대해 자세하게 설명하고, 세련되게 꾸민 것과 있는 그대로의 질박한 것을 동시에 구비하여, 우리 백성들 모두에게 효도와 공경의 감정이 저절로 일어나게 하고, 숙연하게 인간의 도리를 알게 하려고 노력했다. 진실로 이 일을 헛된 법으로 돌아가지 않게 하고, 빈말이 되지 않게 한다면, 어떤 완고한 사람인들 감히 뻣뻣할 것이며, 어떤 어리석은 사람인들 밝아지지 않겠는가?

아! 그대들은 옛 교훈을 업신여기지 말고 내 말을 어리석다고 하지 말라. 부지런히 힘써서 오직 이 향음주례鄕飮酒禮와 향약鄕約을 강론하고 준수하라. 그런 가운데 지도층은 저 옛날에 태어나 『주례周禮』를 시행하는 것같이 하고, 서민들은 화살을 받들고 확포矍圃에서 노는 것처럼 하라.[95] 그리하여 일체 양식은 버릴 수 있어도 부모를 부모로 모시고 어른을 어른으로 섬기는 일은 잠시라도 버릴 수 없음을 깨달아라. 그렇게 해서는 결코 사람 노릇을 할 수 없으리라.

이런 생각을 바탕으로 백성과 뜻이 하나로 되고 세상의 교육이 안정되면, 내 그대들과 함께 무한한 복을 누릴 수 있으리라. 뿐만 아니라 세상의 덕업德業에 부응하고 우리 조정의 아름다운 전통도 계승할 수 있을 것이다. 이런 점에 정성을 다한다면, 나

95. 『정조실록』(정조 21년 1월 1일)에 이러한 기록이 있다. "향음주례와 향약을 강론하며 따르기를 부지런히 노력한다면, 군자는 하·은·주 삼대에 『주례』를 지키듯이 하고, 소인은 승시(乘矢)를 받들며, 확상포에서 공자가 활쏘기 예법에 맞게 사람을 모시듯이 하리라. 이로써 백성들이 곡식은 버려도 부모를 모시고 어른을 받드는 일은 잠시도 버리지 않아야만 사람이 될 수 있다는 것을 알게 될 것이다. 어느 겨를에 다른 것을 찾겠는가?"

라의 정책이나 백성의 삶을 살펴보아도 정치와 민생이 제대로 다스려질 것이다. 풍성한 복을 받고 공로를 누릴 수 있는 길이 바로 여기에 있으리라. 그러므로 "어른을 어른으로 대우한다면 백성이 효도하는 분위기를 일으킨다."고 했고, 또한 "내 집안의 어른을 어른으로 섬겨 다른 집안 어른을 섬기는 데까지 미친다."고 했다.

정월 초하루의 아름다운 계절을 만나 어머니께 만수를 축복하고, 곱게 늙은 얼굴을 바라보니 장수를 축하하는 기쁨이 샘솟는다. 이를 모든 백성에게 미루어 확충함으로써 여러 노인을 쉬게 하고 편안하게 하려고 한다. 여러 노인을 쉬게 하고 편안하게 모시기 위해서는 풍년이 들어 풍성한 곡식을 수확해야만 한다. 그러므로 농부를 격려하는 일은 노인을 쉬게 하는 근본이 된다.

정월 초나흘의 일진日辰에 신辛이 들면 곡식이 잘 익고, 정월 초열흘의 일진에 신이 들면 풍년이 든다고 했다. 곡식이 잘 익은 것은 이미 지난해에 경험했는데 올해도 풍년이 들 것 같다. 하늘이 내게 태평을 누릴 수 있는 일을 주셨으니, 나 또한 농사일에 부지런히 힘쓴다면 하늘의 뜻에 부응할 수 있으리라. 해마다 작년처럼 풍년이 들고, 올해처럼 풍년이 들어 영원토록 그치지 않는다면, 농부의 경사이자 어른을 모시는 자식으로서의 경사이며, 자식으로서의 경사는 바로 온 나라의 경사다.

이상은 노인을 쉬게 하고 농부를 격려하는 최고지도자 군주의 말씀이다. 노인을 쉬게 하고 농부를 격려하기 위해, 『소학』『오륜행실』『향음의식鄕飮儀式』『향약조례鄕約條例』 등의 서적을 함께 출간하여 백성을 더욱 교화하고 고무시키려 했다. 노인을 쉬게 하여 노인들을 편안하게 하고, 농부를 격려하여 농사짓는 시기를 빼앗지 않으며, 소학의 교육이 제대로 시행되게 하고, 오륜의 윤리도덕이 밝아지며, 향음과 향약의 효력이 발생되고 가르침이 실천되는 방법에 대해, 그대들의 평소에 갖고 있는 아름다운 계책을 듣고 싶다. 그대들은 남김없이 진술하라.

가슴을 시원하게 뚫어 주는
정치가 필요하다

1796년 경력 있는 초계문신을 대상으로 직접 시험한 것으로 남령초, 즉 잎담배에 관한 내용이다. 그것에 대해 정조가 개인적으로 느낀 효험에 대해 자세하게 설명하며 정치로 녹여 넣었다. 현대적 의미에서 흡연은 건강을 해치는 일이지만, 정조는 담배를 피우면서 현실 정치로 답답했던 가슴이 확 뚫리는 것 같은 시원함을 느꼈다. 이에 담배에 대한 정보를 더 얻으려고 책문을 제시했다.

여러 가지 식물 가운데 사용할수록 유용하고 사람에게 유익한 것으로는 남령초南靈草가 최고다. 이 잎담배에 관한 기록은 『본초本草』와 『이아爾雅』에도 보이지 않는다. 그러나 후세에 외국으로부터 유입되어 오면서 진가가 발견되어 약상자 속에서 소홀히 다룰 수 없는 필수품이 되었다.

맛은 제호醍醐를 깔보고 향기는 난지蘭芷를 얕본다. 술에 비교하면 관중管仲이 실언을 하더라도 잘못이 없고 군주가 여러 사람과 함께 기뻐할 수 있을 정도의 의미가 있다. 차에 비유하면 왕몽王濛이 억지로 마시게 하는 괴로움은 없고, 선가仙家에서 바로 즐겁고 유쾌하게 놀 수 있을 정도의 효과가 있다. 현산玄山의 수수와 부주不周의 벼는 종자는 훌륭하나 이것이 아니면 답답한 마음을 열어 주지 못하고, 곤륜崑崙의 네가래蘋와 구구具區의 무우菁는 음식으로는 진기하지만 이것이 아니면 울적한 기분을 달래지 못한다. 소동파의 시에 나오는 삼팽三彭의 악도 이것의 구제를 기다린다고 했다. 비자榧子의 약효가 이것에 비해 미약하고, 의문醫門에서 말하는 한담寒痰이 응결된 것도 이것으로 융화시키는데, 백매白梅의 약효도 이보다는 못하다. 백성의 삶에 이용되는 것으로 남령초에 필적할 만한 것이 있겠는가?

요즘 사람들은 매번 옛날 물건, 이른바 골동품으로 빠진다. 가짜 옥이나 위조된 보물이라도 은나라나 주나라의 것이라고 하면 겹겹으로 싸서 보배로 생각한다. 하지만 남령초 풀만은 아예 비천하게 보고 매우 하잘것없는 것으로 여긴다. 더러는 수치스럽게 여기고 가까이하지 않는 이도 있다. 그렇다면 이 풀이 부정한, 나쁜 풀이란 말인가? 예의가 없는, 예가 아닌 물건이란 말인가? 우임금이 일찍이 배척한 것인가?『논어』「향당」편에서 말하는 먹지 않는 음식의 범주에 드는 것인가? 목면木綿은 나중에 서역에서 나온 물건이지만 누구나 그것으로 옷을 만들어 몸을 감싸고, 수박은 최근에 회흘回紇에서 들어왔지만 사람이나 귀신이나 모두 그 즙액을 마신다. 물품을 따질 때는 얼마나 일상에서 사용하는 데 편리하고 생활에 윤택한지를 볼 뿐이다. 굳이 옛날과 지금, 중화中華와 오랑캐를 거론할 필요가 있겠는가?

어릴 때부터 나에게는 별다른 기호품이 없었고, 오직 책 읽는 것을 좋아했다. 연구하고 탐닉하느라 마음과 몸에 피로가 쌓인 지 수십 년, 책으로 인해 생긴 병이 마침내 가슴 속까지 답답하게 막아, 뜬눈으로 밤을 지새우기도 했다. 그리고 최고지도자가 된 이후로는 책을 읽던 버릇이 모두 정무를 보는 것으로 옮겨가서 그 증세가 더욱 심해졌다. 그간 복용한 빈랑나무 열매와 쥐눈이콩만 해도 거의 근이나 포대로 계산해야 할 정도였다. 백방으로 약을 구해 보았지만, 답답한 가슴의 속앓이에 큰 효험이 없었다. 그런데 이 남령초만은 나에게 힘을 주었다. 화기火氣로 한담寒痰을 공격하니 가슴에 막혔던 것이 자연스레 없어졌고, 연기의 진액이 폐장을 맑게 하여 밤잠을 편안하게 잘 수 있었다.

정치의 이해득실을 깊이 생각할 때, 뒤엉켜서 요란한 마음을 맑은 거울로 비추어 요령을 잡게 하는 것도 이 남령초의 힘이다. 갑이냐 을이냐를 교정하여 퇴고할 때, 생각을 짜내느라 고심하던 번뇌를 공평하게 저울질하게 하는 것도 이 남령초의 힘이다. "공적을 논하면 뜰 앞의 명협蓂莢에 부끄러울 것 없다."는 범희문范希文의 시구를 암송하면서, 어쩌면 이 남령초를 말한 것이 아닐까라는 생각을 했고, 또 "차를 서초瑞草 중의 으뜸으로 칭한다."는 두자미杜子美의 시구를 암송하면서 두자미에게 이 남령초를 보게 하였다면 어찌 쉽사리 차를 으뜸으로 여겼을까 하는 생각도 했다. 더구나 한 덩어리로 뭉쳐 있던 기운이 점점 희미해지고 왕성하던 혈기의 순환도 원활하지 않은 지 오래되면서 기관지 천식을 앓게 되는 것을 보니, 내 몸이 그렇게 될 수밖에 없다는 것을 알겠다. 그렇다면 이를 적셔 주고 마르게 하며 몸을 풀어 주는 효과로 이 잎담배가 아니라면 무엇이 으뜸이겠는가?

우주자연의 마음은 그 무엇보다 인자하고, 사람은 만물의 영장이다. 그러므로 우주자연은 사람에게 이익을 주고 해로움을 없애 주는 일을 끝없이 계속한다. 담배가 이런 때에 등장한 것으로도 충분히 우주자연의 마음을 알 수 있는 것이 아닌가?

군주는 최고지도자로서 우주자연의 도리에 따라 정치를 행한다. 몸소 앞장서서 멀고 가까운 곳에 아름다운 정치를 미치게 하며 천박하고 고루한 시대분위기를 변화시켜야 한다. 그러므로 잎담배에 대해 월령月令에 싣고 의방醫方에 기록하도록 명령하며, 우리 강토의 사람들에게 권장하여 그 혜택을 함께하고 그 효과를 넓혀, 조금이라도 우주자연이 사람을 사랑하는 마음에 보답하려고 한다. 지금 그대들에게 직접 이 책문으로 묻는 것은, 한편으로는 그대들이 저속한 견해에 얽매이지 말라는 것이고, 다른 한편으로는 그대들에게 이 잎담배의 유래에 대해 들어 보려는 것이다.

중국 사람은 이 잎담배를 남령초라 부르고, 우리 동방 사람은 남초南草라 부르며, 오키나와의 유구국 사람들은 연엽煙葉이라 부른다. 또한 박물가博物家들은 연다煙茶라고도 하고 연초煙草라고도 한다. 이 중에서 어떤 것을 정확한 명칭을 삼아야 하는가? 당초에는 이 잎담배의 성질이 술을 깨게 하고 기분을 안정시킨다고 하기에, 죽통竹筒에 넣고 불을 붙여 연기를 흡입하여 보았다. 그러자 매우 신기한 효험이 있었다. 하지만 독이 있을까 염려되어 함부로 피우면서 가볍게 시험하지 못했다. 그런데 그 후, 효능을 알아낸 사람들은 대부분 "간장을 억제하고 비위脾胃를 도우며, 마비 증세를 없애고 습담을 제거하니, 사람에게 유익함은 있어도 실제로 독은 없다."고 했다. 점차 이 잎담배가 세상에 유행하게 되면서, 심지어는 말 한 필과 남초 일근一斤을 바꾸기도 했다. 지금에 와서는 곳곳에 잎담배를 재배하고 사람마다 그 효과를 보고 있는데, 이를 금지하자는 것이 무슨 말인가? 쓰임에 유용하고 사람에게 유익한 것으로 말하자면, 이 담배가 차나 술보다 낫다.

어떤 사람은 "『본초』 가운데 색깔이나 냄새, 맛이 오늘날의 이름과 맞지 않는 것이 많이 있는데, 이 풀도 본초에 있으나 사람들이 깨닫지 못하고 있는지도 모른다."고 했다. 이 무슨 의미인가? 또 어떤 사람은 "당나라 태종 때 흥경지興慶池 남쪽에 있었다는 술을 깨게 하는 풀이라는 것이 혹시 이 잎담배와 같은 부류가 아니겠는가? 중원中原에는 예로부터 잎담배가 있어 왔는데, 이를 아는 박식한 사람을 만나지 못했을 뿐이다."라고 했다. 이 설은 또한 어떠한가?

그대들이 잎담배에 대해 들은 것이 있으면, 성심껏 여러 부분에서 인용하고 제대로 그 효과를 증명해 보시라.

국가의 자원을
제대로 등록하라

국가의 자원인 인구, 토지에 대한 관리 감독과 그 중요성에 대한 책문이다. 동서고
금을 막론하고 국가의 재산을 구체적으로 파악하는 일은, 백성을 통제하는 측면도
있지만 국가의 운영과 성장을 가늠하는 기초자료로 활용된다. 때문에 국가 자원에
대한 정확한 파악은 국가 운영의 근간이 된다.

판적版籍은 중요한 사안에 대해 등록해 놓 **96.** 현대적 의미로 본다면 주민등록이나 건물,
은 등기부를 말한다.[96] 때문에 판적에 관한 토지대장과 유사하다.
일은 국가의 중요한 정책이다. 전역田役을 꾸미고 군부軍簿를 작성하는
등 모든 일이 여기에서 나온다.

옛날 하·은·주 삼대의 태평시대에는 사회풍속이 순박하여 집집마
다 봉토나 관직을 받을 수 있었던 시절이나, 순舜임금을 따르던 백성들
이 모여 도읍을 이루던 시절에도 판적에 관한 기록이 있다. 관리가 백
성의 호적을 올리면 최고지도자인 천자는 절을 하고 받았고, 판적을
등에 진 사람을 만나면 아무리 훌륭한 사람일지라도 그에게 경의를 표

했다고 한다. 판적이 이처럼 엄중한 것은 무엇 때문인가? 소하蕭何가 진나라에 들어가 맨 먼저 판적을 거둬들이면서 호구의 많고 적음을 모두 알게 되었고, 또 어떤 사람이 하나라 이하, 그것을 차례로 기술하자 그에 관한 증거가 모두 있게 되었다. 그에 관한 자세한 내용을 설명할 수 있겠는가? 호구를 감소하자 백성이 보장을 받을 수 있다는 믿음을 가지게 되었고, 호구를 늘리자 관리들의 근무성적이 가장 좋았다. 호구를 감소하거나 늘리는 일은 서로 상반되는데 그 규정이 동일한 것은 무엇 때문인가? 객호客戶라는 말은 어떤 책에 등장하며, 부적附籍이라는 말은 어느 시대에 시작되었는가?

우리 조선은 국가를 건립한 당초부터 호적법을 가장 중요하게 여겼다. 이에 다섯 가구를 한 통統으로 편성하여 일체 가좌家坐를 따르게 했다. 3년마다 호적을 작성하여 중앙과 지방에 나누어 보관했고, 누락된 호수가 있으면 담당 관리에게 그 죄를 연좌시켰으며, 사실이 아닌 사항을 기록한 경우에는 가장家長을 엄벌하였다. 호적이 오갈 때에는 모두 공문으로 그것을 증빙하였고, 송옥訟獄에는 먼저 장적帳籍을 올렸다. 호적은 대호大戶·중호·소호·잔호殘戶와 사士·농農·공工·상商으로 구별했다. 안으로는 지방의 백성에게 부과하는 부역과 사람을 고용하여 대신 복역하게 하는 일만을 부과했다. 밖으로는 집집마다 부과하는 부역과 공공을 위해 부과하는 부역이 있을 뿐이었다. 중앙의 서울에서 그 일을 담당하고, 사관은 그 액수를 기록했다. 이처럼 좋은 법과 아름다운 제도가 시행되어, 정말 자부심을 지닐 만큼 좋은 제도로 볼만하였다.

그런데 최근 들어 국가의 기강이 엄중하지 않아서인지, 간사한 사람은 물론 잘못된 사안들이 사회 곳곳에서 불어나 폐단이 쌓이고 있다. 백성은 교묘하게 부역을 모면하고, 관리들은 태연하게 금법禁法을 위반하며, 토호와 부자들은 대부분 겸병兼竝을 하며, 귀천을 막론하고 제멋대로 사족士族이라고 칭한다.

　나라에는 잡다한 세금을 거둬들이지 않는데, 마을에는 공적인 물건을 개인적으로 써버리는 일이 있고, 상점에는 별도의 세금이 없는데 아전은 도리어 조세를 거두고 있다. 호수가 증가해도 이름과 실제가 서로 어긋나고, 이름뿐인 문서는 본래 정한 규정에 맞지 않는다. 판적의 규정이 지금처럼 문란한 시기는 일찍이 없었다. 어떻게 하면 토지에 관한 정책과 조세, 부역 등을 균등하게 하고, 국방에 관한 정책이나 병사의 등록 숫자 등을 합리적으로 정돈할 수 있겠는가?

　어제는 7월 칠석이었기에 절기에 맞추어서 국가 정책에 관한 질문을 했는데, 대책으로 제시한 것들이 절기에 제대로 맞지 않았다. 올해는 정기 과거시험인 식년과式年科를 치르는 해다. 판적은 국가의 정책을 좌우할 수 있는 중요한 문제이므로, 판적版籍으로 질문하여 대책을 논의하는 것도 의미가 있을 듯하다.

　그대들은 이미 관리로서 성명이 국가의 판적에 기록되어 있다. 따라서 판적의 중요성에 대해 누구보다도 잘 알고 있으며, 좋은 정책 대안을 제시할 수 있으리라.

민생을 챙기는
정책을 재건하라

이 책문은 1795년, 고위 관리의 자제들을 관직에 임용하는 음관陰官 및 초계문신에
대해 직접 시험을 본 내용이다. 국가의 주요 정책인 환곡과 군향에 관한 내용이다.
환곡은 물가 안정 대책이고 군향은 일종의 국방 대책과도 상통하는데, 이에 대한 구
체적인 정책 방향에 대해 물었다.

민생을 챙기는 정책은 다양하다. 그 가운데 환곡과 군향이 대표적이
다. 이들 환곡과 군향을 환향還餉이라 한다. 환곡과 군향은 백성의 양식
과 군대 병사들을 풍족하게 먹이기 위해 설치한 제도다. 그 규모와 제
도가 어떤지, 그대들은 역사에서 자세하게 들추어내어 백성과 나라에
보탬이 되게 할 수 있겠는가?

오곡五穀이 나오면 육성六星이 호응하고, 땅에서는 신령스러움을 이
루고 하늘에서는 형상을 이룬다. '늠廩이다, 유庾다, 균囷이다.'하는 것
은 공사의 비축을 말하는 것으로, 이름은 다르지만 실제 내용은 같다.
진秦나라에서는 양곡을 방출했고, 진晉나라에서는 닫고 방출하지 않았

다. 규구葵丘의 다섯 번째 명령은 "양곡의 방출을 막지 말라."는 것이었는데, 이러한 것을 통칭하여 조적糶糴이라 하는 것은 어째서인가?

노나라에는 장부長府라는 창고가 있었고, 초나라에는 균수均輸라는 창고가 있었다. 한나라 때는 태창·농창·근창·습창·장안창·감천창·세류창·상만창·해릉창·양장창이 있었고, 촉나라에는 백제창과 만안창이 있었다. 진나라에는 중창, 양나라에는 저창, 수나라에는 사창·여양창·용수창·남당창·예장창·조기창·광통창이 있었다. 당나라에는 경창·신창·군창·두창·하양창이 있었고, 송나라에는 대영창·절중창·혜민창·광혜창이 있었다. 원나라의 하서河西에 십사창, 통주通州에 십삼창, 경사京師에 이십이창이 있었고, 명나라에는 오위창·통제창·파상창·대군창이 있었다. 이런 것들은 우리 조선의 환곡이나 군향과 같은가, 다른가?

옛사람들이 화적和糴·평적平糴·태적兌糴과 같이 여러 방법으로 곡식을 사들이거나 비단이나 화폐의 유통, 차나 소금과 같은 일용품, 땔감이나 거름으로 사용하는 나무나 풀을 관리하는 데 이르기까지, 모두 모자라 귀하게 되면 방출하고 넘쳐나 천하게 되면 거둬들였다. 값이 오르면 방출하고 값이 내리면 거둬들여, 한 해의 흉년, 풍년을 기준으로 하였을 뿐, 영리를 취하는 뜻은 없었다. 이것이 상평常平을 설립한 이유다.

그런데 우리나라의 환곡과 군향은 곡식이 넘쳐나 천하게 되어도 방출하고 모자라 귀하게 되어도 거둬들이며, 값이 올라도 거둬들이고 내려도 방출하여, 해마다 그 영리를 취하고 기근과 풍년은 묻지 않는다. 『경국대전經國大典』에서 표방한 제도의 본래 취지와 상반되는 것은 어째서인가?

관포官布로 곡식을 바꾸고 민결民結로 조세를 거두는 것은 고려의 제도인데, 옛날 제도와도 유사하다. 그런데 우리나라의 환향은 민간에서 나오는 것인가 관청에서 나오는 것인가? 일명 보릿고개라고 하는 5월의 춘궁기春窮期에 곡식을 방출하고 가을 추수 시기인 10월에 곡식을 수납하는 것은, 주나라 때 임금이 봄에 물건이나 녹봉을 나누어주고 가을에 거둬들이며, 절기에 따라 그 절차에 차이를 두는 것과 같다. 향리와 각 현縣의 도읍에 이 제도가 모두 누적되어 있다고 했는데, 우리나라에서는 향리에만 환향을 설치했고 도읍에는 설치하지 않았다. 혹시 옛날에는 있던 것이 지금은 없어진 것은 아닌가? 아니면 시행해 오다가 중간에 폐지한 것인가?

'향餉'이나 '양糧', '조적糶糴'과 같은 것을 옛날에는 모두 볼 수 있었다. 하지만 '환還'이라는 글자는 우리나라에만 존재한다. 원래 관청의 것이었기에 관청으로 환원한다는 말인가? 또는 본래 민간의 것이었기에 민간으로 환원한다는 말인가? 아니면 거둬들이거나 방출하는 것이 고리처럼 순환하므로, 돌아온다는 의미의 '환還'자가 '고리 환環'자와 음이 같으므로 글자가 변한 것인가?

수해와 가뭄에 대비하고 진휼과 대여를 논의하는 것은 의창義倉의 법을 따른 것이다. 이것을 향리에 설치하지 않고 관아에다 설치한 것은 주자朱子가 주장한 사창社倉의 본래 뜻과는 크게 어긋난다. 먼 곳이나 가까운 곳을 막론하고, 전국적으로 곡식 창고가 별처럼 무수하게 나열되거나 바둑알처럼 촘촘히 깔려 있다. 창고 열쇠와 곡식의 분량을 헤아리는 기구들은 함부로 보관하여 제멋대로 사용되고, 지방의 관리는 곡식을 출납할 때 직접 서명하기를 삼가며 직무를 제대로 하지 않는다. 문서 관리는 멀리 서울의 중앙부서에서 직접 통솔하고 있다. 또한 성곽을 구축하고 연못을 파서 금성탕지金城湯池에 곡식을 안전하게 보관하는 것은 위급할 때를 대비한다고 믿을 수 있지만, 성곽이 없는 산골과 벌판에다 천석 만석의 숱한 곡식을 쌓아 두는 것은 도적에게 양식을 갖다 바치는 일에 가까운 것이 아닌가?

한 고을의 곡식으로 한 고을의 굶주림을 구제하지 못하고, 한개 도의 곡식으로 한개 도의 백성을 감당하지 못해, 곡식을 배에 싣고 수레로 운반하는 대역사가 강물과 육지에서 연속된다. 열흘에 한 번씩 날짜를 배정하여 곡식을 나누어 주고, 식구 수를 계산하여 나라에서 먹여 주니, 백성이 보기에는 나라 곡간에 곡식을 쌓아 놓고 있는 것처럼 보일 수 있다. 그러나 농사짓는 백성의 입장에서 보면, 땅바닥까지 쓸어 관부로 수송하고 나면 쌀독이 일시에 텅 빌 수 있게 된다. "부유함을 민간에 쌓아 둔다."는 것이 본래 이러한 의미인가?

공자가 곡식의 출납을 맡아보던 관리가 되어 실천했던 것처럼, "곡식을 출납하는 관리가 되어서는 회계를 알맞게 할 뿐"이라는 말은 더 이상 거론할 것도 없다. 하지만 예전에는 창고를 맡아 보는 관청을 아름다운 관직으로 여기고, 창고를 관리하는 직책을 비천하게 여기지 않았음을 여기저기서 살펴볼 수 있다. 지금은 전국 곳곳에 창고가 있지만, 일개 지방관이나 일개 교리校吏에게 그것을 위임하고 염려하지 않는다. 게다가 재직 기간이 지나면 자리 바꾸기를 여관에서 잠자고 떠나는 것처럼 하고 있으니, 창고를 자기의 씨족처럼 생각하며 자손을 기르듯이 발전시키는 일을 다시는 볼 수 없다. 전삼세田三稅는 정당하게 바치는 공물이고, 노비공奴婢貢은 수납하는 물품이다. 간혹 이것이 섞여서 환곡으로 들어가고 때로는 윗 고을의 창고로 들어가기도 한다.

군향軍餉은 위급 상황이 발생했을 때 군대를 위해 사용하려고 비축하여 두는 것이다. 본 읍에서는 군향을 받아 놓고도 정작 이를 긴요하게 써야 할 산성山城에서는 실제로 받지 못하고 군향에 대한 문서만 갖고 있다. 남한산성과 북한산성, 그리고 강화도에 군향을 첨가하는 것은 2년마다 한 번씩이지만 매년으로 더할 수 있도록 정해 놓았다. 곡식은 증가되지 않고 끝도 없이 허비만 하고 있는 상황인데, 현재 비축된 것이 각기 몇 포대나 되겠는가? 서울 외곽에 있는 공진貢津과 양진楊津은 동쪽과 남쪽의 수요를 담당하는 창고인데, 텅 빈 채로 두고 있다. 이를 설치한 의미가 어디에 있는가?

아문衙門의 이름만 세어보아도 경기지방은 상진청에서 담당하는 상진곡·보환곡·원칙수곡 등이 있고, 호조에서 담당하는 원회부가 있다. 비변사에서 담당하는 영진곡, 수원군향, 파주군향, 교동수영군향이 있다. 영종도 이하는 각 진의 군향이 있고, 감영의 고마청, 수어청의 남한산성 원군향과 유영의 보휼고·별고·승창 등이 있으며, 총융청과 북한산성 관성소의 평창과 삼군문창·별고·독성산성의 군향이 있고, 개성부의 태안창·내창·승창·둔창·진창·남창·북창·금천창·배천창이 있으며, 강화부의 원군향·사창·호조창·서창·정족창·신창 등이 있고, 월곶 이하는 각 진의 군향이 있으며, 삼군문의 유영이 있다. 균역청이 담당하는 것으로 균청군작미가 있고, 감영이 담당하는 것으로는 순영곡·순아병곡·영칙수곡 등이 있다.

충청도 지방은 상진청이 담당하는 상진곡·보환곡이 있고, 호조가 담당하는 군자곡이 있고, 비변사가 담당하는 영진곡·군작미·양진과 공진의 군향, 북곡·제민창곡·가록군의 작미·경리곡·영남곡·구퇴선가미·승번곡·강도미, 감영의 쌍수·안흥의 군향, 병영의 상당군향과 수영의 원군향, 원산창의 곡식에서 나누어 낸 안흥군향과 주사군향, 통영의 회내곡, 온양의 사복곡 등이 있다. 균역청이 담당하는 균청군작미와 을사·기유·경술년의 무미가 있고, 장용영이 담당하는 장용영곡이 있고, 감영이 담당하는 감영곡·섬학고곡·별진곡·안흥환자·진휼곡·영고곡·보군곡·보민조·쌍수승창곡·별창곡·군기곡·전창곡·오역보급곡이 있다. 공주의 견역조, 충주의 별창곡, 홍주의 보세곡, 청주의 보역곡, 진잠의 조량곡, 회덕의 노량곡 등이 있다. 통영이 담당하는 회외곡이 있고, 통어영이 담당하는 통어영곡이 있고, 병영이 담당하는 병영곡·군수미가 있고, 수영이 담당하는 수영곡·경진미·승창군향 등이 있다.

전라도 지방은 상진청이 담당하는 상진곡이 있고 제세조·나포곡과 경인년 군작미, 경술년 무미, 보민사속조, 병영상진곡 등이 있다. 호조가 담당하는 군자창 회부곡, 영남 별회곡, 기유년 별비미, 기유년 무미 등이 있고, 비변사가 담당한 군작미와 13고을의 선미, 송염선가곡·북관곡·별검곡·좌우제민창곡·감영 수성창 군향곡·우세조·우가미·둔세미·사비곡·동북곡·좌우수영 선저치미·좌수영 선가미·광양 선가미, 입암·위봉·금성·교룡·적상 등 산성의 군향곡·군향 회외곡이 있으며, 감영의 여군포작미, 감영의 휴번포작모·휴번곡·승번곡이 있고, 병영의 군향곡, 좌수영의 군향곡, 각진의 군향곡 등과 고군산의 방선저치미, 통영의 회내곡 등이 있다. 균역청이 담당하는 군이작의 군향미, 검이작의 군향미, 보환미, 진상 첨가미 등이 있다. 장용영이 담당하는 환무곡, 감영이 담당하는 순검곡·영고·공고·보군고·진휼고·마위고·보민고·군수고·고마고·지소균역고·나포별비고 등이 있다. 통영이 담당하는 회외곡과 월과미가 있고, 병영이 담당하는 월과곡이 있고, 좌수영이 담당하는 조량곡과 기부곡과 수성곡이 있다.

경상도 지방에는 상진창이 담당하는 상진곡·공작미·훈국미·보환곡이 있다. 호조가 담당한 군자창의 원회곡, 조령의 산성곡, 성산의 산성미, 독용산성의 군향, 천생산성의 군향, 대혜창의 북관전미, 좌수영의 월과미, 상주와 함창의 수성소 등이 있다. 선혜청이 담당한 이록미·별향미와 제류미 등이 있다. 비변사가 담당하는 군작미, 남창전작미, 사군포작미, 통영의 전무미·군포작미·체가사진비황곡, 역산창의 구퇴선가미, 좌수영의 구퇴선가미, 좌병영의 갑주가미, 화산의 축성미, 우병영의 촉석산성군향, 밀양의 양향곡, 조령산성의 수성소보성미, 가산산성의 보성미, 포항창·제민창, 금오산성의 수성소, 선산의 읍성소형산곡, 좌수영의 군향 등이 있다. 균역청이 담당하는 별균미와 군작미가 있고, 감영이 담당하는 별회곡, 동래의 산성미, 영진곡·수성창곡·영고곡·군수곡·고마고곡·영선곡 등이 있다. 통영이 담당하는 회외곡·보향곡·보역조·저향조·별향조·섬향조·진휼미 등이 있다. 좌병영이 담당하는 별호곡·장청조·하창조·방어창조·고마창조·조량조·급료조 등이 있고, 우병영이 담당하는 별회창곡·양무창곡·유황고곡·조음포창곡·영고곡·보군창곡 등이 있다.

강원도 지방에는 상진청이 담당하는 상진곡과 상평별창이 있고, 호조가 담당하는 군자창이 있다. 비변사가 담당하는 강릉 등 열 고을의 곡식과 상정급대곡과 첩별비곡과 보삼환과 각 연도의 월과, 철원의 방영, 횡성의 중영, 삼척의 진영, 월송포의 군향과 사고환이 있다. 균역청이 담당한 것으로는 균청의 이록곡, 감영의 구관으로 감영곡과 월과곡·별회곡·군수고·보영고·군기고·영고·영창·둔창 등이 있다.

평안도 지방은 상평청이 담당한 것으로는 상평곡이 있고, 진휼청이 담당한 것으로는 화세곡이 있고, 호조가 담당한 것으로는 군향곡·전삼세곡, 순영의 전곡이 있고, 임진년에 청하여 얻어 낸 소미와 연례로 무역하는 인삼을 견감한 조항의 소미가 있다. 비변사가 담당한 것으로는 별군향·보향곡·칙수곡·사진곡과 신삼가의 소미가 있고, 자성의 보향곡과 보성곡, 동림성의 성향과 성수곡, 검산성곡, 당아산성의 군향과 양향곡, 새원성의 성향곡, 백마산성의 산성곡, 평양성의 성향곡, 황룡성의 성향곡, 약산성의 성향곡, 산창의 저향곡, 철옹의 별군향, 삼화·선천의 해창곡 등이 있다. 균역청의 구관으로는 균역청곡, 준천사의 소미, 형조와 한성부의 이례吏隷들에게 급료로 지불할 소미 등이 있다. 수어청이 담당하는 수어청의 소미가 있고, 관리영이 담당하는 관리영의 소미가 있고, 장용영의 구관으로는 장용영의 소미가 있고, 병조가 담당하는 군향소미와 심도소미가 있다. 감영이 담당하는 관회외곡·영고곡·보군고곡·보선고곡·군기곡·겸제고곡·북성군기곡·진휼고곡·영창곡·고마고곡·영선곡·지묵고곡·삼오고곡·감조소곡·천류고곡·섬학고곡이 있다. 병영이 담당하는 군향고곡·별군향고곡·성기고곡·권무고곡·조향고곡·영창곡·소착창곡·보향고곡·둔창곡·갈마창곡·보역고곡·고마고곡·생식곡·양향곡·자성곡이 있다. 순중영이 담당하는 군수곡이 있고, 방영이 담당하는 삼화 양향의 대미와 군수고의 소미, 창성의 군수고곡, 강계의 변저고곡, 군창곡·영향고곡·보시고곡 등이 있다.

황해도 지방은 상평청이 담당하는 상평곡이 있고, 호조가 담당하는 창원곡과 관향곡이 있고, 비변사의 구관으로는 관향회외곡·원진곡·자비곡·사진곡이 있고, 태백산성의 군향곡·취모미, 노비 신공의 대급미, 감영의 칙수곡, 병영의 군향곡·육진곡·책응고곡·신창곡·별향고곡·칙수고곡, 수영의 군량곡·체가미·군수미 등이 있다. 감영이 담당하는 수양산성과 장수산성의 모소미가 있고, 병영이 담당하는 조량창곡·영창곡·보영고곡과 각진의 진곡이 있고, 수영이 담당하는 봉수미·별비미·추포미 등이 있다.

함경도 지방은 상평청이 담당하는 상평청곡이 있고, 진휼청이 담당하는 진휼청곡과 포항창곡이 있다. 호조가 담당하는 군자창·별수고·별치고·월과고 등이 있고 문천·단천·갑산·길주·부령·회령·종성·온성 등에 17개의 창고가 있으며, 덕원·영흥·북청·이성에 서쪽·남쪽·북쪽에서 운송하여 온 창고가 있고, 단천과 부령에는 남쪽에서 올라온 별군향이 있고 교생의 면강곡이 있다. 비변사가 담당하는 비국에서 구관하는 곡식, 교제구치·교제산재 차수곡, 사진곡, 남북 병영의 군향, 출신제방과 군사제방의 군수 포목의 환작미, 삼색三色의 노비공을 별도로 나누어 낸 곡식, 항류군의 군향이 있고, 길주에 별도로 비치한 미곡과 함흥의 성향곡이 있다. 감영이 담당하는 영곡·영진곡·별진곡 등이 있고 고산 거산역의 진곡·책진곡이 있다. 남병영이 담당하는 군향 회곡·외곡·별비곡·군향곡·진여곡이 있고, 북병영이 담당하는 군향 회외곡이 있다. 이렇게 다양한 조건에 대해 손으로 다 꼽을 수도 없

정조 책문, 새로운 국가를 묻다

다. 설치된 연한과 조처 내용 등에 대해 일일이 지적하여 진술하시라.

상평창과 진휼청을 통합하여 하나의 청으로 삼은 것은 과연 어느 때부터인가? 경기·충청·전라·경상·강원도 등 5개 도는 통합한 내용이 동일하다. 유독 평안도와 황해도, 함경도 지방은 아직도 상평창의 옛 명칭이 남아 있고, 황해도 지방에는 진휼청이라는 것이 없다. 균역청의 곡식이 경기·충청·전라·경상·강원·평안 6개 도에는 나열되어 있는데 황해도와 함경도 지방만은 유독 이 명칭이 없는 것은 무엇 때문인가? 산성의 곡식은 모두 비국에서 담당한다. 경상도의 조령·성산·독용·천생 등 산성의 향곡은 호조에서 담당하고 있고, 월과미는 일반인데 어떤 곳에는 비국에서 담당하고 어떤 곳에는 호조에서 담당하며, 또 어떤 곳에서는 각각의 감영에서 담당하기도 하는 것은 무엇 때문인가? 훈국미는 이름을 훈국이라 하면서 담당은 상진청에서 하고, 동일한 관청에서 운영되는 곡식으로 회계도 동일하게 처리되는데 회내會內와 회외會外로 나누어 구별한다. 전라도과 함경도 지방의 군향과 평안도 지방의 관향에도 또한 회외라는 명칭이 있는 것은 무엇 때문인가? 『문헌비고』가 만들어진 것이 20년도 채 안 되지만 군자창의 명칭은 팔도에 모두 보이는데, 경기도와 황해도, 평안도 지방에는 지금까지도 없는 것은 무엇 때문인가?

곡물의 명칭을 보면, 대미大米·소미小米·정조正租·황조荒租·두태豆太·모맥牟麥·진맥眞麥·서직黍稷·옥수수·목맥木麥·녹두菉豆 등 한두 가지가 아니다. 함경도와 강원도, 황해도 지방에는 대미 이외에 별도로 조미糙米가 있고, 경상도 지방에는 소미 이외에 별도로 전미田米가 있으며, 전라도 지방에는 특히 서직과 옥수수가 없다. 이는 토질에 맞지 않아 애초부터 경작하지 않은 것인가? 아니면 있기는 한데 액수가 적어 조적糶糴에 포함되지 아니한 것인가? 동두東豆란 어떤 명칭이기에 유독 경기도 지방에서만 보이는가? 올벼는 다른 어떤 지방에도 없기에 강원도 지방에서만 봉납하는가? 미모米牟는 쌀과 같은 보리이고 모미牟米는 보리를 쌀처럼 경작한 것이다. 맥조麥租라는 것은 어떤 곡식이며 어느 지방에서 생산되는가? 각종 곡식을 두고 볼 때, 여기에서는 이것이 풍년 들고 저기에서는 저것이 흉년 들면, 이것과 저것을 서로 바꾸어 대신 봉납하는 것을 준절準折이라 한다. 이에 대한 것은 『대전통편大典通編』에 기록되어 있는데, 동두 이하의 몇몇 종류는 봉납에서 누락되기도 했다. 만약 준절을 한다면 어떤 곡식과 서로 비교할 수 있는가?

곡물 가격의 경우, 전국 팔도의 가격으로 몇 년간의 중간치를 비교하여 상정詳定한 다음, 중앙과 지방에 반포한다면 고르지 않고 들쭉날쭉하다는 개탄은 없을 것이다. 충청·전라 지방과 경기 지방이 도마다 같지 않고, 같은 도 안에서도 각 아문에서 담당하는 것이 또한 각각 같지 않다. 이미 상정한 것이 있다면 상정한 것을 기준으로 삼아야 하고, 중앙과 지방에서 돈으로 환산할 때 시중의 가격대로 한다면, 시기를 틈타 이익을 보는 이들은 어떻게 할 것인가?

분류의 규칙은 반은 나누어 주고 반은 남겨 두는 것이 원칙인데, 모조리 나누어 주기도 하고 3분의 2를 남겨 두고 3분의 1만 나누어 주기도 한다. 이렇게 되면 한편으로는 거둬들이기가 어렵고 한편으로는 부패하기가 쉬워, 모두가 알맞지 못하다. 이를 변통할 줄 모르는 것은 어째서인가? 때로는 전결田結을 기준으로 나누어 주기도 하고, 때로는 통반에 따라, 때로는 가호家戶를 기준으로, 때로는 곡斛으로, 때로는 두斗

로 나누어 주기도 하여 고을마다 그 사례가 다르다. 이것의 장점과 단점은 어떠한가? 농사지을 양식이 떨어졌다고 보고하면 나라에서 추가로 대출해 주는 것은 당연하다. 노비의 납공을 감면하고 승려의 번전番錢을 견감해 주되 추가로 대출해 주어 취한 모곡으로 대신 보충하는 것은 민간이 민간을 돕는다는 취지에서 나온 것이었다. 그런데 어째서 관찰사가 일을 받아보던 순영巡營의 부채와 배로 물건을 실어 나르는 것을 관리하는 관원의 수를 감축하여 위를 번잡하게 만드는가? 추가 대출이 도리어 문제의 발단이 되는 것은 아닌가?

모곡을 취하는 이유는 노적해 두면 새들이 쪼아 먹고 창고에 두면 쥐들의 파먹기 때문이다. 즉, 그렇게 버려지는 것에 대해 손해가 없도록 하고, 나누어 주기 위한 취지가 있다. 그런데 어떻게 하다가 잘못된 것을 답습하게 되어, 처음에는 승약升龠으로 계산하던 것이 별도의 곡斛으로 바뀌었다. 아래로는 고을에서 쓰는 것이 되고, 중간에서는 관찰사의 사무에 쓰게 되며, 위로는 국가의 쓰임새가 되어, 관청의 지출이나 경비를 이 모곡에서 취하는 것이 많다. 서울이나 평안도에서는 상평창에서 일승오합一升五合, 사승오합四升五合, 육승, 팔승오합, 일두, 일두이승一斗二升을 취하는데, 이밖에 전체의 모곡을 모아서 쓰는 경우도 있다. 어떤 외부 관청에서는 성향城餉에서 삼승三升이나 일두一斗를 취하기도 한다. 이밖에 전체의 모곡을 수용하는 경우도 있는데, 규정이 어지럽게 섞여 있고 관행으로 굳은 지 오래되어 혁파할 수조차 없다. 혁파해야 한다는 논의가 김응조金應祖에게서 나왔으나, 명망 있는 학자들의 말이 제각기 달라 고치지 못하고 오늘날까지 이르고 있다.

민간이나 관청에서 어려운 상황을 당할 때마다 모조리 모곡을 이용한다. 균역청·진휼청·준천사濬川司의 유지비용과 추조秋曹와 경조京兆, 오부五部의 관리들에게 급료로 주는 옷감이나 관청의 관리 수리비용, 전쟁에 사용할 배, 여러 가지 물품 마련도 오직 모곡으로 말하고 있다. 세금을 탕감하는 은혜를 베풀 때도 모곡으로 대신하고, 조사詔使와 산릉山陵의 경비도 모곡으로 충당하고 있다. 저들은 돈으로 하였고 우리는 곡식으로 하니 쓰임새는 각기 다르지만 저들은 이식을 취하고 우리는 모곡으로 하고 있으니 취하는 것은 동일하다. 이런 방식으로 정책을 펴다가는 송나라 희령 연간의 왕안석王安石이나 여혜경呂惠卿 같은 소인배에게 조소를 당하지는 않겠는가? 임진년 이전에는 모곡이라는 말이 없었고 문헌에서도 찾아볼 수 없다. "오승五升을 영원히 제거한다."는 것은 단지 후한시대 진태구陳太丘가 난형난제難兄難弟라고 하며 사물의 우열을 가리기 힘들다고 말했듯이, 정말 어려운 일이다. 그렇다면 창고에 쌓여 썩는 곡식에 대해 특별히 모곡을 감면하고, 묵은 환곡에 대해 다시 모곡을 첨가하지 않는 것도 백성에게 미치는 혜택이라고 할 수 있겠는가?

수납하는 일에 대해 말해 보자. 초겨울이 도래하면 영문에 보고하고, 창고를 열어 문서를 대조하여 계산을 맞추고 집집마다 곡물을 내게 한다. 형벌을 내릴 수 있는 권한과 감옥에 보낼 수 있는 위엄을 앞세워 연말까지 완납하기를 요구한다. 관청에서 1년을 이어 가는 자본이 백성을 위한 것이라 하지만, 옛날 군자의 간절하고 충성스러운 교훈을 돌아본다면 지나친 것이 아닌가? 더구나 "귀뚜라미가 집에 들어오는 계절이 되면 농사일은 그제야 휴식을 취한다."는 옛 시가도 있는데, 몇몇 도에서는 이제 겨우 추수를 준비하는 9월에 이미 수납을 시작하니,

정조 책문, 새로운 국가를 묻다

백 일간의 농사일 끝에 오는 하루간의 추수하는 즐거움이라는 옛말의 의미가 어디에 있는가?

맡아서 지키는 방법에 대해 말해 보자. 교체할 때는 관원을 정하여 일일이 확인하고, 나누어 주거나 남겨 둔 것에 대해서는 추첨을 하여 척간擲姦을 하며, 비국의 낭청과 어사를 또한 수시로 파견한다. 결손을 초래했거나, 함부로 나눠 주었거나, 수납하지도 않고 문부를 허위로 기록했거나, 수작을 부린 지방 관리 이하는 환향還餉의 정도를 보아 그 경중을 나눈다. 모두 일정한 율령이 있어, 그것을 궁문 앞에 게시하여 두니, 법이 엄중하고 치밀하다고 할 수 있다.

환향의 법이 다소 미진한 부분이 없지 않다. 그러나 총괄하여 논의한다면, 그것은 우리 백성을 진휼하는 핵심 제도다. 일반 백성의 민생을 생각하면 말이나 소의 발자국에 괴어 있는 물처럼 마르기 쉽다. 집 안은 경쇠를 매달아 놓은 것처럼 썰렁하고, 밥솥에서는 먼지가 일며, 빈 항아리에는 비축된 낱알이라곤 없고, 이웃에는 한 움큼의 곡식도 빌릴 곳이 없다. 아무리 헤아려 보아도 한 차례 배불리 먹을 수 있는 희망이 없다. 이러한 때 관아의 문에 방문이 내걸리고 창고를 연다는 날짜가 정해지면, 남녀노소 할 것 없이 기쁨에 들떠 빈손으로 갔다가 가득 얻어 돌아온다. 얻는 것에는 그들 스스로 도리가 있고 취하는 것은 어느 누구도 금하지 않는다. 설날 세찬으로부터 보릿고개에 이르기까지 이것으로 생활하고 이것으로 농사를 짓는다.

서쪽 밭의 종자와 남쪽 들녘의 점심을 모두 이것으로 마련하고, 청명과 한식에는 산소를 찾아가 조상에게 제사도 올린다. 아들딸의 혼인도 맺어 이웃 손님을 대접하기도 한다. 그밖에 부역이나 세곡으로 미진한

것은 길쌈도 하고 방아품도 팔아 일을 마무리 하니, 환향은 백성에게
더없이 유익한 것이다. 더구나 흉년이라도 닥쳐 한 톨의 곡식도 수확
하지 못하게 되면 부자들도 다급하다고 하는데, 가난한 사람이야 말할
것이 있겠는가!

살림을 품에 안고 등에 지고 이끌고 헤매며 나뒹굴면서 떠나려고 하
면, 피붙이 살붙이가 마음에 걸리고, 머물려고 해도 구렁텅이가 눈앞에
있으니, 두려움과 근심으로 어느 곳에도 의지할 데가 없다. 이러한 때
진휼을 시작한다는 명령이 있고 굶주린 백성을 초명抄名하는 기간이
정해지면 동면하던 벌레가 봄을 만나고 마른 나뭇가지가 천둥소리를
듣는 것과 같이 기뻐한다. 처자식을 이끌고 함께 찾아가서 공부公簿에
이름이 오르면 파리한 얼굴에 희색이 감돈다. 들어가면 죽이라도 얻어
먹고 나올 때는 곡식을 얻어 나오니, 보물이라도 얻은 것과 같다. 어떤
때는 나물 따위를 섞어 죽을 쑤기도 하고, 어떤 때는 이틀에 한 번 꼴
로 밥을 먹으며 10여 차례만 거치고 나면 목숨을 잘 이어 갈 수 있다.
그런데 주부州府와 군현郡縣에 이러한 비축이 없다면, 아무리 훌륭한
지도자가 그것을 담당한다 해도 의지할 곳 없는 궁핍한 백성을 구휼할
수 없으리라.

"편안한 때에도 위험함을 잊지 말라."는 경계에 대해 말해 보자. 백만
군졸과 강한 활, 그리고 쇠뇌가 있고, 돌진하여 용기를 과시하며 씩씩
하고 용맹하기가 마치 삭방朔方의 건장한 군졸이나 토저兎罝의 야인과
같다 하더라도, 소하蕭何가 군량을 운송하지 아니하고 오창敖倉의 양곡
을 차지하지 못했다면, 이는 백성을 버리는 것과 같았을 것이다. 태평
할 때는 백성을 기르고, 위급할 때는 병사를 먹이는 방법으로 환향보

다 좋은 것은 없다. 10분의 1을 모곡으로 취하는 것은 이 곡식을 오래도록 유지하기 위함이고, 기일을 맞춰 거둬들이고 방출하는 것은 그들의 생활을 윤택하게 위함이다. 환향을 설치한 원래의 목적은 참으로 아름답다. 그러나 어쩌다 옛 법이 점점 미약해지고 온갖 폐단이 고슴도치의 가시처럼 일어나, 봄철의 기아 상태에서 환곡을 바라기란 한 해를 보내는 것과 같고, 창고에 가서 자루에 받아 집으로 돌아와서 포대를 열어 보면 곡식이나 쌀이 모두 쭉정이거나 반만 벗긴 것이며, 한 말이라고 이름 붙였지만 그 양이 3분의 1은 부족하다. 입에 풀칠할 대책도 없는데, 농사지을 겨를이 있겠는가?

겨울이 되어 곡식을 실어다 바칠 때가 되면, 겉곡식은 반드시 키질을 해야 하고, 알곡은 기름기가 흐르는 듯하다. 되질을 하면 가외로 요구하는 조건도 많아 한 포대에 추가로 바치는 것이 모곡과 합하여 일고여덟 말에 이른다. 그렇다면 10분의 1이던 것이 10분의 5가 되어 실제는 갑절이나 된다. 깨끗이 도정한 쌀을 어렵게 바치고 저 거친 것을 대신 받으니, 사람이라면 원통함이 골수에 사무치게 된다. 추가로 바치는 양이 이렇게 많은데 이런 때 감영監營에서 곡물이 아닌 돈으로 세금을 내라는 명령이 나온다. 수작을 부려 다급하고 엄격하게 기한을 정해 놓으면, 읍내 시장이나 향촌의 장터를 숨 가쁘게 오가며 움직여야 한다. 발에 물집이 생기고 눈썹이 타도록 서둘러 읍에 내는 세금을 겨우 반쯤 충당하고 나면, 성에 내야 하는 세금의 독촉이 또 이어진다. 돌다리 얼음길에 곡식 자루를 등에 지고 소에 실어 나뒹굴고 엎어지며 심혈을 쥐어짜 마련하지만, 퇴짜를 맞거나 다시 도정을 하고 보면 계산은 최초의 분량과 어긋나고 만다. 이리하여 어느 정도 수확이 있는 백성은 뒤주나 창고를 털어야 하고, 전혀 수확이 없는 백성은 토지를 저당 잡히거나 송아지를 내다 팔아야 할 판이다.

이윽고 환미還米를 실어다 바치고 나면 인징隣徵과 족징族徵의 침탈이 연달아 이르고, 인징과 족징을 끝내고 나면 연도도 알 수 없는 해묵은 환곡이 뒤따라 일어나 천만 가지 두서를 지탱하여 견딜 수 없다. 더구나 뒤주나 창고, 토지나 송아지를 가진 사람이 모두 몇 명이나 되겠는가? 궁핍한 학자는 땅이라도 뚫고 들어가려 하고, 의지할 곳 없는 외로운 사람은 하늘에 호소하려 해도 길이 없다. 사람의 삶이 이 지경에 이르면, 어찌 가엾고 불쌍하지 않겠는가! 게다가 연말이라도 되어 가면 곡식을 갚으라는 독촉은 성화같고, 관원은 사방에서 몰려들어, 집안의 개나 닭들도 편치 못하다. 얼음과 눈을 무릅써 가며 끌어 모으려 하지만 대책이 없다. 결국 감옥에 갇혀 벌벌 떨며 채찍에 나뒹굴게 되고, 수납을 멈추라는 명령이 내린다 해도 백성들과는 이미 관계가 없다. 이러하기 때문에 해묵은 곡식이 창고에서 나가지 않고, 봉진은 모두 거짓 문서에 따라 해서 부유한 자는 모면하고 가난한 사람만 곡식을 바치게 된다.

뿐만 아니라, 세금을 거둬들이려는 온갖 술책이 난무한다. 없는 가구를 만들어 더 내라고도 하고 수시로 이런 저런 핑계로 추가로 부담하는 세금제도를 만들어 국가를 좀먹고 백성을 병들게 한다. 흉년이 들면 진휼하는 것은 국가의 커다란 정책이다. 때문에 장리長吏는 마음을 다하고 성의를 다하는 것이 그의 직분이다. 백성들이 흩어져 사방으로 떠나게 내버려 두고, 뇌물을 받으며 부정을 수시로 범하고, 세금을 남기거나 다른 곳에 쓰는 것을 바로잡아 고치지 못하는 것은 본래 지방

관리의 죄다. 하지만 방악方岳의 신하도 더러는 잘못된 것을 답습하고
있다.

각 양곡을 입본立本하는 것은 이자가 적기 때문에, 영문의 모곡도 자
연스럽게 귀해지는 것이다. 하지만 아직도 예전대로 산성에는 곡식이
쌓이고 수변水邊에는 텅 비게 된다. 한 가구에서 수십 석石을 어떻게 마
련할 수 있겠으며, 8명의 식구에 3두斗의 곡식으로 어떻게 농사를 지을
수 있겠는가? 지나친 것이나 모자라는 것이나 곤란하기는 마찬가지다.
천분擅分이 궁핍함을 도와주는 것 같으나 그 가운데는 가렴주구가 있
고, 단대單代가 힘을 펴게 해 주는 것 같으나 애당초부터 수작을 부리
는 것이다. 그 외에 여러 가지 고질적인 폐단에 대해서는 아무리 많은
사람이 달라붙어 헤아린다고 해도 낱낱이 거론하기도 어렵다.

내가 최고지도자로서 백성의 부모가 되어, 사람들이 불쌍하고 제도
를 병폐로 여겨, 환향을 단속하도록 여러 차례 정책적인 조치를 내렸
다. 새것이나 오래된 환곡에 대해 상황에 따라 탕감하거나 기한을 연
장하기도 하고, 크고 작은 어려운 일을 도와주어 진휼하고 보조해 주
며, 여러 가지 재난으로 인한 실업자들에 대해 모두 탕감하거나 면제
해 주었다. 그것은 내가 베푼 은혜라기보다 실제로는 옛날부터 선대의
군주들이 백성을 사랑하고 위로해 주던 뜻을 본받은 것이었다. 그러
나 그 효과는 막연하고, 그 폐단은 여전하여, 한 고을이 살아나는 듯하
면, 다른 고을이 또다시 병폐를 알려오고, 한쪽 길이 약간 정돈되었는
가 싶으면 또 다른 길이 문란해져 구멍이나 상처가 차례로 나오고, 뒤
집히고 삐뚤어져 안정되지가 않는다.

최근에 이미 시행한 몇 가지 조항을 들어보자. 풍족한 지역에서 덜

어 부족한 곳에 보태주는 것이 정치의 기본이다. 먼저 경상도와 평안도 지방에서 가장 공평하지 못한 지역을 골라 이런 정책을 시행했다. 싼값으로 물건을 발매하고 지역을 옮기면서 교역한 지 몇 해가 된 지금에도, 정한 액수 외에 더 징수하거나 재물을 모두 써 없애 버릴 염려가 아직도 존재한다. 함양咸陽에서는 문란을 단절하기 위해 곡식을 화재에 부쳤고, 풍기豐基에서는 고질병을 제거하기 위해 곡식의 승색升色을 영구히 없앴다. 이런 일들은 어쩌면 요행을 열어 주는 것에 가깝지 않았나 생각된다. 또 3개 도에 곡식을 비축하기 위해 엽전 50만 민緡을 내주었는데, 이는 단지 예비하기 위한 것일 뿐만 아니라 화폐를 유통시키려는 목적도 있었다. 그런데 지금까지 화폐가 유통되는 아름다움은 보이지 않고 있다. 평안도 지방의 각 진에서는 환미를 정리하는 일이 지금 한창 진행되고 있는데, 평안도 관찰사가 도무지 요령을 파악하지 못하여 오히려 질편하고 어지럽기만 하고, 하나도 믿을 것이 없어 민생의 고통만 하루하루 심해질 뿐이다. 본래 황하의 혼탁함을 한 치 정도의 아교로 맑게 할 수는 없고, 한 수레의 섶의 불을 한 잔의 물로는 끌 수 없다는 것은 안다. 하지만 어찌 백성을 위하는 곡식이 백성을 못살게 하도록 내버려 두고, 구제할 방도를 찾지 않을 수 있겠는가?

내가 최고지도자가 된 뒤부터 십 수 년이 흐른 지금까지, 자문을 구하고 헤아려 본 것이 한두 번이 아니다. 하지만 의견을 제시하는 사람마다 견해가 다르다. 어떤 사람은 큰 개혁을 주장하고, 어떤 사람은 약간의 변통만 주장하며 서로 고집하고 있다. 어떤 의견을 중심으로 삼아야 할지 알 수 없다.

어떤 사람은 이렇게 말한다.

정조 책문, 새로운 국가를 묻다

"환향이란 명칭이 있는 한, 환향에 따른 폐단이 있게 마련이다. 일체 혁파하여 버리고 단지 상평창이라는 명칭만 두라. 전국시대의 이회李悝가 주장한 평적제平糴制를 시행하여 상·중·하 세 등급의 풍년과 대·중·소 세 등급의 흉년을 정해, 풍년이 들면 거둬들이고 흉년이 들면 방출하는 것을 규정으로 삼되, 이식을 받지 못하게 하라. 중앙과 지방에서 모곡을 재원으로 쓰던 경비는 구전□錢과 호포戶布로 별도의 조처를 하는 것만 못하다."

어떤 사람은 다음과 같은 견해를 제시한다.

"이미 사용하고 있는 곡식을 비축하는 제도가 싫다고 중지하고는, 별도로 백성의 토지에서 더 거두어들이는 것이 옳은가? 이회의 당시에는 정전제도가 아직 남아 있었기 때문에 그 법에 따라 취하기만 할 뿐이었으나 지금은 정전제도로 규정된 토지제도가 아니다. 삼수량三手糧에 결전結錢을 부가하여 징수하고부터는, 그렇지 않아도 논밭에 부과한 세금이 높아 무겁다고 걱정하고 있는데, 도리어 또 상평창을 위해 거둬들인다면, 그것은 가슴의 살점을 베는 것과 같아 시행되어서는 안된다. 송나라 주자의 사창社倉제도를 회복할 수 있다면, 지금 있는 곡식을 마을에 나눠 주고, 창고를 건립한 다음에 한 고을의 현명한 어른에게 주관하게 하되, 나눠 주고 거둬들이는 일이나 이자에 관한 일은 일체 규약을 준수하게 하고, 국가에서는 잘잘못만 살피며 이익을 취하지 않도록 해야 한다. 중앙과 지방에서 모곡을 급대給代하던 것은 어쩔 수 없이 구획區劃을 논의해야 하며, 구전과 호포와 군역을 혁파하지 않고는 중복하여 징수할 수 없다. 차라리 전포든 양곡이든 간에 특별히 단안을 내려, 각 고을에는 아둔衙屯을 두고 관찰사가 관리하는 영둔營屯

을 두어 해마다 그 세공을 받게 하여 폐단을 없애는 것이 낫다."

또 어떤 사람은 이렇게도 주장한다.

"평적법平糴法은 중첩하여 징수하는 것 같아 의논할 것이 못 되고, 사창社倉제도가 좋은 듯하다. 하지만 수납하는 일을 사례로 본다면, 장리長吏가 나서 채찍을 치며 감옥에 가둘 정도로 엄격하게 해도 백성들이 허다하게 어기고 항거하는데, 한 마을의 대표가 어떻게 기간에 맞추어 수납하겠는가! 게다가 급대給代나 둔전을 설치한다는 논의는, 이와 같은 경우에 필요한 경비를 수입과 비교해 본다면, 아문마다 한없이 넓은 둔전을 설치하고 영문마다 수십 개 고을의 토지를 개척한다 해도 감당할 수 없을 것이다. 예전대로 하면서 병폐를 구제하는 것이 가장 편리하다. 농간을 부리는 구멍은 쥐구멍과 같아, 아문과 곡식의 명칭이 지나치게 번잡하고 조밀한 것이 주요 원인이다. 지금 각 아문이 담당하는 것을 모조리 없애고 일체를 호조에 위임하여, 내고 들이는 것을 관장하게 한 뒤, 곡식의 명칭은 대미·소미·전조·태두·속·보리 등의 여섯 종류만 남겨 두고, 중앙과 지방의 모곡 조항을 '어느 아문 무슨 곡식 몇 석을 어느 읍에 영구히 갈라 주어, 감히 값이 오르고 내리더라도 옮기지 못하게 한다.'고 하면, 명령이 여러 아문에서 나오고 관리가 그로 인해 농간을 부리는 폐단을 제거할 수 있다. 또한 지나치게 많다거나 적다거나 하는 염려를 통쾌하게 제거할 수 있을 것이다."

또 어떤 사람은 다음과 같이 주장한다.

"곡식마다 어떤 토질에서는 잘 자라고 어떤 토질에서는 잘 자라지 않는데, 이는 물고기와 자라가 물에서 자라고 순록과 사슴이 산에서 자라는 것과 같아, 토지의 상태를 헤아리지 않고 세금을 동일하게 못박아 정할 수 없는 측면도 있다. 어떤 해는 흉년이 들고 어떤 해는 풍년이 들기 때문에, 흉년 때에 못낸 세금을 풍년 때에 바치기도 하는데, 이는 백성에게 큰 힘이 되고 있다. 지금 대미·소미·전조·태두·속·보리 등 여섯 종류만 남겨 둔다면, 소두小豆·당직糖稷·이맥耳麥·목맥木麥 등의 곡식은 앞으로 폐지하고 싶지 않게 되는가? 아문이 지나치게 번잡하고 조밀한 것은 정말로 그러하다. 그러나 진분盡分·반분半分·가분加分·이류일분二留一分 등을 변통하지 않는다면 그 폐단은 마찬가지일 것이다. 지금 진분盡分 및 이류일분을 모두 혁파하여 반분만을 시행하고, 장계를 올려 종량種糧을 요청한 것 외의 가분도 또한 혁파하고, 중앙과 지방의 진분·가분 조항의 수요를 환향還餉에 통합하여 계산하고 모두 반분의 조항 중에서 추리하여 충당해 준다면, 이 조적을 설치한 목적이 오로지 모곡을 취하기 위한 것만이 아니라는 뜻을 보여 주는 것이 된다.”

또 어떤 사람은 이렇게도 주장한다.

“진분과 이류일분을 모두 반분으로 삼고 장계로 요청한 것 외의 가분도 아울러 혁파한다는 것은, 외양은 그럴듯하지만 백성에게 이익이 되지 않는다. 지금 진분과 이류일분과 장계로 요청하는 것 이외의 가분은 존속시키는 것이 좋다. 대신 관찰사가 도내의 양곡 장부를 고찰하여 많고 적음을 비교하고, 그것을 절충하여 많은 것은 삭감하고 적은 것은 보충하여 치우치거나 기울어지지 않게 맞추고 적당하게 하여 일체 백성에게 편리하도록 주관할 수 있어야 한다. 그렇게 되더라도 모곡을 취하는 일은 여전할 것이니, 진분·가분·이류일분을 모조리 변통하여 반분으로 삼는다고 한들, 어떻게 모곡을 취하지 않는다는 증명을 할 수 있겠는가? 백성을 유익하게 하는 정책을 시행하려 한다면, 환향을 국가에 귀속시키는 것보다 좋은 것은 없다. 모곡을 삼등분하여 3분의 2는 모아서 기록해 두고, 3분의 1은 그것이 현재 있는 곳에 따라 영곤囹閫이나 읍진邑鎭에 귀속시킨다. 그리하여 백성의 염치를 기르고, 그것으로 영곤이나 읍진에서 이향吏鄕에 파급하게 하여, 환향으로 인해 백성을 괴롭히는 모든 단서를 별도로 엄단한다면 반드시 새로운 모습을 볼 수 있을 것이다."

또 어떤 사람은 이런 견해를 제시한다.

"사람의 청렴과 탐욕은 관름官廩이 부유하거나 궁핍한 것에 달린 것이 아니다. 그러므로 지위가 높은 관리라 하여 반드시 청렴한 것도 아니고, 지위가 낮은 관리라고 반드시 모두 탐욕스러운 것도 아니다. 지금 3분의 1에 해당하는 모곡을 덜어 내어 귀속시켜 준다 해도, 하루아침에 탐욕스러움이 변하여 청렴하게 될 것인지는 알 수 없다. 혜택이 아래로 미치게 하기 위해 불어난 모곡을 백성과 함께 나누려면 이렇게 하면 좋다. 영문의 모곡을 제외하고 환향에 구애받지 말며 한 섬당 모곡 1두 5승을 취하되, 큰 흉년에는 1말을 감해 주고, 중간에 흉년이 들 때는 7승 5홉을 감해 주며, 작은 흉년일 때는 5승을 감해 주어, 옛날 삼기三饑의 취지를 모방하는 것이 적당하다."

또 어떤 사람은 다음과 같은 견해를 보이기도 한다.

"백성이 민생을 절박하게 여기고 원통해하는 것은 모곡에 달려 있는 것이 아니다. 단지 정밀한 곡식을 거친 것과 서로 맞바꾸어야 하고, 잘 여문 것과 쭉정이가 서로 차이가 나며, 수많은 가렴주구가 그 사이에서 움트기 때문이다. 정밀하고 거친 것을 서로 맞바꾸는 것이 여전하고, 잘 여문 것과 쭉정이의 차이도 여전하며, 수많은 가렴주구가 그 사이에서 움트는 것도 여전하다면, 모곡 전체를 탕감해 준다 하더라도 병 되고 고달프기는 마찬가지다. 더구나 흉년이 심한 정도에 따라 원곡元穀의 분수分數를 연기하거나 탕감하는 은택을 자주 내려야 한다. 모곡의 액수를 얼마간 감해 주는 정도는 있으나마나한 정책이다. 우리 백성에게 끼치는 이 폐해를 영원히 제거하려고 한다면, 이노고吏奴庫와 민인고民人庫를 동쪽과 서쪽에 각기 설치하라. 그리고 수납과 반급에 전연 상관하지 않으면, 관리들이 손을 쓰지 못하기 때문에 백성들이 진정으로 혜택을 받을 것이다."

또 어떤 사람은 다음과 같이 주장하기도 한다.

"살피는 것이 밝으면 다른 곡식과 합쳐 봉납하더라도 농간이 먹혀들지 않고, 살피는 것이 밝지 못하면 창고를 바꾸어 봉납한다 하더라도 더욱 심해진다. 창고를 각각 설치한다는 논의는 의미가 없다. 우리 백성에게 풍년이나 흉년이 들어도 한결같고, 가난하거나 부유한 자 가릴 것 없이 누구에게나 작은 혜택이라도 균등하게 입게 하려면, 영문의 관청에서 직접 소용되는 것을 제외하고, 중앙과 지방에서 수요 되는 곡식이나 금전을 모두 원래 상정한 값을 기준으로 삼아 가감을 하지 못하게 해야 한다. 환곡을 수납하는 철이 되어 매번 일제히 봉납하게 한다면, 그 혜택이 집집마다 도시락을 먹이고 사람마다 호리병의 음료수를 나누어 주는 것이나 다름없을 것이다."

또 어떤 사람은 이렇게도 말한다.

"좋은 법과 아름다운 제도도 사람이 있어야 시행되는 것이다. 각 도의 관찰사나 수령으로 합당한 인재를 얻었다 하더라도, 그것을 관리하고 감시하는 사람을 얻지 못하면, 이것은 곡식을 땅에 버리는 것과 같다. 반드시 한 고을 가운데 선택하여 관찰사를 위임하고, 연한을 정하여 교체한다. 사창제도를 한 고을의 현명한 어른에게 위임하는 전통적인 구휼 방법을 따르게 해야 한다. 감영과 병영 등 각 진의 창고 담당도 역시 이 예를 따르도록 해야 한다."

또 어떤 사람은 다음과 같이 주장하기도 한다.

"관리하고 감시하는 사람을 그 고을 사람으로 구하는 것은 '초나라에서 얻고 초나라에서 잃는' 것과 같다. 옛 법을 다시 밝히고 새 명령을 수행하려면 경륜 있는 정치지도자들과 논의하고 시골에 사는 당사자들에게 물어 여러 계책을 모아 장점을 택하고 단점은 버려야 한다. 나아가 옛날과 지금의 사례들을 참고하고 가부可否를 토론해야 한다. 영원히 유지할 수 있는 법을 금석金石처럼 지키고, 고쳐야 할 폐단은 금슬琴瑟의 줄을 조율하는 것과 같이하여, 일정한 제도를 만들어 사람들이 즐거워한다면 실제로 효과를 얻을 수 있을 것이다."

이와 같은 발언과 논의가 나라에 가득하다. 평적平糴이나 사창社倉제도는 이미 확보되어 있지만, 시대가 다른 만큼 옛날의 제도와 달라야 할 것이다. 바로 시행하기란 그만큼 쉽지 않다. 나머지 일곱 여덟 가지 조항은 절차상의 문제다. 큰 개혁과 변통의 입장에서 거론할 것이 아니다.

어떻게 하면 이 시대에 맞는 환향의 대정책을 수립할 수 있는가? 옛날의 나쁜 습관을 깨끗이 씻어 버리고 옛 뜻을 살려, 은택이나 법이 함께 어우러져 유행하게 하고, 이식은 알맞은 선에서 그치게 하며, 쌓아둠은 치우치지 않고 균등하게 하고, 온갖 병통을 완전히 제거하여 시대를 선도할 수 있는 기준을 마련할 수 있겠는가? 이리하여 환곡은 충실하고, 진곡은 정밀하며, 군향은 비축되어, 우리 백성이 재난의 고통에서 벗어나 안정을 누리며, 풍년이 들면 배불리 먹고 즐기며 흉년이 들더라도 굶주림을 모면하여, 관청이나 민가나 할 것 없이 모두 부를 축적할 수 있겠는가?

그대들은 일찍이 크고 작은 관직을 경험했고, 앞으로도 나라를 위해 더 큰 책임을 맡을 것이다. 백성에게 무엇이 이롭고 무엇이 병폐가 되는지 잘 알고 있으리라. 규정에 얽매이지 말고, 앞으로 열흘 내에 민생을 보살필 수 있는 진정한 정책을 만들어 올리도록 하라.

국가의 지리 파악이
정치의 기초다

1789년에 초계문신을 대상으로 직접 시험을 본 내용이다. 현대처럼 첨단과학기술에 의한 전자 정보기술이 발달하지 않은 시대에는 물리적 지형을 파악하는 것이 정치지도자에게 매우 중요한 일이었다. 전쟁에서 지리의 이용, 농사의 여부, 산과 강, 바다에서 나오는 특산물이나 지하자원의 활용 등은 국가 운영의 핵심이 되기 때문이다.

『주역』의 곤괘坤卦는 땅의 형세를 보여 주는데, 그 높고 낮음에는 규칙이 있다. 지리학은 사방의 넓이를 알고 다섯 지방의 물산을 분별하는 데서 시작되었다.

증자曾子는 "땅이 둥글다."고 했고, 다른 여러 사상가들은 "땅이 방정하다."고 했는데, 무엇에 근거한 것인가? 주자는 땅을 만두에 비유했는데, 사유四維에서 "동과 서가 충만하지 못하다."고 한 말은 무슨 뜻인가? 공주邛州·융주戎州·엄주弇州·기주冀州·주주柱州·현주玄州·함주咸州·양주陽州를 신주神州와 아울러 구주라고 하는데, 황제 이후의 구주에는 신주가 나오지 않는다. 왜 그런가? 땅 넓이의 차이가 현격해서 그

정조 책문, 새로운 국가를 묻다

러한가? 태원泰園·빈국邠國·복연濮鉛·축률祝栗의 분계를 사극四極이라고 하는데, 28수宿의 도수 외에 또다시 사표四表가 있다. 강역의 무한함이 이렇게까지 되는가? 오악五嶽은 오방의 진산鎭山인데 『도경道經』에는 광상廣桑이니 장리長離니 하는 것들 또한 오악이라고 실려 있다.

동서남북의 사해四海를 사방四方의 기강으로 삼는데, 명해冥海·한해翰海라는 표시가 있고 또 대영해大瀛海라는 것이 주기洲記에 보인다. 그 방위와 명목을 자세하게 설명할 수 있겠는가? 남계南戒·북계北戒의 설은 당나라의 일행一行으로부터 시작되었고, 음양 사열四列의 논의는 정강성鄭康成에게서 창작되었다. 그 모두가 어느 곳에서 어느 곳까지인지 정확하게 말할 수 있겠는가? 오경五經의 수산首山은 남쪽에 초요산招搖山, 서쪽에 전래산錢來山, 북쪽에 단호산單狐山, 동쪽에 속주산�山, 중앙에 감조산甘棗山이라고 하는데, 태산泰山·화산華山·형산衡山·항산恒山은 오방五方의 수산이라고 하기에 부족한 것인가?

사독四瀆의 근원을 찾으면 강수江水는 민산岷山에, 회수淮水는 동백산桐柏山에, 제수濟水는 왕옥산王屋山에, 하수河水는 곤륜산崑崙山에 있다고 한다. 어찌하여 소계昭稽와 찬황贊皇을 두 강물의 근원이라고 하는가? 황하黃河와 구곡九曲이 산 이름인지 별 이름인지 어디에서 확인할 수 있는가? 청초靑草와 오호五湖는 하나의 호수라고도 하고 다섯 개의 호수라고도 하는데, 어느 것을 따라야 하는가? 무열無熱과 천손天孫은 어떤 산의 별칭이며 어느 책에 나오는가? 귀허歸墟와 천지天池는 어떤 강물의 별칭이며 누가 그렇게 부르기 시작했는가?

거령巨靈이 손으로 화산華山을 갈랐고 성이 난 공공共工이 부주산不周山을 들이받았다는 일은 괴이하여 믿기 어렵다. 하백河伯이 하우夏禹에게 하도河圖를 주었다는 것과 경진庚辰이 무지기無支祁를 감금하였다는 것도 황당한 설이다. 그런데도 『상서』에 이런 기록이 전해 오는 것은 어째서인가? 오복五服과 구복九服 등에서 볼 수 있듯이 우리나라와 주나라의 제도가 다른 것은 무슨 의미인가? 수해豎亥와 대장大章을 동쪽과 서쪽의 다른 방향으로 보행하여 측량한 것은 무슨 이유가 있는가?

『서경』「우공禹貢」편은 진실로 천고 여지輿志의 조종인데, 양산梁山과 기산岐山이 두 주州에 있고, 타수沱水와 잠수潛水를 하나로 해석하지 않았다. 지리에서 나오는 전문 개념이 특히 그러하다. '좌갈석左碣石이냐 우갈석右碣石이냐?'하는 문제는 오늘날까지도 의문이 있고, '대적석大積石이다 소적석小積石이다.'하는 것도 시끄러운 송사를 일으키고 있다. 삼강三江과 구강九江 등 이것과 저것을 구분하고 통합하며, 구천九川과 구택九澤이 실제로 지적한 것이냐 일반적으로 논의한 것이냐는 아직도 명백하게 판단할 증거가 없다. 이처럼 이 세상의 지리는 끝내 탐구할 수 없는 것인가?

역사서의 「지리지」에 실려 있는 내용을 보면 역대의 지리와 행정구역의 현황을 충분히 볼 수 있다. 춘추시대로부터 내려오면서 진나라는 40군현郡縣을 두었고, 한나라는 13주부州部를 두었다. 당나라는 15도道를 두었고, 송나라는 18로路를 두었으며, 원나라는 11성省을 세웠고, 명나라는 13사司를 세웠다. 행정구역을 가르는 제도는 어떻게 하는 것이 편리하고, 지역을 개척하여 넓힌 것은 어느 시대에 가장 성행하였는가?

낙양洛陽은 사방으로 적의 공격을 받을 수 있는 지역이고, 금릉金陵은 한쪽으로 치우친 곳에 위치하여 있으며, 변경汴京은 하수에 가까워 항상 강둑이 무너질 위험에 처해 있었고, 연도燕都는 호족과 가까워 매번 침입을 당할 염려가 많았다. 지형이 이러한데도 천하를 제압할 수 있었던 것은 어째서인가?

돈황敦煌과 장액張掖이 한나라의 영토로 되자 흉노가 쇠퇴하기 시작했고, 복여福餘와 태령泰寧의 울타리를 철거하자 몽고蒙古가 다시 일어났다. 남국을 엿보는 사람은 반드시 촉나라에 웅거해야 하고, 강좌江左를 보존하는 사람은 반드시 장회長淮를 지켰다. 이들 사대四代의 지역과 지리에 대한 이해득실을 하나하나 자세히 분석해 보시라.

우리 동방은 한쪽이 대륙과 연접되어 있고 삼면은 바다로 막혀 있다. '조선'이라는 명칭은 멀리 단군 때부터 있었고, 숙신肅愼이라는 이름은 주나라 역사에 실려 있다. 한나라 때는 사군四郡으로 나누어 주둔하였고, 당나라 때는 거기에 구부九府를 설치하였다. 그 지역과 유적에 대해 고적을 인용하여 오늘날 증명할 수 있겠는가? 삼한三韓의 구분은 어떤 설을 주장해야 하고, 삼국의 국경은 정확하게 어느 지점에 있는가? 점선黏蟬은 지금 어느 도에 예속되었고, 개마蓋馬는 어느 산을 말하는가? 마한馬韓·예맥濊貊·고구려라는 이름이 두 개 씩이나 있고, 옥저沃沮·안시安市·패수浿水가 셋이나 있으며, 부여扶餘라는 이름이 넷, 대방帶邦은 다섯, 가야伽倻는 여섯이나 존재한다. 국호와 지명이 어찌 이처럼 혼잡하고 구별이 없는가? 그것이 어디에 있는지 자세하게 설명해 보라.

신라는 오악五嶽과 구주九州를 봉하였고, 고려는 사경四京과 십도十道를 두었다. 진흥왕眞興王이 북방의 국경지대를 순행한 것으로 보면 국토를 개척한 공적이 현저하고, 경덕왕敬德王이 고을 이름을 고친 것으로 추측하면 만이蠻夷의 풍속을 변경하려는 의도가 있었다. 그곳이 어디인지 밝히고 그 일에 대해 논해 보라.

발해의 옛 강토는 절반이나 거란으로 들어갔다. 이런 점에서 고려 태조가 통일을 하기는 했지만 여한이 왜 없었겠는가! 외딴 섬인 탐라耽羅는 당초에는 그것을 관리하던 관리인 성주星主가 있었다. 그런데 아홉 개나 되는 자치 지역 가운데, 네 번째로 그것을 쳤다는 것은 한나라로 병합하기 위해 강제로 침탈한 것이 아닌가?

우리 조선은 하늘의 아름다운 명령을 받아 동방 전체를 소유하고 있다. 전국을 팔도로 나누어 방방곡곡에 주와 군을 설치했고, 국토의 사면을 진鎭과 보堡로 에워싸게 만들었다. 경도와 위도가 수천 리를 넘고 승평을 누린 지 수백 년이 되었다. 비옥한 들녘과 기름진 토양은 상마桑麻가 넉넉하고, 깊은 숲과 큰 강에는 재물과 보화가 매일 생산된다. 남쪽으로는 균로箘簵와 칠사漆絲가 풍부하고, 북쪽으로는 산삼·녹용·피혁이 산출된다. 산에는 아름드리 재목이 생산되고, 강물에는 수많은 물고기가 잡힌다. 백성이 국토에서 생산되는 산물을 풍요롭게 누리고, 사회 분위기와 문화적 기질이 발달한 측면에서 보면, 중국 외부의 국가 중에 제일이다.

그런데 최근 들어 사람들은 지리가 정치의 근본이 되는 것을 제대로 알지 못하고 있다. 관문을 방비하는 데 허술하다는 비판이 많고, 성곽과 성지는 수선해도 효과가 없다. 서울을 보호하는 주목의 병권에 대해 이러쿵저러쿵 논란이 많고, 강화도를 도맡아 관리하도록 하는 통어統禦제도에 대해서는 중론의 가부가 한결같지 않다. 울릉도와 손죽도損竹島는 오래도록 무인도로 버려졌고, 여연閭延과 무창茂昌은 옛날 군현을 회복하지 못하고 있다.

나아가 중앙에서는 이익을 독점하는 정책을 펴지 않았는데도 어장이나 염전과 같이 보호해야 할 자원은 더욱 귀해지고, 팔도에 광물을 채취하는 관리가 없는데도 금과 은은 점점 고갈되어 간다. 훌륭한 인재는 끊임없이 저속한 계층으로 전락하고, 사회 분위기는 점점 혼란스러워진다. 이런 몇 가지 사안을 바로잡고 구제하는 방법을 진지하게 제시해 보라.

지도에 실려 있는 명산名山과 지산支山, 원류源流와 지류支流를 눈앞에 나열하고 손바닥 보듯 그림으로 그려 표시한 다음에야, 국토에서 나는 생산물이 토양에 알맞은지, 사람에게 이로운지를 알 수 있게 되어, 백성을 교화하고 생활을 윤택하게 만들 수 있다. 그러므로 지리를 기록하는 작업이 세대마다 진행되어 왔고, 제나라와 양나라에 이르러서는 수백여 가지나 되었다. 육징陸澄과 임방任昉이 이런 지리에 관한 자료들을 수집하여 지리서를 만들었다. 수나라와 당나라 때 와서는 도사圖史가 흩어져 버려 육징과 임방이 저술한 책에 대해 물어볼 수 없게 되었다. 그러나 그 외에도 50여 가지 지리에 관한 자료가 있었으니, 이보다 나중에 나온 자료가 아주 많다는 것을 알 수 있다.

우리 동방의 유학자들은 명물학名物學에 소홀한 측면이 있다. 그러다보니 전해 오는 지리서는 『여지승람』과 『문헌비고』 등 한두 종류에 지나지 않는다. 이런 상황이니, 어찌 세상을 경영하는 데 널리 보고 듣는 박문博聞에 일조할 수 있겠는가! 재야의 학자들을 보면 사람마다 제각기 지리와 관련한 큰 보배를 지니고 있다. 그들이 지니고 있는 것을 그냥 비밀로만 남겨둘 것인가? 수집해야 하는 것 아닌가! 학자 관료들이여! 나를 위해 이런 것들을 들추어내어 모두 서술해 보라.

지상에서 중요한 운송수단을 강구하라

지상의 운송수단에 관한 책문이다. 운송수단은 사람 사이는 물론 사람과 사물, 사물과 사물 등 쓸모 있는 것들을 다양하게 연결한다. 그래야 원활한 유통을 통해 사회가 제대로 소통한다. 인간이 발 딛고 사는 지상에서 무엇이 중요한지를 강구하려는 정책 의지가 느껴지는 대목이다.

사마천司馬遷에 의하면, 지상에서 말馬보다 나은 운송 수단은 없다. 그만큼 말을 돌보는 일은 국가에서 없어서는 안 될 일이다.

황제黃帝가 즉위하자 비황飛黃이 마구간에 있었고, 요임금이 천명을 받으니 적문赤文이 태양을 기다렸다. 제왕이 일어날 때 반드시 신준神駿이 나와 호응함은 무엇 때문인가? 납징納徵에는 규마珪馬를 사용하고 초야의 현인을 초빙할 때는 사마駟馬를 몰고 간다. 말에 방울 달린 난여鑾輿를 매면 여섯 고삐가 비단 끈처럼 부드럽고, 전쟁용 수레인 융거戎車를 매면 양편의 참마驂馬가 춤추는 것 같다. 조회와 종묘에 모일 때면 말의 털 색깔로 줄을 세우고, 사냥할 때면 잘 달리는 순서대로 세운다. 방성房星의 정기를 받고 태어나 땅 위를 다니며 먼 곳까지 갈 수 있어 세상을 이롭게 하니, 말의 쓰임이 이처럼 광범위하다. 옛날부터 지도자들은 말을 위해 춘하추동에 모두 제사를 지내 주었고, 물과 풀로 굶주림과 배부름을 모두 조절해 준다. 의원에게 말을 보여 그 질병을 치료해 주고, 말이 죽으면 그 사체를 헌 휘장으로 싸서 매장해 준다. 말을 기르고 사랑해 주는 일이 이처럼 부지런하였다.

주나라에는 말을 다루는 방법에 여섯 종류, 네 종류, 두 종류의 분별이 있었고, 제나라에는 상사, 중사, 하사의 분별이 있었다. 어떤 내용인지 자세하게 설명할 수 있겠는가? 황하黃河에서 「하도河圖」를 얻어 복희伏羲가 괘卦를 만들고, 악와渥洼에서 신령스런 말이 나와 구름을 밟자 한 무제가 노래를 지었다. 하늘이 내린 것을 받았다는 측면에서는 동일한데, 장점과 단점이 현저하게 다른 것은 어째서인가?

팔준마八駿馬를 요지瑤池에 내모니 나라가 거의 망할 뻔했고, 4000마리의 말을 우산牛山에 매자 백성들이 어떻게 칭송을 해야 할지 몰라 말을 잃었다. 굴屈지방의 우나라가 말 네 필을 받아들이자 백리해百里奚는 나라를 떠났고, 주변 나라에서 화려하게 꾸민 말을 보내와 노나라 지도자가 이를 받아들이자 공자는 노나라를 떠났다. 말이 국가에 무익함이 이처럼 심한가? 용龍이라고도 하고 내騋라고도 하고 말이라고도 하는데, 동일한 짐승에 대해 명칭을 달리하는 이유는 무엇인가? 승려乘驪라고도 하고 승한乘翰이라고도 하며 승원乘騵이라고도 하는데, 하·은·주 삼대의 숭상함이 다른 것은 어째서인가? 비룡飛龍은 먹이를 반으로 줄이고 황류黃騮는 삼품의 먹이를 먹였는데, 그 이유는 무엇인가?

선비를 비유할 때, 혹 마구간에 엎드려 있다고 하기도 하고 신하에 견줄 때 헌원씨를 그린다고 하며, 뜻을 취하여 관직을 이름하기도 하고 형식을 모방하여 성문을 호칭하기도 하는데, 그 비유하고 견주며 취하고 모방하는 것에 대해 자세하게 말해 보라. 노나라의 희공僖公은 생각에 간특함이 없었으니 살찐 수말이 경坰의 벌판에 있었고, 위나라 문후文侯는 마음이 착실하였으니 대마와 암말이 들에 가득하였다. 말을 기르고 번식하는 일도 군주의 마음과 관계된단 말인가?

옛날부터 제왕들은 반드시 말을 양육하는 데 부지런하였고, 크고 작은 일을 가리지 않고 말을 이용하였다. 황제의 말을 마구간인 천한天閑에서 사육한 것은 단순히 그 말을 달리는데 쓰려는 것이 아니었다. 마부가 말을 손질하는 것은 사냥 준비만을 하는 게 아니었다. 구鉤, 영鈴, 누鏤, 석錫과 같은 마구는 보기 좋기 위해서, 혹은 안장, 고삐, 재갈, 굴레가 얽어매고 장식하기 위해서만이 아니었다. 말은 그 이용에 따라 공마公馬, 장마仗馬, 모마毛馬로 나누며, 개마介馬, 좌마左馬, 폐마幣馬 등으로 분류한다. 마정馬政을 빠뜨릴 수 없는 것도 이렇게 이용 가치가 다양하고 복잡하기 때문이다.

우리 동방에서도 말에 관한 이러한 정책을 매우 중요하게 여겼다. 감목관을 설치하고 분양하는 제도를 두어, 이것으로 신하에게 내리는 하사품과 군마軍馬를 준비하였다. 과하마果下馬는 중국에서도 유명했으며 토산말이 국내에 성하였다.

그러나 어찌된 일인지 최근 들어 축산물이 번식하지 않아, 목장의 폐단이 점점 늘어나고, 토산말은 모두가 느린 관단마款段馬이며 무역하는 말도 모두가 느리고 둔한 노태駑駘다. 열여덟 곳의 목장에는 말의 번식이 나날이 줄어들고, 수백 고을에는 말이 죽거나 잃어버리는 일이 계속되고 있다. 국왕이 사용하는 말은 굼뜨고 용렬해도 상관없다. 하지만 군사용 말이 수척함을 모면하지 못하고, 심지어 폐지한 목장을 다시 설치하자는 요청과 기마병과 보병을 서로 바꾸자는 계책까지 있다. 평화로운 때라 아직은 괜찮다고 한다. 하지만 위급한 일을 당하면 어떻게 조처하겠는가! 이런 상황을 고려하면 정말 한심하다!

어떻게 하면 말을 양육하는 방법을 잊지 않으며, 제대로 모는 방법을 알 수 있는가? 들에 있으면 골짜기로 헤아리는 아름다움이 있고 마구간에 있으면 말구유를 뛰어넘는 건장함이 있어, 말에서 구갑丘甲이 나오므로 백성은 꾸거나 빌릴 걱정이 없고, 군영에서는 사병에게 나누어 준 말이 씩씩하게 내달리는 모습을 보게 되겠는가? 단순하게 말을 귀머거리 동물처럼 볼 것이 절대 아니다. 중요한 것은 말을 어떻게 제대로 잘 쓰느냐이다.

해상 운송 대책을
강구하라

해상의 운송수단에 대한 책문이다. 지상에도 운송수단이 있지만, 바다나 강을 건너 물류를 움직이는 해상에도 운송수단이 있다. 이 또한 매우 중요한 소통의 수단이었다. 특히, 물을 얼마나 잘 다스릴 수 있느냐의 물길의 소통 문제는 동서고금을 막론하고 정책의 성패를 가를 정도로 중요한 문제다.

옛날에 천자天子는 최고지도자로서 사방 1000리 정도 되는 지역의 중심부에 도읍을 정하고, 천자로부터 봉토를 받은 제후諸侯는 사방 100리 정도 되는 지역의 중심부에 도읍을 정했다. 때문에 공물이 들어오는 길이 멀지 않았으므로, 배로 물건을 실어 나르는 조운漕運의 방법을 별도로 강구하지는 않았다.

한나라 초기에 산동지역의 곡식을 중도中都에 근무하는 관리들에게 나누어 주기 위해 배를 이용하기 시작하면서, 그 후로 여러 나라에서 조운을 시행하게 되었다. 당나라에서는 삼절三節의 조운이 있었고 송나라에는 사로四路라고 하는 조운이 있었다. 전반轉般의 설치는 배요

경배요경耀卿에서 시작되었으며 직운直運하는 방법은 증효광曾孝廣이 창시하였다. 원나라 때는 백안伯顏을 등용하여 해운海運을 중시했는데, 명나라 때까지 그것을 그대로 따랐고, 다시 지운支運과 태운兒運의 제도를 정립하였다. 하·은·주 삼대 때부터 후대로 내려오면서 조운을 시행하지 않고는 충분히 물건을 운송하지 못했으며, 그 방법이 점점 변해서 이렇게 된 것이다.

우리 조선의 조운은 강의 상류에서 하류로 내려오는 것도 있지만, 경상도·전라도·충청도의 물건이 모두 바다를 거쳐 한강으로 올라온다. 도성에서 사용하는 물품들은 오직 이 방법에 의지하므로, 그 중요성은 당나라의 경구京□나 송나라의 변하汴河에 비할 바가 아니다.

고려시대에는 세곡의 수송과 보관을 위해 해안을 따라 창고인 조창을 10곳에 두었으나, 우리 조선은 영남과 호남을 비롯해 몇 군데만 두었다. 조창이 많은지 적은지 그 수량과 편리함 여부가 어떠한가? 해상 운송의 경우에는 고려 때부터 지금까지 바꾼 것이 없다. 그러다 보니 배가 부서지거나 물에 젖어 썩어나가는 것이 많아, 해안 수송에 대한 걱정이 오늘날보다 심한 적은 없었다. 그 폐단은 어디에 있는가?

오래 전부터 안흥安興에 포구를 파자는 논의를 하였으나 찬반 논쟁이 심하여 의견 일치를 보지 못하고 있고, 심지어 안흥의 좌우에 조창을 설치하여 위험한 물길을 피하자는 이야기도 있다. 1000리나 되는 바닷길 가운데 오직 이곳만이 걱정이 되었다. 지금은 파도가 평온하던 근해 바다에 있던 배조차도 대부분 암초와 모래톱에 의해 부서지지 않는 것이 없다. 그러므로 안흥만이 위험한 곳은 아니다. 그렇게 된 까닭은 무엇 때문인가?

어떤 사람은 다음과 같이 진단하기도 한다.

"호남의 여러 읍에서 개인의 선박을 임대하여 물건을 싣기 때문에, 선박 도구가 완전하지 못하고, 사공과 일꾼들의 능력도 고르지 못하여 물건을 싣는 것도 때가 없고 호송하는 것도 원만하지가 않다. 운송이 지연되고 배가 부서지는 폐단은 이로 인해 일어나는 것이므로, 조운선과 조운군을 설치하여 기강을 확립한 후에 물건을 운송하면 이러한 폐단으로부터 벗어날 수 있다."

하지만 사실을 알고 보면 전혀 그렇지 않다. 이미 영남지역에 이 법을 실시하여, 물건을 운송하는 일을 생업으로 삼던 다섯 개의 강 주변에 사는 백성들이 손해를 보고 있다. 이런 법을 호남에도 실시하여, 호남 사람의 이익마저 빼앗는다면, 국가적으로는 해상 운송에서 약간의 이익을 볼 수 있다 하더라도, 강가에 사는 백성들은 어떻게 할 것인가?

이 때문에 차라리 국가에서 손해를 보더라도, 조운선의 계책을 무작정 따를 수는 없는 일이다. 그러나 조운의 일로 백성이나 나라에서 곤란을 겪고 있으니, 어찌 작은 일이겠는가! 국가에서 차마 좌시하고 가만히 있을 수만은 없다. 어찌 백성을 구제하지 않을 수 있겠는가!

학자 관료들이여! 그대들은 옛날과 지금의 여러 제도에 달통하고 있지 않은가! 조운 제도의 근원을 탐구하여 국가나 백성 모두가 편리하고 해묵은 폐단을 제거할 수 있는 방법을 강구해 보시라.

동쪽에 치우쳐 있는
강원도의 민심을 살펴라

1793년에 관동關東에서 과거시험을 준비하던 유생을 대상으로 하는 시험 내용이다. 관동은 오늘날 강원도를 말한다. 서울에서 소외된 지역인 강원도의 지역적 특성과 장점 등을 정확하게 파악하여, 정치에 활용하기 위한 방안을 고민했다. 지역의 특성을 적절하게 활용하여 그 지역을 발전시키려는 관심과 격려를 쏟고 동기부여를 하려는 열정이 돋보인다.

강원도는 동쪽으로 푸른 바다와 닿아 있고, 서쪽으로는 경기도와 마주하고, 남쪽으로는 영남과 호서 지방을 접하고 북쪽으로는 평안도 지방과 가깝다. 고을이 무려 26개 군이며 산봉우리가 1만 2000봉이다. 진실로 조선에서 이름난 지방이며 삼한의 명승지다. 이곳은 예맥濊貊의 옛 도읍지라고 하는데, 『직방기職方記』에서 그 근거를 찾아볼 수 있는가? 28수宿의 분야로는 기수箕宿의 자리에 해당된다고 했는데, 천체가 운행하는 도수는 바뀌지 않았는가? 연해의 삭방朔方은 우선 소멸되는 대로 놓아두고, 경기 지방의 고을과 호서 지방의 고을에 대해 그 변천 과정을 말할 수 있겠는가? 병마와 수군은 무장이 각기 통솔하는 것인데, 모두 없애 버린 것은 어째서인가? 삼부三部와 육사六司는 감영監營제도에서는 당연한 것인데, 고르지 못한 것은 어째서인가?

한나라의 천자는 창해군蒼海郡이라는 군현을 설치했고, 장건張騫은 선사仙槎에 닻줄을 묶었다. 어떻게 이렇게 멀리까지 관할할 수 있었겠는가? 또한 얼마나 과장된 말인가? 멀리는 부상扶桑을 마주하고 가까이는 양곡暘谷과 인접한 곳인데, 이곳에 소경小京을 설치한 일이 있었고, 이름난 산악을 바라보고 드넓은 광야를 돌아보니 일찍이 태봉泰封이라는 국호가 있었다. 그 연대와 경계를 모두 살펴볼 만한 문헌이 있는가? 미노리未老里의 상마桑麻와 옛 언덕은 다름없는 고향 풍경이며 관음굴觀音窟의 납의衲衣의 영험함은 왕자의 생산을 기원하는 상서에 부합했다. 화천花川에는 돌을 쏘아 화살이 박혔다는 고적이 있고, 예국藝國에는 뛰어난 인물들이 모두 아름다움을 들추어내고 성스러움을 간직했다고 한다. 이 모두를 기릴 만한데 아직도 기록되지 않고 있다. 의관義館과 천보天寶는 산이 구름처럼 첩첩이 둘러싸여 있는데 대관령이 자물쇠처럼 가로막고 있고, 쌍성호雙成湖와 다대포多大浦는 안개 낀 파도가 끝이 없어 이보다 더 험난한 해방海防은 없다. 그런데 지금은 어찌하여 그런 수비를 철수했는가?

도내의 넓이는 1000리에 가깝지만 대부분 산으로 싸여 있다. 바다는 100년 동안 외적의 침범 한번 없이 조용하여 인구는 더욱 번성했다. 토지는 척박하고 민생은 어려운데 세금은 부포夫布, 이포里布뿐만 아니라 물고기와 소금으로 얻는 이익까지도 어염세魚鹽稅로 수탈당하고 있다. 최근 들어서는 근거도 없이 거두는 이 세 가지 세금에 대해, '청산육리靑山六里'라는 속담을 낳고 있을 지경이다. 예비관리인 유생에게도 노역이 있고 향교에도 공물을 물리고 있다. 승려는 독경을 하지 못할 정도이고 상인은 장사를 못할 지경이다. 고슴도치 가시처럼 빽빽한 여러 가지 폐단에 대한 원인을 한마디로 들 수 있겠는가?

만폭동萬瀑洞의 근원을 찾아 들어가면 수점水岾을 벗어나지 않고 도로의 맥락을 찾아볼 수 없다. 산세는 철령鐵嶺의 능선을 따라 백두산까지 소급된다. 북쪽 한계와 남쪽 가닥이 완곡하게 내려온 것이 있을 것이니, 그 산과 물의 근원을 들추어낼 수 있겠는가? 청학동靑鶴洞은 작은 골짜기지만 금강산에 견줄 만하고, 석응石鷹의 기괴한 형상은 『지장경地藏經』에서 취하여 온 모습이라고 하는데, 이 또한 조화물의 잔재에 불과한 것인가? 한 굽이 호수와 5리에 이르는 흰모래에는 신라 때의 화랑인 영랑永郎이 노닐던 곳으로, 약을 만들던 절구와 차를 끓이던 화로가 아직도 희미한 자취를 전해 주고 있다고 한다. 이런 점에서 볼 때, 신선에 관한 이야기를 모두 꾸며낸 것이라 할 수는 없는 것이 아니겠는가? 강杠은 녹죽蓁竹과 같으며 승栍은 복숭아만큼 크다고 한다. 이것은 산이 크다는 것을 과장한 것이고, 땅이 기름지고 물산이 풍요로워 이용후생에 많은 도움이 되는데, 그것을 일일이 찾아내는 정책은 도리어 지나치게 융통성이 없는 것이 아닌가?

비파의 가곡이 강남에 유포되어 한송정寒松亭의 이름이 가치가 올라가고, 돌 위의 염주念珠가 죽정竹頂에서 영험을 보이자 낙가洛伽의 징조가 보배로 인정받게 되었다. 이처럼 사물도 기대하지 않은 만남이 있는 것인가? 일출을 공경히 맞을 수 있는 바닷가는 어느 곳이 가장 좋은가? 동해에는 조수의 물때가 미치지 못한다. 그 이유를 밝힐 수 있겠는가? 원주原州에 주천석酒泉石이 있다는 것은 믿을 수 없는 낭설이 아닌가? 울진蔚珍에 천량혈天糧穴이 있다는 것은 황당한 말이 아닌가? 청평淸平의 문수비文殊碑에 제사를 올려 기원한 것은 어느 시대인가? 도원桃源의 효제향孝悌鄕에는 지금도 순박한 풍속이 전하고 있는가? 기자箕子의 옥규玉圭는 누가 얻어서 누구에게 바쳤으며, 중국 사신 공씨龔氏의 환선紈扇은 누가 시를 쓰고 누가 읊었는가? 진평왕眞平王이 암석에 새겨 놓은 시구는 보았는가? 황희 정승이 머물렀다는 곳은 석정石亭의 아래쪽에 있는지 와현瓦峴의 위쪽에 있는지 들었는가? 오죽헌烏竹軒에서는 현인이 태어났는데, 그 골짜기가 깊어 지초를 캐는 은둔자가 노닐 만하다. 유림柳琳의 큰 공적은 백전栢田에 완연하게 남아 있고, 삼척에서 유래된 풍속은 우산羽山처럼 높다랗다. 지난 공적과 넉넉한 향기는 지금도 백성을 격려시키는 아름다움으로 남아 있는가?

산은 서북쪽에서 일어나고 물은 동남쪽으로 흘러간다. 그 산세가 치밀하고 형세가 온전하여 마을의 촌락과 영부營府의 관할을 차례로 구비했다. 관동이 비록 작으나 우리나라 안에서 보면 하나의 도회지다. 특산물로는 산삼, 백출白朮, 마저麻楮, 봉밀蜂蜜, 해산물, 석유石乳와 호랑이 가죽이 나는데, 이를 공물로 바친다. 백성은 효성이 있고 우애로우며 농업에 힘쓴다. 바탕이 곧고 의리를 좋아하는 학자가 많다. 살기 좋은 곳을 찾아서 만년의 안식처를 꾸미려는 사람은 모두 강원도를 꼽는다. 산수와 어조魚鳥만을 보고 즐기는 것은 아니다.

그런데 어찌 된 일인지 최근 들어 땅에서 재화가 늘지 않고 백성의 생활은 나날이 곤궁해졌다. 농가에 비축된 것이라고는 탕감해 주고 남은 세액을 바치기에도 부족하고, 어부의 집은 쇠잔하여 국가에서 넉넉하게 진휼하여 주는데도 효과가 없다. 조적糶糴의 액수가 30여 만 포包

인데 쭉정이가 대부분을 차지하고, 군사의 수는 모두 1만여 명인데 빈대오를 보충하지 못하고 있다. 삼공參貢에 관한 법을 여러 번 변경했음에도 불구하고 백성의 힘을 전혀 덜어주지 못하고, 승역僧役에 대해 매번 칙령을 내렸으나 승려들에게 노역을 시키는 폐단은 연이어 계속되고 있다. 이것이 어찌 관찰사가 직책을 제대로 수행하지 못한 탓으로만 돌리겠는가? 최고지도자인 나 한 사람의 성의가 부족하여 백성들에게 혜택을 제대로 주지 못했기 때문이다.

나는 최고지도자가 된 이후, 지난 10년을 하루같이, 밤낮으로 백성을 간절하게 생각하고 있다. 어느 정도 농사가 풍년이 들었다고 하여, 굶주린 백성의 상처가 조금 아물 것이라고 기대하지는 않는다. 밭갈이를 끝내고 등불을 밝혀 놓고 붓과 책을 가지고 있는 자들도 또한 사농공상 중에 으뜸이 아니던가! 백성의 민생과 고을의 크고 작은 폐단을 그대들에게 묻지 않고 누구에게 묻겠는가!

이번에 강원도에서 과거를 준비하는 공령생功令生을 선발하여 시험을 치르는 일은 한 지방을 감화시키고 많은 학자들을 교육하려는 뜻이 강하다. 하지만 지방의 사회 분위기와 애로사항을 묻는 좋은 제도도 그 속에 포함하고 있다. 어떻게 하면 까다로움 없이 정치를 하고 사물의 해로움을 제거하고 소생시켜, 학자는 관리로 보답 받고 농민은 농토에서 일하며, 동해에 둘러싸여 있는 8만여 호 모두가 우리의 무궁한 혜택을 향유할 수 있게 하겠는가?

아, 그대들은 강원도 대표로서 나라의 최고지도자인 군주 앞에서 강원도의 문제를 들추어낼 책임이 있다. 그대들은 성심성의껏 조목조목을 진술해 보시라.

멀리 떨어진
제주도를 잘 챙겨라

1794년 제주도의 세 고을에 사는 유생들을 대상으로 한 책문이다. 탐라는 현재의
제주도를 말한다. 육지와 분리된 제주도의 지역 특징을 파악하여, 정치에 활용하기
위한 노력이다. 섬 지역의 특성을 적절하게 활용하여 그 지역을 발전시키려는 관심
과 격려가 엿보인다.

제주도 출신의 학자이자 예비 관리인 그대들이여! 그대들이 나고 자
란 땅 제주도는 옛날 구한九韓의 하나인 동방의 영주瀛洲다. 별자리, 토
양, 풍속, 제도, 산물 등에 대해 『직방기職方記』에 기록된 것이 없고 『왕
회도王會圖』에 그려진 것도 없다. 그렇다 하더라도, 지역이 구분된 유
래, 풍속, 변천 과정, 수륙의 풍토 등에 대해서는 그대들이 이 고을에서
태어났고 이 고을에서 성장하며 귀로 듣고 눈으로 보았으니, 자연스럽
게 들어서 아는 것도 많으리라. 나는 제주도에 대해 알고 싶다. 그대들
이 아니면 누구에게 듣겠는가?

우리나라는 옛날부터 훌륭한 지도자가 다스려 왔다. 그러기에 중앙

에서 방패와 깃털로 춤을 추면 그 문덕文德이 멀리 파급되어 해 뜨는 바닷가 고을에 이르기까지 따르지 않는 곳이 없다. 옛날 우리나라 태종 초년에 탐라국에서 국빈으로 방문하여 관작의 호칭을 고쳐 주기를 요청하였다. 이에 제주도의 성주星主와 왕자를 좌우도지관左右都知管으로 삼았다. 이때부터 후대로 내려오면서 제도가 차츰 갖춰지게 되었다. 그리고 동도와 서도에 대정현大靜縣과 정의현旌義縣을 두어 목사牧使는 절제사를 겸하게 하고 판관判官은 감목도위監牧都尉를 겸하게 했다. 또한 심약審藥, 왜학倭學, 역학譯學을 각각 갖추어 직책을 분장하고 모두 국내와 같이 관리하게 했다. 흉년이 들면 바람과 파도를 무릅쓰고 곡식을 싣고 가 백성을 먹이고, 공물이 도착하면 솜을 가지고 돌아가 옷을 만들어 입게 하여 따스한 은혜를 한층 더해 주었다. 이처럼 우리 조선이 먼 곳을 회유하고 사랑으로 어루만진 혜택을 온 섬 안에서 잊지 않고, 그것을 노래하고 칭송한 지 수백 년이 되었다.

이제 덕이 부족한 내가 최고지도자로서 계통을 이어받았는데, 선대 군주들이 보여 준 모범을 따라 백성을 위로하고 보호하는 일에 밤낮으로 마음을 다하지 않을 수 없다. 그러나 아직도 구중궁궐이 깊어 숨겨져 있는 폐단을 파악하지 못하지는 않은지, 백성의 수가 많아 혜택이 두루 미치지 못하지는 않은지, 관리들이 잘못하지는 않은지, 여러 가지 일의 사정이나 상황이 불리하지는 않은지를 늘 두려워하고 있다.

더구나 탐라도는 외진 바다 가운데 있고, 생산물은 진주와 생선, 감귤·유자·준마 등이 풍요로우며, 백성은 재물을 잃고 노역에 곤란을 당하여, 남자들을 경시하고 여인들을 중요하게 여기는 풍속이 있다. 최근에는 홍수와 가뭄이 번갈아 겹치고 흉년이 자주 들어, 남쪽 지방에 대한 염려가 병을 앓는 것처럼 심하다. 이러한 때 탐욕스러운 관리에게 제주도를 다스리는 중책을 맡기거나 백성에게 해를 끼치는 자에게 관직을 주어 뇌물이나 찾게 하고 거둬들이는 일을 자행하게 한다면, 관리는 말할 것도 없고 우리 섬 백성은 호소할 길조차 없을 것이다. 어떻게 하면 좋겠는가?

하늘은 절기와 계절을 부여하고 땅은 사람이 이용할 수 있는 재물을 낳는다. 사람이 우주자연의 이치를 따르고 땅이 주는 이로움을 이용하는 것은 옛날이나 지금이나 동일하다. 탐라의 경우에도, 바다에서 하는 일은 많고 육지에서 하는 일이 적은데, 이는 지금이나 옛날이나 같다. 띠로 이엉을 엮지 않고 집의 지붕을 올리고 씨앗을 심어 놓고 밟아 주는 일은 특히 고된데, 그것도 지금이나 옛날이나 같다. 면화가 생산되지 않아 한 조각의 베나 비단을 황금같이 여기는 것도 지금이나 옛날이나 같다. 활을 쏘아 땅을 점치던 옛날에는 재물의 풍요로움이 저러했다. 하지만 백성을 쉬게 하고 안정시킨 뒤인데도 그들의 생활은 궁핍하고 생산물의 산출이 이처럼 줄어든 것은 무엇 때문인가? 옛날 사람들이 "토끼 머리에 뿔이 돋고 소 옆구리에 날개가 나온다."는 식으로, 전혀 이치에 맞지 않는 조처를 취했기 때문이 아니겠는가? 예전의 제도에 대해서는 지난날의 잘못을 추궁하여 허물을 잡는 일이 없고, 나중에 내린 명령으로 지금부터 관용의 길을 열어 주었는데도, 무심한 세상의 인정은 마침내 국법을 소홀히 하게 되었다. 이리하여 암행어사에게 명하여 그대들을 찾아가 잘못된 점을 바로잡게 했다. 정말 잘못을 저지른 것이 있다면 국법으로 다스려지리라.

잘못된 정치가 있다면 무엇을 고쳐야 하는가? 백성에게 이로운 일이 되게 하려면 어떤 부분을 일으켜야 하는가? 백성이 하고 싶어 하는 것 가운데 반드시 따라 주어야 할 것은 무엇인가? 백성이 곤경에 처한 가운데 반드시 풀어 주어야 할 것은 무엇인가? 이런 문제에 대해 여러 학자 관리들에게 책문을 내어 자문하지 않는다면, 어떻게 먼 바다의 어란魚欄이나 해사蟹舍의 실정을, 뜰에도 나가지 않고 손바닥을 가리키듯 알아볼 수 있겠는가?

지금 나의 이런 책문에 대해 대책을 내는 사람들은 모두가 한 지역의 빼어난 인재들이며 그 고을에서 착실한 사람들이다. 토박이들이기 때문에 각 지역의 경험에 익숙하고 공부는 책을 보며 열심히 하였으리라. 그렇다면 어떻게 해야 이 섬의 산물을 풍성하게 만들 수 있겠는가? 백성이 편안하게 살 수 있도록 천지의 보물이 모두 모이고 아래로 새는 것을 염려하지 않아도 되는가? 바다의 물결도 조용하게 하고 아름다운 교화를 충족시킬 수 있겠는가?

그대들 학자 및 예비 관리들에게 묻는다. 이 고을의 명칭을 '탐라'라고 한 것은 대체로 탐진耽津에 정박하여 신라에 조회했기 때문이라고 한다. 때로는 탁라乇羅라고 칭하기도 하고 때로는 탐모라耽牟羅라고 칭하기도 하는데, 그것은 어디에서 취한 뜻인가? '탁라'의 '탁'도 나루 이름이 아닐까? '탐모라'의 '모'는 어조사인 것은 아닌가? 한유韓愈가 지은 '친구를 전송하는 서문'에 보면, 해외의 여러 나라들을 차례로 꼽으면서 유구流求·부남扶南·탐부라耽浮羅 등은 동남쪽의 하늘 땅 끝에 있다고 했고, 『운급雲笈』에서는 "태상노군太上老君이 부라악浮羅嶽에 하강했다."고 했는데, '탐부라'나 '부라악'이 혹시 이 섬은 아닌가? 혹시 '모牟'가 '부浮'로 와전된 것이라면, 산악이라고 할 때의 '악嶽'은 어디에 근거하는가? 또한 '노인성老人星을 본 사람은 수명이 길어진다.'고 하는데 노인성이라는 것은 항성恒星의 하나다. 그런데 세상에서는 "천추天樞가 되는 남극성南極星을 노인성이라고 한다."고 하니 얼마나 잘못된 것인가?

고씨高氏는 성주星主를 세습하고 양씨梁氏는 왕자를 세습했다. 문창우文昌佑가 왕자의 작호를 얻었는데, 기록에는 양씨를 계승한 왕자가 고씨를 계승한 것으로 되어 있다. 그렇다면 기록이 잘못된 것이 아닌가? 예실불芮悉弗이 위조魏祖에게 고하기를, "황금은 부여夫餘에서 생산되고, 마노瑪瑙는 섭라涉羅에서 생산되는데, 백제百濟에 합병되고 나서 두 물품이 왕부에 오르지 않는다."고 했는데, '섭라'가 바로 탐라인가?

탑라치塔羅赤가 원나라 사신으로 올 때, 소·말·낙타·당나귀·양 등을 싣고 와서 수산평首山坪에서 길렀다고 한다. 지금도 낙타와 양의 종자가 있는가? 또는 달로화치부達魯花赤府는 어떻게 먼 곳에 있는 중국에서 관할했고, 군민안무부軍民安撫府는 어떻게 고려에 두게 되었는지, 그 지역이 어딘지 지적할 수 있겠는가? 문림文林이 왜로 사신을 가면서 "해양을 바라보고 통괄하여 알았다."고 하고, 고려에 초빙되어 가면서 "길을 알았다."고 하는데, 그 고사를 자세하게 살펴보시라. "신인神人이 땅에서 솟아 나왔다."는 것은 말도 안 되는 소리지만, 옛날부터 삼성혈三姓穴이 전해 오고, "붉은 옷을 입은 사자가 곡식과 종자와 처녀를 보내왔다."는 말이 『제해齊諧』에 기록되어 있다. 지금까지도 석함石函의 유적이 전해 오고 있는 것은 어쩐 일인가?

제주도의 성주와 왕자의 호칭이 시작된 시대가 언제인지 찾아보시라. '하河'와 '막幕' 두개의 도를 설치하게 된 이유를 자세히 설명해 보

정조 책문, 새로운 국가를 묻다

시라. 구름 속의 은하수라도 잡을 수 있다고 하여 진산鎭山의 이름을 한라산漢拏山이라고 했는데, 이 산의 정기를 받고 태어난 현명한 사람은 몇이나 되는가? 짙푸른 바다가 끝이 없고 암벽이 병풍처럼 에워싸고 있는데, 수족水族의 신령함에 대한 많은 신기한 소문이 있지 않은가? "산악에서 향기가 나부끼면 신선이 노닌다."고 하며 아름다운 이야기를 나누고, 나무 구유에서 물이 떨어지는 음향을 풍경 소리에 비유하기도 하는데, 이러한 것은 청허淸虛한 자들에게나 있는 일이다.

토양은 푸석하고 건조하여 매번 새 밭을 일구어야 하고, 절구질하며 주고받는 잔잔한 옛 노래는 이곳 풍토기에 특별히 기록된 것이다. 바다 위의 삼신산三神山이 진정 세상에 있는 것인가? 태평 시절이 100년 동안이나 지속되었는데 최근의 백성과 제주도의 상황은 어떠한가? 높은 산봉우리의 절정에 더러는 물이 담긴 연못이 많다고 하는데, 조물주는 어쩌면 그리도 정성을 쏟았는가? 구름 사이에 푸른 점이 곳곳에 있는 것은 모두 강남의 산이라고 하는데, 정확한 거리는 얼마나 되는가?

그대, 학자와 예비 관리들이여! 보고 들은 것을 모두 말해 주시라. 그리하여 마음을 비우고 기다리는 나의 뜻에 보답해 주시라.

남쪽에 치우친 전라도에
필요한 정책을 고민하라

1798년 『어정대학유의御定大學類義』와 『주자서절약朱子書節約』을 교정한 호남의
유생들을 시험한 내용이다. 서울에서 상대적으로 소외된 지역인 전라도의 지역적
특성과 장점 등을 파악하여, 정치에 활용하기 위한 방안을 고민했다. 지역의 특성을
적절하게 활용하면 그 지역을 발전시킬 수 있다는 격려와 동기부여가 돋보인다.

전라도 일대는 우리 조선의 왕업이 일어난 곳이다. 집을 짓고 정착하
여 경사를 일으킨 일은 유태有邰의 가실家室과 같고, 암석 밑의 호랑이
가 베풀어 준 상서祥瑞는 평림平林의 새가 깃으로 덮어 주었던 일과 같
다. 가수嘉樹가 위대한 유적의 기반이 되는 것은 서기西岐의 작역柞棫과
같고, 자제가 숙위宿衛를 갖춤은 준수한 학자가 실천한 것과 같다. 이에
밝은 도가 후세로 이어져 만년토록 계승되리라. 국가에서는 전라도 땅
을 풍豐 땅의 원장垣牆처럼 여기고, 온 나라 사람들은 전라도 사람 대하
기를 주나라의 관리들처럼 처우하였다.

돌아보면 나는 크나큰 기업을 계승하여 선인先人의 공적을 이룰 수

없다. 아! 그대 전라도의 여러 젊은 학자 관리들이여! 어찌 그대들이 행해야 할 것을 제대로 따르려 하지 않는가? 『서경書經』에 "오직 나 한 사람이 많은 복을 받으며, 그대들의 아름다운 이름도 앞으로 영원히 칭송되리라."고 했다. 이것은 대체로 상하가 서로 도움을 주어 고상한 덕성을 갖추게 되고 좋은 말을 남기게 된 나머지 자손이 무궁토록 계승하여 하늘의 복록을 누릴 것이라는 말이다. 그대들이 충성하려는 마음을 품고 성의를 바쳐 나라를 다스리는 법과 정벌하는 정책으로 인도한다 하더라도, 사대문이 열려 있지 않고 구중궁궐은 깊기만 하니, 누가 앞으로 인도하여 말을 할 수 있게 하겠는가? 내가 이러한 것을 대략적으로 생각하여 한나라 궁전의 뜰에서 책문을 내었던 일을 모방하고, 송나라 궁전에서 종이를 나누어 주었던 일에 따라, 장리長吏에게 명령하여 그대들을 회랑廻廊에 모이게 하고 기한을 넉넉히 주어 그대들의 훌륭한 말을 듣고자 한다.

아! 그대들은 나의 말을 자세히 들어라. 그대들은 자신을 '황량한 초야의 백성'이라 말하지 말라. 변경의 백성들이기에 오히려 더욱 조정에 진언할 것을 생각하라. 그대들의 종적을 대궐에서 숙직하는 반열에 참여하고 있는 것처럼 하라. 몸은 어전의 뜰에 서 있는 것처럼 하되, 돌아보거나 망설이지 말라. 천명과 인심이 바라고 돌보는 때에 왕정王政과 시무時務의 이해와 득실을 숨김없이 죄다 말하여 나의 총명을 보좌하라. 말해도 채용하지 않는 것은 진정으로 나의 과실이지만, 채용하지 않는다고 말하지 않는 것은 그대들의 책임이 아니겠는가?

최근에 폐단이 되고 있는 일에 대해서는 아무리 헤아려도 다 셀 수 없겠지만, 그 근본 원인을 찾아보면 '입을 다물고 말을 해 주지 않는 것'일 뿐이다. 그러므로 "입을 다물면 허물이 없다."느니 "금인金人의 입을 봉했다."느니 하는 경계의 말이 있게 되었다. 물이 흘러내려 먼 곳에 이르기까지 스며들지 않는 곳이 없듯이 중앙에는 강직한 공론이 사라지고 재야에는 아름다운 말이 숨어 버렸다. 이에 매번 한밤중에 일어나 날이 새도록 개탄한 적이 여러 차례 있었다. 그러나 어느덧 세월이 흘러 20여 년이 되어 가고 있다. 그대들이 또한 어떻게 나의 마음을 이해하며, 나의 고심을 헤아릴 수 있겠는가?

전라도는 산으로 둘러싸여 있고 바다를 끼고 있으며 고을로 53개 주州가 있다. 나라 전체를 통틀어 봐도 지세나 경치가 으뜸이고, 재물 또한 여러 도에서 가장 많다. 진실로 강과 바다를 총괄하는 곳이자 수레와 선박이 모두 모이는 곳이다. 저잣거리가 연결되어 물건의 매매가 흥성하니 인가가 즐비하고, 들판은 평탄하고 기름지니 백성들의 생계가 넉넉하다. 개간된 경지는 30여 만 결이며, 창고에 저장된 곡식이 183만 포나 된다. 게다가 벼, 물고기, 포백布帛, 대나무, 귤, 유자 등 특산물이 풍부하게 생산되어 세상에서 가장 기름진 곳으로 추천하고 사람들은 지상낙원이라고 모여든다. 고을마다 정려旌閭가 없는 마을이 없고 마을마다 아름답지 않은 풍속이 없다. 전답을 더 개간하지 않고 백성을 더 모으지 않더라도 엄연히 우리나라의 이름난 지방이다. 그런데도 관리의 좋은 정치가 없고 다스림은 좋은 법을 잃었으므로, 혹 하나의 일인데도 옛날에는 유익했던 것이 지금에는 폐단이 되는 것이 있다. 제도는 동일한데 예전에는 편리하던 것이 요즘에 와서는 그렇지 못한 것이 있다.

그대 학자 관리들이여! 내가 그대들에게 묻고 싶은 것 가운데 일곱 가지 조목이 있다. 첫째는 결역結役이고, 둘째는 조적糶糴이며, 셋째는 균세均稅이고, 넷째는 조전漕轉이며, 다섯째는 군정軍政이고, 여섯째는 관방關防이며, 일곱째는 법령法令이다. 이 일곱 가지는 어느 하나도 교화에 근원을 두지 않은 것이 없다. 중앙의 조정이 정돈된 다음에 사방이 정돈되고 가까운 이가 기뻐한 뒤에 먼 곳의 사람이 그리워하게 된다. 이에 대해 나는 반성하기에도 겨를이 없다. 그러나 최고지도자로서 군주의 학문은 서민과 달라 깨끗한 다스림을 이루지 못했다 하여 잠시라도 불쌍한 백성들을 사랑하고 보호하는 크나큰 계책을 소홀히 할 수는 없다. 그대 학자 관료들이 어찌 나를 멀리하고 요즘 사람들의 침묵하는 버릇을 본받겠는가? 산천과 요속謠俗이나 군현의 연혁 같은 것에 대해 형식을 갖추기 위해 자문을 받을 필요는 없다.

먼저, 결역을 놓고 보자. 1결의 기준이 38묘畝이고 1묘의 기준은 14부負다. 양量은 주척周尺을 기준으로 삼되 척尺은 파속把束으로 기준을 삼는 것이 바로 『경국대전』의 영전令典이다. 1자字가 나타내는 단위는 5결이다. 화전火田은 모두 여섯 가지의 등급을 두고 있다. 그런데 도량의 기준은 갑술척甲戌尺으로 삼고 문안은 경자년의 양안으로 기록하는 일에 과연 혼란스러움은 없는가? 연안의 고을에는 대동법을 처음으로 실시하여 매 결당 백미 13두斗를 수납한다. 1두를 처음으로 감면하여 주니 백성이 모두 칭송했다. 산간 고을에는 간혹 시행하기도 하고 간혹 그만두기도 하여 나라의 명령을 여러 차례 바꾸기는 했다. 화폐로 바치든 면포綿布로 바치든 백성이 원하는 것이라면 따르지 않은 것이 없었다. 추납秋納이 춘수春收와 부합되어, 지치고 쇠잔한 백성들이 이맛살을 펴게 되었고, 숨겨져 있는 결수結數를 밝혀내어 모두 원장元帳

에 올리니 교활한 관리가 손을 쓸 수 없게 되었다. 8결을 1부夫로 삼아 결세를 매기는 작부作夫 일을 할 때 풍작과 흉작이 고르지 못하고, 등급을 만든 후에 많이 거두고 적게 거두기를 마음대로 한다. 심지어 궁결宮結은 편중되고·화결火結은 지나치게 높으며, 결전結錢은 옛날에 없던 것이 최근에는 있고, 결세를 수납하는 양이 해마다 증가했다. 이교吏校는 복호復戶라 하여 세금을 더욱 부과하고 부호富豪는 양호養戶를 하거나 세금을 면제 받거나 가리고 있다. 작결作結의 규정이 달라 저 아랫사람들인 하호下戶에게만 편벽되게 징수되고, 결을 수납하는 데 절제가 없어 관리들은 나날이 횡포를 부리니, 이에 시달리는 백성들은 삶을 꾸려 나갈 수 없다. 앞으로 어떤 기술로 이런 부조리를 떨치고 쇄신할 수 있겠는가?

조적糴糴을 살펴보자. 국가를 이롭게 한다는 것이 국가를 해롭게 하며 사람을 살게 한다는 것이 사람을 해치고 있다. 연안의 고을에 산더미처럼 쌓인 곡식은 발이 없음에도 암읍巖邑의 비축으로 돌아간다. 지난해의 쭉정이는 방아도 찧지 않았는데 금년의 정미精米로 갚으라고 독촉하고, 친인척인 종족에게 징수하는 것을 금지하였건만 종족뿐만 아니라 이웃에까지 거둬들인다. 강제로 환곡을 분배하는 것에 대해 죄가 된다고 하였건만 강제로 분배할 뿐만 아니라 가혹하게 거두어들이기까지 행한다. 어쩌다 모곡耗穀을 소매로 사게 되면 공적인 것을 빙자하여 매매하는 이가 나오기도 하고, 어쩌다 구휼 정책을 계획하게 되면 사사로운 욕심을 품고 수작을 부리는 이가 많다. 심지어는 관원들이 장사나 돈놀이를 해도 관청에서 알지 못하기도 하고, 기한을 연기하여 받는 곡식은 회계가 분명하지 않을 때도 있다. 백성들의 부역을 관청에서 이행하는 경우에는 창고의 장부에 먼저 손댄 다음, 가을 추수 후에 곱절로 징수하기도 하며, 배로 실어 나르는 쌀은 시중의 값을 핑계 대고, 겨울 동안 빈 기록만 남겨 두는 경우도 있다. 곡식의 명칭을 바꾸어 관청마다 서로 다른 항목으로 기록하면 관리의 농간이 암암리에 먹혀들기도 하고, 창고의 결손이 탄로 나서 마을이 수탈을 당하면 백성의 형세는 나날이 지탱하기 어렵게 된다. 배로 나르는 쌀은 명백하게 분류해 놓지 않고 성안의 군량미는 사들이는 양이 일정하지 않다. 나리포창羅里鋪倉을 자주 옮긴 결과 소모되거나 착복당하는 경우가 지나치게 번다하다. 제민창濟民倉을 다시 폐지하는 것은 그 장단점이 어떠한가? 관청의 곡식이 번성하여 삼사三司의 곡식이 차츰 적어지면 남김없이 다 나누어 주는 폐단이 고질화되고, 관청의 수요가 축적되어 환곡의 쌀 수요가 차츰 많아지면 백성들이 바치는 곡식의 피해가 많아진다. 앞으로 어떠한 대책으로 수정해야 하겠는가?

균세均稅를 알아보자. 모든 세액稅額을 균역청均役廳에 귀속시키는 것은 대체로 사문私門을 막고 해정海征을 억제하기 위함이다. 이 법령을 처음 내릴 때는 포구의 백성들이 기뻐하며 춤추었는데, 10년이 못 가서 세액은 나날이 줄고 백성은 나날이 곤궁해지고 있다. 어전漁箭의 설치는 칠산七山 앞바다를 최고라고 하고 입선立船을 한다면 곧 위도蝟島를 꼽았는데, 이것마저도 이미 열에서 대여섯은 감소되었으니 그밖에 또 무엇을 논의하겠는가? 영문이나 병영에서 사고파는 것도 법을 지킨다고 보장하기 어려우며 전체의 수량을 일정한 기준에 맞추게 한 아름다운 뜻은 이름과 실제가 서로 부합되지 않는다. 선박을 측량하는 규정은 대부분 7파把 이상을 기준으로 삼고 있다. 그런데 전라도의 법은 6파로 기준을 삼으니, 선박 제도의 길이는 예전과 같으나 파수把數가 늘어났다 줄었다 하는 것은 수시로 다르다. 어장 사업은 포기한지 오래 되었는데 아직도 녹안錄案에 실려 있고, 어업세는 상황에 맞게 조정한 적도 없는데 대부분 한없이 새어 나가고 있다. 그러니 어민만 피해를 당할 뿐 아니라 농민들까지도 고달픔을 호소하게 되었다. 시장에 생선이 부족하면 균세均稅 때문이라 하고 시장에 소금이 부족해도 균세 때문이라 하며, 나아가 물가의 앙등과 민생의 어려움까지도 모두 균세 탓으로 허물을 돌린다. 앞으로 어떠한 법으로 구제하여 소생시킬 수 있겠는가?

조전漕轉을 따져 보자. 그 제도는 설치한 지 오래되었고 잘 준수하여 어기지 않고 있다. 득성창得成倉이 처음에는 함열咸悅에 설치되었다가 나중에 옥구沃溝에 귀속되었는데, 성당창聖堂倉이 용안龍安 포구에서 함열의 조세소漕稅所가 된 것은 언제부터인가? 모세耗稅를 취하는 법식은 『대전大典』에는 보이지 않고 『속대전續大典』에 처음으로 보이는데, 권근權近의 호남조전기湖南漕轉記에 "두모斗耗를 적당량으로 감면하여 주었다."는 말은 어느 책에서 처음으로 등장하는가? 여산礪山의 나암창羅巖倉에 운송하여 오는 곡식은 어떤 곡식이며, 나주羅州의 영산창榮山倉에 합병된 것은 어느 곳인가? 옛날에는 그 제도가 있었으나 지금은 상고할 수 없게 되었는가? 험한 바다에는 표식을 세우고 가벼운 배로 길을 지시하며, 도회都會에는 봉점식逢點式이 있고 연안에는 호송소護送所를 설치했다. 이런 점에서 규모가 자세하다고 할 수 있으나 배가 전복되는 일이 번번이 있다. 여러 창고의 조선漕船이 옛날에는 150척이었는데 지금은 3분의 1에 불과하다. 경비를 절약하여 그런 것인가? 조세를 거두는 것이 옛날과 같지 않아 그런 것인가? 타공舵工은 뇌물을 써 가며 차지하려 하고, 선박의 비용은 옛날에 비해 종류가 많으며, 가량駕糧은 미리 서로 합의하여 매매하고, 되로 되고 남는 잉여분은 몰래 들어내는 등 그 폐단을 한두 가지로 꼽기도 어려울 지경이다. 나아가서 우도 연안의 여러 고을에서는 선박을 임대하여 운송하는 경우에 두곡斗斛의 감축이 잦아지고, 고의로 배를 침몰시키는 일이 자주 일어나며, 겉으로는 그럴듯하지만 관청에서 강제로 재물을 뺏는 일이 수없이 많으니, 어떤 법으로 바로잡아야 하겠는가?

군정軍政을 말해 보자. 선대왕께서 필목疋木의 수를 줄여 준 지극한 은혜와 큰 덕을 백성들은 마음에 새겨 잊지 못하고 있다. 그런데 군적에서 삭제한 것 이외에 벼슬아치가 더욱 많아져 전쟁에 나아갈 젊은이의 수는 점차 감축되어 가고 있다. 어린 아이와 죽어 백골이 된 사람까지도 군정에 모두 등록되지만 부유한 자는 간혹 면제되는가 하면, 도망친 자와 노인의 이름은 그대로 남아 있어 마을 사람들이 매번 대납하고 있다. 수륙水陸의 군사는 비어 있는 자리가 많으며 입영을 다그치는 호통은 공공연하게 자행되고 있다. 포목을 수납하는 군정軍丁은 목화 농사가 흉년이거나 풍년이거나를 가리지 않고 헛되게 관청에서 정한 값을 허비하고, 미곡을 수납하는 군정은 한번 그 자리를 채웠다 하면 곧바로 한 포대의 미곡을 바치니, 필목을 감소시켜 주기 전과 비교하면 도리어 더 많이 징수한다는 탄식이 있다. 승려의 수가 나날이 감소되면 군역이 끝나서 환속還俗하였다고 하고, 사찰 노비의 수가 나날이 줄어들게 되면 힘들고 고된 일을 버리고 양민에게 기대 살아간다고 한다. 고을의 수령도 그렇다고 하고 관찰사도 그렇다고 하다가, 모자라는 액수를 다시 보충하여 편성하게 되면 갑자기 그 말을 바꾸어 "고을의 인구가 얼마이고, 고을의 군액이 얼마이다."라고 한다. 인구와 군액이 현저한 차이가 나는 것은 앞으로 나무로 채울 것인가? 아니면 돌을 가지고 채울 것인가? 모순되는 것은 생각지 않고 한 판에 인쇄한 듯하니, 앞으로 어떠한 계책으로 개혁할 수 있겠는가?

관방關防을 돌아보자. 청해진淸海鎭은 장보고張保皐가 처음으로 설치한 것이고, 대방帶方은 유인궤劉仁軌가 계획한 것이다. 통영統營을 청해에 설치하지 않고, 양원楊元이 대방에서 패망한 것은 무엇 때문인가? 광양현光陽縣이 하동河東 다음 가는 곳이 된 것은 점지법壂地法으로 파악한 것이라 할 수 있는가? 내례진來禮鎭을 절도사의 영문으로 승격시킨 것은 요새를 설치하는 의미에 부합하는가? 담양潭陽은 금성산金城山에 있어야 하고 장성長城은 입암산笠巖山에 있어야 한다고 옛날에 의견을 제시한 사람이 있었다. 아직도 그에 대한 대답이 없는 것은 무엇 때문인가? 두 도가 세 호수를 두고 경계를 나누었다. 명승지와 바닷길 1000리가 도서로 연결되니 모두가 요충지다. 벽골제碧骨隄니 금마군金馬郡이니, 적상산赤裳山이니 교룡산蛟龍山이니 하는 명칭에 대한 유래를 찾아볼 수 있겠는가? 팔량치八良峙에 성을 축조하는 의논은 갑론을박이 각기 다르고, 좌우 수영水營의 선창을 옮기는 의논은 서로 어긋나 부합되기가 어렵다. 앞으로 어떠한 의견으로 절충해야 하겠는가?

법령法令을 논해 보자. 벌채伐採를 금한 산은 어느 산인들 긴요하고 중요하지 않겠는가만, 육지에는 변산邊山이 있고 바다에는 완도莞島가 있어 전라도 전체에서 최고가 되는데, 차례로 민둥산이 되어 가고 있다. 세복稅卜은 어느 것인들 납부하지 않아서야 되겠는가만, 봄에 텃밭을 더 일군 것이나 가을에 논밭 두렁에 심은 것조차도 어느 것 하나 간특한 아전의 전대 속으로 들어가지 않는 것이 없는데, 양전 옥토는 도리어 누락된 것이 많다. 밀도살의 금령이 비록 엄중하다고는 하나 마을에는 뿔이 갓 나온 송아지가 드물며, 부채를 진상하는 제도를 개정하였다고 하지만 들녘에는 닥나무나 대나무가 드물다. 가마를 타는 것은 작은 일이지만 폐단은 읍의 관속에게 돌아가고, 가솔을 거느리고 부임하는 일은 알고도 고의로 범하는 일로서 피해는 마을의 백성에게 미친다. 내수사內需司의 추쇄推刷와 궁방宮房의 도장導掌을 혁파하여 모두 영읍營邑에 소속시킬 수 있다. 그렇게 되면 관청에서는 수수방관하고 향리鄕吏들은 침을 삼킬 텐데, 그 폐단은 이전보다 심하게 된다. 말斗과 휘斛는 크고 작은 것이 있어 내줄 때와 받아들일 때 각기 다른 것을 사용하며, 자尺는 길고 짧은 것이 있어서 공사 간에 용도가 다르다.『흠휼전칙欽恤典則』을 간행하여 내려 주었으나 곤장을 칠 때에 규정을 어기며, 진휼賑恤할 때에 굶주리는 자들을 구제하도록 주의를 주었으나 빈곤한 사람은 먹을 것이 없다고 호소한다. 결국 백성은 안정된 생활을 못 하게 된 나머지 이리저리 떠돌며 영락하는 자들이 이루 다 헤아릴 수 없게 되리라. 앞으로 어떠한 정책을 실시해야 성공할 수 있겠는가?

나는 덕이 부족하지만 어렵고 큰 임무를 받았다. 관대하고 인후한 다스림으로 이 나라 백성을 최초의 원기 속으로 이끎으로써, 곡식은 물과 불처럼 풍요롭게 하고 장사하는 사람들은 감탄에 쓰러질듯 부유하게 하며, 해마다 풍년이 들었다는 보고가 들리게 하고 집집마다 즐거운 소리가 흘러나오게 하는 것이 내가 밤낮으로 비는 최고의 소원이다. 이러므로 궁전의 뜰에서부터 땅 끝에 이르기까지 생각하는 것은 백성뿐이다. 한 차례라도 비가 때를 어겨 내리기라도 하면 먹는 음식의 가짓수를 줄이고, 한 종류의 곡식이라도 제대로 여물지 않으면 자다가도 일어나 서성인다. 이리하여 감면시켜 주는 조항도 내걸고 곤궁한 이를 구제하는 정책도 실시하며, 감사와 수령을 발탁하여 항상 무마하게 하고 수의어사와 암행어사를 파견하여 수시로 염찰하게도 한다. 오복五福의 경사를 수렴하여 여러 백성들에게 듬뿍 나누어 주고 영원한 복록을 향유하여 우리나라를 길이 편안히 하려 하였다. 어찌하여 다스림은 뜻대로 되지 않고 일은 마음과 어긋나서 실제의 혜택은 보이지 않고 세속의 허위만 불어나는가?

감사는 내가 위임했는데 순선句宣의 책임을 다하지 못하고, 수령은 나의 걱정을 나눈 자인데 순량循良의 다스림이 있다는 말을 듣지 못하였다. 사람마다 명성과 이욕에 빠지고 재물과 여색을 좇지는 않지만, 잘못된 습속에 얽매이고 그릇된 견문에 익숙해졌으니, "오직 나라뿐이며 공정뿐이다."라고 하는 이는 과연 몇 명이나 있겠는가? 만에 하나라도 가정이나 관청에서 재물을 다투거나 황금과 곡식으로 높은 자리를 다툰다면, 곡식의 싹이 뿌리를 내리기도 전에 엿보는 자가 많을 것이고, 베 짜는 소리가 들리자마자 세금을 징수하러 들이닥칠 것이고, 좋은 전답에는 짝하여 일할 사람이 없게 되고, 집집마다 무릎도 못 가린다는 탄식이 있게 될 것이다. 상고시대는 고사하고 한나라나 당나라의 소강小康도 유지하기 어려울 것이다. 백성의 부모가 되어 장차 굶주리고 의지할 곳 없는 그들을 서서 바라만 보고 구제하지 않을 수 있겠는가?

하·은·주 삼대의 다스림은 도에 있고 법에 있는 것이 아니다. 삼대의 법은 실속을 귀중하게 여기고 명성을 귀중하게 여기는 것이 아니다. 그러므로 주자朱子는 "천하만사에는 큰 근본이 있고 매사에는 각기 요긴하고 절실한 곳이 있다."고 했다. 큰 근본이란 것이 바로 군주의 한 마음이다. 근본이 서고 나면 긴요하고 절실한 것을 볼 수 있다. 옛날부터 사단이 일어나는 것은 사방에서 시작되는 것이 아니고 중앙의 조정에서 시작된다. 이는 사람이 기운을 상하게 되면 추위나 더위가 침입하기 쉬운 것과도 같고, 나무가 속이 상하면 비바람에 쉽게 흔들리는 것과도 같은 이치다. 이것이 내가 두려워하며 반성한 나머지 한 시대의 이목을 쇄신하고 사방의 어려운 사람들을 움직이려고 하되, 먼저 먼 곳의 사람부터 찾아내어 우리 조정에 세워 새로운 교화를 돕도록 하려는 까닭이다.

결역結役은 공평하게 할 수 있다. 다시 측량하는 것보다 중요한 것이 없다. 이는 고을마다 순량循良한 수령을 얻은 다음에야 가능하다. 조적糶糴의 폐단은 없앨 수 있다. 상평창常平倉의 제도보다 좋은 것이 없다. 이는 해마다 중단하지 않는 것이 보장된 다음에나 논의할 수 있다. 또 균세均稅는 대신 충당할 재원이 없으면 혁파할 수 없고, 조전漕轉은 총독總督을 설치하지 않고는 시행할 수 없다. 그런데 군영軍營을 혁파하지 않고는 미포米布를 수납하는 액수를 어떻게 없앨 수 있겠으며, 국방에 관한 일은 차츰 해이해지는데 영곤營閫이나 진보鎭堡의 폐단을 어떻게 씻을 수 있겠는가? 법령을 정돈하여 밝히는 것 같은 일은 단지 한 차례의 호령만으로도 행할 수 있는 일이지만, 옛것을 따르기는 쉽고 새 제도로 경장更張하기는 어렵다. 끝내 사물과 사물에게 타고난 천명天命을 완수하게 할 도리가 없게 된다.

그대 학자 관료들이여! 전라도는 예로부터 인재의 보고라고 일러 왔다. 이름난 인재가 잇따라 나오고 문헌이 대대로 전하며, 광대光大한 공적과 위대한 공훈이 금석金石에 밝게 새겨져 있고, 운치 있는 학자의 단아함이 후학에게 남아 있다. 이처럼 훈도된 바에 유래가 있고 본받은 바에 근거가 있다. 따라서 경전과 사서史書로 날줄과 씨줄을 삼으며 일을 즐기고 전고典故를 따지되 의기양양하게 눈썹을 휘날리고 손뼉을 치면서 한번 토로하고 싶어 하는 이가 어찌 그 가운데 없겠는가? 더구나 그대들은 시서詩書를 전업으로 삼고 이름이 각종 문서에 올라 있으며 등용을 기다리는 반열에 처해 있다. 눈과 귀로 보고 들은 묵은 폐단과 새로운 병폐에 관해 묻지 않는다면 그만이겠지만, 묻는다면 그대들이 아니고 어디에 묻겠는가?

텅 비워 둔 나의 마음을 체득하고 도움을 구하는 나의 마음에 부응하여 이해득실의 원인을 자세히 밝히고 부국은민富國殷民의 방안을 상고하되, 가슴속에 있는 것을 남김없이 기울이고 1000리를 대면하여 말하는 것같이 하라. 한마디의 말에 마음이 부합하기를 그대들에게 깊이 바라노라. 편안하고 즐거운 마음으로 내 당연히 즐거이 듣고 잘 받아들이리라.

북쪽 외진 곳에 있는
함경도에 필요한 정책을 제시하라

1797년 북관北關에서 과거시험을 준비하던 유생을 대상으로 시험을 본 내용이다.
북관은 현재의 북한지역에 있는 함경도를 말한다. 서울을 중심으로 상대적으로 소
외된 지역인 함경도의 지역적 특성과 장점 등을 정확하게 파악하여, 정치에 활용하
기 위한 노력이 엿보인다.

북쪽은 만물이 시작되고 하도·낙서의 숫자가 시작되는 곳이다. 괘卦
로 보면 곤坤에 해당하고, 오행五行에서는 수水가 되며, 28수의 별자리
차례로는 현효玄枵가 되고, 성수星宿로는 기성箕星과 미성尾星에 해당
한다.

북쪽에 위치한 함경도가 가지고 있는 열 가지 형태의 편리함, 다섯
가지 토양의 알맞음, 계기戒紀는 어디에서 어디까지인가? 산과 강이 진
산이 되고 경계가 되는 데 대해 각각 개괄하여 논의하라. 한문寒門과
새택塞澤은 이미 구주九州의 밖에 있다. 옛것을 인용하여 현재의 것을
증명한다면 아직도 그것을 분명하게 지적할 수 있다. 하지만 적빙積氷

과 위우委羽는 가장 먼 극지極地에 함께 나열되어 있다. 그 이름을 따라서 사실을 추적해 나간다면 제대로 찾아낼 수 있겠는가? 현악玄岳은 북방에 있는데 복지福地라고 한다. 우리나라의 모든 산들이 어쩌면 그 줄기와 가지가 아니겠는가? 불모지의 북쪽에 천지天池라는 큰 웅덩이가 있다고 한다. 발해渤海의 다른 이름이 혹시 이것이 아닌가? 장백산長白山과 입암산立巖山은 어느 산맥을 이었기에 한 산의 신령스러움이 이와 같은가? 압록강鴨綠江과 혼동강混同江은 어디에서 근원하여 가닥이 나뉘어졌기에 양계兩界의 경사로움을 전하는 일이 끊임없는가? 이판령伊板嶺과 두을령豆乙嶺은 훗날에 무슨 이름으로 바뀌었으며, 화관火串과 몽라골령蒙羅鶻嶺은 지금의 어느 성곽이라고 하는가? 삭방朔方과 명주冥州는 합쳐졌다가 수없이 나누어지곤 했다. 구대九大와 삼중三重을 설치하여 운영한 것은 그 나름대로의 질서가 있었다. 이러한 것에 대한 사실을 자세하게 설명해 보라.

호원胡元의 합란부哈蘭府는 진정한 명승지에 자리잡았고, 여진女眞의 쌍개암雙介巖은 참으로 좋은 경관이다. 황초령黃草嶺의 오래된 비석은 신라新羅의 성대한 유적임을 일러 주고, 백운성白雲城의 황량함은 아직도 고구려高句麗의 지난 일을 전해 준다. 만 길이나 되는 철관鐵關은 백이성百二城의 험난함과 견줄 만하고, 반쪽의 선도仙島는 삼신산三神山의 신령스러운 곳임을 자랑할 만하다. 운전雲田의 옛 사옥에는 푸른 잔디가 편편하게 깔려 있어 화구花毬의 유택遺澤이 옛날 같고, 흑석黑石의 옛 저택에는 아름다운 기운이 짙게 감도는데 선왕의 영정影幀이 걸려 있다. 아! 백성들이 오늘에 이르기까지 잊지 못하는 그리움은 반드시 다른 지방보다 곱절이나 더하리라.

적도赤島에서 움집 지어 살 때에 무슨 이유로 시장처럼 사람들이 모여들었으며, 알동幹東에서 노파가 대접을 씻어 주던 일은 어쩌면 하늘이 그의 마음을 인도한 것이 아니겠는가? 왕악치王樂峙라는 이름의 고개는 패궁沛宮의 대풍가大風歌와 같고, 만세교萬歲橋라는 다리는 원묘原廟의 감로甘露와 느낌이 부합된다. 이러한 부분에 대해 자세히 설명할 수 있겠는가?

이 지역에서 유명한 산으로 이성산李盛山을 꼽는데, 이성산은 땅의 기운이 비로소 열린 곳이다. 유명한 누대는 그 이름을 영공대靈公臺라 했는데, 그곳을 보면 백성의 실정을 알 수 있다. 삼수三水라는 고을의 명칭은 산마루를 가리켜 말한 것이라고도 하고, 강을 가리켜 말한 것이라고도 한다. 두 가지 설 가운데 어느 것이 옳은가? 동건성童巾城이라는 이름은 어린아이童와 관계된 것이라고도 하고, 건巾의 모양에서 유래한 것이라고도 하는데, 어떤 뜻이 바른가? 선춘령先春嶺에는 척지비拓地碑가 있는데 경략한 사람이 누구이고, 훈융진訓戎鎭에는 장새첩장塞堞이 있는데 다스린 사람이 누구인가? 진주지眞珠池와 풍류산風流山의 신비한 전설은 과연 믿을 수 있는 것인가? 두만강豆滿江과 오갈암烏碣巖의 시골 사투리는 일반 사람이 알아들을 수 있도록 번역할 수 있는가? 덕탄德灘의 생선과 소금은 상업 활동에 큰 도움이 되고, 복주福州의 금광과 은광은 그 지역의 보물이다.

우리나라에 함경도 지방이 있는 것은 주나라에 칠저漆沮가 있는 것이나 마찬가지다. 감여堪輿의 기운이 꿈틀꿈틀 얽히고 서려 겹겹이 산맥을 이루고, 교룡蛟龍이 내달리고 난봉鸞鳳이 솟아오르는 것 같은 모습이 수백 리에 걸쳐 있는지 알 수 없다. 창업으로 본다면 1000년 만에 한 번 있을 성인을 냈고, 세대를 점친다면 억만 년의 무궁한 태평을 예시한다. 토굴土窟에서 큰 꿈을 꾸니 임금이 될 비상한 징조라 풀이했고, 적지赤池에서 용을 쏘아 맞추니 신물神物의 신령함이 약속이나 한 듯 부응했다. 심지어 나라를 세운 공적과 사직을 만든 업적은 길이길이 온 백성이 노래하여 세월이 흘러도 그치지 않는다.

아! 훌륭하도다. 하한河漢이 기이함을 나타내고 음양이 정기를 저장하니, 풍기가 치밀하고 형세가 완전하여 국법이 크게 밝혀진 것도 여기에 근본했고, 성문聲文을 널리 펼 수 있었던 것도 여기에서 근원했다. 두터운 인자함과 돈후한 은택이 온 나라에 흡족한 것도 여기에서 비롯됐고, 화기와 훈풍이 온 나라에 넘쳐 나는 것도 여기에서 시작됐다. 지금의 모든 백성을 인수仁壽의 지역으로 몰아가고 풍속을 순후하게 만들어 수백 년의 예악을 세상이 부러워하는 것은 어느 것인들 이 함경도 지역에서 나온 것이 아니겠는가?

이제 나는 멀리는 조상께서 쌓으신 덕의 아름다움에 의지하고, 가까이는 무한한 복록에 화합하여, 반드시 왕업을 일으킨 고향, 이 함경도에서 신웅辛雄의 여섯 가지 애민론愛民論의 솜씨를 기대한다. 그러나 애석하게도 백성을 다스리는 지도자로서 책임을 맡은 이들은 직책을 다하지 못하고, 농토와 시장에서 백성끼리 다투게 하고 집안과 관청에서 재물을 다투게 한다. 흑초黑貂와 백금白金은 매번 수탈의 대상이 되고, 마필과 인삼은 모두 백성의 생활을 침해하는 물건이 된다. 해산물을 실은 수레는 길 위에 늘어서 각종 세금은 상하 간에 서로 징수하여 끝도 없다. 남쪽에 가까이 있는 번화하던 여러 고을들이 이제는 퇴락해 버렸고, 저 불모지에서 선식鮮食을 하는 백성들도 의지하여 생업으로

정조 책문, 새로운 국가를 묻다

삼을 것이 없어 열에 아홉 집은 비어 있다. 이러하니 강 연안의 굳건한 방어와 산세의 험준함을 의지한 방비가 어느 것 하나 옛날 같지 않다는 것도 추측으로 알 수 있다.

선대의 임금께서 어루만져 주고 위로하며 도와주었던 덕의가 다른 도에 비해 특출했지만, 세도가 떨어진 오늘날에 와서 관리들은 법을 두려워하지 않고 봄철의 꿩이나 병아리처럼 길들일 수 없으며, 가을의 메뚜기처럼 방자하게 날뛰고 있다. 내가 마음 아파하며 백성의 사정을 살피고는 있으나, 한 지방의 백성을 소생시키지는 못하고 세금이나 탕감해 주며 곡식이나 꾸어 주고 있을 뿐이다. 이는 단지 임시방편적인 혜택에 불과하다.

진실로 장구하고 원대한 계획을 세워, 그대들의 삶을 풍족하게 하고 그대들이 사는 지역을 지상낙원으로 만들려고 한다면, 그 방안에 여섯 가지 조항이 있다. 재화財貨가 땅에 버려지지 않게 하되 관청의 창고는 채워지지 않게 하고, 재능은 실질보다 현란하지 않게 하되 인재가 재야에 버려지지 않게 해야 한다. 백성들에게 교육을 알게 하고 금수에 가깝지 않게 하여 풍속을 돈후하게 해야 한다. 법규는 엄중하게 해서 백성들에게 넘지 못할 한계가 있다는 것을 알게 하여 죄를 범하지 않게 해야 한다. 그러려면 어찌해야 하겠는가?

인습적으로 몰래 거두어들이거나 가혹하게 행하고 있는 정사 중에 어떤 일이 속히 제거해야 할 가장 큰 폐단인가? 군부軍賦와 병기兵技가 허술하기로는 어느 고을이 가장 심하여 속히 변통하지 않으면 안 되는가? 이상의 여섯 가지는 그 대략을 말한 것으로, 가장 먼저 서둘러 해야 할 일이다. 그대들은 이 땅에서 태어나고 자라나 이 지역의 풍토에

단련되어 있다. 그러므로 반드시 나의 허심탄회한 질문에 대해, 이 지역을 잘 다스릴 수 있는 좋은 방법을 보여 줄 수 있다고 믿는다.

그리고 또 하나 물어 보자. 관중管仲의 「경중권輕重權」에서는 어떤 정책을 중요하게 고려해야 하고, 조조晁錯의 「인정설人情說」에서는 어떤 것을 이 시기의 시대정신으로 삼아야 하는가? 두원개杜元凱의 고과법考課法에서는 어떤 것을 공정한 것으로 본받아야 하고, 양숙자羊叔子의 장황한 병론兵論은 어느 것을 따라야 하겠는가? 그대들이 아는 것을 마음껏 제시하도록 하라.

참고문헌

『弘齋全書』

『朝鮮王朝實錄』

『經國大典』

『周禮』

『儀禮』

『禮記』

『春秋』

『詩經』

『書經』

『周易』

『莊子』

『列子』

『韓非子』

『史記』

『國語』

『春秋左傳』

『呂氏春秋』

『山海經』

『史通』

『資治通鑑』

『復性書』

『皇極經世書』

『通書』

『性理大全』

『大學章句』

『大學衍義』

『大學衍義補』

『論語集註』

『孟子集註』

『中庸章句』

『小學集註』

『古文眞寶』

『古文觀止』

『二十五史』

『異聞集』

『韓國文集叢刊』 學民文化史 影印本

『十三經注疏』 十三經整理委員會 北京大出版社刊

楊 力.『中華五千年文化經典』上 · 下. 北京: 北京科學技術出版社. 2001.

漢語大詞典編輯委員會 編纂.『漢語大詞典』. 漢語大詞典出版社.

大漢韓辭典編纂室 編.『大漢韓辭典』. 서울: 교학사, 1998.

신창호.『한글 논어』. 서울: 판미동. 2014.

신창호.『한글 대학중용』. 서울: 판미동. 2015.

임종욱.『중국역대인명사전』. 서울: 이회문화사. 2010.

단국대 동양학연구소.『漢韓大辭典』. 단국대학교출판부.

한국고전용어사전 편찬위원회.『한국고전용어사전』. 서울: 세종대왕기념사업회. 2001.

한국고전번역원 사이트. http://www.itkc.or.kr

정조책문, 새로운 국가를 묻다

1판 1쇄 펴냄 2017년 5월 22일
1판 5쇄 펴냄 2022년 1월 3일

지은이 | 정조
옮긴이 | 신창호
발행인 | 박근섭
책임편집 | 정지영
펴낸곳 | 판미동

출판등록 | 2009. 10. 8 (제2009-000273호)
주소 | 06027 서울 강남구 도산대로 1길 62 강남출판문화센터 5층
전화 | **영업부** 515-2000 **편집부** 3446-8774 **팩시밀리** 515-2007
홈페이지 | www.panmidong.com

도서 파본 등의 이유로 반송이 필요할 경우에는 구매처에서 교환하시고
출판사 교환이 필요할 경우에는 아래 주소로 반송 사유를 적어 도서와 함께 보내주세요.
06027 서울 강남구 도산대로 1길 62 강남출판문화센터 6층 민음인 마케팅부

ⓒ 신창호, 2017. Printed in Seoul, Korea
ISBN 979-11-5888-270-9 03910

판미동은 민음사 출판 그룹의 브랜드입니다.